全 世 界 无 产 者，联 合 起 来！

列宁全集

第二版增订版

第十八卷

1908年

中共中央 马克思 恩格斯 著作编译局编译
列 宁 斯大林

人民出版社

《列宁全集》第二版是根据中国共产党中央委员会的决定，由中共中央马克思恩格斯列宁斯大林著作编译局编译的。

凡　例

1. 正文和附录中的文献分别按写作或发表时间编排。在个别情况下，为了保持一部著作或一组文献的完整性和有机联系，编排顺序则作变通处理。

2. 每篇文献标题下括号内的写作或发表日期是编者加的。文献本身在开头已注明日期的，标题下不另列日期。

3. 1918 年 2 月 14 日以前俄国通用俄历，这以后改用公历。两种历法所标日期，在 1900 年 2 月以前相差 12 天（如俄历为 1 日，公历为 13 日），从 1900 年 3 月起相差 13 天。编者加的日期，公历和俄历并用时，俄历在前，公历在后。

4. 目录中凡标有星花 * 的标题，都是编者加的。

5. 在引文中尖括号〈　〉内的文字和标点符号是列宁加的。

6. 未说明是编者加的脚注为列宁的原注。

7.《人名索引》、《文献索引》条目按汉语拼音字母顺序排列。在《人名索引》条头括号内用黑体字排的是真姓名；在《文献索引》中，带方括号［　］的作者名、篇名、日期、地点等等，是编者加的。

目　　录

附　录

插　　图

前　言

本卷收载列宁在 1908 年 2—10 月所写的哲学名著《唯物主义和经验批判主义》以及为批判波格丹诺夫的马赫主义观点而写的著名提纲《向报告人提十个问题》。

1905 年俄国资产阶级民主革命失败以后，沙皇政府在国内建立了残酷的警察制度，疯狂地迫害无产阶级和广大人民。各种反动势力在社会生活的各个领域十分猖獗。面对反动派的进攻，革命的一些"同路人"陷入悲观和动摇，甚至背叛革命。革命的失败也导致思想领域出现了倒退和混乱现象。这一时期，正像列宁所说，"追求哲学唯心主义的倾向加强了；神秘主义成了掩盖反革命情绪的外衣"（见本版全集第 39 卷第 8 页）。形形色色的唯心主义泛滥，对马克思主义的"批评"成为时髦。资产阶级思想家鼓吹"寻神说"，他们把革命的失败归于"上帝的惩罚"，宣称俄国人民"失去了上帝"，现在的任务是要把上帝"找回来"。而俄国社会民主党内以阿·瓦·卢那察尔斯基、弗·亚·巴扎罗夫为代表的一些人宣扬"造神说"，主张创立一种新的"社会主义的宗教"。俄国知识界出现了一批经验批判主义即马赫主义的狂热鼓吹者。他们中既有弗·维·列谢维奇、维·米·切尔诺夫这样一些无产阶级及其政党的公开敌人，也有俄国社会民主党成员尼·瓦连廷诺夫、帕·索·尤什凯维奇、亚·亚·波格丹诺夫、巴扎罗夫、卢那察尔斯基等。经验批判主义是由奥地利物理学家、哲学家恩·马赫和德国哲学家理·阿芬那留斯创立的一种主观唯心主义哲学,流行于19世纪末20世纪初的欧洲。这种哲学是实证论的变种,它在批判地研究经验的幌子下阉割经验中包含的不依赖于认识主体的客观内容,标榜自己是"超越"唯物主义和唯心主义之上的"唯一科学的"哲学。俄国的马赫主义者把经验批判主义奉为至宝,利用它向辩证唯物主义展开进攻。特别是波格丹诺夫等人,他们自称是马克思主义者,却企图用马赫主义来"补充"、"修正"马克思主义哲学。他们歪曲辩证唯物主义的基本原理,连篇累牍地宣扬经验批判主义的观点。俄国马赫主义者对马克思主义的修正,是第二国际修正主义思潮在俄国的反映。伯恩施坦在哲学上提出"回到康德那里去",企图用新康德主义来"修正"马克思主义哲学;阿德勒则主张用马赫主义的认识论来"补充"马克思主义。哲学修正主义对无产阶级政党的理论基础构成了严重威胁,马克思主义面临着严峻的挑战。"马克思主义者同马赫主义者的斗争问题已经提出来了。"(见本版全集第19卷第247页)

19世纪末20世纪初,自然科学,特别是物理学,取得了一系列具有划时代意义的新成果,先后创立了电子论,发现了X射线、柏克勒尔射线和放射性元素镭等等。这些新发现在物理学领域引起了一场革命,使人类认识从宏观世界深入到微观世界。这些新发现打破了传统物理学关于物质结构和特性的旧观念,缩小了经典物理学某些定律的适用范围,动摇了形而上学唯物主义的机械自然观,为辩证唯物主义自然观提供了新的科学论据。可是唯心主义哲学家却歪曲这些新发现的哲学意义,利用它们来宣扬唯心主义和不可知论,攻击唯物主义的认识论。某些科学家也从这些新发现中作出唯心主义的认识论结论。他们宣扬"物质在消失"，否定客观世界的实在性；他们夸大认识的相对性，把科学规律说成是人们为了"方便"和"思维经济"而"任意"制定的，从而否定科学规律的客观性，否定认识客观世界及其规律的可能性。面对自然科学中的这些伟大发现和唯心主义对这些发现的歪曲，马克思主义者必须作出新的哲学概括，必须澄清唯心主义者制造的思想混乱，捍卫和发展辩证唯物主义的科学世界观和方法论。

　　为了批判马赫主义等唯心主义哲学，揭露哲学修正主义对马克思主义的歪曲，在哲学上总结和概括 19 世纪末 20 世纪初自然科学的新成果，捍卫和发展马克思主义哲学，特别是辩证唯物主义的认识论，列宁写了《唯物主义和经验批判主义》这部重要著作。为了写这部著作，列宁进行了大量的科学研究工作。他深入研究了马克思、恩格斯和其他马克思主义者的著作。为了准确地把握论敌的观点，他阅读了马赫主义者及其唯心主义理论前辈的大量著作。为了掌握当代哲学和自然科学的第一手材料，他特地从日内瓦前往伦敦，在英国博物馆的阅览室里埋头钻研有关新文献。列宁在这部著作中回击了马赫主义对马克思主义的进攻，捍卫和发展了马克思主义哲学。他阐明了马克思主义的科学世界观是辩证唯物主义和历史唯物主义，并在总结革命斗争新经验和自然科学新成就的基础上，深刻地阐述了辩证唯物主义和历史唯物主义的基本原理，特别是辩证唯物主义认识论的基本原理。《唯物主义和经验批判主义》是马克思主义哲学发展历程中的一部具有里程碑意义的著作，是我们系统学习和掌握马克思主义科学世界观的一部重要文献。

　　全书由代绪论、六章正文和一篇简短的结论构成。列宁在代绪论中考察了近代哲学史上唯物主义和唯心主义这两个基本派别的斗争,通过历史考证,揭露了俄国马赫主义者用来攻击唯物主义的论据同贝克莱攻击唯物主义的论据如出一辙;说明了俄国马赫主义的思想渊源是贝克莱的主观唯心主义,马赫主义和辩证唯物主义的对立是哲学史上唯物主义和唯心主义这两条基本哲学路线斗争的继续;证明了俄国哲学修正主义者作为"最新哲学"来标榜的马赫主义,不过是贝克莱主义的翻版。

列宁在前三章中着重论述了辩证唯物主义和经验批判主义在认识论上的根本对立,阐明了辩证唯物主义认识论的基本原理,丰富和发展了马克思主义哲学。在第一章中,列宁围绕恩格斯提出的哲学基本问题的第一个方面,即物质和意识何者是第一性的问题,分析了经验批判主义和辩证唯物主义的认识论基本前提。经验批判主义认识论的基本前提是:感觉是本原,是第一性的,物是"感觉的复合";辩证唯物主义认识论的基本前提是:物质是本原,是第一性的,感觉、意识来源于物质,是外部世界在人脑中的反映。列宁从两种认识论的基本前提揭示出两条根本对立的哲学路线:"从物到感觉和思想呢,还是从思想和感觉到物?恩格斯坚持第一条路线,即唯物主义的路线。马赫坚持第二条路线,即唯心主义的路线。"(见本卷第35页)这样就从根本上划清了马克思主义哲学和马赫主义的界限。在第二章中,列宁着重围绕哲学基本问题的第二个方面,即我们的思维能不能认识现实世界的问题来分析和批判马赫主义的主观唯心主义和不可知论,进一步揭示辩证唯物主义认识论和经验批判主义认识论的对立,阐明马克思主义的认识论即革命的能动的反映论。列宁在这里把辩证法运用于认识论,发挥了恩格斯的反映论思想,提出了三个重要的认识论结论:

第一,"物是不依赖于我们的意识,不依赖于我们的感觉而在我们之外存在着的"。第二,"在现象和自在之物之间决没有而且也不可能有任何原则的差别。差别仅仅存在于已经认识的东西和尚未认识的东西之间"。第三,"在认识论上和在科学的其他一切领域中一样,我们应该辩证地思考,也就是说,不要以为我们的认识是一成不变的,而要去分析怎样从**不知**到**知**,怎样从不完全的不确切的知到比较完全比较确切的知"(见本卷第 100、101 页)。列宁从这些基本原则出发,发展了马克思主义的真理论,论述了真理的客观性,阐明了相对真理和绝对真理的辩证关系。列宁指出,绝对真理是由相对真理构成的,人的认识是从相对真理向绝对真理不断发展的过程;相对真理和绝对真理之间的界限不是绝对的,相对真理中包含着绝对真理的成分。因此,它们之间的"这种区分正是这样'不确定',以便阻止科学变为恶劣的教条,变为某种僵死的凝固不变的东西;但同时它又是这样'确定',以便最坚决果断地同信仰主义和不可知论划清界限"(见本卷第 137 页)。列宁还着重论述了实践在认识过程中的作用和地位,指出实践是认识的基础,是检验真理的标准。"生活、实践的观点,应该是认识论的首要的和基本的观点。"(见本卷第 144 页)列宁强调要辩证地看待实践标准,它既是"确定的"又是"不确定的"。除了实践,没有任何东西能检验认识的真理性,因此它是"确定的"。这样可以"同唯心主义和不可知论的一切变种进行无情的斗争"(同上)。但是实践本身也是不断发展的,每一具体历史阶段上的实践不可能完全地证实或推翻人的认识,因此它是"不确定的"。这样可以"不让人的知识变成'绝对'"(同上)。列宁还指出,马克思主义是经过实践检验的科学理论,"**沿着**马克思的理论的**道路**前进,我们将愈来愈接近客观真理(但决不会穷尽它);而**沿着任何其他的道路**前进,除了混乱和谬误之外,我们什么也得不到"(见本卷第145页)。

在第三章中,列宁揭露和批判了马赫主义否定世界的物质性,否定物质世界内在规律和时间空间的客观性等唯心主义观点,论述了世界的物质统一性、作为物质存在形式的时间空间的客观实在性、物质与运动的不可分割的联系、客观规律与主观能动性的辩证关系等问题。列宁在前一章和本章中,在总结唯物主义和唯心主义斗争历史和自然科学成就的基础上给物质下了定义:"物质是标志客观实在的哲学范畴,这种客观实在是人通过感觉感知的,它不依赖于我们的感觉而存在,为我们的感觉所复写、摄影、反映。"(见本卷第130页)这一定义概括了物质世界的最一般的特性,强调了它们是客观实在,是认识的源泉;它们能为我们的感觉、意识所反映。这一定义坚持了唯物主义反映论的原则,同唯心主义和不可知论划清了界限,具有重大的认识论意义。列宁还阐明了物质和意识的辩证关系,指出物质和意识的对立"仅仅在承认什么是第一性的和什么是第二性的这个认识论的基本问题的范围内才有绝对的意义。超出这个范围,这种对立无疑是相对的"(见本卷第150页)。列宁对恩格斯关于自由和必然的思想作了发挥,阐明了客观规律性和主观能动性的辩证关系,指出自由是对必然的认识,人的意志自由必须建立在对客观规律的认识上。人在没有认识自然规律以前,是"盲目的必然性"的奴隶,人认识了自然规律,就成为自然界的主人。必然向自由的转化是在实践基础上实现的。

列宁在第四章中主要考察了马赫主义的历史发展,特别是马赫主义同康德主义、休谟主义、内在论哲学的联系。通过对比研究,揭露了马赫主义的阶级根源、社会根源和思想根源,论述了它在资产阶级哲学中的地位和作用。

在第五章中,列宁从哲学上概括和总结了 19 世纪末 20 世纪初自然科学的新成果,批判了物理学唯心主义认为"物质在消失"的谬论,指出唯心主义者所宣称的"物理学危机",既不是物理学本身作为一门科学所发生的危机,也不是唯物主义哲学所面临的危机,而是旧唯物主义即形而上学唯物主义的危机,其实质是唯心主义利用物理学的新发现和形而上学唯物主义的弱点来攻击和否定辩证唯物主义。列宁指出,某些物理学家所以陷入唯心主义,主要是因为他们"不懂得辩证法"(见本卷第 274 页)。列宁用辩证唯物主义的观点分析了当时物理学的新发现,指出:这些新发现"表现的只是人对客体的认识的深化。既然这种深化昨天还没有超过原子,今天还没有超过电子和以太,所以辩证唯物主义坚决认为,日益发展的人类科学在认识自然界上的这一切**里程碑**都具有暂时的、相对的、近似的性质。电子和原子一样,也**是不可穷尽的**"(见本卷第 275 页)。列宁的这个科学预言为后来自然科学在认识微观结构方面的一系列新成果所证实。列宁正确地阐述了哲学和自然科学的关系,认为自然科学为哲学的发展提供基础,现代自然科学的新成就不但没有驳倒辩证唯物主义,相反地不断地证实辩证唯物主义是科学的世界观和方法论。同时强调自然科学家必须掌握辩证唯物主义。他预言,不管道路多么曲折,现代物理学必然要走向"自然科学的唯一正确的方法和唯一正确的哲学"。"现代物理学是在临产中。它正在生产辩证唯物主义。"(见本卷第 327 页)

列宁在第六章中揭露马赫主义在社会历史领域中的主观唯心主义,批判波格丹诺夫的唯心主义的社会存在和社会意识的"同一论",揭穿马赫主义者想用"社会唯能论"以及生物学的和其他自然科学的规律来代替社会发展规律的反科学企图。列宁在批判马赫主义者的唯心史观过程中论述了历史唯物主义的一些基本原理，首先是社会存在决定社会意识的原理，论证了辩证唯物主义和历史唯物主义是不可分割的整体。列宁进一步揭露了马赫主义宣称自己是"超越"唯物主义和唯心主义之上的"无党性"的伪装，论证了哲学的党性原则，指出："最新的哲学像在两千年前一样，也是有党性的。唯物主义和唯心主义按实质来说，是两个斗争着的党派，而这种实质被冒牌学者的新名词或愚蠢的无党性所掩盖。"（见本卷第 375 页）

本卷《附录》中收载了弗·伊·涅夫斯基的一篇题为《辩证唯物主义和僵死反动派的哲学》的论文。涅夫斯基在这篇文章中对波格丹诺夫后来的一些著作进行了批判。1920 年列宁在出版《唯物主义和经验批判主义》俄文第 2 版时把这篇文章作为《附录》收入。我们也将这篇文章译出，附在卷末，供读者参考。

本卷正文部分是根据《列宁全集》俄文第 5 版译校的。书中的引文有些是列宁译成俄文的，有些是列宁引用当时的俄译本。译校这些引文时我们原则上是以俄文为依据，同时也参考了这本书的一些外文版本和部分原著，个别地方作了脚注。

弗·伊·列宁

（1900 年）

向报告人提十个问题[1]

(1908 年 5 月 15 日〔28 日〕以前)

1. 报告人是否承认马克思主义哲学是**辩证唯物主义**？

如果不承认，那么他为什么一次也不去分析恩格斯关于这一点的无数言论？

如果承认，那么为什么马赫主义者把他们对辩证唯物主义的"修正"叫做"马克思主义哲学"？

2. 报告人是否承认：恩格斯把哲学体系基本上分为**唯物主义和唯心主义**，把近代哲学中的休谟路线看做是介于两者之间、动摇于两者之间的中间派，称这条路线为"不可知论"并说康德主义是不可知论的变种？①

3. 报告人是否承认辩证唯物主义认识论的基础是承认外部世界及其在人脑中的反映？

4. 报告人是否承认恩格斯关于"自在之物"转化为"为我之物"的论断是正确的？②

5. 报告人是否承认恩格斯的"世界的真正的统一性在于它的物质性"（《反杜林论》1886 年第 2 版第 1 编第 4 节《世界模式论》

---

① 参看《马克思恩格斯文集》第 4 卷第 278—279 页。——编者注
② 参看《马克思恩格斯文集》第 3 卷第 506 — 508 页，第 4 卷第 279 — 280 页。——编者注

第 28 页)①这个论断是正确的？

6. 报告人是否承认恩格斯的"没有运动的物质和没有物质的运动一样，是不可想象的"(《反杜林论》1886 年第 2 版第 6 节《自然哲学。天体演化学，物理学，化学》第 45 页)②这个论断是正确的？

7. 报告人是否承认因果性、必然性、规律性等等观念是自然界、现实世界的规律在人脑中的反映？或者恩格斯这样说(《反杜林论》第 3 节《先验主义》第 20—21 页和第 11 节《自由和必然》第 103—104 页)③是不正确的。

8. 报告人是否知道，马赫曾经表示他赞同内在论学派的首领舒佩的观点，甚至还把自己最后的一本主要哲学著作献给舒佩²？马赫这样地附和**僧侣主义**的维护者、哲学上露骨的反动分子舒佩的露骨的唯心主义哲学，报告人怎样解释？

9. 报告人的昨天的同志(根据《论丛》)³、孟什维克尤什凯维奇今天(跟着拉赫美托夫)宣称波格丹诺夫是**唯心主义者**⁴，报告人为什么对这件"怪事"避而不谈？报告人是否知道，彼得楚尔特在最近的一本著作⁵中把马赫的许多门徒列入**唯心主义者**？

10. 报告人是否确认这样的事实：马赫主义和布尔什维主义毫无共同之处；列宁不止一次地反对过马赫主义⁶；孟什维克尤什凯维奇和瓦连廷诺夫都是"纯粹的"经验批判主义者？

载于 1925 年《列宁文集》俄文版第 3 卷　　　　　　译自《列宁全集》俄文第 5 版第 18 卷第 1—6 页

---

① 见《马克思恩格斯文集》第 9 卷第 47 页。——编者注
② 同上书，第 64 页。——编者注
③ 同上书，第 37—39、120—121 页。——编者注

Десять вопросов рефференту.

1. Признаётъ-ли реф-нтъ, что ф-фія марксизма есть діалектическій матеріализмъ?
Если нѣтъ, то почему не разобралъ онъ ни разу бучисленныхъ заявленій Энгельса объ этомъ?
Если да, то зачѣмъ называютъ махисты свой "пересмотръ" діалектич. мат-зма ф-фіей марксизма"?
См Сборникъ... 234

2. Признаётъ-ли реф-нтъ основное дѣленіе ф-фскихъ системъ у Энгельса на матеріализмъ и идеализмъ, ...
... Энгельсъ линію Юма в новой философіи, называя ихъ линію "агностицизмомъ" и объявляя кантіанство разновидностью агностицизма?
при чемъ среднюю линію 3. признаётъ компромиссной.

3. Признаётъ-ли реф-нтъ, что в оценке теоріи познанія діал. мат-зма лежитъ признаніе внѣшняго міра и отраженій его в человѣческой головѣ как два явленія, а не как одно?

4. Признаётъ-ли реф-нтъ правильнымъ разсужденіе Энгельса о превращеніи "вещей по себѣ" в "вещи для насъ"? — Фейербахъ, 15 стр. и 65

5. Признаётъ-ли реф-нтъ правильнымъ утвержденіе Энгельса, что "дѣйствительное единство міра заключается въ его матеріальности"? [Anti-Dühr., 2 изд. 1886 г., стр. 31. I-ой отд. II. 5 тобзацъ.]

6. Признаётъ-ли реф-нтъ правильнымъ утвержденіе

1908 年列宁《向报告人提十个问题》手稿第 1 页

（按原稿缩小）

唯物主义和经验批判主义

对一种反动哲学的批判[7]

（1908 年 2—10 月）

第一版序言

许多想当马克思主义者的著作家,今年在我们这里对马克思主义哲学进行了真正的讨伐。不到半年就出版了四本书,这四本书主要是并且几乎完全是攻击辩证唯物主义的。其中,首先是1908年在圣彼得堡出版的巴扎罗夫、波格丹诺夫、卢那察尔斯基、别尔曼、格尔方德、尤什凯维奇、苏沃洛夫的论文集《关于〈? 应当说是:反对〉马克思主义哲学的论丛》,其次是尤什凯维奇的《唯物主义和批判实在论》、别尔曼的《从现代认识论来看辩证法》和瓦连廷诺夫的《马克思主义的哲学体系》。

所有这些人都不会不知道,马克思和恩格斯几十次地把自己的哲学观点叫做辩证唯物主义。然而所有这些因敌视辩证唯物主义而联合起来的人(尽管政治观点截然不同)在哲学上又自命为马克思主义者!别尔曼说,恩格斯的辩证法是"神秘主义"。恩格斯的观点"过时了",——巴扎罗夫随便一说,好像这是不言而喻的。唯物主义看来被我们的勇士们驳倒了,他们自豪地引证"现代认识论",引证"最新哲学"(或"最新实证论"),引证"现代自然科学的哲学",或者甚至引证"20世纪的自然科学的哲学"。我们的这些要把辩证唯物主义消灭的人,以所有这些所谓最新的学说为依据,竟肆无忌惮地谈起公开的信仰主义①来了(卢那察尔斯基最为明显,但决不只是他一个人!⁹),可是到了要对马克思和恩格斯明确表态时,他们的全部勇气和对自己信念的任何尊重都立即消失了。在事实上,他们完全背弃了辩证唯物主义即马克思主义。在口头上,他们却百般狡辩,企图避开问题的实质,掩饰他们的背弃行为,用某一个唯物主义者来代替整个唯物主义,根本不去直接分析马克思和恩格斯的无数唯物主义言论。按照一位马克思主义者的公正说法,这真是"跪着造反"。这是典型的哲学上的修正主义,因为只有修正主义者违背马克思主义的基本观点,而又不敢或者是没有能力公开、直率、坚决、明确地"清算"被他们抛弃的观点,才获得了这种不好的名声。正统派在反对马克思的过时见解(例如梅林反对某些历史论点¹⁰)时,总是把话说得非常明确、非常详细,从来没有人在这类论著中找到过一点模棱两可的地方。

　　不过,在《"关于"马克思主义哲学的论丛》中也有一句近似真理的话。那句话是卢那察尔斯基说的:"也许我们〈显然就是《论丛》的全体撰稿人〉错了,但我们是在探索。"(第161页)这句话的前半句包含着绝对真理,后半句包含着相对真理,这一点我将在本书中力求详尽地指出来。现在我只指出一点:如果我们的哲学家不是用马克思主义的名义,而是用几个"正在探索的"马克思主义者的名义讲话,那么,他们对自己和对马克思主义就显得尊重些了。

　　至于我自己,也是哲学上的一个"探索者"。这就是说,我在本书中给自己提出的任务是:探索那些在马克思主义的幌子下

---

　　① 信仰主义是一种以信仰代替知识或一般地赋予信仰以一定意义的学说。⁸

发表一种非常混乱、含糊而又反动的言论的人是在什么地方失足的。

作　者

1908 年 9 月

第二版序言

本版除了个别文字上的修改，和第一版没有什么不同。尽管这是一本和俄国"马赫主义者"进行论战的著作，可是我希望，它作为一本介绍马克思主义哲学即辩证唯物主义以及介绍从自然科学的最新发现中所得出的哲学结论的参考书，将有所裨益。至于亚·亚·波格丹诺夫的一些近作，我没有机会阅读，书末附载的弗·伊·涅夫斯基同志的文章提出了必要的意见[11]。弗·伊·涅夫斯基同志不仅是一位宣传家，而且特别是一位党校工作者，因此，他有充分的可能确信，亚·亚·波格丹诺夫在"无产阶级文化"[12]的幌子下贩运资产阶级的反动的观点。

尼·列宁

1920 年 9 月 2 日

代 绪 论

某些"马克思主义者"在 1908 年
和某些唯心主义者在 1710 年
是怎样驳斥唯物主义的

凡是多少读过一些哲学著作的人都应该知道,未必能找到一个不直接或间接地驳斥唯物主义的现代哲学(以及神学)教授。他们曾经一百次、一千次地宣告唯物主义已被驳倒,可是直到现在,他们还在一百零一次、一千零一次地继续驳斥它。我们的修正主义者全都在驳斥唯物主义,同时又装出一副样子,好像他们驳斥的本来只是唯物主义者普列汉诺夫,而不是唯物主义者恩格斯,不是唯物主义者费尔巴哈,不是约·狄慈根的唯物主义观点,并且他们是从"最新的""现代的"实证论[13]、自然科学等等角度来驳斥唯物主义的。我不引证他们的话了,谁只要愿意,都可以从前面提到的著作中引证几百段话。我只提一提巴扎罗夫、波格丹诺夫、尤什凯维奇、瓦连廷诺夫、切尔诺夫[①]以及其他马赫主义者用来攻击唯物主义的那些论据。马赫主义者这个名词比较简短,而且在俄国的著作中已经通用,我将到处把它作为"经验批判主义者"的同义语来使用。恩斯特·马赫是现在最有名望的经验批判主义的代表,

① **维·切尔诺夫**《哲学和社会学论文集》1907 年莫斯科版。作者像巴扎罗夫之流一样,是阿芬那留斯的热诚的信徒和辩证唯物主义的敌人。

这在哲学著作中是公认的[①]；至于波格丹诺夫和尤什凯维奇同"纯粹的"马赫主义背离之处则完全是次要的，这一点将在后面说明。

这些人对我们说，唯物主义者承认某种不可想象的和不可认识的东西——"自在之物"，即"经验之外的"、我们认识之外的物质。唯物主义者由于承认彼岸的、在"经验"和认识范围之外的某种东西而陷入了真正的神秘主义。当唯物主义者说什么物质作用于我们的感官而产生感觉的时候，他们是以"未知的东西"、"无"作为基础的，因为他们自己就声明我们的感觉是认识的唯一泉源。唯物主义者陷入了"康德主义"（普列汉诺夫就是这样，他承认"自在之物"即在我们意识之外的物的存在），他们把世界"二重化"，宣扬"二元论"，因为他们认为在现象后面还有自在之物，在直接的感觉材料后面还有某种其他的东西、某种物神、"偶像"、绝对者、"形而上学"的泉源、宗教的孪生兄弟（如巴扎罗夫所说的"神圣的物质"）。

这就是上述那些著作家用各种不同的调子一再重复的马赫主义者反对唯物主义的论据。

为了考证这些论据是不是新颖的，它们是不是真的只反对一个"陷入康德主义"的俄国唯物主义者，我们来详细地引证一下一个老牌唯心主义者乔治·贝克莱的著作。由于马赫主义者不正确地陈述了马赫和贝克莱的关系以及贝克莱的哲学路线的实质，而我们在后面又不得不屡次提到贝克莱及其哲学流派，所以在这篇绪论中作这种历史考证就更有必要了。

---

① 例如，见**理查·赫尼格斯瓦尔德博士**《休谟关于外部世界的实在性的学说》1904年柏林版第26页。

1710 年出版的乔治·贝克莱主教的一本以《人类知识原理》①为书名的著作,开头就是下面这一段论述:"每个观察人类认识的**客体**的人都看得清楚:这些客体或者是感官真正感知的观念(ideas),或者是我们观察人心的情感和活动而获得的观念,或者是借助于记忆和想象而形成的观念…… 凭着视觉,我获得光和色的观念,获得它们的强弱浓淡和不同种类的观念。凭着触觉,我感知硬和软、热和冷、运动和阻力…… 嗅觉使我闻到气味,味觉使我尝到滋味,听觉使我听到声音…… 人们观察到一些不同的观念彼此结合在一起,于是就用一个名称来标志它们,称它们为某物。例如,人们观察到一定的颜色、滋味、气味、形状、硬度结合在一起(to go together),就认为这是一个独特的东西,并用**苹果**这个名称标志它;另外一些观念的集合(collections of ideas)构成了石头、树木、书本以及诸如此类的感性实物……"(第 1 节)

这就是贝克莱那本著作的第 1 节的内容。我们必须记住,贝克莱是把"硬、软、热、冷、颜色、滋味、气味"等等作为他的哲学的基础的。在贝克莱看来,物是"观念的集合",而他所说的"观念"正是上面列举的那些质或感觉,而不是抽象的思想。

贝克莱继续说道,除了这些"观念或认识的客体"之外,还有一种感知它们的东西,即"心、精神、灵魂或**自我**"(第 2 节)。这位哲学家作出结论说,不言而喻,"观念"不能存在于感知它们的心之外。只要想一想"存在"这个词的意思就会确信这一点。"当我说我写字的桌子存在着,这就是说,我看到它而且感觉到它;如果我

① 乔治·贝克莱《人类知识原理》,《贝克莱全集》1871 年牛津版第 1 卷,**亚·弗雷泽**编,有俄译本。

走出我的书房,我说桌子存在,意思是说,如果我在我的书房里,我可以感知它……" 贝克莱在他的著作的第 3 节里是这样说的,并且就在这里开始和那些被他称为唯物主义者的人论战(第 18、19 节以及其他各节)。他说,我完全不能理解,怎么能撇开人对物的感知来谈物的绝对存在呢? 存在就是被感知(their,即物的 **esse** is **percipi**,第 3 节,——这是哲学史教科书中常常引用的贝克莱的一句名言)。"在人们中间奇怪地流行着这样一种见解:房屋、山岳、江河,一句话,一切感性实物都有一种自然的或实在的存在,这种存在不同于理性所感知的那种存在。"(第 4 节)贝克莱说,这个见解是一个"明显的矛盾"。"因为,上面所说的那些客体若不是我们凭感官感知的物,那究竟是什么呢? 我们所感知的若不是我们自己的观念或感觉(ideas or sensations),那又是什么呢? 认为任何观念、感觉或它们的组合能够不被感知而存在着,这岂不是非常荒谬吗?"(第 4 节)

贝克莱现在把观念的集合换成了**感觉的组合**这个在他看来是含义相同的说法,责备唯物主义者"荒谬",竟想更进一步去找出这种复合……即这种感觉的组合的某个泉源。在第 5 节里,他责备唯物主义者玩弄抽象,因为在贝克莱看来,把感觉和客体分开,就是空洞的抽象。他在第 5 节末尾说道:"事实上,客体和感觉是同一个东西(are the same thing),因而不能把一个从另一个中抽象出来。"(这句话在第 2 版里删掉了)贝克莱写道:"你们说,观念可以是那些存在于心外的、以一种无思维的实体形式存在的物的复写或反映(resemblances)。我回答说,观念只能和观念相像,不能和任何别的东西相像,一种颜色或形状只能和另一种颜色或形状相像,不能和任何别的东西相像…… 我要问,我们能不能感知这

ВЛ. ИЛЬИНЪ.

МАТЕРІАЛИЗМЪ

и

ЭМПИРІОКРИТИЦИЗМЪ

критическія замѣтки объ одной
реакціонной философіи.

———

ИЗДАНІЕ „ЗВЕНО"
МОСКВА
1909

1909 年列宁《唯物主义和经验批判主义》一书第 1 版封面

些设想的原物或外在物(我们的观念似乎是它们的影象或表象)呢？如果能够,那就是说,它们是观念,我们没有向前跨进一步①；如果你们说不能,那么我就要找随便哪一位问一问,说颜色同某种看不见的东西相像,硬和软同某种不能触觉到的东西相像,等等,有没有意义。"(第8节)

读者可以看出,在关于物离开它们对我们的作用是否能够存在于我们之外这个问题上,巴扎罗夫用来反对普列汉诺夫的那些"论据",和贝克莱用来反对他没有提名道姓的唯物主义者的那些论据没有丝毫差别。贝克莱认为,关于"物质或有形实体"的存在(第9节)的思想是如此"矛盾",如此"荒谬",实在用不着浪费时间去驳斥它。他说道："但是,由于物质存在这个教义(tenet)看来在哲学家们的心中已经根深蒂固,而且又引出这样多有害的结论,所以,我宁肯让人说我啰唆和讨厌,也不能对任何有助于彻底揭露和根除这种偏见的东西略而不谈。"(第9节)

我们马上就会看到贝克莱说的是些什么样的有害的结论。让我们首先把他用来反对唯物主义者的理论论据讲完吧。贝克莱在否定客体的"绝对"存在即物在人类认识之外的存在时,直截了当地说明他的敌人的观点是承认"自在之物"。在第24节里,贝克莱加上着重标记写道,他所驳斥的那种看法承认"**自在的感性客体(objects in themselves)或心外的感性客体的绝对存在**"(上引书第167—168页)。在这里,哲学观点的两条基本路线被直率、清楚、明确地描绘出来了。这一点是古典哲学著作家不同于当代

---

① 此处列宁引用的俄译文与原文英文有出入,英文为：we have gained our point。按英文可译为："我们达到了目的",或"我们有道理",或"我们取得了胜利"。——编者注

"新"体系的制造者的地方。唯物主义承认"自在客体"或心外客体，认为观念和感觉是这些客体的复写或反映。与此相反的学说（唯心主义）认为：客体不存在于"心外"；客体是"感觉的组合"。

这是在1710年即在伊曼努尔·康德诞生前14年写的，而我们的马赫主义者却根据所谓"最新的"哲学发现了：承认"自在之物"，这是唯物主义受到康德主义的感染或歪曲的结果！马赫主义者的"新"发现，是他们对基本哲学派别的历史惊人无知的结果。

他们的其次一个"新"思想是："物质"或"实体"的概念是旧的非批判观点的残余。你们看到了没有，马赫和阿芬那留斯把哲学思想向前推进了，使分析更深刻了，把这些"绝对者"、"不变的实质"等等消除了。你们只要看一看贝克莱的著作，查考一下这类说法的出处，就会看得出这类说法不过是自命不凡的虚构。贝克莱十分肯定地说，物质是"nonentity"（不存在的实质，第68节），物质是无（第80节）。贝克莱嘲笑唯物主义者说："如果你们愿意的话，你们可以在别人使用'无'这个词的意义上使用'物质'一词。"（上引书第196—197页）贝克莱说，起初人们相信颜色、气味等等"是确实存在的"，后来抛弃了这种见解，承认它们只是依赖于我们的感觉而存在的。但是，那些旧的错误概念没有彻底消除；其残余就是"实体"这个概念（第73节），也就是贝克莱主教在1710年彻底揭露的那种"偏见"（第195页）！1908年在我们这里竟有这样一些滑稽人物，他们真的相信阿芬那留斯、彼得楚尔特和马赫之流，以为只是"最新的实证论"和"最新的自然科学"才彻底消除了这些"形而上学的"概念。

就是这些滑稽人物（波格丹诺夫也在内）硬要读者相信：正是新哲学说明了在老是遭到驳斥的唯物主义者的学说中存在着"世

界二重化"的错误,因为他们谈论人的意识对存在于人的意识之外的物的某种"反映"。关于这个"二重化",上面提到的那些著作家们写下了无数动情的话。不知是由于健忘还是由于无知,他们没有补充说,这些新发现早在 1710 年就已经被发现了。

贝克莱写道:"我们对它们〈观念或物〉的认识被弄得异常模糊、异常混乱,而且由于设想感性客体有二重(twofold)存在,即一个是**心智的**或心内的存在,一个是**实在的**、心外的〈即意识之外的〉存在,因而陷入非常危险的谬误。"于是贝克莱嘲笑起那种认为能够思维不可想象的东西的"荒谬"见解来了!"荒谬"的根源当然在于区分"物"和"观念"(第 87 节),在于"设想有外部客体"。就是这个根源产生了对物神和偶像的信仰,这一点贝克莱在 1710 年就发现了,而波格丹诺夫在 1908 年又发现了。贝克莱说:"物质或未被感知的物体的存在不仅是无神论者和宿命论者的主要支柱,而且也是各色各样的偶像崇拜所依据的原则。"(第 94 节)

在这里,我们就接触到了从关于外部世界的存在的"荒谬"学说中得出的"有害"结论,这些结论使得贝克莱主教不仅从理论上驳斥这个学说,而且把这个学说的信奉者当做敌人大肆攻击。他说:"无神论的和反宗教的一切渎神体系是建立在物质学说或有形实体学说的基础上的…… 物质的实体对于各时代的无神论者是一个多么伟大的朋友,这是用不着说的。他们的一切怪异体系之依存于物质的实体,是如此明显、如此必要,以致一旦把这个基石抽掉,整个建筑物就一定倒塌。因此,我们不必特别注意无神论者的各个可怜宗派的荒谬学说。"(上引书第 92 节第 203—204 页)

"物质一旦被逐出自然界,就会带走很多怀疑论的和渎神的看法,带走无数的争论和纠缠不清的问题〈马赫在 19 世纪 70 年代发现的"思维经济原则"！1876年阿芬那留斯发现的"哲学——按照费力最小的原则对世界的思维"！〉，这些争论和问题使神学家和哲学家如坐针毡。物质使人类费了那么多无谓的劳动①，因此，即使我们提出来反驳物质的那些论据没有被认为是有充分说服力的（而我则认为它们是十分清楚的），我还是相信，真理、和平和宗教之友都有理由希望这些论据被认为是这样的。"（第96节）

贝克莱主教在直言不讳地议论，傻里傻气地议论！现在，同样的一些主张把"物质""经济地"赶出哲学的思想却具有狡猾得多的、被"新"术语弄得更混乱得多的形式，使得幼稚的人把这些思想当做"最新的"哲学！

但是，贝克莱不只是直言不讳地说出他的哲学倾向，他也竭力掩盖他的哲学的唯心主义真面目，把它说成没有荒谬见解的并为"常识"所能接受的。他本能地保护自己，使他的哲学不被人责难为现在所谓的主观唯心主义和唯我论。他说，我们的哲学"没有使我们失去自然界中的任何一物"（第34节）。自然界依然存在着，实物和幻想的区别也依然存在着，不过"两者同样地都存在于意识中"。"我决不对我们通过感觉或思考能够认识到的任何一物的存在提出异议。我用眼睛看到的和用手摸到的那些物是存在的，是真实存在的，这一点我毫不怀疑。我们否定其存在的唯一的物，是**哲学家们**〈黑体是贝克莱用的〉叫做物质或有形实体的东西。否定它，不会给其余的人类带来任何损害；我敢说，没有它，他们任何时候都不会感到若有所失……　无神论者的确会需要这个徒有其名的幽灵来作为他们不信神的根据……"

---

① 此处列宁引用的俄译文与原文英文有出入，按英文应译为："这些争论和问题使神学家和哲学家如坐针毡，使人类费了那么多无谓的劳动"。——编者注

　　这个思想在第 37 节里表达得更清楚。贝克莱在这一节里对于责难他的哲学取消了有形实体这一点回答道:"如果在通常的(vulgar)意义上把**实体**这个词理解为广延性、硬度、重量之类感性的质的组合,那就不能责难我取消了有形实体。但是,如果从哲学的意义上来理解实体这个词,就是说把它理解为〈存在于〉意识之外的偶性或质的基础,那么,只要对于根本不存在、甚至在想象中也不存在的东西说得上取消的话,我就真的承认我取消了它。"

　　怪不得英国哲学家弗雷泽这个唯心主义者、贝克莱主义的信徒(他出版过贝克莱的著作并附上了自己写的注释),把贝克莱的学说叫做"自然实在论"(上引书第 X 页)。这个有趣的术语是一定要提出来的,因为它的确表现出贝克莱想冒充实在论的意图。在以后的叙述中,我们会多次碰到一些"最新的""实证论者"用另一种形式,用另一套字眼重复着同样的把戏或伪装。贝克莱没有否定实物的存在! 贝克莱没有违反全人类的公意! 贝克莱"只是"否定哲学家们的一种学说,即否定一种认识论,这种认识论认真地坚决地以承认外部世界及其在人们意识中的反映为其一切论断的基础。贝克莱没有否定过去和现在始终立足于(多半是不自觉地)这种唯物主义认识论之上的自然科学。我们在第 59 节里读到:"根据我们关于各种观念在我们的意识中共存和相继出现的经验〈贝克莱——"纯粹经验"的哲学〉①……我们能够正确地判断:如果我们处在和现在所处的极不相同的环境中,我们会感觉到的〈或者说,我们会看到的〉是什么。这就是对自然界的认识。这种认识〈听呀!〉能够保持它的意义和可靠性,并同上面所说的完全一致。"

　　①　弗雷泽在他的序言里坚决认为,贝克莱和洛克一样,都是"只诉诸经验"(第117页)。

　　让我们把外部世界、自然界看做是神在我们心中所唤起的"感觉的组合"吧！承认这一点吧！不要在意识之外，在人之外去探索这些感觉的"基础"吧！这样我将在我的唯心主义认识论的范围内承认**全部**自然科学，承认它的结论的全部意义和可靠性。为了我的结论有利于"和平和宗教"，我需要的正是这个范围，而且只是这个范围。这就是贝克莱的思想。这个正确地表达了唯心主义哲学的本质及其社会意义的思想，我们以后在谈到马赫主义对自然科学的态度时还会碰到。

　　现在我们要指出最新实证论者和批判实在论者帕·尤什凯维奇在20世纪从贝克莱主教那里剽窃来的另一个最新发现。这个发现就是"经验符号论"。亚·弗雷泽说，贝克莱的"心爱的理论"就是"普遍自然符号论"（上引书第190页）或"自然符号论"（Natural Symbolism）。如果这些话不是出现在1871年出版的书中，那么就会怀疑英国哲学家、信仰主义者弗雷泽是在剽窃现代数学家兼物理学家彭加勒和俄国"马克思主义者"尤什凯维奇！

　　贝克莱主教用如下的话说明了他的那个使弗雷泽狂喜的理论：

　　"观念的联系〈不要忘记，在贝克莱看来，观念和物是同一个东西〉不是表示**因果关系**，它只是表示记号或**符号**同所标志的物的关系。"（第65节）"由此可见，一些物，从促成或帮助产生结果的原因范畴方面去看（under the notion of a cause），是完全不可解释的，并且会把我们引入极大的荒谬，如果把它们只看做使我们获得知识的记号或符号，那它们就能够很自然地得到解释……"（第66节）当然，在贝克莱和弗雷泽看来，利用这些"经验符号"使我们获得知识的不是别人，而是神。在贝克莱的理论中，**符号论**在认识论上的意义就在于:符号论应当代替那种"妄想以有形的原因来说明物"的"学说"(第 66 节)。

在因果性问题上,在我们面前有两个哲学派别。一个"妄想以有形的原因来说明物",显然它是和贝克莱主教所驳倒的"荒谬的""物质学说"有关的。另一个把"原因概念"归结为(神)用来"使我们获得知识"的"记号或符号"概念。在分析马赫主义和辩证唯物主义对这个问题的态度时,我们就会遇到这两个穿上了 20 世纪时装的派别。

其次,关于实在性问题还必须指出,贝克莱不承认物存在于意识之外,但却力图找出一个区别实在和虚假的标准。他在第 36 节中说道,人心所随意唤起的那些"观念""和人们通过感官感知的另一些观念比较起来,是模糊的、微弱的、不稳定的。后一类观念是按照自然界的一定规则或规律印入人们心中的,这类观念本身证明有一个比人心更有力更有智慧的心在起作用。人们说,这类观念比前一类观念有更多的**实在性**;这就是说,它们更明确、更有秩序、更清晰,它们不是感知它们的心所虚构的……" 在另一个地方(第 84 节),贝克莱力图把实在的概念和许多人同时对同一些感觉的感知联系起来。例如,假定有人告诉我们说水变成了酒,如何解决这是否实在的问题呢?"如果所有在座的人都看到了酒,闻到了酒香,喝了酒,尝到了酒味,并感觉到喝酒以后的效果,那么在我看来,就不能怀疑这个酒的实在性了。"弗雷泽又加以解释:"不同的人同时对同一些**感性**观念的感知,不同于个别人或单个人对**想象的东西**和情感的意识,这种感知在这里可看做对这类感性观念的**实在性**的验证。"

由此可见,不能把贝克莱的主观唯心主义理解为:似乎他忽视个人的知觉和集体的知觉之间的区别。恰恰相反,他企图靠这个区别来确立实在性的标准。贝克莱从神对人心的作用中引出"观念",这样他就接近了客观唯心主义:世界不是我的表象,而是一个至高无上的精神原因的结果,这个精神原因既创造"自然规律",也创造那些把"比较实在的"观念和不大实在的观念区分开来的规律等等。

贝克莱在他的另一著作《希勒斯和斐洛诺斯的三篇对话》(1713年)中,力图用异常通俗的形式说明他的观点。他是这样说明他的学说和唯物主义学说的对立的:

"我也像你们〈唯物主义者〉一样肯定地说,既然外界有某种东西影响我们,我们就应该承认外界〈在我们之外〉存在着一种力量,一种属于和我们不同的存在物的力量。可是这个强有力的存在物究竟是什么,在这个问题上我们就有了分歧。我肯定说它是精神,你们则肯定说它是物质,或者是我所不知道的(我可以补充一句,也是你们所不知道的)第三种东西……"(上引书第335页)

弗雷泽评述道:"全部问题的关键就在这里。在唯物主义者看来,感性现象是由**物质实体**或某种谁也不知道的'第三种东西'引起的;在贝克莱看来,感性现象是由理性的意志引起的;在休谟和实证论者看来,感性现象的起源是绝对不知道的,我们只能按照习惯用归纳的方法把它们当做事实概括起来。"

在这里,英国的贝克莱主义者弗雷泽从他的彻底唯心主义的观点出发,接触到唯物主义者恩格斯非常清楚地说明了的最基本的哲学"路线"。恩格斯在他的《路德维希·费尔巴哈》一书中把哲学家分为"两大阵营":唯物主义者和唯心主义者。同弗雷泽比较起来,恩格斯注意了这两个派别的更发展、更多样、内容更丰富的理论,认为两个派别之间的基本差别就在于:在唯物主义者看来,自然界是第一性的,精神是第二性的;在唯心主义者看来则相反。恩格斯把休谟和康德的信徒放在这两者之间,称他们为**不可知论者**,因为他们否认认识世界的可能性,或者至少是否认彻底认识世界的可能性①。在《路·费尔巴哈》中,恩格斯只是对休谟的信徒(就是那些被弗雷泽称为"实证论者"而他们自己也喜欢以此自称的人)使用了不可知论者这个术语,而在《论历史唯物主义》一文中,恩格斯就直接讲到"**新康德主义的不可知论者**"②的观点,把新康德主义**14**看做不可知论的变种③。

在这里,我们不能详述恩格斯的这个非常正确而又深刻的论断(被马赫主义者不知羞耻地忽视了的论断)。这点我们以后再详细地谈。现在我们只指出这个马克思主义的术语,只指出两个极端即彻底的唯物主义者和彻底的唯心主义者对基本哲学派别的看法相吻合。为了举例说明这些派别(在以后的叙述中我们不得不常常提到它们),我们简略地讲一讲和贝克莱走着不同道路的 18 世纪大哲学家们的看法。

请看休谟在《人类理性研究》一书的怀疑论哲学那一章(第 12 章)中的论述:"人们为自然本能或偏见所驱使,喜欢相信自己的感觉;我们总是不加思索地,甚至在思索之前,就设想有一个外部世界(external universe),它不依赖于我们的知觉,而且即使在我们和其他一切有感觉的创造物都不存在了或被消灭了的时候,它也

---

①　参看《马克思恩格斯文集》第 4 卷第 278—279 页。——编者注
②　参看《马克思恩格斯文集》第 3 卷第 507 页。——编者注
③　**弗·恩格斯**《论历史唯物主义》,载于《新时代》杂志**15**第 11 年卷(1892—1893)第 1 册第 1 期第 18 页。德译文是恩格斯自己从英文译过来的。在《历史唯物主义》文集中的俄译文(1908 年圣彼得堡版第 167 页)不精确。

会存在着，这可以说是很明显的。连动物也为类似的见解所支配，在它们的一切意图、计划和行动中都保持着这种对外部客体的信仰……　但是一切人的这种普遍的最初的见解很快就被最粗浅的(slightest)哲学摧毁了。这种哲学教导我们说：除映象或知觉之外，任何东西都不能呈现于我们心中；感官只不过是这些映象输入进来的入口(inlets)，它们不能在心和客体之间建立任何直接的关系(intercourse)。我们离桌子远一些，我们所看到的桌子好像就小一些。可是，不依赖我们而存在的实在的桌子并没有变化。因此，呈现于我们心中的只不过是桌子的映象(image)。这些显然是理性的指示。任何一个能思考的人从来都不会怀疑：当我们说'这张桌子'和'这棵树'的时候所指的那些东西(existences)，不外是我们心中的知觉……　用什么论据可以证明：我们心中的知觉一定是由那些虽和这些知觉相似（如果这是可能的）然而又完全不同的外在物引起的，而不是由心本身的能力，或者是由某种看不见的、无人知道的精神的作用，或者是由我们更加无从知道的一种别的原因产生的呢？……　这个问题怎样才能解决呢？当然，也像其他一切类似的问题一样，由经验来解决。可是经验在这里却沉默了，而且也不能不沉默。我们心中从来只有知觉，而没有任何其他的东西，并且无论如何也不会获得有关知觉和客体的关系的任何经验。因此，设想有这种关系，是没有任何逻辑根据的。为了证明我们感觉的真实性而乞援于上帝的真实性，无疑是兜一个很出人意料的圈子……　我们如果怀疑外部世界，我们就失掉了可以用来证明那个上帝的存在的一切论据。"①

---

① 大卫·休谟《人类理性研究》（论文集）1822年伦敦版第2卷第150—153页。

　　休谟在《人性论》第4篇第2章《对于感觉的怀疑论》中也讲了同样的话。"我们的知觉是我们的唯一对象。"(雷努维埃和毕雍的法译本,1878年版第281页)休谟所谓的怀疑论,是指不用物、精神等等的作用来说明感觉,即一方面不用外部世界的作用来说明知觉,另一方面不用神或未知的精神的作用来说明知觉。休谟著作的法译本序言的作者、一个同马赫相近的派别的哲学家(我们在下面会看到)毕雍(F.Pillon)说得对:在休谟看来,主体和客体都是"各种不同知觉的群",都是"意识的要素,印象、观念等等";问题应当只在于"这些要素的类集和组合"①。同样地,英国的休谟主义者、"不可知论"这个确切名词的创造者赫胥黎,在他的一本论述休谟的书中也着重指出:休谟把"感觉"看做"原初的、不可分解的意识状态",但是,在应当以客体对人的作用还是以心的创造力来说明感觉的起源这个问题上,休谟不是十分彻底的。"他〈休谟〉认为实在论和唯心主义是同样可能的假说。"②休谟没有超出感觉的范围。"红色和蓝色,玫瑰香,这些都是简单的知觉……　一朵红玫瑰给我们一种复杂的知觉(complex impression),这种复杂的知觉可以分解为红色、玫瑰香等等简单的知觉。"(同上,第64—65页)休谟既容许"唯物主义立场",也容许"唯心主义立场"(第82页):"知觉的集合"可能是费希特的"自我"所产生的,也可能是某种实在的东西(real something)的"模写,甚至是符号"。赫胥黎是这样解释休谟的。

　　至于说到唯物主义者,请看百科全书派[16]的首领狄德罗对贝

①　《休谟的心理学。人性论……》,沙·雷努维埃和弗·毕雍合译,1878年巴黎版序言第X页。
②　托·赫胥黎《休谟》1879年伦敦版第74页。

克莱的批评："那些只承认自身的存在和自身中交替出现的感觉的存在，而不承认其他任何东西的哲学家，叫做**唯心主义者**。这种怪诞的体系，在我看来，只有瞎子才会创造出来！这种体系虽然荒谬之至，可是最难驳倒，说起来真是人类智慧的耻辱、哲学的耻辱。"①狄德罗非常接近现代唯物主义的看法（认为单靠论据和三段论法不足以驳倒唯心主义，这里的问题不在于理论上的论证），他指出唯心主义者贝克莱的前提和感觉论者孔狄亚克的前提的相似之处。在他看来，孔狄亚克本应驳斥贝克莱，以免从感觉是我们知识的唯一泉源这个观点中作出那种荒谬的结论来。

　　在《达兰贝尔和狄德罗的谈话》中，狄德罗这样叙述自己的哲学观点："……假定钢琴有感觉能力和记忆，请你告诉我，难道它自己不会把你在它的键盘上弹出的曲调重弹一下吗？我们就是赋有感觉能力和记忆的乐器。我们的感官就是键盘，我们周围的自然界弹它，它自己也常常弹自己。依我看来，这就是和你我具有同样结构的钢琴中所发生的一切。"达兰贝尔回答说，这样的钢琴还要有获取食物和生出小钢琴的能力。狄德罗答辩道，这是毫无疑问的。就拿蛋来说吧。"就是这个蛋推翻了一切神学教义和地上的一切神庙。这个蛋是什么东西呢？在胚胎注入以前，它是一块没有感觉的东西。在胚胎注入以后，它又是什么东西呢？还是一块没有感觉的东西，因为这个胚胎也还只是一种呆滞的、混沌的液体。这块东西是怎样变成另一种组织，变成有感觉能力的，变成有生命的呢？依靠热。什么产生热呢？运动。"从蛋中孵出来的动物有你所有的一切情感，能做出你所做的一切动作。"你是不是要和

---

① 《狄德罗全集》，J.阿塞扎编，1875年巴黎版第1卷第304页。

笛卡儿一样断言,这是一架单纯的模仿机器? 可是小孩们会笑你,
而哲学家们会答复你说,如果这是一架机器,那么你也是同样的一
架机器。如果你承认这些动物和你之间只有机体组织上的差异,
那你就表明自己是有常识、有理智的,你是对的。但是人家会由此
得出反对你的结论,就是:一种按照一定方式组成的呆滞的物质,
浸染上另一种呆滞的物质,加上热和运动,就产生出感觉能力、生
命、记忆、意识、情感和思维。"狄德罗接着说道,两者必居其一:或
者设想蛋中有某种"隐藏的要素",它是在一定发育阶段上不知怎
样地钻入蛋中的,它是否占据空间,它是物质的还是特意创造出来
的,我们不知道。这种看法是违反常识的,会导致矛盾和荒谬。或
者只好作出"一个能说明一切的简单假定,就是:感觉能力是物质
的普遍特性或者是物质机体组织的产物"。达兰贝尔反驳说,这个
假定是承认一种在本质上和物质不相容的质。狄德罗回答道:

　　"既然你不知道一切东西的本质,不知道物质的本质,也不知
道感觉的本质,那你怎么会知道感觉能力在本质上是和物质不相
容的呢? 难道你更了解运动的本性、运动在某一物体中的存在、运
动从一个物体向另一个物体的转移吗?"达兰贝尔:"虽然我既不知
道感觉的本性,也不知道物质的本性,可是我看到感觉能力是一种
单纯的、单一的、不可分的质,是一种和可分的主体或基质(sup-
pôt)不相容的质。"狄德罗:"这是形而上学的、神学的胡扯! 怎么?
难道你没有看见物质的一切质,它的能被我们感觉到的一切形式,
在本质上都是不可分的吗? 不可入性是不能有多少之分的。圆的
物体的一半是有的,但是不能有圆的一半…… 如果你是一个物
理学家,当你看到一个结果产生出来的时候,你就会承认这个结果
是产生出来的,虽然你还不能说明原因和结果的联系。如果你是

遵循逻辑的,你就不要抛弃一个现有的并能说明一切的原因,而去提出另外一个不可了解的、和结果的联系更难理解的、造成无数困难而解决不了任何困难的原因。"达兰贝尔:"如果我抛弃这个原因呢?"狄德罗:"在宇宙中,在人身上,在动物身上,只有一个实体。手风琴是木制的,人是肉做的。黄雀是肉做的,音乐家是一种结构不同的肉做的;可是无论哪一个都有同一的起源、同一的构造,都有同一的机能和同一的目的。"达兰贝尔:"你的两架钢琴之间的声音的一致是怎样建立起来的呢?"狄德罗:"……有感觉能力的乐器或动物根据经验知道:在发出某种声音之后,就会有某种结果在它身外发生;别的像它一样有感觉的乐器或别的动物就会走近它或离开它,向它要什么或给它什么,伤害它或抚爱它。所有这些结果在它的记忆里和在别的动物的记忆里都同一定的声音联结着。请你注意,在人们的交往中,除了声音和动作,再没有什么别的。为了认识我的体系的全部力量,还请你注意,这个体系也遇到贝克莱为否认物体存在而提出的那个不可克服的困难。有过一个发疯的时刻,有感觉的钢琴以为它是世界上仅有的一架钢琴,宇宙的全部和谐都发生在它身上。"①

这是在1769年写的。我们的不长的历史考证就到此结束吧!在分析"最新实证论"的时候,我们还会不止一次地遇到"发疯的钢琴"和在人的内部发生的宇宙和谐。

现在我们只作出一个结论:"最新的"马赫主义者提出来反对唯物主义者的论据,没有一个,的确没有一个是贝克莱主教没有提出过的。

① 《狄德罗全集》,J.阿塞扎编,1875年巴黎版第2卷第114—118页。

当做一个笑柄,我们提一提这些马赫主义者中间的一位瓦连廷诺夫。他模糊地觉得他的立场是错误的,便竭力把他和贝克莱的血缘关系的"痕迹掩盖起来",而又做得非常可笑。在他的著作的第 150 页上,我们读到:"……人们每当说到马赫时就拉上贝克莱,我们要问,是指的哪一个贝克莱呢? 是那个一贯地自称为〈瓦连廷诺夫想说是被认为〉唯我论者的贝克莱呢,还是那个为神的直接降临和神意辩护的贝克莱? 一般说来〈?〉,是那个攻击无神论的、谈论哲理的主教贝克莱呢,还是那个深思熟虑的分析家贝克莱? 马赫同唯我论者和宗教形而上学说教者贝克莱的确没有任何共同之处。"瓦连廷诺夫糊涂了,他自己也弄不明白他为什么要维护"深思熟虑的分析家"、唯心主义者贝克莱而反对唯物主义者狄德罗。狄德罗把基本的哲学派别鲜明地对立起来。瓦连廷诺夫把它们混淆起来,同时还可笑地安慰我们,他写道:"马赫和贝克莱的唯心主义观点的'接近'即使是确实的,我们也不认为是哲学上的罪过。"(第 149 页)把哲学上的两个不可调和的基本派别混淆起来,这算什么"罪过"呢? 这正是马赫和阿芬那留斯的全部大睿大智。现在我们就来分析这种大睿大智。

1930—1950 年我国出版的
列宁《唯物主义和经验批判主义》一书的部分中译本

Н. ЛЕНИН = Вл. Ульянов =

МАТЕРИАЛИЗМ И ЭМПИРИОКРИТИЦИЗМ

КРИТИЧЕСКИЕ ЗАМЕТКИ ОБ ОДНОЙ РЕАКЦИОННОЙ ФИЛОСОФИИ

ГОСУДАРСТВЕННОЕ ИЗДАТЕЛЬСТВО
1920

1920 年列宁《唯物主义和经验批判主义》一书第 2 版封面

第 一 章

经验批判主义的认识论和
辩证唯物主义的认识论（一）

1. 感觉和感觉的复合

马赫和阿芬那留斯在他们的早期哲学著作中，直言不讳地、简单明了地叙述了他们的认识论的基本前提。我们现在就来看看这些著作，至于这些著作家后来所作的修正和删改，则留到以后论述时再去分析。

马赫在1872年写道："科学的任务只能是：(1)研究表象之间的联系的规律（心理学）；(2)揭示感觉之间的联系的规律（物理学）；(3)阐明感觉和表象之间的联系的规律（心理物理学）。"①这是十分清楚的。

物理学的对象是感觉之间的联系，而不是物或物体（我们的感觉就是它们的映象）之间的联系。1883年，马赫在他的《力学》②一书中重复同样的思想："感觉不是'物的符号'，而'物'倒是具有相对稳定性的感觉复合的思想符号。世界的真正**要素**不是物（物

---

① **恩·马赫**《功的守恒定律的历史和根源》(1871年11月15日在波希米亚皇家科学学会上的讲演)1872年布拉格版第57—58页。
② 即《力学发展的历史评述》。——编者注

体),而是颜色、声音、压力、空间、时间(即我们通常称为感觉的东西)。"①

关于"要素"这个名词,这个经过 12 年"思考"的成果,我们在下面再讲。现在我们要指出的是:马赫在这里直截了当地承认物或物体是感觉的复合,十分明确地把自己的哲学观点同一种相反的、认为感觉是物的"符号"(确切些说,物的映象或反映)的理论对立起来。这后一种理论就是**哲学唯物主义**。例如,唯物主义者弗里德里希·恩格斯,马克思的这位有名的合作者和马克思主义的奠基人,就经常毫无例外地在自己的著作中谈到物及其在思想上的模写或反映(Gedanken-Abbilder),不言而喻,这些思想上的模写不是由别的,而是由感觉产生的。看起来,凡谈论"马克思主义哲学"的人,尤其是**以**这种哲学的**名义**著书立说的人,都应当知道"马克思主义哲学"的这个基本观点。但是,我们的马赫主义者却造成了异乎寻常的混乱,因此我们不得不把众所周知的东西再重复一下。翻开《反杜林论》第 1 节,我们就可以读到:"……事物及其在思想上的反映……"② 或者翻开哲学编第 1 节,那里写道:"思维从什么地方获得这些原则〈指一切认识的基本原则〉呢?从自身中吗?不…… 思维永远不能从自身中,而只能从外部世界中汲取和引出存在的形式。…… 原则不是研究的出发点〈而在想做一个唯物主义者可又不能彻底贯彻唯物主义的杜林那里则相反〉,而是它的最终结果;这些原则不是被应用于自然界和人类历史,而是从它们中抽象出来的;不是自然界和人类去适应原则,而

---

① 恩·马赫《力学发展的历史评述》1897 年莱比锡第 3 版第 473 页。
② 弗·恩格斯《欧根·杜林先生在科学中实行的变革》1904 年斯图加特第 5 版第 6 页(见《马克思恩格斯文集》第 9 卷第 24 页。——编者注)。

是原则只有在符合自然界和历史的情况下才是正确的。这是对事物的唯一唯物主义的观点,而杜林先生的相反的观点是唯心主义的,它把事物完全头足倒置了,从思想中……来构造现实世界……"(同上,第21页)①我们再重复一遍:恩格斯到处都毫无例外地贯彻这个"唯一唯物主义的观点",只要看到杜林稍微从唯物主义退向唯心主义,就毫不留情地加以抨击。任何人只要略为留心地读一读《反杜林论》和《路德维希·费尔巴哈》,就会看到许许多多的例子,其中恩格斯讲到物及其在人的头脑中,在我们的意识、思维中的模写等等。恩格斯并没有说感觉或表象是物的"符号",因为彻底的唯物主义在这里应该用"映象"、画像或反映来代替"符号",关于这点我们将在适当的地方加以详尽的说明。我们现在谈的完全不是唯物主义的这种或那种说法,而是唯物主义和唯心主义的对立,哲学上两条基本**路线**的区别。从物到感觉和思想呢,还是从思想和感觉到物? 恩格斯坚持第一条路线,即唯物主义的路线。马赫坚持第二条路线,即唯心主义的路线。任何狡辩、任何诡辩(我们还会遇到许许多多这样的狡辩和诡辩)都不能抹杀一个明显的无可争辩的事实:恩·马赫关于物即感觉的复合的学说,是主观唯心主义,是贝克莱主义的简单的重复。如果物体像马赫所说的是"感觉的复合",或者像贝克莱所说的是"感觉的组合",那么由此必然会得出一个结论:整个世界只不过是我的表象而已。从这个前提出发,除了自己以外,就不能承认别人的存在,这是最纯粹的唯我论。不管马赫、阿芬那留斯、彼得楚尔特之流怎样宣布他们同唯我论无关,但事实上,如果他们不陷入惊人的逻辑谬误,

---

① 参看《马克思恩格斯文集》第9卷第37—38页。——编者注

就不可能摆脱唯我论。为了更清楚地说明马赫主义哲学的这个基本要素，我们再从马赫的著作中作一些引证。下面就是引自《感觉的分析》（科特利亚尔的俄译本，1907年莫斯科斯基尔蒙特出版社版）的一个例证：

"我们面前有一个具有尖端S的物体。当我们碰到尖端，使它和我们的身体接触的时候，我们就感到刺痛。我们可以看见尖端，而不感觉刺痛。但是当我们感觉刺痛时，我们就会发现尖端。因此，看得见的尖端是一个恒定的核心，而刺痛是一种偶然现象，视情况不同，它可能和核心联系着，也可能不和核心联系着。由于类似现象的经常重复，最后人们习惯于把物体的**一切**特性看做是从这些恒定的核心中发出并通过我们身体的中介而传给**自我**的'作用'；我们就把这些'作用'叫做'**感觉**'……"（第20页）

换句话说，人们"习惯于"坚持唯物主义的观点，把感觉看做物体、物、自然界作用于我们感官的结果。这个"习惯"对哲学唯心主义者是有害的（然而是整个人类和全部自然科学所具有的！），马赫非常讨厌它，于是就去摧毁它：

"……但是，这些核心因此便失去它们的全部感性内容，成为赤裸裸的抽象符号了……"

最可敬的教授先生，这是陈词滥调啊！这是在逐字逐句地重复贝克莱所说的物质是赤裸裸的抽象符号这句话啊！实际上，赤裸裸的正是恩斯特·马赫，因为，他既然不承认客观的、不依赖于我们而存在的实在是"感性内容"，那么在他那里就只剩下一个"赤裸裸的抽象的"**自我**，一个必须大写并加上着重标记的**自我**，也就是"一架发了疯的、以为世界上只有自己才存在的钢琴"。既然外部世界不是我们感觉的"感性内容"，那么除了这个发表空洞"哲学"怪论的赤裸裸的**自我**以外，就什么也没有了。真是一个愚蠢的毫无结果的勾当！

"……因而，说世界仅仅由我们的感觉构成，这是正确的。但这样一来，我们所知道的也就**仅仅**是我们的感觉了，而关于那些核心以及它们之间的相互作用（这种相互作用的产物只是感觉）的假定，就是完全没有意义的和多余的了。这样的观点仅仅对**不彻底的实在论**或**不彻底的批判主义**来说才是好的。"

我们把马赫的"反形而上学的意见"的第6节全部抄下来了。这些话完全是从贝克莱那里剽窃来的。除"我们感觉到的仅仅是自己的感觉"这一点以外，没有丝毫创见，没有一点思想的闪光。从这里只能得出一个结论："世界仅仅由**我的**感觉构成。"马赫用"我们的"这个字眼来代替"我的"这个字眼，是不合理的。就在这一个字眼上，马赫暴露出了他所谴责别人的那种"不彻底性"。因为，如果关于外部世界的"假定"，关于针不依赖于我而存在以及我的身体和针尖之间发生相互作用的假定是"没有意义的"，如果所有这些假定的确都是"没有意义的和多余的"，那么关于别人是存在着的这一"假定"就首先是没有意义的和多余的了。存在的只是**自我**，而其余的一切人，也和整个外部世界一样，都属于没有意义的"核心"之列。从这个观点出发，就不能说"**我们的**"感觉了，可是马赫却这样说了，这只是表明他的惊人的不彻底性。这只是证明：他的哲学是连他本人也不相信的没有意义的空话。

下面的例子特别明显地说明马赫的不彻底性和思想混乱。就在《感觉的分析》的第11章第6节里，我们读到："假使正当我感觉着什么东西的时候，我自己或别的什么人能用一切物理的和化学的方法来观察我的头脑，那就可以确定一定种类的感觉和有机体

中所发生的哪些过程有联系……"(第197页)

好极了！这不是说我们的感觉和整个有机体中、特别是我们头脑中所发生的一定过程有联系吗？是的，马赫十分肯定地作出了这种"假定"，因为从自然科学的观点出发，不作出这种"假定"是困难的。但是对不起，这正是我们这位哲学家宣布为多余的和没有意义的关于"核心以及它们之间的相互作用"的"假定"！经验批判主义者对我们说，物体是感觉的复合；马赫硬要我们相信，如果超出这一点，认为感觉是物体作用于我们感官的结果，那就是形而上学，就是没有意义的多余的假定等等，这和贝克莱如出一辙。但头脑是物体。就是说，头脑也不过是感觉的复合。结果是，我(**我也无非是感觉的复合**)依靠感觉的复合去感觉感觉的复合。多妙的哲学！先宣布感觉是"世界的真正要素"，并在这上面建立"独出心裁的"贝克莱主义，然后又偷运相反的观点，说感觉是和有机体中的一定过程有联系的。这些"过程"是否跟"有机体"和外部世界之间的物质交换有联系呢？如果某一有机体的感觉不向该有机体提供关于这个外部世界的客观正确的表象，这种物质交换能够发生吗？

马赫没有给自己提出这些麻烦的问题，而是机械地把贝克莱主义的一些片断言论和自发地站在唯物主义认识论立场上的自然科学的见解掺杂在一起……　马赫在同一节里写道："有时候人们也提出'物质'(无机的)是否也有感觉的问题……"　这不是说**有机物质**具有感觉是不成问题了吗？这不是说感觉并非什么第一性的东西，而是物质的一种特性吗？马赫越过了贝克莱主义的一切荒谬之处！……他说："从普通的、广泛流行的物理学观念出发，这个问题是十分自然的，因为按照这种物理学观念，物质是**直接的、**

无疑地存在着的**实在的东西**,一切有机物和无机物都是由它构成的……" 我们要好好记住马赫的这个确实有价值的自供:普通的、广泛流行的**物理学**观念认为物质是直接的实在,而且只有这种实在的一个变种(有机物质)才具有明显表现出来的感觉特性…… 马赫继续写道:"那么在这样的场合下,感觉应当是在物质所构成的大厦中不知怎么地突然产生的,或者应当是存在于所谓这个大厦的基础本身中。从**我们的**观点看来,这个问题根本是荒谬的。对我们来说,物质不是第一性的东西。这种第一性的东西只是**要素**(要素在某种确定的意义上叫做感觉)……"

这样说来,感觉是第一性的东西了,尽管它只和有机物质中的一定过程有"联系"! 当马赫说这种荒唐话时,仿佛是在责难唯物主义("普通的、广泛流行的物理学观念"),说它没有解决感觉是从哪里"产生出来"的问题。这是信仰主义者及其喽啰们"驳斥"唯物主义的例证。难道有什么其他哲学观点能够在解决问题所需的材料还没有充分收集起来的时候就"解决"问题吗? 马赫自己在同一节中不是也说过这样的话吗? 他说:"当这个任务〈即解决"感觉在有机界里扩展的范围究竟有多大"的问题〉在任何一个特殊场合下都还没有得到解决时,要解决这个问题是不可能的。"

由此可见,唯物主义和"马赫主义"的区别,在这个问题上可以归结如下:唯物主义和自然科学完全一致,认为物质是第一性的东西,意识、思维、感觉是第二性的东西,因为以明显形式表现出来的感觉只和物质的高级形式(有机物质)有联系,而"在物质大厦本身的基础中"只能假定有一种和感觉相似的能力。例如,著名的德国自然科学家恩斯特·海克尔、英国生物学家劳埃德·摩根等人的假定就是这样,至于我们上面所讲的狄德罗的猜测就更不用说了。

马赫主义坚持相反的、唯心主义的观点，于是就马上陷入荒谬之中。因为，第一，它不顾感觉只和按一定方式组成的物质的一定过程相联系这一事实，把感觉当做第一性的东西；第二，除了那个大写的**自我**之外，它假定存在着其他生物和其他"复合"，这就破坏了物体是感觉的复合这一基本前提。

　　"要素"这个字眼被许多天真的人看成（我们以后会看到）一种新东西、一种发现，其实"要素"是一个什么也不能说明的术语，它只是把问题弄糊涂，只是造成一种假象，似乎问题已经解决或者向前推进了一步。这种假象所以虚妄，是因为：对于那种看来完全没有感觉的物质，跟那种由同样原子（或电子）构成但却具有明显表现出来的感觉能力的物质如何发生联系的问题，我们还需要研究再研究。唯物主义明确地把这个尚未解决的问题提出来，从而促进这一问题的解决，推动人们去作进一步的实验研究。马赫主义，即一种混乱的唯心主义，却用"要素"这个空洞的狡辩的辞令把问题弄糊涂，使它离开正确的途径。

　　下面的一段话引自马赫的最后一部带有综合性和结论性的哲学著作，这段话表明了这种唯心主义怪论的全部虚伪性。在《认识和谬误》中，我们读到："用感觉即**心理**要素构成（aufzubauen）**任何物理**要素，是没有任何困难的，但不能设想（ist keine Möglichkeit abzusehen），任何**心理**体验怎么可以由现代物理学所使用的要素即质量和运动（处在仅仅对这门特殊科学有用的那种僵化状态——Starrheit——的要素）构成（darstellen）。"①

　　关于许多现代自然科学家的概念的僵化，关于他们的形而上

<hr />

① 　**恩·马赫**《认识和谬误》1906年第2版第12页注释。

学的(按马克思主义对这个词的理解,即反辩证法的)观点,恩格斯曾经不止一次十分明确地讲到过。我们在下面就会看到,马赫正是在这点上走入了歧途,因为他不懂得或者不知道相对主义和辩证法之间的关系。但是现在所说的不是这个问题。对于我们说来,重要的是要在这里指出:尽管马赫使用了混乱的、似乎是新的术语,但他的**唯心主义**表现得非常明显。你们看,由感觉即心理要素构成任何物理要素,是没有任何困难的!是的,这样的构成当然是没有困难的,因为这是纯粹字面上的构成,是偷运信仰主义的空洞的经院哲学。因此,马赫把他的著作献给内在论者,而最反动的哲学唯心主义的信徒内在论者又来拥抱马赫,这就不足为奇了。恩斯特·马赫的"最新实证论"只是迟了约200年,因为贝克莱早已充分地表明:"由感觉即心理要素"所能"构成"的不是别的,只是**唯我论**。至于说到唯物主义(马赫虽然没有直截了当和明确地把它叫做"敌人",然而在这里也把自己的观点和它对立起来),我们从狄德罗的例子中就已经看到唯物主义者的真正观点了。这种观点不在于从物质的运动中引出感觉或者把感觉归结为物质的运动,而在于承认感觉是运动着的物质的一种特性。恩格斯在这个问题上坚持狄德罗的观点。顺便提一下,恩格斯所以和"庸俗"唯物主义者福格特、毕希纳、摩莱肖特划清界限,就是因为他们迷惑于这样一种观点,似乎大脑分泌思想**正如**肝脏分泌胆汁一样。而经常把自己的观点和唯物主义对立起来的马赫,当然也会完全像其他一切御用哲学的御用教授一样,无视一切伟大的唯物主义者——狄德罗、费尔巴哈、马克思和恩格斯。

　　为了说明阿芬那留斯的最初的和基本的观点,我们要谈一谈1876年出版的他的第一部独立的哲学著作:《哲学——按照费力最小的原则对世界的思维》(《纯粹经验批判绪论》)。波格丹诺夫在他的《经验一元论》(1905年第2版第1卷第9页注释)中说道："在马赫的观点的发展中,哲学唯心主义是出发点,而阿芬那留斯的特点则在于他一开始就有实在论的色彩。"波格丹诺夫所以这样说,是因为他信了马赫的话,见《感觉的分析》俄译本第288页。但是波格丹诺夫枉然相信了马赫,他的论断也就完全违反了事实的真相。相反地,阿芬那留斯的唯心主义在上述1876年的著作中表现得非常明显,连阿芬那留斯本人在1891年也不得不承认这点。阿芬那留斯在《人的世界概念》的序言中说:"谁读了我的第一部有系统的著作《哲学——按照费力最小的原则对世界的思维》,谁马上就会推测到:我是企图首先从唯心主义的观点去阐明《纯粹经验批判》一书中的问题的"(《人的世界概念》1891年版序言第 IX页),但是"哲学唯心主义的无效",使我"怀疑我以前所走的道路的正确性"(第 X 页)。在哲学文献中,阿芬那留斯的这个唯心主义出发点是大家所公认的。从法国著作家中,我可以举出科韦拉尔特,他说阿芬那留斯在《绪论》[①]中的哲学观点是"一元论唯心主义"[②];从德国著作家中,我可以举出阿芬那留斯的学生鲁道夫·维利,他说:"阿芬那留斯在青年时代,特别是在他的1876年的著作中,完全处在所谓认识论唯心主义的影响之下(ganz im Banne)。"[③]

　　如果否认阿芬那留斯的《绪论》中的唯心主义,那的确是可笑的,因为他在那里直言不讳地说:"只有感觉才能被设想为存在着

① 即《纯粹经验批判绪论》。——编者注
② 弗·万科韦拉尔特《经验批判主义》,载于1907年2月《新经院哲学评论》杂志[17]第51页。
③ 鲁道夫·维利《反对学院智慧。哲学批判》1905年慕尼黑版第170页。

的东西。"(德文第 2 版第 10 页和第 65 页,引文中的黑体都是我用的)阿芬那留斯自己就是这样来叙述他的著作第 116 节的内容的。这一节的全文如下:"存在着的东西(das Seiende)被认为是有感觉能力的实体;实体消失了〈你们看,设想"实体"不存在,设想什么外部世界都不存在,是"更经济些","费力更小些"!〉……而感觉依然存在。因此我们应当把存在着的东西设想为感觉,在它的基础中没有感觉以外的任何东西(nichts Empfindungsloses)。"

于是,感觉可以不要"实体"而存在,也就是说,思想可以不要头脑而存在! 难道真的会有替这种无头脑的哲学作辩护的哲学家吗? 有的,理查·阿芬那留斯教授就是其中的一个。关于这样的辩护,尽管正常的人很难认真地去对待它,但我们却不能不稍微谈一谈。下面就是阿芬那留斯在同书第 89—90 节中的议论:

"……运动引起感觉这个论点,仅仅是以一种假象的经验为根据的。这种包括知觉这一行为在内的经验似乎就在于:感觉是由于传来的运动(刺激)并在其他物质条件(例如血液)的协助下而在某种实体(大脑)中产生的。尽管这个产生过程从来也没有人直接(selbst)体验过,但是为了使设想的经验成为各部分都是真实的经验,至少必须用经验的证据来证明:那种似乎由传来的运动在某一实体中所引起的感觉,不是早就以某种形式存在于这个实体中的;因此,只能把感觉的出现理解为传来的运动的一种创造作用。于是,只有证明在现在出现感觉的地方以前没有任何感觉,甚至没有最低级的感觉,才能确定这样一个事实,这个事实表示某种创造作用,因而同其余的全部经验相矛盾,并且根本改变其余的全部自然观(Naturanschauung)。但是任何经验都没有提供这样的证明,而且任何经验都不能提供这样的证明;相反地,实体在具有感觉之前的那种根本没有感觉的状态，只不过是一种假说而已。这样的假说不是使我们的认识简单明白，而是使我们的认识复杂模糊。

如果这种所谓的经验（即感觉似乎是通过传来的运动而在实体中**产生**的，而实体从这时起才开始具有感觉）在仔细的考察下原来只是假象的经验，那么，或许在残存的经验内容中还有足够的材料可以肯定感觉至少相对地起源于运动的条件，就是说，可以肯定现有的然而是潜伏的、或者最低级的、或者因其他原因而没有被我们意识到的感觉，由于传来的运动而解放出来了，或者上升了，或者被意识到了。然而，这一点残存的经验内容也只是一种假象。假使我们用一种理想的观察方法去探究从运动着的实体 A 中发出并经过一系列媒介中心而传达到有感觉能力的实体 B 的运动，那么我们至多能发现实体 B 中的感觉在接受传达到的运动的同时便发展或上升起来，但是我们不会发现这是**由于**运动而产生的……"

我们特意把阿芬那留斯驳斥唯物主义的这段话全部摘录下来，使读者可以看到"最新的"经验批判主义哲学在玩弄着多么可怜的诡辩。我们现在把唯心主义者阿芬那留斯的议论和波格丹诺夫的**唯物主义的**议论……比较一下，就算是对波格丹诺夫背叛唯物主义的一个惩罚吧！

在很久很久以前，整整 9 年以前，当波格丹诺夫一半是"自然科学的唯物主义者"（即绝大多数现代自然科学家自发地主张的唯物主义认识论的拥护者），只有一半被糊涂人奥斯特瓦尔德弄得糊里糊涂的时候，他写道："从古代到现在，记述心理学一直把意识的事实分为三类：感觉和表象的领域、情感的领域以及冲动的领域…… 属于第一类的是外部世界或内部世界的现象在意识中如实出现的**映象**…… 这样的映象，如果是直接由与它相符合的外部现象经过外部感觉器官引起的,就叫做'感觉'。"①稍后几页写道:"感觉……在意识中的产生,是通过外部感觉器官传来的外部环境的某种刺激的结果。"(第 222 页)又写道:"感觉是意识生活的基础,是意识和外部世界的直接联系。"(第 240 页)"在感觉过程的每一步上,都发生着外部刺激力向意识事实的转化。"(第 133 页)甚至在 1905 年,当波格丹诺夫在奥斯特瓦尔德和马赫的善意的协助下,在哲学上已经从唯物主义观点转到唯心主义观点时,他(由于健忘!)还在《经验一元论》中写道:"大家知道,外部刺激力在神经末梢器官中变为'电报'形式的神经流,这种形式的神经流虽然还没有得到充分的研究,但丝毫没有神秘性。这样的刺激力首先到达分布在神经节、脊髓、皮质下神经中枢等所谓'低级'中枢里面的神经原。"(1905 年第 2 版第 1 卷第 118 页)

　　任何一个没有被教授哲学弄糊涂的自然科学家,也和任何一个唯物主义者一样,都认为感觉的确是意识和外部世界的直接联系,是外部刺激力向意识事实的转化。这种转化每个人都看到过千百万次,而且的确到处都可以看得到。唯心主义哲学的诡辩就在于:它把感觉不是看做意识和外部世界的联系,而是看做隔离意识和外部世界的屏障、墙壁;不是看做同感觉相符合的外部现象的映象,而是看做"唯一存在的东西"。阿芬那留斯只是把这种早已被贝克莱主教用滥了的旧诡辩在形式上略微改变了一下。既然我们还不知道我们每分钟所看到的感觉和按一定方式组成的物质之间的联系的一切条件,因此我们承认只有感觉才是存在着的,阿芬那留斯的诡辩就是如此。

---

① **亚·波格丹诺夫**《自然史观的基本要素》1899 年圣彼得堡版第 216 页。

　　为了结束对经验批判主义的基本的唯心主义前提的评述,我们简略地提一下这一哲学流派在英国和法国的代表。关于英国人卡尔·毕尔生,马赫直言不讳地说:"我和他的认识论的(erkennt-niskritischen)观点在一切主要点上是一致的。"(《力学》上引版本第 IX 页)卡·毕尔生也表示他和马赫是一致的。[1] 在毕尔生看来,"实物"就是"感性知觉"(sense impressions)。他宣称,凡是承认在感性知觉之外有物的存在的,都是形而上学。毕尔生最坚决地攻击唯物主义(尽管他既不知道费尔巴哈,也不知道马克思和恩格斯);他的论据与上面所分析过的没有什么差别。但是,毕尔生却一点也不想冒充唯物主义者(这是俄国马赫主义者的特长),他如此地……不谨慎,竟不替自己的哲学想出"新的"称号,而直截了当地宣布他和马赫的观点都是**"唯心主义的"**(上引版本第 326 页)!毕尔生认为自己的家谱是直接从贝克莱和休谟那里续来的。我们在下文中将不止一次地看到,毕尔生的哲学按其完整性和思考的周密性来说,大大地超过了马赫的哲学。

　　马赫特地表示自己是同法国物理学家皮·杜恒和昂利·彭加勒一致的[2]。关于这些著作家的特别混乱的和不彻底的哲学观点,我们在论新物理学的那一章中再讲。这里我们只须指出:彭加勒认为物是"感觉群"[3],而杜恒也顺便说过类似的观点[4]。

　　现在我们来研究马赫和阿芬那留斯在承认他们的最初观点的唯心主义性质之后,又怎样在以后的著作中**修改**这些观点。

---

① **卡尔·毕尔生**《科学入门》1900 年伦敦第 2 版第 326 页。
② 《感觉的分析》第 4 页。参看《认识和谬误》第 2 版序言。
③ **昂利·彭加勒**《科学的价值》1905 年巴黎版,有俄译本,散见各处。
④ 参看皮·杜恒《物理学理论及其对象和构造》1906 年巴黎版第 6、10 页。

2.“世界要素的发现”

苏黎世大学的讲师弗里德里希·阿德勒曾用这个标题写了一篇关于马赫的文章;他几乎是德国唯一想用马赫主义来补充马克思的著作家。[①] 我们应当为这位天真的讲师说句公道话,他本想好心好意地帮马赫主义的忙,结果反而弄巧成拙。问题至少是提得明确而尖锐的:马赫是真的“发现了世界要素”吗? 如果是真的,那么,当然只有十分落后和无知的人才会直到现在还要当唯物主义者。或者,这个发现只是马赫对旧的哲学谬误的重复吗?

我们知道,1872 年的马赫和 1876 年的阿芬那留斯都抱着纯粹唯心主义的观点,在他们看来,世界就是我们的感觉。1883 年,马赫的《力学》出版了,他在第一版的序言中恰好引证了阿芬那留斯的《绪论》,对那些和自己的哲学“非常接近的”(sehr verwandte)思想表示欢迎。下面就是这本《力学》中关于要素的议论:“全部自然科学只能描写(nachbilden und vorbilden)我们通常称为**感觉**的那些**要素**的复合。这里所说的是这些要素的联系。A(热)和 B(火光)的联系属于**物理学**,A 和 N(神经)的联系属于生理学。这两种联系不是**单独**存在的,而是一起存在的。我们只能暂时撇开这种或那种联系。因此,连那些看来是纯粹力学的过程也总是生理学的过程。”(上引书德文版第 499 页)在《感觉的分析》里也有同

---

① 　弗里德里希·**W.阿德勒**《世界要素的发现(为庆祝恩·马赫七十寿辰而作)》,载于 1908 年 2 月《斗争》杂志[18]第 5 期,英译文载于 1908 年 4 月《国际社会主义评论》杂志[19]第 10 期。这位阿德勒的一篇文章译成俄文,载于《历史唯物主义》文集。

样的议论:"……凡是把'感觉'、'感觉的复合'这两个名词和'要素'、'要素的复合'这两个名词同时并用,或是用前者来代替后者的地方,必须经常注意:**只有**在这种**联系**上〈即在 A、B、C 同 K、L、M 的联系上,也就是说,在"通常称为物体的复合"同"我们称为我们身体的复合"的联系上〉,在这种关系上,在这种函数的依存关系上,要素才是**感觉**。在另一种函数的依存关系上,它们同时又是物理对象。"(俄译本第 23 页和第 17 页)"例如,当我们注意到颜色对照明颜色的光源(其他颜色、热、空间等)的依存关系时,颜色就是物理对象。但是,当我们注意到颜色对**视网膜**(要素 K、L、M……)**的依存关系**时,它就是**心理**对象、**感觉**。"(同上,第 24 页)

这样一来,世界要素的发现就在于:

(1)把一切存在的东西都说成是感觉;

(2)把感觉叫做要素;

(3)把要素分为物理的东西和心理的东西,后者依赖于人的神经,一般说依赖于人的机体,而前者不依赖于它们;

(4)把物理要素的联系和心理要素的联系说成不是彼此单独存在的;它们只是一起存在的;

(5)只能把这种或那种联系暂时撇开;

(6)把"新"理论说成是没有"片面性"的。①

这里的确没有片面性,然而却有彼此对立的哲学观点的杂乱混合。既然你们**只是**从感觉出发,那么你们用"要素"这个字眼就无法克服你们的唯心主义的"片面性",而只是把问题弄糊涂,胆怯

---

① 马赫在《感觉的分析》一书中说:"人们通常把要素叫做感觉。但由于在感觉这个名称下已经有着一种片面的理论,所以我们宁肯简单地讲要素。"(第 27—28 页)

地躲开你们自己的理论。你们口头上在消除物理的东西和心理的东西之间的对立①、唯物主义(它认为自然界、物质是第一性的)和唯心主义(它认为精神、意识、感觉是第一性的)之间的对立,你们实际上又马上放弃自己的基本前提,重新恢复这种对立,偷偷地恢复这种对立!因为,如果要素是感觉,那么你们连一秒钟也没有权利认为"要素"是**不依赖于**我的神经、我的意识而存在的。既然你们承认这种不依赖于我的神经、我的感觉的物理对象,这种只是通过对我的视网膜的作用而产生感觉的物理对象,那么,你们就是可耻地离开你们的"片面的"唯心主义而转到"片面的"唯物主义的观点上来了!如果颜色仅仅在依存于视网膜时才是感觉(如自然科学迫使你们承认的那样),那么,这就是说,光线落到视网膜上才引起颜色的感觉;这就是说,在我们之外,不依赖于我们和我们的意识而存在着物质的运动,例如,存在着一定长度和一定速度的以太波,它们作用于视网膜,使人产生这种或那种颜色的感觉。自然科学也正是这样看的。它用存在于人的视网膜之外的、在人之外和不依赖于人的光波的不同长度来说明这种或那种颜色的不同感觉。这也就是唯物主义:物质作用于我们的感官而引起感觉。感觉依赖于大脑、神经、视网膜等等,也就是说,依赖于按一定方式组成的物质。物质的存在不依赖于感觉。物质是第一性的。感觉、思想、意识是按特殊方式组成的物质的高级产物。这就是一般唯物主义的观点,特别是马克思和恩格斯的观点。马赫和阿芬那留斯通过"要素"这个字眼**悄悄地**偷运唯物主义;这个字眼**似乎**可以把他们的理论从主观唯心主义的"片面性"中解脱出来,**似乎**可以

---

① "**自我**与世界的对立、感觉或现象与物的对立消失了,一切只归结为要素的结合。"(《感觉的分析》第 21 页)

容许他们承认心理的东西依赖于视网膜、神经等等，而物理的东西则不依赖于人的机体。事实上，玩弄"要素"这个字眼，当然是一种最可怜的诡辩，因为唯物主义者在读马赫和阿芬那留斯的著作时，马上就会提出一个问题："要素"是什么呢？以为造出一个新字眼就可以躲开哲学上的基本派别，那真是童稚之见。或者像一切经验批判主义者，如马赫、阿芬那留斯、彼得楚尔特①等等所说的那样，"要素"是**感觉**，那么，先生们，你们的哲学就是妄图用一个比较"客观的"术语来掩饰唯我论真面目的**唯心主义**。或者"要素"不是感觉，那么你们的这个"新"字眼就**根本没有什么意思**，这不过是讲些无聊的空话，装腔作势而已。

例如，拿彼得楚尔特来说吧，按俄国第一个也是最大的一个经验批判主义者弗·列谢维奇的评价，他是经验批判主义的权威②。他把要素规定为感觉，并在上述著作第 2 卷里说道："在'感觉是世界要素'这个命题中，必须防止把'感觉'这个词看做仅仅是指一种主观的、因而是虚无缥缈的、把通常的世界图景变为幻影（verflüchtigendes）的东西。"③

谁害什么病，谁就老谈这种病！彼得楚尔特感觉到：假使认为感觉是世界要素，那么世界就会"消散"（verflüchtigt sich），或者变成幻影。好心肠的彼得楚尔特以为只要附带声明一下，不要把感觉看做只是主观的东西，这样就可以解决问题了！难道这不是可笑的诡

---

① **约瑟夫·彼得楚尔特**《纯粹经验哲学引论》1900 年莱比锡版第 1 卷第 113 页："所谓要素，就是感觉，即通常所谓的简单的不能再分解的知觉（Wahrnehmungen）。"
② **弗·列谢维奇**《什么是科学的〈应读做时髦的、教授的、折中主义的〉哲学?》1891 年圣彼得堡版第 229 页和第 247 页。
③ **彼得楚尔特**的书 1904 年莱比锡版第 2 卷第 329 页。

辩吗？难道事情会因为我们把感觉"看做"感觉或者竭力扩大这个词的含义而有所改变吗？难道人的感觉同具有正常机能的神经、视网膜、大脑等等相联系的事实，外部世界不依赖于我们感觉而存在的事实就会因此消失吗？如果你们不想用一些狡辩来支吾搪塞，如果你们真想"防止"主观主义和唯我论，那么你们首先应该防止你们哲学的唯心主义的基本前提；应该用唯物主义路线（从外部世界到感觉）来代替你们哲学的唯心主义路线（从感觉到外部世界）；应该抛弃"要素"这个空洞的、混乱的饰词，而干脆说颜色是物理对象作用于视网膜的结果，也就是说，感觉是物质作用于我们的感官的结果。

我们再拿阿芬那留斯来说吧。在"要素"的问题上，他的最后的（而且对于理解他的哲学大概也是最重要的）一本著作《关于心理学对象的概念的考察》①提供了最有价值的材料。作者在这里还列了一个非常"醒目的"图表（第18卷第410页），我们把它的主要部分抄录如下：

> "要素、要素的复合：
> 一、物或属于物的东西……………………………………有形物。
> 二、思想或属于思想的东西
> 　　(Gedankenhaftes) ………………………………无形物、记忆和幻想。"

请把这个表同马赫在对"要素"作了一切说明之后所说的(《感觉的分析》第33页)"不是物体引起感觉，而是要素的复合（感觉的复合）构成物体"这句话对照一下。你们看，这就是克服了唯心主义和唯物主义的片面性的"世界要素的发现"！起初他们硬要我们相信："要素"是一种新东西，它同时既是物理的又是心理的东西，

---

① 理·阿芬那留斯《关于心理学对象的概念的考察》，载于《科学的哲学季刊》[20]第18卷(1894年)和第19卷(1895年)。

可是后来他们又偷偷地作了一点修正:用"最新实证论"关于物的要素和思想的要素的学说来代替粗陋的唯物主义对物质(物体、物)与心理的东西(感觉、记忆、幻想)的区分。阿德勒(弗里茨)并没有从"世界要素的发现"中得到多少好处!

　　1906年波格丹诺夫在反驳普列汉诺夫时写道:"……我不能承认自己在哲学上是一个马赫主义者。在总的哲学观点上,我从马赫那里采纳的只有一点,即关于经验要素对'物理的东西'和'心理的东西'的中立性的观念、关于这两种特性仅仅依赖于经验的**联系**的观念。"(《经验一元论》1906年圣彼得堡版第3卷第XLI页)这正如一个信教的人说:我不能承认自己是一个教徒,因为我从教徒那里采纳的"只有一点",即信仰上帝。波格丹诺夫从马赫那里采纳的"只有一点",而这一点也就是马赫主义的**基本错误**,就是整个这种哲学的基本错误。波格丹诺夫自以为他和经验批判主义的差异有很重要的意义,但事实上这种差异完全是次要的,它没有超出马赫所赞成的以及赞成马赫的各个经验批判主义者之间的细小的、局部的、个别的差异的范围(关于这点下面再详细地谈)。因此,当波格丹诺夫看到别人把他同马赫主义者混为一谈而愤愤不平的时候,只是暴露出他不了解唯物主义同他自己和其他一切马赫主义者的共同点之间的**根本**差别。重要的不是波格丹诺夫如何发展或修改了马赫主义,或者把马赫主义如何弄糟了。重要的是他抛弃了唯物主义的观点,因而使自己不可避免地陷于混乱,走上唯心主义的歧途。

　　我们看到,波格丹诺夫在1899年的观点是正确的,当时他写道:"我直接看到的、在我面前的人的形象,就是感觉。"[①]波格丹诺

———————

[①]　《自然史观的基本要素》第216页,参看上面的引文。

夫没有花费精力去批判自己的这个旧观点。他盲目地相信马赫的话,并且跟着他重复说:经验的"要素"对于物理的东西和心理的东西是中立的。波格丹诺夫在《经验一元论》第 1 卷(第 2 版第 90 页)里写道:"正如最新实证哲学所阐明的那样,心理经验的要素和任何经验的要素都是同一的,因为它们是和物理经验的要素同一的。"又如他在 1906 年写道(第 3 卷第 XX 页):"至于说到'唯心主义',难道仅仅根据承认'物理经验'的要素跟'心理经验'的要素或基本感觉是同一的这一点(这简直是一个毋庸置疑的事实),就可以说这是唯心主义吗?"

　　波格丹诺夫在哲学上的一切厄运的真正根源,他和一切马赫主义者的共同的根源,就在这里。当他们承认"物理经验的要素"(即物理的东西、外部世界、物质)和感觉是同一的时候,我们可以而且应该说这是唯心主义,因为这无非是贝克莱主义。这里连一点最新哲学、实证哲学或毋庸置疑的事实的影子也没有,这里只有陈旧不堪的唯心主义的诡辩。假使问一问波格丹诺夫,他怎样能够证明物理的东西和感觉同一这个"毋庸置疑的事实",那么你们连一个论据也听不到,你们只能听到唯心主义者的老调:我感觉到的仅仅是自己的感觉;"自我意识的陈述"(die Aussage des Selbstbewußtseins——阿芬那留斯的《绪论》德文第 2 版第 93 节第 56 页);或者"在我们的经验中〈这个经验表明"我们是有感觉的实体"〉,感觉比实体性更为可靠"(同上,第 91 节第 55 页);如此等等。波格丹诺夫(相信了马赫)把反动的哲学谬论当做"毋庸置疑的事实",因为在实际上他没有举出而且也举不出一个事实来驳倒感觉是外部世界的映象的观点,即波格丹诺夫 1899 年所同意的并且至今仍为自然科学所同意的观点。物理学家马赫在他的哲学的谬误中完全离开了"现代自然科学",波格丹诺夫所没有注意到的这一重要情况,我们在以后还要详细地谈到。

促使波格丹诺夫如此迅速地从自然科学家的唯物主义跳到马赫的混乱的唯心主义去的情况之一,就是阿芬那留斯关于经验的依存系列和独立系列的学说(奥斯特瓦尔德的影响不算在内)。波格丹诺夫自己在《经验一元论》第 1 卷里这样叙述这个问题:"只要经验材料**依存于某个神经系统的状态**,它们就构成某个人的**心理世界**;只要经验材料**超出这种依存关系**,我们面前就出现**物理世界**。因此,阿芬那留斯称经验的这两个领域为经验的**依存系列**和**独立系列**。"(第 18 页)

糟糕的是,这种关于**独立**(即不依赖于人的感觉的)"系列"的学说,就是偷运唯物主义,从主张物体是感觉的复合,感觉和物理"要素""同一"的哲学观点看来,这种偷运是非法的、放肆的、折中主义的。因为,你们既然承认光源和光波**不依赖于人和人的意识**而存在,承认颜色依赖于这些光波对视网膜的作用,那么你们实际上就持有唯物主义观点了,并且把唯心主义的一切"毋庸置疑的事实"连同一切"感觉的复合"、最新实证论所发现的要素以及诸如此类的胡说,**都彻底摧毁了**。

糟糕的是,波格丹诺夫(和所有的俄国马赫主义者一起)没有深刻研究马赫和阿芬那留斯的最初的唯心主义观点,没有认清他们的基本的唯心主义前提,因而也就忽略了他们后来想偷运唯物主义这一企图的非法性和折中性。但是,正如马赫和阿芬那留斯的最初的唯心主义在哲学文献中为大家所公认一样,后来经验批判主义力图转向唯物主义,也为大家所公认。我们上面引证过的法国著作家科韦拉尔特,在阿芬那留斯的《绪论》里看到"一元论唯心主义"，在《纯粹经验批判》（1888—1890）里看到"绝对实在论"，而在《人的世界概念》（1891）里看到"说明"这种转变的企图。应当指出：在这里，实在论这个术语是在与唯心主义相反的意义上使用的。我照恩格斯那样，在这个意义上只使用唯物主义这个词，并且认为这是唯一正确的术语，这特别是因为"实在论"这个词已经被实证论者和其他动摇于唯物主义和唯心主义之间的糊涂人玷污了。这里只要指出一点就够了，即科韦拉尔特所指的是下面这个毋庸置疑的事实：在《绪论》（1876）中，阿芬那留斯认为感觉是唯一的存在物，而把"实体"（按照"思维经济"的原则！）取消了；在《纯粹经验批判》中，物理的东西被看做是**独立系列**，而心理的东西（因而也包括感觉）被看做是依存系列。

阿芬那留斯的门徒鲁道夫·维利同样承认：阿芬那留斯在1876年"完全"是一个唯心主义者，后来他把这个学说同"素朴实在论""调和"（Ausgleich）起来（上引著作，同上），也就是说，同人类认为外部世界不依赖于我们意识而存在的这种自发的、不自觉的唯物主义观点"调和"起来。

《经验批判主义的创始人阿芬那留斯》一书的作者奥斯卡尔·艾瓦德说：这种哲学把互相矛盾的唯心主义的和"实在论的"（应当说：唯物主义的）要素（不是马赫主义者所说的要素，而是一般人所说的要素）结合于自身。例如："绝对的〈考察〉会使素朴实在论永世长存；相对的〈考察〉会宣称绝无仅有的唯心主义永恒不变。"①阿芬那留斯所谓的绝对的考察，相当于马赫所说的我们身体之外的"要素"的联系，而相对的考察则相当于马赫所说的依存于我们

---

① **奥斯卡尔·艾瓦德**《经验批判主义的创始人理查·阿芬那留斯》1905年柏林版第66页。

身体的"要素"的联系。

但是在这方面使我们特别感到兴趣的是冯特的意见,他自己也像上述的大多数著作家一样,抱着混乱的唯心主义观点,可是他几乎比谁都更仔细地研究了经验批判主义。关于这点,帕·尤什凯维奇说了这样的话:"有趣的是,冯特认为经验批判主义是最新型的唯物主义的最科学形式"①,也就是说,是那类认为精神是肉体过程的机能的唯物主义者(再补充一句,即冯特称之为站在斯宾诺莎主义**21**和绝对唯物主义之间的人们②)的学说的最科学形式。

说威·冯特的意见非常有趣是对的,但在这里最"有趣的"还是尤什凯维奇先生对他所论述的哲学书籍和哲学论文的态度。这是我们的马赫主义者对待问题的态度的一个典型例子。果戈理小说中的彼特鲁什卡**23**常常读书,发现字母总会拼成词这一点是有趣的。尤什凯维奇先生读了冯特的书,发现冯特谴责阿芬那留斯搞唯物主义这一点是"有趣的"。如果冯特错了,为什么不驳斥呢?如果他没有错,为什么不说明唯物主义和经验批判主义的对立呢?尤什凯维奇先生发现唯心主义者冯特所说的话是"有趣的",可是这位马赫主义者认为把问题搞清楚则完全是浪费精力(大概是由于"思维经济"的原则)……

问题在于,尤什凯维奇只向读者说冯特谴责阿芬那留斯搞唯物主义,而闭口不谈冯特认为经验批判主义的一些方面是唯物主义,另一些方面是唯心主义,而二者之间的联系则是人为的,这样**他就完全歪曲了事实**。这位绅士或者是根本不懂得他所读的东

---

① 帕·尤什凯维奇《唯物主义和批判实在论》1908年圣彼得堡版第15页。

② 威·冯特《论素朴实在论和批判实在论》,载于1897年《哲学研究》杂志**22**第13卷第334页。

西,或者是一心想通过冯特把自己吹嘘一番:瞧,连御用的教授们也认为我们不是什么糊涂人,而是唯物主义者。

冯特的上述论文是一本厚书(共300多页),它首先对内在论学派,然后对经验批判主义者作了极详尽的分析。为什么冯特把这两个学派联结在一起呢? 因为他认为这两个学派是**近亲**,我们在下面将会看到,这个看法无疑是公正的,马赫、阿芬那留斯、彼得楚尔特和内在论者都赞同这个看法。冯特在上述论文第一部分里指出:内在论者是唯心主义者、主观主义者、信仰主义的信徒。这个看法,我们在下面会看到,也是完全公正的,不过冯特在说明这一看法时不必要地卖弄教授的博学,用了无用的微词妙语并加上多余的保留条件,这是因为冯特本人也是一个唯心主义者和信仰主义者。他责难内在论者,不是因为他们是唯心主义者和信仰主义的信徒,而是因为在他看来他们不正确地推论出这些大原则。往下,在论文的第二部分和第三部分里,冯特专门探讨经验批判主义。他在这里十分明确地指出:经验批判主义的一些非常重要的理论原理(对"经验"的理解和"原则同格",关于后者我们在下面再谈)和内在论者的主张是**一致的**(经验批判主义哲学和内在论哲学是一致的,冯特的论文第382页)。阿芬那留斯的其他理论原理是从唯物主义那里剽窃来的,所以整个讲来,经验批判主义是一种"**五花八门的混合物**"(bunte Mischung,上述论文第57页),其中"不同的组成部分是**彼此完全没有联系的**"(an sich einander völlig heterogen sind,第56页)。

冯特主要是把阿芬那留斯的"**独立的生命系列**"学说当做阿芬那留斯和马赫的混合物中的唯物主义成分。他说(上述论文第64页):如果你们从"C系统"(极喜欢学究式地玩弄新名词的阿芬那留斯以此称呼人脑或整个神经系统)出发,如果你们认为心理的东西是大脑的机能,那么这个"C 系统"就是"形而上学的实体",而你们的学说就是唯物主义。必须指出,许多唯心主义者和一切不可知论者(康德主义者和休谟主义者包括在内)都骂唯物主义者是形而上学者,因为在他们看来,承认外部世界不依赖于人的意识而存在,就是超出经验的范围。关于形而上学这个术语以及为什么从马克思主义观点来看这个术语是完全错误的,我们将在适当的地方加以论述。现在我们认为重要的是指出:阿芬那留斯关于"独立"系列的主张(马赫也有同样的主张,不过用的字眼不同而已),根据哲学上不同党派即不同派别的哲学家的一致公认,恰恰是**从唯物主义那里剽窃来的**。如果你们从一切存在着的东西都是感觉或者物体是感觉的复合这点出发,那么你们不破坏你们的一切基本前提、"你们的"全部哲学,就不能得出以下的结论:**物理的东西不依赖于我们的意识而存在,感觉是按一定方式组成的物质的机能**。马赫和阿芬那留斯在他们的哲学中所以把唯心主义的基本前提和唯物主义的个别结论混在一起,这正是因为他们的理论是恩格斯以应有的鄙视称之为"折中主义残羹剩汁"①的典型②。

在马赫的最后一部哲学著作《认识和谬误》(1906 年第 2 版)

---

① 见《马克思恩格斯文集》第 4 卷第 266 页。——编者注

② 见 1888 年 2 月写的《路德维希·费尔巴哈》序言。恩格斯的这些话是针对整个德国教授哲学讲的。那些想当马克思主义者的马赫主义者,不能了解恩格斯的这一思想的意义和内容,他们有时用一种可怜的借口来掩饰自己,说"恩格斯还不知道马赫"(弗里茨·阿德勒的论文,见**《历史唯物主义》**文集第 370 页)。这种意见的根据是什么呢? 是根据恩格斯没有引证马赫和阿芬那留斯的话吗? 别的根据是没有的,而这个根据是毫无用处的。因为恩格斯在这里没有提到**任何一个**折中主义者的姓名,至于从 1876 年起就编辑出版"科学的"哲学季刊的阿芬那留斯,恩格斯未必不知道。

中,这种折中主义特别触目。我们已经看到,马赫在那里宣称:"用感觉即心理要素构成任何物理要素,是没有任何困难的。"而在同书中我们又读到:"在 U〈= Umgrenzung,即"我们肉体的空间界限",第 8 页〉之外的依存关系,是最广义的物理学。"(第 4 节第323 页)"要纯粹地获得(rein erhalten)这种依存关系,就必须尽可能地排除观察者的影响,即 U 之内的要素的影响。"(同上)是的,是的。起初山雀扬言要把大海烧干[24],就是说,要用心理要素构成物理要素,而后来却说物理要素处在"我们肉体之内的"心理要素的界限之外! 多妙的哲学!

还有一个例子:"理想(vollkommenes)气体、理想液体、理想弹性体是不存在的。物理学家知道他的假说只是近似地符合事实,随意地把事实简单化;物理学家知道这个不能消除的偏差。"(第 30 节第 418 页)

这里所说的是什么样的偏差(Abweichung)呢? 是什么离开什么的偏差呢? 是思想(物理学理论)离开事实的偏差。那么思想、观念是什么呢? 观念是"感觉的痕迹"(第 9 页)。而事实是什么呢? 事实是"感觉的复合"。这样说来,感觉的痕迹离开感觉的复合的偏差是不能消除的。

这是什么意思呢? 这就是说,马赫忘记了他自己的理论,他在开始谈论物理学的各种问题时,谈得干脆,不要唯心主义花招,就是说,唯物地谈论。一切"感觉的复合"和这全部贝克莱主义的奥秘都飞到九霄云外去了。物理学家的理论原来是在我们之外和不依赖于我们而存在的物体、液体、气体的反映,而且这个反映当然是近似的,可是把这种近似或简单化叫做"随意的",那是不正确的。在这里,实际上马赫对感觉的看法,恰恰和没有被贝克莱和休谟的弟子们"清洗过的"全部自然科学一样,也就是说,把感觉看做**外部世界的映象**。马赫自己的理论是主观唯心主义,可是当他需要客观性的因素时,就毫不客气地把相反的即唯物主义的认识论的前提放到自己的议论中去。哲学上的彻底的唯心主义者和彻底的反动分子爱德华·哈特曼,**同情马赫的反对唯物主义的斗争**,在说到马赫的哲学立场是"素朴实在论和绝对幻想主义的混合物(Nichtunterscheidung)"①时,他很接近真理。这个说法是正确的。关于物体是感觉的复合等等的学说,是绝对幻想主义,也就是唯我论,因为从这个观点出发,整个世界只不过是我的幻想。而我们在上面所引证的马赫的议论,也和他的其他许多片断的议论一样,是所谓的"素朴实在论",即不自觉地自发地从自然科学家那里接受过来的唯物主义认识论。

阿芬那留斯和追随他的教授们,企图用"原则同格"的理论来掩饰这种混合。我们马上就要考察这个理论,但我们先得把责难阿芬那留斯搞唯物主义的问题了结一下。尤什凯维奇先生只觉得他所不了解的冯特的意见非常有趣,但却没有兴趣亲自去弄清楚或者不屑于告诉读者:阿芬那留斯的最亲近的弟子和继承者是怎样对待这个责难的。但是,如果我们关心马克思的哲学即唯物主义哲学如何对待经验批判主义的哲学,这一点对于弄清问题是必要的。此外,如果说马赫主义是一团糟的东西,是唯物主义和唯心主义的混合物,那么重要的是要知道,当御用的唯心主义者由于这个思潮对唯物主义作了让步而把它推开的时候,这个思潮究竟流向(如果可以这样说的话)什么地方。

---

① 　爱德华·冯·哈特曼《现代物理学的世界观》1902 年莱比锡版第 219 页。

　　阿芬那留斯的两个最道地的正统的弟子约·彼得楚尔特和弗·卡斯坦宁答复了冯特。彼得楚尔特高傲而愤懑地驳斥了那种诬蔑这位德国教授搞唯物主义的责难,并且引证了……你们猜,他引证了什么?……引证了阿芬那留斯的那部据说把实体概念消灭了的著作——《绪论》!多么方便的理论,既可以把纯粹唯心主义的著作同它联系起来,也可以把任意拿来的唯物主义前提同它联系起来!彼得楚尔特写道:阿芬那留斯的《纯粹经验批判》,当然和这个学说(即唯物主义)不矛盾,可是它和截然相反的、唯灵论的学说也不矛盾①。绝妙的辩护!这正是恩格斯所说的折中主义残羹剩汁。波格丹诺夫不肯承认自己是马赫主义者,而要别人承认他(**在哲学上**)是马克思主义者,却步了彼得楚尔特的后尘。他认为:"经验批判主义……无论和唯物主义,无论和唯灵论,无论和任何形而上学都没有关系"②,"真理……不在两个冲突着的派别〈唯物主义和唯灵论〉间的'中庸之道'中,而在二者之外"③。其实,波格丹诺夫认为是真理的东西,是一团糟的东西,是在唯物主义和唯心主义之间的动摇。

　　卡斯坦宁在反驳冯特时写道:他根本反对"塞进(Unterschiebung)唯物主义因素","这一因素是与纯粹经验批判完全不相容的"④。"经验批判主义,在对概念的内容的关系上,主要是($\chi\alpha\tau$'-$\epsilon\xi\sigma\chi\dot{\eta}\nu$)怀疑论。"这种对马赫主义的中立性的强调多少包含有一点真理:马赫和阿芬那留斯对他们最初的唯心主义的修正,完全可

---

　　① 　约·彼得楚尔特《纯粹经验哲学引论》第 1 卷第 351、352 页。

　　② 　《经验一元论》第 2 版第 1 卷第 21 页。

　　③ 　同上,第 93 页。

　　④ 　**弗·卡斯坦宁**《经验批判主义——兼答威·冯特的论文》,载于《科学的哲学季刊》第 22 年卷(1898)第 73 页和第 213 页。

以归结为他们对唯物主义作了不彻底的让步。贝克莱的彻底的观点有时候被休谟的观点代替了。贝克莱认为外部世界就是我的感觉，休谟则把我的感觉之外是否有什么东西存在的问题取消了。而这个不可知论的观点注定要动摇于唯物主义和唯心主义之间。

3. 原则同格和"素朴实在论"

阿芬那留斯的原则同格说，是在他的《人的世界概念》和《考察》①这两本书中阐述的。后一著作写得较晚，阿芬那留斯在这部著作中强调指出：这里的讲法的确有些不同，但跟《纯粹经验批判》和《人的世界概念》里讲的没有什么不同，都是**一样的**(《考察》，载于 1894 年上引杂志第 137 页)。这个学说的本质，就是关于"**我们的自我**(des Ich)**和环境的不可分割的**(unauflösliche)**同格**"(即相互关联)的原理(第 146 页)。阿芬那留斯在这里又说："用哲学的话来讲，可以说是'**自我和非我**'"。前者和后者，我们的**自我**和环境，"**总是被我们一起发现的**(immer ein Zusammen-Vorge-fundenes)"。"对见到的东西〈或我们所发现的东西：des Vorge-fundenen〉的任何完全的描述，都不能只包括'环境'而没有某个**自我**(ohne ein Ich)(这个环境就是这个**自我**的环境)，至少不能没有那个描述我们所发现的东西〈或见到的东西：das Vorgefundene〉的**自我**。"(第 146 页)这里**自我**叫做同格的**中心项**，环境叫做同格的**对立项**(Gegenglied)。(见《人的世界概念》1905 年第 2 版第 83—84 页，第 148 节及以下各节)

---

① 即《关于心理学对象的概念的考察》。——编者注

　　阿芬那留斯妄想用这个学说来表示他承认所谓**素朴实在论**的全部价值,即一切不去思考自己以及环境、外部世界是否存在的人们的那种普通的、非哲学的、素朴的观点的全部价值。马赫表示自己和阿芬那留斯是一致的,同时又竭力把自己装扮成"素朴实在论"的保护人(《感觉的分析》第 39 页)。俄国的马赫主义者,没有一个例外,都相信马赫和阿芬那留斯,以为他们真的在保护"素朴实在论":承认**自我**,承认环境,你们还要什么呢?

　　为了弄清楚最高度的真实的**素朴性**究竟在谁一边,我们稍微讲得远一些。下面是某哲学家和一个读者的通俗对话:

　　"**读者**:物的体系应该是存在着的〈根据普通哲学的见解〉,意识应该是由物产生的。"

　　"**哲学家**:现在你是在随着职业哲学家说话……而不是根据普通常识和现实意识说话……

　　告诉我,并且在回答之前好好地想一想:是否有某个物不跟你对该物的意识在一起,或者说不通过对该物的意识而出现在你的心里或面前呢?……"

　　"**读者**:如果我好好地想一想,我应该同意你的意见。"

　　"**哲学家**:现在你是说自己的话了,说自己的实话和真心话了。切不可超出你自己的范围,切不可超出你所能理解〈或把握〉的东西。你所能理解的就是意识和〈黑体是哲学家用的〉物,物和意识;或者说得更确切些,不是二者中的哪一个,而是那种后来才分解为这二者的东西,那种绝对的主体-客体和客体-主体。"

　　这就是经验批判主义的原则同格的全部实质,就是最新实证论对"素朴实在论"的最新式的保护的全部实质!"不可分割的"同格的思想在这里叙述得十分清楚,并且正是从这样一种看法出发来叙述的：仿佛这是真正保护没有被"职业哲学家"卖弄聪明所歪曲的普通人的观点。但这段对话是从**1801年出版的主观唯心主义**的古典代表约翰·哥特利布·**费希特**的著作中引来的①。

在我们所考察的马赫和阿芬那留斯的学说中，除了重弹主观唯心主义的老调外，没有任何别的东西。他们妄想凌驾于唯物主义和唯心主义之上，取消从物**到**意识和从意识**到**物这两种观点之间的对立，这是换了新装的费希特主义的痴心妄想。费希特也以为：他把"自我"和"环境"、意识和物"不可分割地"联系起来了；他用人不能超出自己的范围这种说法把问题"解决了"。换句话说，这是在重复贝克莱的论据：我感觉到的仅仅是自己的感觉，我没有权利假定在我的感觉之外有"自在客体"。贝克莱在1710年，费希特在1801年，阿芬那留斯在1891—1894年所使用的不同表达方式，丝毫没有改变问题的本质，即主观唯心主义的基本哲学路线。世界是我的感觉；非**我**是由我们的**自我**来"设定"（创造、产生）的；物和意识是不可分割地联系着的；我们的**自我**和环境的不可分割的同格是经验批判主义的原则同格，——所有这一切都是同一个论点，都是同样的破烂货色，只不过挂上了略加粉饰或重新油漆过的招牌而已。

援用那种似乎受到这类哲学保护的"素朴实在论"，是最不值钱的**诡辩**。任何没有进过疯人院或向唯心主义哲学家领教过的正常人的"素朴实在论"，都承认物、环境、世界是**不依赖于**我们的感觉、我们的意识、我们的**自我**和任何人而存在着。正是这个**经验**（不是马赫主义所理解的，而是一般人所理解的经验）使我们坚信，

① **约翰·哥特利布·费希特**《向广大读者所作的有关最新哲学真正本质的明白报道——强使读者了解的一个尝试》1801年柏林版第178—180页。

不依赖于我们而存在着的是其他的人，而不是我的高、低、黄、硬等等感觉的单纯复合。正是这个**经验**使我们深信，物、世界、环境是不依赖于我们而存在的。我们的感觉、我们的意识只是外部世界的**映象**；不言而喻，没有被反映者，就不能有反映，但是被反映者是不依赖于反映者而存在的。唯物主义**自觉地**把人类的"素朴的"信念作为自己的认识论的基础。

　　这样地评价"原则同格"，是不是由于唯物主义对马赫主义怀有偏见呢？完全不是。有一些哲学专家，他们对唯物主义没有任何偏袒，甚至还憎恨唯物主义和信奉某种唯心主义体系，但都一致认为阿芬那留斯之流的原则同格是主观唯心主义。例如，冯特(他的有趣的意见是为尤什凯维奇先生所不了解的)直截了当地说：根据阿芬那留斯的理论，似乎没有某个**自我**、观察者或描述者，就不可能有对我们见到的或发现的东西的完全的描述，这种理论就是"错误地把现实经验的内容和对这种内容的反思混为一谈"。冯特说，自然科学完全舍弃任何观察者。"这种舍弃所以可能，只是因为，关于必须在每一经验内容中看出〈hinzudenken，直译为：设想出〉感受着经验的个人这一观点，完全是没有经验根据的假定，是由于错误地把现实经验的内容和对这种内容的反思混为一谈而得出来的假定，而经验批判主义哲学和内在论哲学是一致地同意这个观点的。"(上引论文第 382 页)因为对阿芬那留斯表示热烈赞许(我们将在下面看到)的内在论者(舒佩、雷姆克、勒克列尔、舒伯特–索尔登)，**恰恰**是从主体和客体有"不可分割的"联系这一思想出发的。而威·冯特在分析阿芬那留斯之前详细地指出：内在论哲学只不过是贝克莱主义的"变形"；不管内在论者怎样否认和贝克莱的关系，但字面的差别实际上掩盖不了"哲学学说的更深刻的内容"，即贝克莱主义或费希特主义①。

英国著作家诺曼·斯密斯在分析阿芬那留斯的《纯粹经验哲学》的时候，以更直率得多、更果断得多的方式说明了这个结论：

"大多数读过阿芬那留斯的《人的世界概念》一书的人，大概都会同意：不管他的批判〈对唯心主义的批判〉有多大的说服力，但他的实证成果却完全是虚幻的。如果我们试将阿芬那留斯的经验理论按照人们所要介绍的那样解释成真正实在论的（genuinely realistic）理论，那么这种理论就不能获得任何明确的说明：它的全部意义只在于否定那据说是它所反驳的主观主义。但是，当我们把阿芬那留斯的术语翻译成比较普通的话时，我们就会发现这套把戏的真正根源在什么地方。阿芬那留斯着重攻击那个对他本人的理论来说是致命的弱点〈即唯心主义的弱点〉，从而使人们不去注意他的立场的弱点。"②"在阿芬那留斯的全部议论中，'经验'（experience）这个术语的含糊不清很好地帮了他的忙。这个术语有时候指经验着的人③，有时候指被经验的东西；当说到我们的**自我**（of the self）的本性的时候，强调的是后一种含义。'经验'这个术语的这两种含义实际上是和他的绝对考察和相对考察的重要划分〈我在上面已经指出阿芬那留斯的这种划分的意义〉一致的；在他的哲学中，就是这两种观点事实上也没有调和起来。因为当他假

---

① 上引论文 C 节：《内在论哲学和贝克莱的唯心主义》第 373、375 页，参看第 386 页和第 407 页。关于从这一观点出发必然会陷入唯我论这点，见第 381 页。

② **诺曼·斯密斯**《阿芬那留斯的纯粹经验哲学》，载于 1906 年《思想》杂志**25**第 15 卷第 27—28 页。

③ 此处俄译文与英文有出入，英文为：Sometimes it means experiencing。英文 experiencing 不是指"经验着的人"，而是指"经验"、"体验"这种行为。——编者注

定经验在观念上被思想所补充〈对环境的完全的描述在观念上被关于观察着的**自我**的思想所补充〉这一前提是合理的时候,他就不能把这一假定和他自己关于离开对我们的**自我**(to the self)的关系什么都不存在的论断结合起来。在观念上补充这种实在——这是我们在把物质的物体分解为我们感觉不到的要素时所得到的实在〈这里的要素是指自然科学所发现的物质的要素,如原子、电子等,而不是指马赫和阿芬那留斯所臆造的要素〉,或者是从关于人类出现以前的地球的描述中所得到的实在——严格说来,这不是补充经验,而是补充我们所经验的东西。这只是补充阿芬那留斯所认为是不可分割的同格的两项中的一项。这不仅把我们引向从来没有经验过的〈不曾是经验的对象的,has not been experienced〉东西,而且还把我们引向我们这样的生物永远也不能经验到的东西。但是'经验'这个术语的含糊不清,在这里正好帮了阿芬那留斯的忙。阿芬那留斯说,思想就像感性知觉一样是真正的(genuine)经验形态,这样他就回到了主观唯心主义的陈旧不堪的(time-worn)论据上,即思想和实在是不可分割的,因为实在只有在思想中才能被感知,而思想则以思想者的存在为前提。因此,阿芬那留斯的实证议论的最终结果,并不是什么独创地、精辟地恢复实在论,而只是以最粗陋的(crudest)形式恢复主观唯心主义。"(第29页)

完全重复着费希特错误的阿芬那留斯所耍的把戏,在这里被精彩地揭穿了。只要我们一开始研究一定的具体问题,如关于地球**先于**人、**先于**任何有感觉的生物而存在的问题时,立刻就会发现:用"经验"这个字眼来消除唯物主义(斯密斯把它叫做实在论是枉然的)和唯心主义之间的对立的那种滥调,完全是神话。关于这一点我们马上就要加以详细的讨论。现在我们要指出：撕破阿芬那留斯及其伪"实在论"的假面具的，不仅有他的理论上的对手诺·斯密斯，而且还有曾经热烈欢迎《人的世界概念》的出版并认为它是**素朴实在论的确证**的内在论者威·舒佩①。问题在于：威·舒佩**完全赞同**这样的"实在论"，即阿芬那留斯所伪造的唯物主义。他在给阿芬那留斯的信中写道，我一直希望和您 hochverehr-ter Herr College(最尊敬的同行先生)有同样的权利主张这样的"实在论"，因为有人诬蔑我这个内在论者，似乎我是主观唯心主义者。"最尊敬的同行先生，我的思维概念……与您的'纯粹经验的理论'是非常合拍的(verträgt sich vortrefflich)。"(第384页)实际上只有我们的**自我**(das Ich，即抽象的、费希特的自我意识，离开头脑的思想)才给予"同格的两项以联系和不可分割性"。舒佩在给阿芬那留斯的信中写道："您默默地把您想要排除的东西定为前提。"(第388页)很难说是谁在更有力地撕破卖弄玄虚的阿芬那留斯的假面具，——是直率地明确地反驳他的斯密斯呢，还是热烈赞扬他的最后一部著作的舒佩？哲学上威廉·舒佩的接吻，并不比政治上彼得·司徒卢威或缅施科夫先生的接吻好一些。

称赞马赫没有向唯物主义屈服的奥·艾瓦德，也以同样的方式讲到原则同格："如果宣称中心项与对立项的相互关联是不能回避的认识论的必然性，那么，不管用怎样醒目的大字在招牌上标着'经验批判主义'，这仍意味着抱有与绝对唯心主义毫无差别的观点〈绝对唯心主义这个术语是不正确的，应当说是主观唯心主义，因为，黑格尔的绝对唯心主义和没有人的地球、自然界、物理世界

---

① 见威·舒佩致理·阿芬那留斯的公开信，载于1893年《科学的哲学季刊》第17卷第364—388页。

的存在是相容的,它认为自然界只是绝对观念的"异在"〉。相反地,如果不一贯坚持这个同格而承认对立项的独立性,那么,一切形而上学的可能性,特别是倒向超越的实在论一边的可能性就会立刻显现出来。"(上引著作第 56—57 页)

以艾瓦德为笔名的弗里德兰德先生把**唯物主义**叫做形而上学和超越的实在论。他本人拥护唯心主义的一个变种,因而完全赞同马赫主义者和康德主义者,认为唯物主义是形而上学,"是最粗野的彻头彻尾的形而上学"(第 134 页)。讲到唯物主义的"超越"和形而上学性,他和巴扎罗夫以及我们的一切马赫主义者的观点是一致的,关于这点我们以后还要专门论述。这里重要的是要再一次指出:这个想凌驾于唯心主义和唯物主义之上的伪学者的奢**望实际**上是怎样幻灭的,以及问题是怎样尖锐地不可调和地提出来的。"承认对立项的独立性",就意味着(如果把喜欢装腔作势的阿芬那留斯的矫揉造作的语言翻译成普通人的语言)承认自然界、外部世界是不依赖于人的意识和感觉的,而这就是唯物主义。把认识论建立在客体和人的感觉有不可分割的联系这一前提上("感觉的复合"=物体;"世界要素"在心理和物理方面是同一的;阿芬那留斯的原则同格等等),就必然会陷入唯心主义。这是一个简单的必然的真理,只要我们稍加注意,就容易透过阿芬那留斯、舒佩、艾瓦德和其他人的成堆晦涩难懂的、故意把问题弄模糊并使广大读者畏避哲学的、伪学者的术语,而发现这个真理。

阿芬那留斯的理论与"素朴实在论"的"调和",最后甚至引起了他的弟子们的怀疑。例如,鲁·维利说:对于所谓阿芬那留斯达到了"素朴实在论"这个流行的说法,我们必须有保留地去理解。"素朴实在论作为教条来说,无非是对存在于人之外的(außerpersönliche)、可感触的自在之物的信仰。"①换句话说,在维利看来,真正同"素朴实在论"有着真实而非虚构的一致性的唯一的认识论,就是唯物主义!当然,维利是反对唯物主义的。但是他不得不承认:阿芬那留斯在《人的世界概念》一书中,"用了一系列复杂的和部分是十分牵强的辅助概念和中介概念"(第171页)去恢复"经验"的统一、"自我"和环境的统一。《人的世界概念》这本著作是对阿芬那留斯的最初的唯心主义的一种反动,它"完全带有在合乎常识的素朴实在论和学院哲学的认识论唯心主义之间搞调和(eines Ausgleiches)的性质。但是,说到这样的调和能够恢复经验〈维利把它叫做Grunderfahrung,即根本经验,又是一个新名词!〉的统一和完整,那我不敢断言"(第170页)。

真是一个有价值的自供!阿芬那留斯的"经验"不能调和唯心主义和唯物主义。看来,维利否定经验的**学院哲学**,是为了用加倍混乱的"根本"经验的哲学来代替它……

4. 在人出现以前自然界是否存在?

我们已经看到,这个问题对于马赫和阿芬那留斯的哲学来说,是特别棘手的。自然科学肯定地认为:在地球上没有也不可能有人和任何生物的状况下,地球就已经存在了;有机物质是后来的现象,是长期发展的结果。这就是说,当时没有具有感觉的物质,没有任何"感觉的复合",没有任何像阿芬那留斯的学说所讲的那种与环境"不可分割地"联系着的**自我**。物质是第一性的,思想、意

----
① **鲁·维利**《反对学院智慧》(即《反对学院智慧。哲学批判》。——编者注)第170页。

识、感觉是高度发展的产物。这就是自然科学自发地主张的唯物主义认识论。

试问:经验批判主义的杰出的代表们是否注意到了他们的理论和自然科学之间的这种矛盾? 他们注意到了,而且直接提出了应当用哪些论点去克服这种矛盾的问题。从唯物主义的角度来看,对这个问题的三种看法,即理·阿芬那留斯本人以及他的弟子约·彼得楚尔特和鲁·维利的看法,是特别有意思的。

阿芬那留斯企图用同格中的"潜在"中心项的理论来克服与自然科学的矛盾。我们知道,同格就是**自我**和环境的"不可分割的"联系。为了消除这个理论的明显的荒谬,他采用了"潜在"中心项这个概念。例如,人是从胚胎发育来的,这怎么办呢? 如果"中心项"是胚胎,那么环境(="对立项")是否存在呢? 阿芬那留斯回答说,胚胎系统 C"对于未来的个体的环境来说,是潜在中心项"(《考察》,上引论文第 140 页)。潜在中心项任何时候都不等于零,甚至在没有双亲(elterliche Bestandteile)而只有能够成为双亲的"环境的组成部分"的时候,也是这样(第 141 页)。

因此,同格是不可分割的。这位经验批判主义者为了挽救自己的哲学基础,即感觉及其复合,不能不这样主张。人是这个同格的中心项。而在没有人的时候,在人还没有出世的时候,中心项并不等于零,它只是变成了**潜在的**中心项! 居然还会有人能够认真地对待发表这类议论的哲学家,真是令人惊奇! 就连那位声明自己决不是任何形而上学(即任何信仰主义)的敌人的冯特,在这里也不得不承认:由于使用了破坏一切同格的"潜在"这个字眼,"经验概念被弄得神秘莫测了"(上引论文,第 379 页)。

事实上,如果同格的不可分割性就在于其中一项是潜在的,那么,难道还可以认真地说什么同格吗?

难道这不是神秘主义,不是走到了信仰主义的大门口吗?如果可以给未来的环境设想一个潜在的中心项,那么为什么不能给**过去的**环境,即人**死后**的环境设想一个潜在的中心项呢?你们会说,阿芬那留斯并没有从他的理论中得出这样的结论。是的,但正因为这样,他的荒谬的反动的理论只是变得更卑怯些,而不是变得更好些。阿芬那留斯在1894年没有把他的理论彻底讲出来,或者害怕彻底讲出来,害怕彻底思索下去,可是,我们知道,理·舒伯特-索尔登在1896年**正是**引证了**这个理论**,**恰恰**是为了作出神学结论,他在1906年博得马赫的**赞许**,马赫说舒伯特-索尔登走的是(和马赫主义)"**十分接近的道路**"(《感觉的分析》第4页)。恩格斯有充分的根据责备公开的无神论者杜林,因为杜林在自己的哲学中不彻底,给信仰主义**留下了空子**。恩格斯不止一次地并且十分公正地在这一点上责难了唯物主义者杜林,尽管杜林至少在70年代还没有作出神学的结论。而现在我们这里却有一些人希望别人承认他们是马克思主义者,但自己却又把那种与信仰主义十分接近的哲学传播到群众中去。

阿芬那留斯在同书中写道:"······也许有人会觉得,正是从经验批判主义的观点来看,自然科学没有权利提出关于我们现在的环境在人存在以前的各个时期的问题。"(第144页)阿芬那留斯回答说:"凡是提出这样问题的人,都不能不设想自己的存在〈sich hinzuzudenken,即设想自己是在场的〉。"阿芬那留斯继续说道:"其实,自然科学家所要求的(尽管他们没有十分明确地意识到这一点),实质上不过是下面这一点:如果我设想自己是观察者,就好像设想我们在地球上用完善的仪器观察另一行星或甚至另一太阳系的历史那样,那么应该如何确定生物或人出现以前的地球或世界的情况呢?"

物不能离开我们的意识而存在;"我们总是把自己设想成力图认识这个物的理性"。

这种必须把人的意识"设想成"和一切物、和人出现以前的自然界在一起的理论,我在第一段里是用"最新实证论者"理·阿芬那留斯的话说明的,而在第二段里是用主观唯心主义者约·哥·费希特的话①说明的。这一理论的诡辩是如此明显,真叫人不好意思去分析它。如果我们"设想"自己存在着,那么我们的在场是**想象的**,而地球在人出现以前的存在却是**真实的**。人实际上**不能**成为地球的,譬如说,白热状态的观察者,因而"设想"人在那时候就在场乃是**蒙昧主义**,这正像我用下述论据来为地狱的存在作辩护一样:我只要"设想"自己是地狱的观察者,我就能观察到地狱。经验批判主义和自然科学的"调和"就在于:阿芬那留斯竟宽宏大量地同意"设想"一种自然科学认为是**不**可能设想的东西。任何一个稍微受过教育或稍微正常的人都不会怀疑:当地球上**不可能**有任何生命、任何感觉、任何"中心项"的时候,地球就存在了。所以,马赫和阿芬那留斯的全部理论是**哲学蒙昧主义**,是把主观唯心主义弄到荒谬透顶的地步,因为从这个理论中可以得出这样的结论:地球是感觉的复合("物体是感觉的复合"),或者地球是"要素的复合,在要素中,心理的东西和物理的东西是同一的",或者地球是"对立项,而它的中心项任何时候都不能等于零"。

约·彼得楚尔特看到阿芬那留斯站在如此荒唐的立场上,也

① **约·哥·费希特**《评〈埃奈西德穆〉》(1794),载于《费希特全集》第 1 卷第 19 页。

觉得惭愧。他在《纯粹经验哲学引论》(第2卷)里,用整整一节(第65节)论述了"地球早期(frühere)的真实性问题"。

彼得楚尔特说道:"自我(das Ich)在阿芬那留斯的学说里所起的作用和在舒佩那里不同〈注意,彼得楚尔特多次直言不讳地说,我们的哲学是由阿芬那留斯、马赫和舒佩这三个人创立的〉,但是,这种作用对他的理论来说,看来毕竟还是太大了"(舒佩曾撕破了阿芬那留斯的假面具,说在阿芬那留斯那里事实上一切都只是建立在自我之上的,显然,这一点影响了彼得楚尔特,因此,他想修正一下)。彼得楚尔特继续写道:"阿芬那留斯有一次说,'当然我们能够想象一个人迹未到的地方,但是为了能够想象〈黑体是阿芬那留斯用的〉这样的环境,就必须有我们称之为自我(Ich-Bezeich-netes)的东西,因为这种想象就是这个自我〈黑体是阿芬那留斯用的〉的想象'(1894年《科学的哲学季刊》第18卷第146页注释)。"

彼得楚尔特反驳说:

"但是认识论上的重要问题决不在于我们到底能不能想象这样的地方,而在于我们有没有根据想象它是离开任何一个人的思维而存在着的或者曾经存在过的。"

正确的东西就是正确的。人们可以去想象和"设想"各种各样的地狱、各种各样的鬼怪,卢那察尔斯基甚至"设想出了"……(说得和缓些)宗教的概念[26]。但是认识论的任务就在于指出这一类设想的非实在性、幻想性、反动性。

"……因为,C系统〈即脑〉是为思维所必需的,这在阿芬那留斯以及我所维护的哲学看来都是不言而喻的……"

不对。1876年阿芬那留斯的理论,是不用头脑思想的理论。而且我们马上会看到,就在他的1891—1894年的理论中,也有这样一些唯心主义胡说的因素。

"……但是这个 C 系统是不是,譬如说,地球的第二纪(Sekundärzeit)的**存在条件**〈黑体是彼得楚尔特用的〉呢?"彼得楚尔特在这里举出了我引证过的阿芬那留斯关于自然科学真正需要知道的是什么以及我们怎样可以"设想"观察者的那段议论,并反驳说:

"不,我们想要知道的是,我们有没有根据像我想象地球在昨天或一分钟以前是存在的那样,想象那个遥远时代的地球也是存在的。或者,地球的存在真的应当取决于像**维利**所要求的那样吗?他认为我们至少有根据想象,在当时和地球一起存在着某种 C 系统,即使它还处在最低的发展阶段上。"(关于维利的这一思想,我们马上就要讲到。)

"阿芬那留斯用下述思想来避开维利的奇怪结论,说提出这个问题的人不能在思想上撇开自己〈sich wegdenken,即想象自己是不在场的〉,或者不能不设想自己的存在〈sich hinzuzudenken,见《人的世界概念》德文第 1 版第 130 页〉。但是,这样一来,阿芬那留斯就把提问题的人的个人的**自我**,或关于这个**自我**的思想,不仅当做想象无人居住的地球这样一个活动的条件,而且当做我们有根据去想象当时地球的存在的条件。

只要不赋予这个**自我**以如此重大的理论意义,这些错误的途径是容易避免的。在注意研究这些或那些对空间和时间上离我们遥远的东西的看法时,认识论应当要求的只是:使这种东西成为可以想象的并且能够被一义地(eindeutig)规定的。其余的一切都是专门科学的事情。"(第 2 卷第 325 页)

彼得楚尔特把因果性规律更名为一义规定性规律,并且像我们在下面所看到的,把这个规律的**先验性**加到自己的理论中去。这就是说,彼得楚尔特依靠**康德主义的**观念来摆脱阿芬那留斯的主观唯心主义和唯我论(如果用教授的行话来说就是:"他赋予我们的**自我**以过分的意义!")。阿芬那留斯的学说缺乏客观因素,他的学说与宣称地球(客体)在生物(主体)出现以前早就存在的自然科学的要求不能调和,这种情况使得彼得楚尔特抓住因果性(一义规定性)不放。地球早就存在了,因为它在人出现以前的存在和它现在的存在有着因果的联系。第一,因果性是从什么地方来的呢?彼得楚尔特说,是先验的。第二,关于地狱、鬼怪和卢那察尔斯基的"设想"等观念难道不是有因果联系吗?第三,"感觉的复合"的理论无论如何是被彼得楚尔特破坏了。彼得楚尔特没有解决他所承认的阿芬那留斯的矛盾,反而使自己更加糊涂了,因为解决的办法只能有一个,就是承认我们的意识所反映的外部世界是不依赖于我们的意识而存在的。只有这样的唯物主义的解决办法才真正与自然科学相符合,而且也只有这样的解决办法才能排除彼得楚尔特和马赫对因果性问题的唯心主义的解决办法,关于这一点我们将另行论述。

　　第三个经验批判主义者鲁·维利,在1896年的《经验批判主义是唯一的科学观点》(《Der Empiriokritizismus als einzig wissenschaftlicher Standpunkt》)这篇论文里,第一次提出了阿芬那留斯哲学中的这个困难的问题。维利在这里问道:对人们出现以前的世界怎么办呢?[①] 最初他附和着阿芬那留斯回答说:"我们**在想象中**把自己置于以往的时代。"但是后来他又说:决不是一定要

————————————
① 1896年《科学的哲学季刊》第20卷第72页。

把**经验**理解为人的经验。"因为,既然我们把动物的生活和一般经验联系起来考察,那么,我们就应该把动物界,即使最下等的蛆虫,都看做是原始的人(Mitmenschen)。"(第73—74页)这样,在人出现以前,地球就是蛆虫的"经验"了,蛆虫为了拯救阿芬那留斯的"同格"和阿芬那留斯的哲学而履行着"中心项"的职务!怪不得彼得楚尔特竭力想和这种论断划清界限。这种论断不仅荒谬绝伦(把符合地质学家的理论的地球观念硬加在蛆虫身上),而且对于我们的哲学家也毫无帮助,因为地球不但在人出现以前而且在一切生物出现以前就已经存在了。

维利在1905年又一次讲到这个问题。蛆虫被清除了[1]。而彼得楚尔特的"一义性规律"当然也没有使维利满意,维利认为这只是"逻辑的形式主义"。作者说,关于人出现以前的世界的问题,如果依照彼得楚尔特的提法,恐怕使我们"又回到所谓常识的自在之物了吧?"(就是回到唯物主义!这实在太可怕了!)没有生命的千百万年意味着什么呢?"是不是时间也是自在之物呢?当然不是![2] 既然这样,那就是说:人以外的物只是一些表象,只是人们依靠我们在周围所见到的一些片断而描绘出来的一点幻想。为什么不真是这样呢?难道哲学家应该惧怕生命的洪流吗? …… 我对自己说,不要为一些体系而煞费苦心吧,抓住瞬间(ergreife den Augenblick),抓住你所经历的、唯一能带来幸福的瞬间。"(第177—178页)

对,对!或者是唯物主义,或者是唯我论,不管鲁·维利的话多么刺耳,他在分析人出现以前的自然界这一问题时所得出的结

---

① 　**鲁·维利**《反对学院智慧》1905年版第173—178页。
② 　关于这一点,在以后的叙述中我们要同马赫主义者另行讨论。

论就是这样。

我们总结一下。在我们面前出现了三位经验批判主义的占卜者，他们满头大汗地竭力把自己的哲学和自然科学调和起来，把唯我论的一些漏洞弥补起来。阿芬那留斯重复费希特的论据，用想象的世界代替现实的世界。彼得楚尔特离开费希特的唯心主义，走向康德的唯心主义。维利在他的"蛆虫"理论失败后，把手一挥，无意中说出了一个真理：或者是唯物主义，或者是唯我论，或者甚至是不承认当前瞬间之外的任何东西。

现在我们只要向读者指出，我们本国的马赫主义者是**怎样**了解和叙述这个问题的。你们看，巴扎罗夫在《**"关于"**马克思主义哲学的论丛》第11页上说过这样的话：

"现在我们只好在我们可靠的向导〈指普列汉诺夫〉的领导下，走到唯我论地狱的最下的最可怕的一层里面去，在这一层里面，据普列汉诺夫断言，每一种主观唯心主义都面临着这样的威胁，即必须以鱼龙和始祖鸟的直观形式来想象世界。普列汉诺夫写道：'我们在想象中把自己置于地球上只有人类的极遥远的祖先存在的那个时代，如第二纪。试问：那时候的空间、时间和因果性是怎样的呢？那时候它们是谁的主观形式呢？是鱼龙的主观形式吗？那时候是谁的知性把自己的规律加给自然界呢？是始祖鸟的知性吗？康德哲学不能回答这些问题。它和现代科学完全不能相容，它应该被抛弃。'（《路·费尔巴哈》第117页）"

这里，巴扎罗夫恰好在很重要的（我们马上会看到）一句话前面不继续引证普列汉诺夫的话了，这句话就是："唯心主义说：没有主体就没有客体。地球的历史表明：客体在主体出现以前老早就存在了，也就是说，在具有明显的意识的有机体出现以前老早就存在了······　发展史揭示出唯物主义的真理。"

我们继续引证巴扎罗夫的话:

"······但是,普列汉诺夫的自在之物是否提供了我们所要得到的回答?我们可以回想一下:就按普列汉诺夫的看法,我们对于物的本来面目一点也不能知道,我们只知道它们的表现,只知道它们对我们感官作用的结果。'除了这个作用,它们没有任何形态。'(《路·费尔巴哈》第112页)在鱼龙时代,有什么样的感官呢?显然,只有鱼龙以及和它类似的动物的感官。那时只有鱼龙的表象才是自在之物的真实的、实在的表现。因此,就按普列汉诺夫的看法,如果古生物学家愿意站在'实在的'基础上,就应该以鱼龙的直观形式来描写第二纪的历史。因此,和唯我论比起来,这里并没有前进一步。"

这就是这个马赫主义者的一段完整的议论(请读者原谅我们作了冗长的引证,但非这样不可);作为第一流的典型糊涂思想,这种议论应当永垂不朽。

巴扎罗夫以为他抓住普列汉诺夫的话柄了。如果说自在之物除了对我们感官的作用,就没有任何形态,那就是说,它们只有作为鱼龙的感官的"形态"才存在于第二纪[27]。这是一个唯物主义者的论断吗?!如果"形态"是"自在之物"对感官作用的结果,那么,由此就可以得出物**不依赖**于任何感官就**不存在**的结论吗??

我们暂且假定巴扎罗夫真的"不懂"普列汉诺夫的话(尽管这样的假定多么令人难以置信),假定这些话在他看来是晦涩的。即使是这样,我们还是要问,巴扎罗夫是在冒充内行来反对普列汉诺夫呢(马赫主义者竟把普列汉诺夫推崇为唯物主义的唯一代表!),还是在阐明**关于唯物主义**的问题?如果你觉得普列汉诺夫的话是晦涩的或矛盾的，如此等等，那么你为什么不举出其他的唯物主义者呢？因为你不知道他们吗？然而无知并不是论据。

如果巴扎罗夫真的不知道唯物主义的基本前提是承认外部世界，承认**物**在我们的意识之外并且不依赖于我们的意识而存在着，那么我们真的看到一个极端无知的突出例子了。请读者回想一下贝克莱，他在1710年曾经因为唯物主义者承认不依赖于我们意识而存在的并且为我们意识所反映的"自在客体"而责难他们。当然，任何人都有站在贝克莱一边或另外什么人一边来**反对**唯物主义者的自由，这是无可争辩的。但是同样无可争辩的是：谈论唯物主义者而又歪曲或无视**整个**唯物主义的基本前提，这就是肆无忌惮地把问题搞糊涂。

普列汉诺夫说，唯心主义认为没有主体就没有客体，而唯物主义认为客体不依赖于主体而存在，并且或多或少正确地反映在主体的意识中，这些话说得对吗？如果这些话说得**不对**，那么，稍微尊重马克思主义的人，就应该指明普列汉诺夫的**这个**错误，并且在谈到唯物主义和人出现以前的自然界这一问题时**不必**同普列汉诺夫算账，而是应该同别的什么人，如马克思、恩格斯、费尔巴哈算账。如果这些话说得对，或至少你不能够在这里发现错误，那么你企图把事情搞乱，混淆读者头脑中的关于跟唯心主义截然不同的唯物主义的最基本概念，这是写作方面极不体面的事情。

对于那些**不为**普列汉诺夫所说的一字一句**所左右**而对这个问题抱有兴趣的马克思主义者，我们将引证路·费尔巴哈的见解。大家知道（也许巴扎罗夫**不知道**？），费尔巴哈是一个唯物主义者，并且大家也知道，马克思和恩格斯是通过他而从黑格尔的唯心主义达到自己的唯物主义哲学的。费尔巴哈在反驳鲁·海姆时写道：

"当自然界还不是人或意识的对象时,它在思辨哲学看来,或者至少在唯心主义看来,当然是康德的自在之物〈我们的马赫主义者把康德的自在之物和唯物主义的自在之物混为一谈,这一点我们以后再详细讲〉,是没有实在性的抽象物,然而正是自然界使唯心主义遭到破产。自然科学,至少在它当前的情况下,必然把我们引到这样一个时代,当时还没有人类生存的条件,当时自然界即地球还不是人的眼睛和意识的对象,因而当时自然界是一个绝对非人的存在物(absolut unmenschliches Wesen)。唯心主义可以对这点反驳说:这个自然界是你设想的(von dir gedachte)自然界。不错,可是不能由此得出结论说这个自然界在某一时期没有实际存在过,这正如不能根据我现在没有想到苏格拉底和柏拉图,他们对我来说现在就不存在这一点得出结论说,没有我,苏格拉底和柏拉图在当时就没有实际存在过。"①

这就是费尔巴哈从自然界在人出现以前就存在的观点出发对唯物主义和唯心主义所作的论断。费尔巴哈驳倒了阿芬那留斯的诡辩("设想一个观察者"),他虽然不知道"最新实证论",但很了解旧的唯心主义诡辩。而巴扎罗夫根本没有提供任何东西,只是重复唯心主义者的这个诡辩:"如果我在那里〈在人类出现以前的地球上〉,那我就会看到世界是怎样的。"(《关于马克思主义哲学的论丛》第 29 页)换句话说,假如我作出一个显然荒谬的并且与自然科学相矛盾的假定(人可以成为人出现以前的时代的观察者),那么我就能够在我的哲学中自圆其说了!

---

① 《费尔巴哈全集》,博林和约德尔合编,1903 年斯图加特版第 7 卷第 510 页;或卡尔·格律恩《路·费尔巴哈的书简、遗稿及其哲学特征的阐述》1874 年莱比锡版第 1 卷第 423—435 页。

　　因此,我们可以判断巴扎罗夫对问题的了解或他的写作手法了。巴扎罗夫甚至没有提到阿芬那留斯、彼得楚尔特和维利所竭力对付的"困难",并且把一切都搅成一团,给读者带来如此难于置信的混乱,仿佛唯物主义和唯我论之间没有什么差别! 他把唯心主义说成"实在论",硬说唯物主义否定物存在于它们对感官的作用之外! 是的,是的,或者是费尔巴哈不知道唯物主义和唯心主义之间的基本差别,或者是巴扎罗夫之流用完全新的手法改造了哲学上的起码真理。

　　你们还可以看一看瓦连廷诺夫,这个哲学家自然会对巴扎罗夫赞赏之至:(1)"贝克莱是主体和客体相互关连理论的创始人。"(第148页)但这完全不是贝克莱的唯心主义,绝对不是! 这是"深思熟虑的分析"! (2)"阿芬那留斯不用他的通常的唯心主义说明〈仅仅是说明!〉形式〈!〉,而用最彻底的实在论的方式表述了理论的基本前提。"(第148页)显然,骗人的把戏只能使小孩子上当! (3)"阿芬那留斯对认识的出发点的见解是这样:每一个体都发现自己处在一定的环境中,换句话说,个体和环境是同一个同格中的相互联系的和不可分离的〈!〉两项。"(第148页)妙极了! 这不是唯心主义,因为瓦连廷诺夫和巴扎罗夫已凌驾于唯物主义和唯心主义之上,这是客体和主体的"不可分离性",是彻底"实在论的""不可分离性"。(4)"反过来说,没有中心项(个体)与之相符合的那种对立项是不存在的,这是正确的吗? 当然〈!〉是不正确的…… 太古时期林木葱绿……可是还没有人。"(第148页)这就是说,不可分离性是**可以**分离的了! 难道这不是"当然"的吗? (5)"可是从认识论的观点来看,关于自在客体的问题毕竟是荒谬的。"(第148页)当然啰! 在具有感觉的有机体还没有出现的时候,物仍然是那些和感觉同一的"要素的复合"啊!（6）"以舒伯特-索尔登和舒佩为代表的内在论学派,使这些〈!〉思想具有不适用的形式,因而陷入唯我论的绝境。"（第149页）"这些思想"本身并没有唯我论,而经验批判主义决不是重弹内在论者的反动理论的老调!内在论者说自己同情阿芬那留斯,那是撒谎!

马赫主义者先生们! 这不是哲学,而是毫无联系的文字堆砌。

5. 人是否用头脑思想?

巴扎罗夫十分果断地对这个问题作了肯定的回答。他写道:"如果给普列汉诺夫提出的'意识是物质的内部〈? 巴扎罗夫加的〉状态'这一论点加上一个比较令人满意的形式,例如,'一切心理过程都是头脑过程的机能',那么不论是马赫或阿芬那留斯都不会反驳他了……"（《"关于"马克思主义哲学的论丛》第29页）

老鼠以为没有比猫更凶的野兽。[28] 俄国马赫主义者以为没有比普列汉诺夫更强的唯物主义者。难道真的只有普列汉诺夫或者首先是普列汉诺夫提出了意识是物质的内部状态这个唯物主义的论点吗? 如果巴扎罗夫不喜欢普列汉诺夫的唯物主义的说法,那么他为什么要同普列汉诺夫算账而不同恩格斯或费尔巴哈算账呢?

因为马赫主义者害怕承认真理。他们反对唯物主义,可是却装出一副好像只反对普列汉诺夫的样子,真是一种胆怯的无原则的手法。

我们且谈经验批判主义吧! 阿芬那留斯"不会反驳"思想是头脑的机能。巴扎罗夫的这句话简直是撒谎。阿芬那留斯不仅反驳这个唯物主义的论点,而且创造了一整套"理论"来推翻这个论点。

阿芬那留斯在《人的世界概念》里说:"我们的头脑不是思维的住所、座位、创造者,不是思维的工具或器官、承担者或基质等等。"(第76页;马赫在《感觉的分析》第32页中赞许地引证了这句话)"思维不是头脑的居住者或主人,不是头脑的另一半或另一面等等,思维也不是头脑的产物,甚至也不是头脑的生理机能或一般状态。"(同上)阿芬那留斯在他的《考察》里同样断然地说:"表象""不是头脑的(生理的、心理的、心理物理的)机能"(上引论文第115节,第419页)。感觉不是"头脑的心理机能"(第116节)。

可见,照阿芬那留斯的说法,头脑不是思想的器官,思想不是头脑的机能。我们读一读恩格斯的著作,就立刻会看到与此截然相反的明确的唯物主义说法。恩格斯在《反杜林论》里说道:"思维和意识是人脑的产物。"(德文第5版第22页)①这个思想在这部著作里重复了许多次。在《路德维希·费尔巴哈》里,我们可以看到下述的费尔巴哈的观点和恩格斯的观点:"我们自己所属的物质的(stofflich)、可以感知的世界,是唯一现实的","我们的意识和思维,不论它看起来是多么超感觉的,总是物质的、肉体的器官即人脑的产物(Erzeugnis)。物质不是精神的产物,而精神本身只是物质的最高产物。这自然是纯粹的唯物主义"(德文第4版第18页)。或者在第4页上也可以读到:自然过程"在思维着的头脑中"的反映②,等等,等等。

阿芬那留斯反驳这个唯物主义的观点,把"头脑的思维"叫做**"自然科学的拜物教"**(《人的世界概念》德文第2版第70页)。因此,阿芬那留斯对于自己在这点上和自然科学的根本分歧,是没有

① 见《马克思恩格斯文集》第9卷第38页。——编者注
② 见《马克思恩格斯文集》第4卷第281、270页。——编者注

丝毫错觉的。像马赫和一切内在论者一样,他也承认自然科学坚持自发的不自觉的唯物主义观点。他承认并且直言不讳地说:他和**"流行的心理学"是有根本分歧的**(《考察》,第150页及其他许多页)。这种流行的心理学作了不能容忍的"嵌入"(这是我们的这位哲学家挖空心思想出来的新名词),即把思想放进头脑,或把感觉放到我们里面。阿芬那留斯在同书中说道,这"两个词"(in uns＝到我们里面)就包含着经验批判主义所反驳的前提(Annahme)。"把看得见的东西等等**放到**(Hineinverlegung)人里面,我们就称之为**嵌入**。"(第45节第153页)

嵌入"在原则上"违背了"自然的世界概念"(natürlicher Welt-begriff),因为它是说"在我里面"而不是说"在我面前"(vor mir,第154页),它"把(实在的)环境的组成部分变成了(观念的)思维的组成部分"(同上)。"嵌入把自由地明显地表现在见到的东西〈或我们所发现的东西:im Vorgefundenen〉中的非机械的东西〈代替心理的东西的一个新字眼〉变成某种在中枢神经系统里神秘地潜藏着的东西〈阿芬那留斯又用了一个"新"字眼:Latitierendes〉。"(同上)

这里,我们又看到了经验批判主义者和内在论者在替"素朴实在论"进行臭名昭彰的辩护时耍过的**把戏**。阿芬那留斯以屠格涅夫笔下的骗子[29]的贼喊捉贼的忠告作为行动准则。阿芬那留斯竭力装出一副反对唯心主义的样子,说人们通常从嵌入得出哲学唯心主义,把外部世界变成感觉、表象等等,而我却维护"素朴实在论",认为见到的一切,不论"**自我**"或环境,都具有同样的实在性,我不把外部世界放到人脑里去。

这里的诡辩和我们在臭名昭彰的同格的例子中所看到的完全一样。阿芬那留斯用攻击唯心主义的手法来转移读者的注意力,实际上是用一些稍微不同的词句来维护同一种唯心主义：思想不是头脑的机能，头脑不是思想的器官，感觉不是神经系统的机能，感觉是"要素"，这些要素在一种联系上只是心理的东西，而在另一种联系上（虽然是"**同一的**"要素，但是）又是物理的东西。阿芬那留斯用了一些新的混乱术语、新的古怪字眼来表达所谓新的"理论"，其实他只是在一个地方打转，而后回到他的唯心主义的基本前提上。

如果说，我们俄国的马赫主义者（例如，波格丹诺夫）没有看出这种"把戏"，并且还把对唯心主义的"新的"辩护看成对唯心主义的驳斥，那么在哲学专家们对经验批判主义的分析中，我们看到的则是他们对阿芬那留斯思想的本质的清醒评价，而这种本质是在清除那些古怪术语之后才被揭露出来的。

波格丹诺夫在1903年（《权威的思维》一文，见《社会心理学》文集第119页及以下各页）写道：

"理查·阿芬那留斯给精神肉体二元论的发展描绘了一幅最和谐最完整的哲学图景。他的'嵌入说'的本质如下：〈我们直接观察到的只是物理的物体，我们只能凭假说推断别人的体验，即别人的心理。〉""……由于别人的体验是在他的肉体之内，是被置入（嵌入）他的机体，这种假说就复杂化了。这已经是不必要的、甚至是产生无数矛盾的假说。阿芬那留斯系统地指出了这些矛盾，详细叙述了二元论和哲学唯心主义的发展中的一连串历史环节，可是在这里我们无须追随阿芬那留斯……""嵌入说是对精神肉体二元论的一个说明。"

波格丹诺夫上了教授哲学的圈套，相信"嵌入说"是反对唯心主义的。他**完全**相信阿芬那留斯自己对嵌入说的评价，而没有看出那个反对唯物主义的**毒刺**。嵌入说否认思想是头脑的机能,否认感觉是人的中枢神经系统的机能,也就是说,为了破坏唯物主义而否认生理学的最起码的真理。"二元论"原来是被**唯心地**驳倒的(不管阿芬那留斯如何装腔作势地对唯心主义表示愤怒),因为感觉和思想不是第二性的,不是物质所派生的,而是**第一性**的。二元论在这里所以说是被阿芬那留斯驳倒了,只是因为他"驳倒了"主体以外的客体的存在、思想以外的物质的存在、不依赖于我们感觉的外部世界的存在,也就是说,二元论是被**唯心地**驳倒的。阿芬那留斯所以要荒谬地否认树木的视觉映象是我们的视网膜、神经和头脑的机能,是为了加固他的关于"完全的"经验(它既包含我们的"**自我**"也包含树木即环境)的"不可分割的"联系的理论。

嵌入说是糊涂思想,它偷运唯心主义的胡说,并且与自然科学相矛盾。自然科学坚决主张:思想是头脑的机能;感觉**即外部世界**的映象是存在于**我们之内**的,是由物对我们感官的作用所引起的。对"精神肉体二元论"的唯物主义的排除(这是唯物主义的一元论),就是主张精神不是离开肉体而存在的,精神是第二性的,是头脑的机能,是外部世界的反映。对"精神肉体二元论"的唯心主义的排除(这是唯心主义的一元论),就是主张精神**不是**肉体的机能,因而精神是第一性的,"环境"和"**自我**"只是存在于同一些"要素复合"的不可分割的联系之中。除了这两种截然相反的排除"精神肉体二元论"的方法之外,如果不算折中主义,即唯物主义和唯心主义的胡乱混合,就不可能有任何第三种方法。正是阿芬那留斯的这种混合,在波格丹诺夫之流看来,却成了"超出唯物主义和唯心主义之外的真理"。

但是,哲学专家们并不像俄国马赫主义者那样天真和轻信。

不错，每一位正教授先生都维护"**自己的**"驳斥唯物主义的或至少把唯物主义和唯心主义"调和起来"的体系，可是在对付竞争者的时候，他们就毫不客气地把各种"最新的"和"独创的"体系中没有联系的唯物主义和唯心主义的片断揭露出来。如果有些年轻的知识分子会上阿芬那留斯的圈套，那么老麻雀冯特决不是用一把糠就可以捉住的。唯心主义者冯特**在赞扬阿芬那留斯的嵌入说的反唯物主义倾向后**，就毫不客气地撕破了装腔作势的阿芬那留斯的假面具。

冯特写道："如果经验批判主义责难庸俗唯物主义，说它用头脑'有'思想或'产生'思想等说法来表明那根本不能用实际的观察和记述来确证的关系〈在威·冯特看来，大概，人不用头脑思想是"事实"！〉……那么这种责难当然是有根据的。"（上引论文，第47—48页）

当然啰，唯心主义者总是同不彻底的阿芬那留斯和马赫一起反对唯物主义的！冯特补充说道，遗憾的只是这种嵌入说"与独立的生命系列的学说没有任何联系，它显然只是在事后相当勉强地从外面加到这个学说中的"（第365页）。

奥·艾瓦德说道，嵌入"无非是经验批判主义需要用来掩饰自己错误的一种虚构"（上引书第44页）。"我们看到一种奇怪的矛盾：一方面，排除嵌入，恢复自然的世界概念，就会使世界重新有活生生的实在这种性质；另一方面，经验批判主义通过原则同格导致关于对立项和中心项绝对相互关联的那种纯粹唯心主义的看法。这样，阿芬那留斯就在一个圈子里打转。他去讨伐唯心主义了，但在同唯心主义公开交战的前夜，却在它面前放下了武器。他想使客体世界摆脱主体的控制，可是又把它拴在主体上。他所真正批

判地摧毁的,是唯心主义的滑稽模仿品,而不是唯心主义的真正认识论的表现形式。"(上引书第 64—65 页)

诺曼·斯密斯说道:"我们经常引证阿芬那留斯的一句名言:头脑不是思想的座位、器官或承担者。这句话就是对我们用来规定两者之间关系的仅有的一些术语的否定。"(上引论文,第 30 页)

至于说冯特所称赞的嵌入说引起了露骨的唯灵论者詹姆斯·华德的赞许[①],那也是不足为奇的,因为华德一贯攻击"自然主义和不可知论",特别是攻击托·赫胥黎,(这不是由于赫胥黎像恩格斯所责难的那样,是一个不够明确和坚决的唯物主义者,而是)由于他的不可知论实质上掩藏着唯物主义。

应当指出:英国的马赫主义者卡·毕尔生,轻视一切哲学花招,既不承认嵌入,也不承认同格,又不承认"世界要素的发现",因而他得到了没有这些"掩护"的马赫主义所不可避免的结果,即纯粹的主观唯心主义。无论什么样的"要素"毕尔生都不知道。"感性知觉"(sense-impressions)是他的唯一用语。他丝毫不怀疑人是用头脑思想的。因此在这个论点(唯一合乎科学的论点)和他的哲学的出发点之间的矛盾,是十分明显和显眼的。毕尔生在反对不依赖于我们感性知觉而存在的物质的概念时,完全不能控制自己了(他的《科学入门》第 7 章)。毕尔生重复着贝克莱的一切论据,宣称物质是无。但是一涉及头脑和思想的关系,毕尔生便毅然决然地说:"我们不能从那种和物质机制联系着的意志和意识中推论出任何跟没有这一机制的意志和意识相类似的东西。"[②]毕尔生

---

① 詹姆斯·华德《自然主义和不可知论》1906 年伦敦第 3 版第 2 卷第 171、172 页。

② 《科学入门》1900 年伦敦第 2 版第 58 页。

甚至提出下述论点作为他的这一部分研究的总结:"意识超出了跟我们的神经系统相类似的神经系统,就没有任何意义;断言一切物质都具有意识,这是不合逻辑的〈但是假定一切物质都具有在本质上跟感觉相近的特性、反映的特性,这是合乎逻辑的〉,断言意识或意志存在于物质之外,那就更不合逻辑了。"(同上,第75页第2论题)毕尔生的混乱是惊人的! 物质不过是感性知觉群,这是他的前提,这是他的哲学。这就是说,感觉和思想是第一性的,物质是第二性的。但又不是这样,没有物质的意识是不存在的,甚至说没有神经系统的意识也是不存在的! 这就是说,意识和感觉是第二性的。真像是说水在地上,地在鲸上,鲸在水上。马赫的"要素"、阿芬那留斯的同格和嵌入,丝毫没有消除这种混乱,只是把事情弄糊涂,用学究气十足的哲学胡话来掩盖痕迹。

　　阿芬那留斯的特殊术语就是这样的胡话(关于这些胡话只要讲一两句就够了),他造了大量各式各样的名词,如"notal"、"sekural","fidential"等等。我们俄国的马赫主义者在大多数场合都羞羞答答地回避这种教授的胡言乱语,只是偶尔向读者抛出"existential"这一类的名词(以便迷惑他们)。天真的人把这些字眼当做特种的生物力学,而那些自己也喜欢用一些"古怪的"字眼的德国哲学家却嘲笑阿芬那留斯。冯特在题为《经验批判主义体系的经院哲学性质》这一节中说道:我们说"notal"(notus=已知的)或者说某某东西我已经知道,这是完全一样的。的确,这是最纯粹的晦涩的经院哲学。阿芬那留斯的一位最忠实的弟子鲁·维利,有勇气公开承认这点。他说:"阿芬那留斯幻想着生物力学,但是要了解头脑的生活,只能靠事实的发现,而决不能用阿芬那留斯所尝试的那种方法。阿芬那留斯的生物力学决不是以任何新的观察为依据的,它所特有的东西是纯粹公式化的概念结构,而且这些结构连展示某种远景的假说的性质也没有,它们是一些纯粹思辨的死板公式(bloße Spekulierschablonen),像一堵墙壁那样阻挡着我们的视线。"[1]

俄国马赫主义者很快就会像那些赶时髦的人一样,对欧洲资产阶级哲学家戴破了的帽子赞扬备至。

6. 关于马赫和阿芬那留斯的唯我论

我们已经看到,经验批判主义哲学的出发点和基本前提是主观唯心主义。世界是我们的感觉,这就是它的基本前提,这个前提虽然被"要素"这个字眼以及"独立系列"、"同格"、"嵌入"的理论掩盖着,但并不因此有丝毫改变。这种哲学的荒谬就在于:它导致唯我论,认为只有一个高谈哲理的个人才是存在的。但是我们俄国的马赫主义者硬要读者相信:"谴责"马赫的哲学"是唯心主义甚至是唯我论",这是"极端主观主义"。波格丹诺夫在《感觉的分析》的序言第 XI 页中就是这样说的,而且马赫派的全班人马也用许多不同的调子重复这一点。

我们在分析马赫和阿芬那留斯如何掩盖唯我论之后,现在应当补充一点:论断的"极端主观主义"完全在波格丹诺夫这伙人方面,因为在哲学文献中派别极不相同的著作家早已发现了在种种掩盖下的马赫主义的主要过失。现在我们只是把足以表明我们马

---

[1]　鲁·维利《反对学院智慧》第169页。当然,老学究彼得楚尔特没有这样承认。他怀着庸人的扬扬自得的心情,一再重复阿芬那留斯的"生物"经院哲学(第1卷第2章)。

赫主义者的**无知**的"主观主义"的那些意见简单地**综合**一下。同时应当注意,几乎所有的哲学专家都赞同形形色色的唯心主义,因为唯心主义在他们心目中决不像在我们马克思主义者的眼里那样,是一种谴责;但是,他们确认马赫的**真正的**哲学方向,用一种同样是唯心主义的然而在他们看来是更彻底的体系去反对另一种唯心主义体系。

奥·艾瓦德在一本专门分析阿芬那留斯学说的书中说道:"经验批判主义的创始人",不管愿意不愿意,注定要陷入唯我论(上引书第61—62页)。

马赫的弟子汉斯·克莱因佩特(马赫在《认识和谬误》的序言中特别声明自己和他是一致的)说:"马赫正是说明认识论的唯心主义和自然科学的要求可以相容的例子〈在折中主义者看来,一切都是"可以相容的"!〉,正是说明自然科学能够很好地从唯我论出发而不停留在唯我论上的例子。"(1900年《系统哲学文库》[30]第6卷第87页)

埃·路加在分析马赫的《感觉的分析》时说道:如果把误解(Mißverständnisse)撇开不谈,那么"马赫是站在纯粹唯心主义的基地上的"。"不可理解的是,马赫却否认他是贝克莱主义者。"(1903年《康德研究》杂志[31]第8卷第416、417页)

威·耶鲁萨伦姆是一个极反动的康德主义者,马赫在同一序言中也曾表示自己和他是一致的(思想上的"血缘关系"比马赫以前所想的"更密切些":《认识和谬误》1906年版序言第Ⅹ页)。耶鲁萨伦姆说:"彻底的现象论会导致唯我论"——因此必须借用一点康德的东西!(见《批判的唯心主义和纯粹的逻辑》1905年版第26页)

理·赫尼格斯瓦尔德说:"……内在论者和经验批判主义者只

能二者择一：不是唯我论，就是费希特、谢林或黑格尔式的形而上学。"(《休谟关于外部世界的实在性的学说》1904 年版第 68 页）

英国物理学家奥利弗·洛治在一本专门驳斥唯物主义者海克尔的书中，像谈到一件众所周知的事情似的，顺便谈到"毕尔生和马赫一类的唯我论者"（奥利弗·洛治《生命和物质》1907 年巴黎版第 15 页）。

英国自然科学家的刊物《自然》杂志（«Nature»）[32]，通过几何学家爱·特·狄克逊的口，说出了对马赫主义者毕尔生的十分明确的意见。这个意见之所以值得我们引用，不是因为它新颖，而是因为俄国马赫主义者天真地把马赫的哲学胡说当做是"自然科学的哲学"（波格丹诺夫给《感觉的分析》写的序言第 XII 页及其他各页）。

狄克逊写道："毕尔生的整部著作的基础是这样一个论点：除了感性知觉（sense-impressions）以外，我们不能直接知道其他任何东西，因此我们通常当做客观对象或外部对象来谈论的物，只不过是感性知觉群。但是毕尔生教授还承认别人的意识的存在，他不仅由于自己写书给别人看而默默地承认这点，并且在他的书中有许多地方还直率地承认这点。"关于别人意识的存在，毕尔生是在观察别人身体的运动时类推出来的：既然别人的意识是实在的，那就是承认在我之外也有别人存在了！"当然，我们还不可能就这样来驳倒一个彻底的唯心主义者，这个唯心主义者会断言：不仅外部对象而且别人的意识都是不实在的，它们只存在于他的想象之中。但是，承认别人意识的实在性，就是承认我们借以推断别人意识的那些手段的实在性，即……人体外貌的实在性。"摆脱困难的出路，就是承认这样一个"假说"：同我们的感性知觉相符合的是我们之外的客观实在。这个假说令人满意地说明了我们的感性知觉。"我不能认真地怀疑毕尔生教授自己也像别人一样相信这个假说。但是,如果他要明确地承认这一点,那么他就不得不把他的《科学入门》几乎每一页都重新写过。"①

嘲笑就是动脑筋的自然科学家对待那种使马赫狂喜的唯心主义哲学的态度。

最后是德国物理学家路·玻耳兹曼的意见。马赫主义者也许会像弗·阿德勒那样说:他是一个旧派的物理学家。但是**现在**要谈的完全不是物理学的理论,而是基本的哲学问题。玻耳兹曼反对那些"迷醉于新的认识论教条"的人,他写道:"怀疑我们只能从直接感性知觉中得出的表象,就会走到与从前的素朴信念截然相反的极端。我们感知的只是感性知觉,那就是说,我们没有权利再前进一步。但是,如果这些人是彻底的,那么就应该进一步提出这样的问题:我们感知自己昨天的感性知觉吗? 我们直接感知的,只是一种感性知觉或一种思想,即我们在这一瞬间所想的思想。如果这些人是彻底的,那就不仅要否定我的**自我**之外的别人的存在,而且还要否定过去的一切表象的存在。"②

这位物理学家完全应当鄙视马赫之流的所谓"新的""现象学的"观点,把它看做是哲学上的主观唯心主义的陈腐谬论。

然而,患"主观"盲目症的却是那些"没有看出"唯我论就是马赫的基本错误的人。

---

① 1892年7月21日《自然》杂志第269页。
② **路德维希·玻耳兹曼**《通俗论文集》1905年莱比锡版第132页,参看第168、177、187页以及其他页。

第 二 章

经验批判主义的认识论和
辩证唯物主义的认识论(二)

1. "自在之物"或维·切尔诺夫
对弗·恩格斯的驳斥

关于"自在之物",我们的马赫主义者写了好多东西,如果把它们收集在一起,真是堆积如山。"自在之物"对于波格丹诺夫和瓦连廷诺夫,巴扎罗夫和切尔诺夫,别尔曼和尤什凯维奇来说,真是个怪物。他们对"自在之物"用尽了"恶言秽语",使尽了冷嘲热讽。为了这个倒霉的"自在之物",他们究竟同谁战斗呢?在这里,俄国的马赫主义哲学家就按政党分化了。一切想当马克思主义者的马赫主义者都攻击**普列汉诺夫的**"自在之物",谴责他糊涂和陷入康德主义,谴责他背弃恩格斯(关于前一个谴责,我们把它放到第四章里去讲;关于后一个谴责,我们就在这里谈)。民粹派分子、马克思主义的死敌、马赫主义者维·切尔诺夫先生,为了"自在之物"直接攻击**恩格斯**。

这一次,由于维克多·切尔诺夫先生公开地仇视马克思主义,因而他同在党派上是我们的同志而在哲学上是我们的反对派的那些人比较起来,是**较有原则的论敌**[33],承认这一点令人羞愧,可是隐瞒它却是罪过。因为只有**不干净的心地**（也许再加上对唯物主义的无知?）才会使那些想当马克思主义者的马赫主义者圆滑地撇开恩格斯，根本不理费尔巴哈，而专门围着普列汉诺夫兜圈子。这正是纠缠，正是无聊而又琐碎的吵闹，正是对恩格斯的学生吹毛求疵，而对老师的见解却胆怯地避免作直接分析。由于我们这个简略评述的任务是要指出马赫主义的反动性以及马克思和恩格斯的唯物主义的正确性，因此我们不谈那些想当马克思主义者的马赫主义者同普列汉诺夫的吵闹，而直接谈论经验批判主义者维·切尔诺夫先生所驳斥的恩格斯。在切尔诺夫的《哲学和社会学论文集》（1907年莫斯科版，这本论文集中的文章除少数几篇之外，都是在1900年以前写的）里，有一篇题为《马克思主义和先验哲学》的文章，它一开始就企图把马克思和恩格斯对立起来，谴责恩格斯的学说是"素朴的独断的唯物主义"，是"最粗陋的唯物的独断主义"（第29、32页）。维·切尔诺夫先生说，恩格斯反对康德的自在之物和休谟的哲学路线的议论就是"充分的"例证。我们就从这个议论谈起吧。

　　恩格斯在他的《路德维希·费尔巴哈》中宣布唯物主义和唯心主义是哲学上的基本派别。唯物主义认为自然界是第一性的，精神是第二性的，它把存在放在第一位，把思维放在第二位。唯心主义却相反。恩格斯把唯心主义和唯物主义的"各种学派"的哲学家所分成的"两大阵营"之间的这一根本区别提到首要地位，并且直截了当地谴责在别的意义上使用唯心主义和唯物主义这两个名词的那些人的"混乱"。

　　恩格斯说："全部哲学的最高问题"，"全部哲学，特别是近代哲学的重大的基本问题"是"思维对存在、精神对自然界的关系问题"。恩格斯根据这个基本问题把哲学家划分为"两大阵营",接着他又指出,哲学的基本问题"还有另一个方面",这就是:"我们关于我们周围世界的思想对这个世界本身的关系是怎样的? 我们的思维能不能认识现实世界? 我们能不能在我们关于现实世界的表象和概念中正确地反映现实?"①

恩格斯说:"绝大多数哲学家对这个问题都作了肯定的回答",他在这里所指的不仅是所有的唯物主义者,而且也包括最彻底的唯心主义者,例如,绝对唯心主义者黑格尔。黑格尔认为现实世界是某种永恒的"绝对观念"的体现,而且人类精神在正确地认识现实世界的时候,就在现实世界中并通过现实世界认识"绝对观念"。

"但是,此外〈即除了唯物主义者和彻底的唯心主义者之外〉,还有其他一些哲学家否认认识世界的可能性,或者至少是否认彻底认识世界的可能性。在近代哲学家中,休谟和康德就属于这一类,而他们在哲学的发展上是起过很重要的作用的……"②

维·切尔诺夫先生在引了恩格斯的这些话之后,就拼命加以攻击。他给"康德"这个名词作了以下的注释:

"在 1888 年,把康德、特别是休谟这样的哲学家叫做'近代'哲学家,是相当奇怪的。在那个时候,听到柯亨、朗格、黎尔、拉斯、李普曼、戈林等人的名字更自然一些。看来,恩格斯在'近代'哲学方

---

① **弗·恩格斯**《路·费尔巴哈》德文第 4 版第 15 页(见《马克思恩格斯文集》第 4 卷第 277—278 页。——编者注)。1905 年日内瓦俄译本第 12—13 页。维·切尔诺夫先生把 Spiegelbild 译做"镜中的反映",责怪普列汉诺夫"**以十分无力的方式**"表达恩格斯的理论,因为在他的俄译本里只说"反映",而不说"镜中的反映"。这是吹毛求疵。Spiegelbild 这个词在德文里也只是当做 Abbild (反映、模写、映象。——编者注)来使用的。

② 见《马克思恩格斯文集》第 4 卷第 278—279 页。——编者注

面不怎么行。"(第33页注释2)

维·切尔诺夫先生是始终如一的。不论在经济问题上还是在哲学问题上,他都跟屠格涅夫小说里的伏罗希洛夫[34]一样,简单地抬出一些"学者的"名字,一会儿用来消灭不学无术的考茨基[①],一会儿用来消灭无知的恩格斯! 但不幸的是,所有这些被切尔诺夫先生提到的权威,就是恩格斯在《路·费尔巴哈》的**同一页**上讲到的那些**新康德主义者**,恩格斯把他们看做是企图使早已被驳倒的康德和休谟学说的僵尸重新复活的理论上的**反动分子**。好样儿的切尔诺夫先生不懂得,恩格斯在自己的议论中所要驳斥的正是这些(在马赫主义看来是)权威的糊涂教授们!

恩格斯指出,黑格尔已经提出了反对休谟和康德的"决定性的"论据,费尔巴哈在这些论据上补充了一些与其说深刻不如说机智的见解,接着恩格斯继续说道:

"对这些以及其他一切哲学上的怪论〈或谬论,Schrullen〉的最令人信服的驳斥是实践,即实验和工业。既然我们自己能够制造出某一自然过程,按照它的条件把它生产出来,并使它为我们的目的服务,从而证明我们对这一过程的理解是正确的,那么康德的不可捉摸的〈或不可理解的,unfaßbaren——这个重要的词在普列汉诺夫的译文里和维·切尔诺夫先生的译文里都漏掉了〉'自在之物'就完结了。动植物体内所产生的化学物质,在有机化学开始把它们一一制造出来以前,一直是这种'自在之物';一旦把它们制造出来,'自在之物'就变成'为我之物'了,例如茜草的色素——茜素,我们已经不再从地里的茜草根中取得,而是用便宜得多、简单

---

① 弗·伊林《土地问题》1908年圣彼得堡版第1册第195页(见本版全集第5卷第130页。——编者注)。

得多的方法从煤焦油里提炼出来了。"(上引书第 16 页)①

维·切尔诺夫先生引完这段议论,就完全控制不住自己了,他要彻底消灭可怜的恩格斯。请听:"可以'用便宜得多、简单得多的方法'从煤焦油里提炼出茜素[35],这当然是任何新康德主义者都不会觉得奇怪的。但是,在提炼茜素的同时可以用同样便宜的方法从同样的煤焦油里提炼出对'自在之物'的驳斥,这真是个了不起的闻所未闻的发现,当然,这样看的不仅是新康德主义者。"

"显然,恩格斯知道了康德认为'自在之物'是不可认识的,于是他就把这个定理改成逆定理,断言一切未被认识的东西都是自在之物……"(第 33 页)

马赫主义者先生,请你听着,胡扯也要有个限度! 你是在大庭广众面前歪曲上面引证的恩格斯的那段话,甚至你不懂得这儿说的是什么,就想去"捣毁"它!

第一,说恩格斯"提炼出对自在之物的驳斥",这是不对的。恩格斯曾经直截了当地明确地说过:他驳斥**康德的不可捉摸的**(或不可认识的)自在之物。切尔诺夫先生把恩格斯关于物不依赖于我们的意识而存在的唯物主义观点搞乱了。第二,如果康德的定理说自在之物是不可认识的,那么**"逆"**定理应当说**不可认识的东西**是自在之物。切尔诺夫先生却用**未被认识的代替**了不可认识的,他不理解由于这样一代替,他又把恩格斯的唯物主义观点搞乱和歪曲了!

维·切尔诺夫先生被他自己所奉为指导者的那些御用哲学的反动分子弄得糊里糊涂,他**根本不了解**自己所引用的例子便大叫

————————

① 见《马克思恩格斯文集》第 4 卷第 279 页。——编者注

大嚷地反对恩格斯。我们不妨向这位马赫主义的代表说清楚,问题究竟在什么地方。

恩格斯直截了当地明确地说,他既反对休谟,又反对康德。但是休谟根本不谈什么"不可认识的自在之物"。那么这两个哲学家有什么共同之点呢? 共同之点就是:他们**都把"现象"和显现者、感觉和被感觉者、为我之物和"自在之物"根本分开**。但是,休谟根本不愿意承认"自在之物",他认为关于"自在之物"的思想本身在哲学上就是不可容许的,是"形而上学"(像休谟主义者和康德主义者所说的那样)。而康德则承认"自在之物"的存在,不过宣称它是"不可认识的",它和现象有原则区别,它属于另一个根本不同的领域,即属于知识不能达到而信仰却能发现的"彼岸"(Jenseits)领域。

恩格斯的反驳的实质是什么呢? 昨天我们不知道煤焦油里有茜素,今天我们知道了。试问,昨天煤焦油里有没有茜素呢?

当然有。对这点表示任何怀疑,就是嘲弄现代自然科学。

既然这样,那么由此就可以得出三个重要的认识论的结论:

(1)物是不依赖于我们的意识,不依赖于我们的感觉而在我们之外存在着的。因为,茜素昨天就存在于煤焦油中,这是无可怀疑的;同样,我们昨天关于这个存在还一无所知,我们还没有从这茜素方面得到任何感觉,这也是无可怀疑的。

(2)在现象和自在之物之间决没有而且也不可能有任何原则的差别。差别仅仅存在于已经认识的东西和尚未认识的东西之间。所谓二者之间有着特殊界限,所谓自在之物在现象的"彼岸"(康德),或者说可以而且应该用一种哲学屏障把我们同关于某一部分尚未认识但存在于我们之外的世界的问题隔离开来(休谟),——

所有这些哲学的臆说都是废话、怪论(Schrulle)、狡辩、捏造。

(3)在认识论上和在科学的其他一切领域中一样,我们应该辩证地思考,也就是说,不要以为我们的认识是一成不变的,而要去分析怎样从**不知**到**知**,怎样从不完全的不确切的知到比较完全比较确切的知。

只要你们抱着人的认识是由不知发展起来的这一观点,你们就会看到:千百万个类似在煤焦油中发现茜素那样简单的例子,千百万次从科学技术史中以及从所有人和每个人的日常生活中得来的观察,都在向人表明"自在之物"转化为"为我之物";都在表明,当我们的感官受到来自外部的某些对象的刺激时,"现象"就产生,当某种障碍物使得我们所明明知道是存在着的对象不可能对我们的感官发生作用时,"现象"就消失。由此可以得出唯一的和不可避免的结论:对象、物、物体是在我们之外、不依赖于我们而存在着的,我们的感觉是外部世界的映象。这个结论是由一切人在生动的人类实践中作出来的,唯物主义自觉地把这个结论作为自己认识论的基础。与此相反的马赫的理论(物体是感觉的复合)是可鄙的唯心主义胡说。而切尔诺夫先生在他对恩格斯的"分析"中再一次暴露出他的伏罗希洛夫式的品质:恩格斯举的简单例子在他看来竟是"奇怪而又幼稚的"! 他认为只有学究的臆说才是哲学,他不能区别教授的折中主义和彻底的唯物主义认识论。

至于切尔诺夫先生往后的全部议论,我们没有可能,也没有必要去分析它们,因为它们都是同样狂妄的胡说(譬如他说:原子在唯物主义者看来是自在之物!)。我们只须指出一个和我们题目有关的(并且看来迷惑了某些人的)对马克思的议论:马克思似乎跟恩格斯不同。这里讲的是马克思关于费尔巴哈的提纲**第 2 条**以及普列汉诺夫对此岸性(Diesseitigkeit)这个词的译法。

下面就是提纲第2条：

"人的思维是否具有对象的真理性，这不是一个理论的问题，而是一个实践的问题。人应该在实践中证明自己思维的真理性，即自己思维的现实性和力量，自己思维的此岸性。关于离开实践的思维的现实性或非现实性的争论，是一个纯粹经院哲学的问题。"①

普列汉诺夫不是译成"证明思维的此岸性"（直译），而是译成证明思维"不是停留在现象的此岸"。于是维·切尔诺夫先生就大叫大嚷地说："恩格斯和马克思的矛盾被异常简单地排除了"，"结果马克思似乎和恩格斯一样，也肯定了自在之物的可知性和思维的彼岸性了"（上述著作第34页注释）。

请同这位每说一句话就增加好多糊涂思想的伏罗希洛夫打一次交道吧！维克多·切尔诺夫先生，如果你不知道一切唯物主义者都承认自在之物的可知性，这就是无知。维克多·切尔诺夫先生，如果你跳过这一条的**第一句话**，不想一想思维的"对象的真理性"(gegenständliche Wahrheit)**无非是**指思维所**真实**反映的对象（＝"自在之物"）的**存在**，这就是无知或极端的马虎。维克多·切尔诺夫先生，如果你断言似乎可以从普列汉诺夫的转述（普列汉诺夫只是转述而不是翻译）中"得出结论说"，马克思拥护思维的**彼岸性**，这也是无知。因为只有休谟主义者和康德主义者才使人的思维停留在"现象的此岸"。一切唯物主义者，其中包括贝克莱主教所攻击的17世纪的唯物主义者（见《代绪论》），都认为"现象"是

---

① 参看《马克思恩格斯文集》第1卷第503—504页。——编者注

"为我之物",或者是"自在客体"的**复写**。当然,那些想知道马克思的原文的人是不一定需要普列汉诺夫的自由转述的,但是必须细心推敲马克思的言论,而不应该伏罗希洛夫式地卖弄聪明。

有一种情况指出来是有意思的:我们发现一些自称社会主义者的人不愿意或不能够细心推敲马克思的《提纲》,而一些资产阶级著作家、哲学专家,有时候倒比较认真。我知道这样一个著作家,他研究费尔巴哈的哲学并且为此还探讨了马克思的《提纲》。这个著作家就是阿尔伯·莱维,他在自己写的有关费尔巴哈的著作的第 2 部分第 3 章里专门研究了费尔巴哈对马克思的影响①。我们不谈莱维是否在每一个地方都正确地解释费尔巴哈以及他如何用通常的资产阶级观点去批判马克思,我们只举出他对马克思的著名《提纲》的哲学内容的评价。关于提纲的第 1 条,阿·莱维说道:"一方面,马克思和一切以往的唯物主义以及费尔巴哈都承认,同我们关于物的表象相符合的是我们之外的实在的单独的(独立的,distincts)客体……"

读者可以看到,阿尔伯·莱维一下子就清楚了:承认我们表象与之"相符合的"我们之外的实在的客体,不仅是马克思主义的唯物主义的基本立场,而且是**任何**唯物主义、"**一切以往的**"唯物主义的基本立场。这种关于**整个**唯物主义的起码知识,只有俄国的马赫主义者才不知道。莱维继续说道:

"……另一方面,马克思认为遗憾的是:唯物主义曾经让唯心主义去评价能动力〈即人的实践〉的作用。""马克思认为:应该把这些能动力从唯心主义手中夺过来,也把它们引入唯物主义的体系,

---

① 阿尔伯·莱维《费尔巴哈的哲学及其对德国著作界的影响》1904 年巴黎版第 249—338 页(费尔巴哈对马克思的影响);第 290—298 页(对《提纲》的分析)。

但是,当然必须把唯心主义不能承认的那种实在的和感性的特性给予这些能动力。所以马克思的思想是这样的:正像同我们表象相符合的是我们之外的实在的客体一样,同我们的现象的活动相符合的是我们之外的实在的活动、物的活动。从这个意义上来讲,人类不仅是通过理论认识而且还通过实践活动参加到绝对物中去;这样,整个人类活动就获得了一种使它可以同理论并驾齐驱的价值和尊严。革命的活动从此就获得形而上学的意义……"

阿·莱维是一个教授。而一个循规蹈矩的教授不会不骂唯物主义者是形而上学者。在唯心主义、休谟主义和康德主义的教授们看来,任何唯物主义都是"形而上学",因为它在现象(为我之物)之外还看到我们之外的实在;因此,当阿·莱维说马克思认为同人类的"现象的活动"相符合的是"物的活动",即人类的实践不仅具有(休谟主义和康德主义所谓的)现象的意义而且还具有客观实在的意义的时候,他的话在本质上是正确的。实践标准在马赫和马克思那里有着完全不同的意义,我们在适当地方(第6节)将详细地加以说明。"人类参加到绝对物中去",这就是说:人的认识反映绝对真理(见下面第5节),人类的实践检验我们的表象,确证其中与绝对真理相符合的东西。阿·莱维继续说道:

"……马克思谈到这点时,自然会遭到批驳。他承认自在之物是存在的,而我们的理论是人对自在之物的翻译。他就不能避开通常的反驳:究竟什么东西向你保证这种翻译是正确的呢? 什么东西证明人的思想给你提供客观真理呢? 对于这种反驳,马克思在提纲第2条中作了答复。"(第291页)

读者可以看到,阿·莱维一分钟也没有怀疑马克思承认自在之物的存在!

2. 论"超越",或弗·巴扎罗夫对
恩格斯学说的"修改"

那些想当马克思主义者的俄国马赫主义者,圆滑地避开了恩格斯的最坚决最明确的论述中的**一个论述**,可是他们对于恩格斯的**另外一个论述**则完全按照切尔诺夫的方式作了"修改"。尽管纠正他们对引文原意的歪曲和曲解是一个多么枯燥而繁重的任务,但是任何一个想谈论俄国马赫主义者的人,都不能避开这个任务。

下面就是巴扎罗夫对恩格斯学说的修改。

恩格斯在《论历史唯物主义》[①]一文中关于英国的不可知论者(休谟路线的哲学家)说了这样的话:

"……我们的不可知论者也承认,我们的全部知识是以我们的感官向我们提供的报告(Mitteilungen)为基础的。……"

因此,我们要向我们的马赫主义者指出:不可知论者(休谟主义者)也是从**感觉**出发的,他不承认知识的任何其他的泉源。我们要告诉"最新实证论"的信徒们,不可知论者是纯粹的"**实证论者**"!

"……可是他〈不可知论者〉又说:我们怎么知道我们的感官所给予我们的是感官所感知的事物的正确反映(Abbilder)呢? 然后他告诉我们:当他讲到事物或事物的特性时,他实际上所指的并不是这些他也不能确实知道的事物及其特性,而是它们对他的感官

---

① 《社会主义从空想到科学的发展》一书的英译本序言,恩格斯自己把它译成德文,载于《**新时代**》杂志第 11 卷(1892—1893)第 1 册第 1 期第 15 页及以下各页。如果我没有搞错的话,这篇序言的俄译文只有一种,载于《历史唯物主义》文集第 162 页及以下各页。巴扎罗夫在《**"关于"**马克思主义哲学的论丛》一书第 64 页上引过这篇序言里的话。

所产生的印象而已。……"①

　　在这里,恩格斯把哲学派别的哪两条路线对立起来了呢? 一条路线是:感觉给我们提供物的正确反映,我们知道**这些物本身**,外部世界作用于我们的感官。这就是不可知论者所不同意的唯物主义。而不可知论者路线的**本质**是什么呢? 就是他**不超出**感觉,**他停留在现象的此岸**,不承认在感觉的界限之外有任何"确实的"东西。关于**这些物本身**(即自在之物,如果用贝克莱所反驳的那些唯物主义者的话来说,就是"自在客体"),我们是根本不能确实知道的,这就是不可知论者的十分肯定的论述。这就是说,在恩格斯所谈到的那个争论中,唯物主义者肯定自在之物是存在的,是可以认识的。而不可知论者连关于自在之物的**思想本身都不容许**,宣称我们根本不能确实知道自在之物。

　　试问:恩格斯所讲的不可知论者的观点和马赫的观点的区别是什么呢? 是"要素"这个"新"名词吗? 但是,以为一个名称就能改变哲学路线,以为感觉叫做"要素",就不再成其为感觉,这纯粹是童稚之见! 或者是那个关于同一些要素在一种联系上构成物理东西而在另一种联系上却构成心理东西的"新"思想吗? 但是难道你们没有看到,恩格斯所说的不可知论者**也**用"印象"来代替"这些物本身"吗? 这就是说,不可知论者**实质上**也把"印象"分成物理的和心理的! 这仍然**只是**名称上的差别。当马赫说物体是感觉的复合的时候,他是贝克莱主义者。当马赫"修正"说,"要素"(感觉)在一种联系上可以是物理要素,在另一种联系上又可以是心理要素的时候,他是不可知论者、休谟主义者。马赫在自己的哲学上超不

---

① 见《马克思恩格斯文集》第 3 卷第 506 页。——编者注

出这两条**路线**,只有极端天真的人才会轻信这个糊涂人的话,以为他真的"超越了"唯物主义和唯心主义。

恩格斯在他的叙述中故意不举出名字,因为他批判的不是休谟主义的个别代表(职业哲学家们很喜欢把他们之中这一个人或那一个人在术语上或论据上的些微改变叫做独创的体系),而是休谟主义的**整个**路线。恩格斯批判的不是细节,而是本质;他抓住了**一切休谟主义者同唯物主义的根本分歧点**,因此穆勒、赫胥黎和马赫都受到他的批判。不管我们说物质是感觉的恒久的可能性(依照约·斯·穆勒的说法),或者说物质是"要素"(感觉)的比较稳定的复合(依照恩·马赫的说法),我们总是停留**在**不可知论或休谟主义的**范围之内**。这两种观点,或者说得更确切些,这两种说法,**都包括**在恩格斯对不可知论的以下论述中:不可知论者不超出感觉,宣称自己根本**不能**确实知道感觉的泉源或原本等等。如果马赫认为他和穆勒在这个问题上的分歧有了不起的意义,那么,这正是因为马赫符合于恩格斯给正教授们所下的评语:捉跳蚤者。先生们,如果你们不抛弃基本的不彻底的观点,而只是作一点修改,换一下名称,那么你们不过是捏死了一个跳蚤而已!

唯物主义者恩格斯(他在这篇论文里一开始就公开而坚决地用自己的唯物主义来反对不可知论)究竟是怎样驳斥上述论据的呢?

他说:"……这种论点,看来的确很难只凭论证予以驳倒。但是人们在论证之前,已经先有了行动。'起初是行动。'在人类的才智虚构出这个难题以前,人类的行动早就解决了这个难题。布丁的滋味一尝便知〈要证明布丁,或者说要检验、检查布丁,就要吃一吃〉。当我们按照我们所感知的事物的特性来利用这些事物的时候，我们的感性知觉是否正确便受到准确无误的检验。如果这些知觉是错误的，我们关于能否利用这个事物的判断必然也是错误的，要想利用也决不会成功。可是，如果我们达到了我们的目的，发现事物符合我们关于该事物的观念，并产生我们所预期的效果，这就肯定地证明，在这一范围内，我们对事物及其特性的知觉符合存在于我们之外的现实。……"

可见，唯物主义的理论，即思想反映对象的理论，在这里是叙述得十分清楚的：物存在于我们之外。我们的知觉和表象是物的映象。实践检验这些映象，区分它们的正确和错误。我们再听恩格斯往下讲吧（巴扎罗夫在这里不再引用恩格斯或普列汉诺夫的话了，因为大概他认为同恩格斯本人算账是多余的）。

"……我们一旦发现失误，总是不需要很久就能找出失误的原因；我们会发现，我们的行动所依据的知觉，或者本身就是不完全的、肤浅的，或者是与其他知觉的结果不合理地混在一起〈《历史唯物主义》的俄译文把这处译错了〉。只要我们正确地训练和运用我们的感官，使我们的行动只限于正确地形成的和正确地运用的知觉所规定的范围，我们就会发现，我们行动的结果证明我们的知觉符合（Übereinstimmung）所感知的事物的客观（gegenständlich）本性。到目前为止，还没有一个例子迫使我们作出这样的结论：我们的经过科学检验的感性知觉，会在我们的头脑中造成一些在本性上违背现实的关于外部世界的观念；或者，在外部世界和我们关于外部世界的感性知觉之间，存在着天生的不一致。

但是，新康德主义的不可知论者这时就说……"①

---

① 见《马克思恩格斯文集》第3卷第506—507页。——编者注

关于新康德主义者的论据，我们留待下次去分析。现在我们要指出：凡是稍微熟悉这个问题的人或者甚至只要是细心的人，都不会不了解恩格斯在这里所叙述的正是一切马赫主义者随时随地加以攻击的唯物主义。现在请看一看巴扎罗夫修改恩格斯学说的手法吧！

关于上面我们所引证的那段话，巴扎罗夫写道："在这里，恩格斯确实是反对康德的唯心主义……"

不对。巴扎罗夫糊涂了。在他引用过而我们引用得更完整的那段话里，**一个字也没有提到**康德主义和唯心主义。如果巴扎罗夫真的读了恩格斯的全篇文章，那么他就不会不看到恩格斯**只是在下一段**我们不再引用的话里，才谈到新康德主义和康德的整个路线。如果巴扎罗夫仔细地读一读和想一想他自己引用的那段话，那么他就不会看不到，在恩格斯所反驳的不可知论者的论据中**丝毫**没有唯心主义或康德主义的东西，因为，唯心主义只是在哲学家说物是我们感觉的时候才开始的；而康德主义则是在哲学家说自在之物存在着然而是不可认识的时候才开始的。巴扎罗夫把康德主义和休谟主义混淆起来了，而他所以这样混淆，就是因为他自己是马赫派的半贝克莱主义者、半休谟主义者，他不懂得(下面将详细指出)休谟主义者反对康德主义与唯物主义者反对康德主义之间的差别。

巴扎罗夫继续说道："……但是，真可惜！恩格斯的论据，像反对康德哲学那样，也同样地反对普列汉诺夫的哲学。如波格丹诺夫已经指出的，普列汉诺夫—正统派①的学派，对于意识有一种严

---

① 即柳·伊·阿克雪里罗得的笔名。——编者注

重的误解。普列汉诺夫也像一切唯心主义者一样以为：一切感知的东西，即一切意识到的东西，都是'主观的'；只从实际感知的东西出发，那就是唯我论者；实在的存在只有在一切直接感知的东西的界限之外才能找到……"

　　这完全符合切尔诺夫的精神，符合切尔诺夫硬说李卜克内西是一个真正的俄国民粹主义者的这种精神！既然普列汉诺夫是一个背弃了恩格斯的唯心主义者，那么，所谓恩格斯信徒的你，为什么不是一个唯物主义者呢？巴扎罗夫同志，这不过是可鄙的把戏！你开始用"**直接感知的东西**"这个马赫主义的字眼来混淆不可知论、唯心主义和唯物主义这三者之间的差别了。但要懂得，"直接感知的东西"和"实际感知的东西"这类字眼是马赫主义者、内在论者以及哲学上其他反动分子的糊涂话，是不可知论者（在马赫那里有时又是唯心主义者）用以伪装唯物主义者的假面具。对于唯物主义者说来，"实际感知的"是外部世界，而我们的感觉是外部世界的映象。对于唯心主义者说来，"实际感知的"是感觉，而外部世界被宣称为"感觉的复合"。对于不可知论者说来，"直接感知的"也是感觉，但不可知论者既**没有进一步**唯物地承认外部世界的实在性，也**没有进一步**唯心地承认世界是我们的感觉。因此，你说"实在的存在〈在普列汉诺夫看来〉只有在**一切直接感知的东西**的界限之外才能找到"，这是你站在马赫主义立场上必然要说出的蠢话。虽然你有权利采取随便什么样的立场，包括马赫主义的立场在内，但是你在谈到恩格斯的时候却没有权利曲解他。从恩格斯的话中，最明显不过地可以看出：对于唯物主义者说来，实在的存在是**在人的"感性知觉"**、印象和表象的**界限之外**的；对于不可知论者说来，**超出**这些知觉的**界限**是不可能的。巴扎罗夫相信马赫、阿芬那留斯和舒佩,以为"直接"(或实际)感知的东西把感知的**自我**和被感知的环境结合在臭名昭彰的"不可分割的"同格中了,而且他力图通过读者觉察不出的方式把这个谬论硬加给唯物主义者恩格斯!

"……上面引用的那段恩格斯的话,好像是他为了用极其通俗易懂的方式来消除这种唯心主义的误解而特意写出来的……"

巴扎罗夫没有白白地向阿芬那留斯领教!他继承了阿芬那留斯的把戏:在反对唯心主义(恩格斯在这里根本没有谈到它)的幌子下,偷运**唯心主义的**"同格说"。真不坏,巴扎罗夫同志!

"……不可知论者问道:我们怎么知道我们的主观的感觉给我们提供物的正确表象呢?……"

你糊涂了,巴扎罗夫同志!恩格斯自己没有说过"**主观的**"感觉这样的蠢话,甚至也没有把它加给他的敌人不可知论者。除了人的、即"主观的"感觉之外,没有其他的感觉,因为我们都是从人的观点而不是从魔鬼的观点来判断问题的。你又把马赫主义偷偷塞给恩格斯了,说什么不可知论者认为 чувства(感觉),或者说得更确切些,ощущения(感觉)①**只是**主观的(不可知论者**并不**这样认为!),而我和阿芬那留斯则使客体和主体处在不可分割的"同格"的联系中。真不坏,巴扎罗夫同志!

"……恩格斯反驳说:但是你把什么东西叫做'正确的'呢?我们的实践所证实的东西就是正确的;因此,只要我们的感性知觉被经验所证实,它们就不是'主观的',就是说,不是任意的或虚幻的,而是正确的、实在的……"

---

① 俄文的"чувства"一词有"感觉"、"感情"等含义,列宁认为用"ощущения"一词更为确切,它只有"感觉"的含义。——编者注

　　你糊涂了,巴扎罗夫同志! 你把物存在于我们的感觉、知觉、表象之外的问题,改成我们关于"这些"物"本身"的表象的正确性的标准问题,或者说得更确切些,你用后一个问题来**掩盖**前一个问题。但是恩格斯直截了当地、明确地说:他和不可知论者的区分不仅在于不可知论者怀疑模写的正确性,而且还在于不可知论者怀疑能否谈论**物本身**,能否"确实地"知道物的存在。巴扎罗夫为什么要偷天换日呢? 就是为了模糊、搅乱唯物主义(以及唯物主义者恩格斯)所说的**基本**问题,即关于作用于我们感官而引起感觉的物在我们意识之外的存在问题。不肯定地解答这个问题,就不能当一个唯物主义者,但在感觉给我们提供的那些模写的正确性的标准问题上,尽管看法各有不同,却仍然可以当一个唯物主义者。

　　巴扎罗夫又糊涂了,他硬说恩格斯在和不可知论者的争论中有这样一种荒谬的愚蠢的说法:我们的感性知觉被"**经验**"所证实。恩格斯没有用过而且**在这里**也不能用"经验"这个词,因为他**知道**唯心主义者贝克莱、不可知论者休谟和唯物主义者狄德罗都是援用经验这个词的。

　　"……在我们通过实践与物发生关系的界限内,**关于物及其特性的表象和存在于我们之外的现实是一致的**。'一致'("совпадать")和'象形文字'的意思稍有不同。它们是一致的,就是说,在这种界限内,感性表象也**就是**〈黑体是巴扎罗夫用的〉存在于我们之外的现实……"

　　大功终于告成了! 恩格斯被改扮成马赫的样子,油炸之后,又加上马赫主义的作料。我们的最可敬的厨师们,当心哽住喉咙啊!

　　"感性表象也**就是**存在于我们之外的现实"!! 这恰恰**也就是**马赫主义的基本的谬论、基本的糊涂思想和错误观点,这种哲学的其余一切胡言乱语都是由此产生的,那些极端的反动分子和僧侣主义的说教者、内在论者,都是因此而热吻马赫和阿芬那留斯的。不管弗·巴扎罗夫在回避这些棘手的问题时怎样转弯抹角,怎样狡猾,怎样玩弄手腕,但他终究还是说滑了嘴,暴露了他的全部马赫主义真相! 说"感性表象**也就是**存在于我们之外的现实",这是**回到休谟主义**,或者甚至是回到隐藏在"同格"的迷雾里的**贝克莱主义**那里去。巴扎罗夫同志,这是唯心主义者的谎话或不可知论者的狡辩,因为感性表象**不是**存在于我们之外的现实,而只是这个现实的**映象**。你想利用 **совпадать**(**一致**)这个俄文词的双重含义①吗? 你想使不了解情况的读者相信"совпадать"在这里的意思是"相同"而不是"符合"吗? 这是通过歪曲引文原意的手法把恩格斯完全改扮成马赫的样子,仅此而已。

如果读一读德文原文,你就会看到"stimmen mit"这个词的意思是"符合"、"协调","协调"是直译,因为 Stimme 是指声音讲的。"stimmen mit"这个词的含义**不可能**指"相同"这个意义上的 **совпадать**。就是一个不懂德文而稍微仔细地阅读恩格斯著作的读者,也完全懂得而且也不会不懂得:恩格斯在他的全部论述中总是把"感性表象"解释为存在于我们之外的现实的**映象**(Abbild),因此,在俄文里,只能在符合、协调等等意义上使用"совпадать"这个词。把"感性表象**也就是**存在于我们之外的现实"这个思想硬加给恩格斯,这是马赫主义者颠倒是非,把不可知论和唯心主义偷偷塞给唯物主义的拿手好戏;在这点上我们不能不承认巴扎罗夫打破了一切纪录!

---

① 俄文的"совпадать"一词,有相符、相同、吻合、一致等含义。——编者注

　　试问,没有发疯的人在头脑健全、神志清醒的情况下,怎么会断言"感性表象〈无论在什么样的界限内都无关紧要〉也就是存在于我们之外的现实"呢? 地球是存在于我们之外的现实。它既不能和我们的感性表象"一致"("相同"的意思),也不能和我们的感性表象处在不可分割的同格中,也不能是在别种联系上跟感觉同一的那些"要素的复合",因为在既没有人,也没有感官,又没有组织成可以多少明显地看出感觉特性的高级形式的物质的时候,地球就已经存在了。

　　问题就在于:我们在第1章里分析过的那些挖空心思想出来的关于"同格"、"嵌入"、新发现的世界要素的理论,都是用来掩饰这种论断的全部唯心主义荒谬性的。巴扎罗夫无意地不小心地吐露出来的这种说法的妙处,就在于它明确地揭露了这种惊人的荒谬性,否则,我们就必须到大堆学究气十足的、假科学的、教授的废话中去发掘它。

　　巴扎罗夫同志,你应该受到赞扬啊! 我们将在你活着的时候给你修一座纪念碑,一边刻上你的名言,另一边刻上:献给在俄国马克思主义者中间葬送了马赫主义的俄国马赫主义者!

————

　　关于上面引文中巴扎罗夫所提到的两点,即不可知论者(包括马赫主义者在内)和唯物主义者的实践标准,以及反映论(或模写论)和符号论(或象形文字论)之间的差别,我们将另行论述。现在我们再引几句巴扎罗夫的话:

　　"……但是究竟什么东西在这些界限之外呢? 关于这点恩格斯只字不提。他在任何地方都没有表示过愿意'超越',愿意超出感知的世界的界限,而这却是普列汉诺夫的认识论的基础……"

在"这些"什么样的界限之外呢？是在马赫和阿芬那留斯所谓的把**自我**与环境、主体与客体不可分割地结合在一起的"同格"的界限之外吗？巴扎罗夫提出的问题本身就是没有意义的。如果他像普通人一样地提出问题，那么他就会清楚地看到：外部世界是在人的感觉、知觉、表象的"界限之外"的。但"超越"这个字眼一再暴露了巴扎罗夫的面目。这是康德和休谟所特有的"怪论"，这是在**现象**和**自在之物**之间划一条原则的界限。康德说：从现象，或者也可以说，从我们的感觉、知觉等等过渡到存在于知觉之外的物，这就是**超越**，而这种**超越**对信仰来说是容许的，而对知识来说则是不容许的。休谟反驳道：超越是绝对不能容许的。康德主义者也像休谟主义者一样，把唯物主义者叫做**超越的**实在论者、"形而上学者"，认为他们从一个领域非法地**过渡**（拉丁文是 transcensus）到另一个根本不同的领域。你们可以看到，现代追随康德和休谟的反动路线的哲学教授们（就拿伏罗希洛夫式的人物切尔诺夫所列举的那些人来说吧）喋喋不休地用千百种调子重复这些有关唯物主义的"形而上学性"和"超越"的责难。巴扎罗夫沿袭了反动教授们的字眼和思路，并且以"最新实证论"的名义向他们敬礼！但全部问题在于："超越"思想，即现象和自在之物之间有**原则的**界限的思想，是不可知论者（包括休谟主义者和康德主义者）和唯心主义者的荒唐思想。关于这一点，我们已经用恩格斯所举的茜素的例子说明过了，我们还要用费尔巴哈和约·狄慈根的话来说明。但是让我们先讲完巴扎罗夫对恩格斯学说的"修改"：

"……恩格斯在《反杜林论》的一个地方说：在感性世界之外的'存在'是'悬而未决的问题'，即我们没有任何材料来解决甚至提出的问题。"

这个论据是巴扎罗夫重复德国马赫主义者弗里德里希·阿德勒的，而这后一个例子恐怕比"感性表象也就是存在于我们之外的现实"的例子更糟。在《反杜林论》德文第5版第31页上，恩格斯说：

"世界的统一性并不在于它的存在，尽管世界的存在是它的统一性的前提，因为世界必须先**存在**，然后才能是**统一的**。在我们的视野（Gesichtskreis）的范围之外，存在甚至完全是一个悬而未决的问题（offene Frage）。世界的真正的统一性在于它的物质性，而这种物质性不是由魔术师的三两句话所证明的，而是由哲学和自然科学的长期的和持续的发展所证明的。"①

看看我们的厨师新做的这盘肉酱吧！恩格斯说的是我们视野的范围**之外**的存在，例如，火星上人的存在等等。很明显，这样的存在的确是一个悬而未决的问题。而巴扎罗夫却故意不引证全文，把恩格斯的话转述为："**感性世界之外的存在**"是一个悬而未决的问题！！这真是荒谬绝伦，在这里，巴扎罗夫把自己所一贯轻信的、被约·狄慈根公正地称为僧侣主义和信仰主义的有学位的奴仆的那些哲学教授们的观点硬加给恩格斯。事实上，信仰主义肯定"在感性世界之外"存在着某种东西。而同自然科学相一致的唯物主义者，则坚决否认这一点。站在二者中间的是那些教授们、康德主义者、休谟主义者（包括马赫主义者）等等，他们"在唯物主义和唯心主义之外发现了真理"，并且"调停"说：这是一个悬而未决的问题。如果恩格斯在什么时候说过诸如此类的话，那么，谁称自己是马克思主义者，就是奇耻大辱。

---

① 见《马克思恩格斯文集》第9卷第47页。——编者注

　　说得够了！从巴扎罗夫那里引来的这半页话里，就有这么一堆糊涂观念，因此我们只好说到这里，不去进一步探究马赫主义思想的种种摇摆了。

3. 路·费尔巴哈和约·狄慈根论自在之物

　　按照我们的马赫主义者的说法，似乎唯物主义者马克思和恩格斯否定自在之物(即我们的感觉、表象等等之外的物)的存在以及它们的可知性，似乎他们容许在现象和自在之物之间有着某种原则的界限。为了说明这些说法是何等的荒谬，我们再引证几段费尔巴哈的话。我们的马赫主义者的全部不幸就在于：他们**既**不懂得辩证法，**又**不懂得唯物主义，却用反动教授们的话来谈论辩证唯物主义。

　　路·费尔巴哈说："自称为唯心主义的现代的哲学唯灵论，对唯物主义进行了以下的、在它看来是致命的责难：唯物主义是独断主义，也就是说，它从感性(sinnlichen)世界即无可争辩的(ausgemacht)客观真理出发，认为客观真理是自在(an sich)世界、即离开我们而存在的世界，但实际上世界只是精神的产物。"(《费尔巴哈全集》1866 年版第 10 卷第 185 页)

　　看来，这不是很清楚吗？自在世界是**离开我们**而存在的世界。这就是费尔巴哈的唯物主义。他的唯物主义像贝克莱主教所驳斥的 17 世纪的唯物主义一样，在于承认存在于我们的意识之外的"自在客体"。费尔巴哈的"An sich"("自在")和康德的"An sich"是直接对立的。请回忆一下上面引用过的费尔巴哈的话，在那里他责难康德把"自在之物"看做"没有实在性的抽象物"。在费尔巴

哈看来,"自在之物"是"**具有**实在性的抽象物",即存在于我们之外
的、完全可以认识的、跟"现象"没有任何原则差别的世界。

　　费尔巴哈非常俏皮地、清楚地说明:承认从现象世界到自在世
界的某种"超越",承认神父们所设置的而为哲学教授们所袭用的
某种不可逾越的鸿沟,是何等荒谬。下面就是他的说明之一:

　　"当然,幻想的产物也是自然界的产物,因为即使幻想的力量,
和人的其他一切力量一样,就其基础和起源来说,归根到底(zu-
letzt)是自然界的力量,但是人毕竟是跟太阳、月亮和星辰,跟石
头、动物和植物,一句话,跟人用自然界这个一般名称所标明的那
些存在物(Wesen)有区别的存在物。因而,人关于太阳、月亮、星
辰和其他一切自然物(Naturwesen)的表象(Bilder),虽然也是自
然界的产物,然而却是和自然界中的它们的对象有区别的**另一种**
产物。"(《费尔巴哈全集》1903 年斯图加特版第 7 卷第 516 页)

　　我们表象的对象和我们的表象有区别,自在之物和为我之物
有区别,因为后者只是前者的一部分或一方面,正像人自己也只是
他的表象所反映的自然界的一小部分一样。

　　"……我的味觉神经,正如盐一样,也是自然界的产物,但是不
能因此就说:盐味本身直接就是盐的客观特性;盐在仅仅作为感觉
对象时是(ist)怎样的,它自身(an und für sich)也就是怎样的;舌
头对盐的感觉是我们不通过感觉而设想的盐(des ohne Empfin-
dung gedachten Salzes)的特性……"在前几页,他还说:"咸味是
盐的客观特性的主观表现。"(第 514 页)

　　感觉是客观地存在于我们之外的自在之物作用于我们的感官
的结果,这就是费尔巴哈的理论。感觉是客观世界、即世界自身的
主观映象。

"……所以，人像太阳、星辰、植物、动物和石头一样，也是自然物(Naturwesen)，但他毕竟不同于自然界，因而人的头脑和心之中的自然界不同于人的头脑和心之外的自然界。

……人，根据唯心主义者自己所承认的，是自身中实现了'主体和客体的同一性'这一要求的唯一对象；因为人是这样一种对象，这种对象与我这个存在物的同等性和统一性是毫无疑义的……　可是，一个人对于另一个人，甚至最亲密的人，难道不是幻想的对象、表象的对象吗？每一个人难道不是按自己的意思和自己的方式(in und nach seinem Sinne)去了解另一个人吗？……既然人与人之间、思维与思维之间，还存在着不容忽视的差别，那么在不进行思考的、非人的、跟我们不是同一的自在存在物(Wesen an sich)与我们所思考、想象和了解的这个存在物之间的差别应该大得多!"(同上，第518页)

现象和自在之物之间的任何神秘的、晦涩的、玄妙的差别，是十足的哲学胡说。事实上，每个人都千百万次看到过"自在之物"向现象、"为我之物"的简单明白的转化。这种转化也就是认识。马赫主义认为，既然我们**只**知道感觉，所以我们就不能知道感觉以外的任何东西的**存在**。这种"学说"是唯心主义哲学和不可知论哲学的旧的诡辩，不过加上了新的作料而已。

约瑟夫·狄慈根是一个辩证唯物主义者。我们在下面将指出：他的表达方式往往不确切，他常常陷入混乱，而各式各样的蠢人(包括欧根·狄慈根)就抓住这些东西不放，我们的马赫主义者当然也不例外。然而，他们不花一点力气或者没有本事去分析他的哲学的主导路线，把唯物主义和其他因素明确地区分开。

狄慈根在他的著作《人脑活动的实质》(1903年德文版第65

页)中说道:"我们如果把世界看做是'自在之物',那就容易了解:
'自在世界'和**显现**在我们面前的世界即世界的现象之间的相互差
别,不过是整体和部分之间的差别而已。""**现象和显现者之间的差
别**,正像十哩路程和全程之间的差别一样。"(第 71 — 72 页)在这
里没有而且也不会有任何原则的差别、任何"超越"、任何"天生的
不一致"。但是,差别当然是有的,这里有一个**超出**感性知觉的**界
限**向我们之外的物的**存在**的过渡。

狄慈根在《一个社会主义者在认识论领域中的漫游》(《短篇哲
学著作集》**36** 1903 年德文版第 199 页)中说道:"我们知道〈erfah-
ren,体验到〉,任何经验都是那种超出任何经验界限的东西(用康
德的话来讲)的一部分。""对于意识到自己本质的意识来说,任何
微粒,不论是灰尘、石头或木头的微粒,都是一种**认识不完的东西**
(Unauskenntliches),这就是说,每一个微粒都是人的认识能力所
不可穷尽的材料,因而是一种超出经验界限的东西。"(第 199 页)

你们看:在狄慈根用**康德的话来讲**的时候,也就是说,在仅仅
为了通俗化的目的,为了对比而采用康德的**错误的**混乱的术语时,
他承认超出"经验界限"。这就是马赫主义者在从唯物主义转到不
可知论时抓住不放的一个好例子:他们说,我们不愿意超出"经验
界限",在我们看来,"感性表象**也就是**存在于我们之外的现实"。

狄慈根恰恰反对这种哲学,他说:"不健康的神秘主义把绝对
真理和相对真理不科学地分开。它把显现着的物和'自在之物',
即把现象和真理变成两个彼此 toto coelo〈完全、在各方面、在原
则上〉不同的并且不包含在任何一个共同范畴中的范畴。"(第
200 页)

现在,大家来判断一下这位不愿意承认自己是马赫主义者而

希望别人在哲学上称他为马克思主义者的俄国马赫主义者波格丹诺夫的造诣和机智吧!

"带有更多批判色彩的唯物主义者采取了'泛心论和泛物论'之间的'中庸之道',他们否认'自在之物'是绝对不能认识的,同时又认为'自在之物'和'现象'有**原则的**〈黑体是波格丹诺夫用的〉差别,因而'自在之物'始终只是在现象中'被模糊地认识的',就其内容来说〈看来是就那些并非经验要素的"要素"来说〉是经验之外的,但'自在之物'又处在被称为经验形式的那些东西的范围之内,即处在时间、空间和因果性的范围之内。18世纪法国唯物主义者和最新哲学家中间的恩格斯及其俄国信徒别尔托夫的观点大致就是这样。"(《经验一元论》1907年第2版第2卷第40—41页)

这是一堆十足的混乱思想。(1)贝克莱所反驳的**17世纪**的唯物主义者,认为"自在客体"是绝对可以认识的,因为我们的表象、观念只是"心外"客体的复写或反映(见《代绪论》)。(2)**费尔巴哈**和他以后的约·狄慈根坚决地驳斥自在之物和现象之间的"原则"差别,而恩格斯则用"自在之物"转化成"为我之物"的简单明了的例子推翻了这个见解。(3)最后,我们在恩格斯对不可知论者的驳斥中已经看到:那种说唯物主义者认为自在之物"始终只在现象中被模糊地认识"的论调,完全是胡说。波格丹诺夫所以曲解唯物主义,就是因为他不懂得绝对真理和相对真理的关系(关于这一点,我们将在下面讲到)。至于"经验之外"的自在之物和"经验的要素",这些已经是马赫主义的混乱思想的开端,这种混乱思想我们在上面讲得够多了。

重复反动教授们的有关唯物主义者的那些不可思议的胡言乱语;在1907年背弃恩格斯,而在1908年又企图把恩格斯的学说

"修改"成不可知论，——这就是俄国马赫主义者的"最新实证论"的哲学！

4. 有没有客观真理？

波格丹诺夫宣称："在我看来，马克思主义包括对任何真理的绝对客观性的否定，对任何永恒真理的否定。"（《经验一元论》第3卷第Ⅳ—Ⅴ页）什么叫**绝对**客观性呢？波格丹诺夫在同一个地方说，"永恒真理"就是"具有绝对意义的客观真理"，他只同意承认"仅仅在某一时代范围内的客观真理"。

在这里显然是把下面两个问题搞混了：（1）有没有客观真理？就是说，在人的表象中能否有不依赖于主体、不依赖于人、不依赖于人类的内容？（2）如果有客观真理，那么表现客观真理的人的表象能否立即地、完全地、无条件地、绝对地表现它，或者只能近似地、相对地表现它？这第二个问题是关于绝对真理和相对真理的相互关系问题。

波格丹诺夫明确地、直截了当地回答了第二个问题，他根本否认绝对真理，并且因恩格斯承认绝对真理而非难恩格斯搞**折中主义**。关于亚·波格丹诺夫发现恩格斯搞折中主义这一点，我们在后面另行论述。现在我们来谈谈第一个问题。关于这个问题，波格丹诺夫虽然没有直接说到，但回答也是否定的。因为，否定人的某些表象中的相对性因素，可以不否定客观真理；但是否定绝对真理，就不可能不否定客观真理的存在。

稍后，波格丹诺夫在第Ⅸ页上写道："……别尔托夫所理解的客观真理的标准是没有的；真理是思想形式——人类经验的组织形式……"

这里和"别尔托夫的理解"毫无关系,因为这里谈的是哲学的基本问题中的一个问题,而根本不涉及别尔托夫。这和真理的**标准**也毫无关系,关于真理的标准要另行论述,不应该把这个问题和**有没有**客观真理的问题混为一谈。波格丹诺夫对后一问题的否定的回答是明显的:如果真理**只是**思想形式,那就是说,不会有不依赖于主体、不依赖于人类的真理了,因为除了人类的思想以外,我们和波格丹诺夫都不知道别的什么思想。从波格丹诺夫的后半句话来看,他的否定的回答就更加明显了:如果真理是人类经验的形式,那就是说,不会有不依赖于人类的真理,不会有客观真理了。

波格丹诺夫对客观真理的否定,就是不可知论和主观主义。这种否定的荒谬,即使从前面所举的一个自然科学真理的例子来看,也是显而易见的。自然科学关于地球存在于人类之前的论断是真理,对于这一点,自然科学是不容许怀疑的。这一点和唯物主义的认识论是完全符合的:被反映者不依赖于反映者而存在(外部世界不依赖于意识而存在)是唯物主义的基本前提。自然科学关于地球存在于人类之前的论断,是客观真理。自然科学的这个原理同马赫主义者的哲学以及他们的真理学说,是不可调和的:如果真理是人类经验的组织形式,那么地球存在于任何人类经验**之外**的论断就不可能是真理了。

但是不仅如此。如果真理只是人类经验的组织形式,那么天主教的教义也可以说是真理了。因为,天主教毫无疑问地是"人类经验的组织形式"。波格丹诺夫本人也感觉到了他的理论的这种惊人的谬误,我们来看看他怎样企图从他所陷入的泥坑中爬出来,倒是非常有趣的。

我们在《经验一元论》第1卷里读到:"客观性的基础应该是在集体经验的范围内。我们称之为客观的,是这样一些经验材料,它们对于我们和别人都具有同样的切身意义,不仅我们可以根据它们来毫无矛盾地组织自己的活动,而且我们深信,别人为了不陷于矛盾也应该以它们为根据。物理世界的客观性就在于:它不是对我一个人,而是对所有的人说来都是存在的〈不对! 它是**不依赖于**"所有的人"而存在的〉,并且我深信,它对于所有的人,就像对于我一样,具有同样确定的意义。物理系列的客观性就是它的**普遍意义**。"(第25页,黑体是波格丹诺夫用的)"我们在自己的经验中所遇见的那些物理物体的客观性,归根到底是确立在不同人的意见的相互验证和一致的基础上的。总之,物理世界是社会地一致起来的、社会地协调起来的经验,一句话,**是社会地组织起来的经验**。"(第36页,黑体是波格丹诺夫用的)

这是根本错误的唯心主义的定义;物理世界是不依赖于人类和人类经验而存在的;在不可能有人类经验的任何"社会性"和任何"组织"的时候,物理世界就已经存在了,等等。关于这些我们不再重复了。现在我们从另一方面来揭穿马赫主义哲学:它给客观性下这样的定义,就会使宗教教义也适合这个定义了,因为宗教教义无疑地也具有"普遍意义"等等。再听一听波格丹诺夫往下说吧!"我们再一次提醒读者:'客观'经验决不是'社会'经验…… 社会经验远非都是社会地组织起来的,它总包含着各种各样的矛盾,因而它的某些部分和其他一些部分是不一致的。鬼神可以存在于某个民族或民族中某个集团(例如农民)的社会经验范围之内,但还不能因此就把它们包括在社会地组织起来的或客观的经验之内,因为它们和其余的集体经验不协调,并且不能列入

这种经验的组织形式中,例如,因果性的链条中。"(第45页)

　　波格丹诺夫自己"不把"关于鬼神等等的社会经验"包括"在客观经验之内,我们当然是很高兴的。但是,以否定信仰主义的精神来作出的这种善意修正,丝毫没有改正波格丹诺夫的整个立场的根本错误。波格丹诺夫给客观性和物理世界所下的定义无疑是站不住脚的,因为宗教教义比科学学说具有更大的"普遍意义",人类的大部分至今还信奉宗教教义。天主教由于许多世纪的发展已经是"社会地组织起来、协调起来和一致起来的";它无可争辩地可以"列入""因果性的链条"中,因为宗教的产生不是无缘无故的,在现代条件下宗教得到人民群众的信奉,决不是偶然的,而哲学教授们迎合宗教的意旨,也是完全"合乎规律的"。如果说这种无疑具有普遍意义的和无疑高度组织起来的社会宗教的经验与科学的"经验""不协调",那么就是说,二者之间存在着原则的根本差别,而波格丹诺夫在否认客观真理时却把这种差别抹杀了。无论波格丹诺夫怎样"修正",说信仰主义或僧侣主义是和科学不协调的,然而有一个事实毕竟是无可怀疑的,即波格丹诺夫对客观真理的否定是和信仰主义完全"协调"的。现代信仰主义决不否认科学;它只否认科学的"过分的奢望",即对客观真理的奢望。如果客观真理存在着(如唯物主义者所认为的那样),如果只有那在人类"经验"中反映外部世界的自然科学才能给我们提供客观真理,那么一切信仰主义就无条件地被否定了。如果没有客观真理,真理(也包括科学真理)只是人类经验的组织形式,那么,这就是承认僧侣主义的基本前提,替僧侣主义大开方便之门,为宗教经验的"组织形式"开拓地盘。

　　试问:这种对客观真理的否定,是出自不肯承认自己是马赫主义者的波格丹诺夫本人呢，还是出自马赫和阿芬那留斯的学说的基本原理？对这个问题的回答只能是后者。如果世界上只存在着感觉（1876年阿芬那留斯是这样说的），如果物体是感觉的复合（马赫在《感觉的分析》中是这样说的），那么就很明显，在我们面前的就是哲学主观主义，它不可避免地会导致对客观真理的否定。如果把感觉叫做"要素"，这种"要素"在一种联系上构成物理的东西，在另一种联系上构成心理的东西，那么正如我们所看到的那样，经验批判主义的基本出发点并没有因此被否定，而只是被搞乱。阿芬那留斯和马赫都承认感觉是我们知识的泉源。因此，他们都抱着经验论（一切知识来自经验）或感觉论（一切知识来自感觉）的观点。但是，这种观点只会导致唯心主义和唯物主义这两个基本哲学派别之间的差别，而不会排除它们之间的差别，不管你们给这种观点套上什么"新"字眼（"要素"）的服饰。无论唯我论者即主观唯心主义者还是唯物主义者，都可以承认感觉是我们知识的泉源。贝克莱和狄德罗都渊源于洛克。认识论的第一个前提无疑地就是：感觉是我们知识的唯一泉源。马赫承认了第一个前提，但是搞乱了第二个重要前提：人通过感觉感知的是客观实在，或者说客观实在是人的感觉的泉源。从感觉出发，可以沿着主观主义的路线走向唯我论（"物体是感觉的复合或组合"），也可以沿着客观主义的路线走向唯物主义（感觉是物体、外部世界的映象）。在第一种观点（不可知论，或者更进一步说，主观唯心主义）看来，客观真理是不会有的。在第二种观点（唯物主义）看来，承认客观真理是最要紧的。这个哲学上的老问题，即关于两种倾向的问题，或者说得更确切些，关于从经验论和感觉论的前提中得出两种可能的结论的问题，马赫并没有解决，也没有排除或超越，他只是玩弄"要素"这类名词,**把**问题**搞乱**。波格丹诺夫否定客观真理,这是整个马赫主义的必然结果,而不是离开马赫主义。

恩格斯在他的《路·费尔巴哈》中,把休谟和康德叫做"否认认识世界的可能性,或者至少是否认彻底认识世界的可能性"的哲学家。因而恩格斯提到首要地位的是休谟和康德的共同点,而不是他们的分歧点。同时他又指出:"对驳斥这一〈休谟的和康德的〉观点具有决定性的东西,黑格尔都已经说了。"(德文第 4 版第 15—16 页)[1]因此,指出黑格尔讲的下面一段话,在我看来不是没有意思的。黑格尔在宣称**唯物主义**是"彻底的经验论体系"时写道:"在经验论看来,外部东西(das Äußerliche)总是真实的;即使经验论容许某种超感觉的东西,那也否认这种超感觉的东西的可知性(soll doch eine Erkenntnis desselben(d. h. des Übersinnlichen) nicht statt finden können),经验论认为必须完全遵循属于知觉的东西(das der Wahrnehmung Angehörige)。而这个基本前提经过彻底的发展(Durchführung),便产生了后来所谓的**唯物主义**。在这种唯物主义看来,物质本身是真实的客观的东西(das wahrhaft Objektive)。"[2]

一切知识来自经验、感觉、知觉。这是对的。但试问:"属于知觉"的,也就是说,作为知觉的泉源的是**客观实在**吗? 如果你回答说是,那你就是唯物主义者。如果你回答说不是,那你就是不彻底的,你不可避免地会陷入主观主义,陷入不可知论;不论你是否认自在之物的可知性和时间、空间、因果性的客观性(像康德那样),

---

① 见《马克思恩格斯文集》第 4 卷第 279 页。——编者注
② **黑格尔**《哲学全书纲要》,《黑格尔全集》1843 年版第 6 卷第 83 页,参看第 122 页。

还是不容许关于自在之物的思想（像休谟那样），反正都一样。在这种情况下，你的经验论、经验哲学的不彻底性就在于：你否定经验中的客观内容，否定经验认识中的客观真理。

康德和休谟路线的维护者（马赫和阿芬那留斯包括在休谟路线的维护者之内，因为他们不是纯粹的贝克莱主义者）把我们唯物主义者叫做"形而上学者"，因为我们承认我们在经验中感知的客观实在，承认我们感觉的客观的、不依赖于人的泉源。我们唯物主义者，继恩格斯之后，把康德主义者和休谟主义者叫做**不可知论者**，因为他们否定客观实在是我们感觉的泉源。不可知论者这个词来自希腊文：在希腊文里 **α** 是**不**的意思，**gnosis** 是**知**的意思。不可知论者说：**我不知道**是否有我们的感觉所反映、模写的客观实在；我宣布，要知道这点是不可能的（见上面恩格斯关于不可知论者的立场的叙述）。因此，不可知论者就否定客观真理，并且小市民式地、庸俗地、卑怯地容忍有关鬼神、天主教圣徒以及诸如此类东西的教义。马赫和阿芬那留斯自命不凡地提出"新"术语、所谓"新"观点，实际上却是糊涂地混乱地重复不可知论者的回答：一方面，物体是感觉的复合（纯粹的主观主义、纯粹的贝克莱主义），另一方面，如果把感觉改名为要素，那就可以设想它们是不依赖于我们的感官而存在的！

马赫主义者喜欢唱这样一种高调：他们是完全相信我们感官的提示的哲学家，他们认为世界确实像显现在我们面前的那样，是充满着声音、颜色等等的，而唯物主义者认为世界是死的，世界没有声音和颜色，它本身和它的显现不同，等等。例如，约·彼得楚尔特在他的《纯粹经验哲学引论》和《从实证论观点来看世界问题》（1906）里面唱的都是这类高调。维克多·切尔诺夫先生对这一

"新"思想称赞不已,他跟着彼得楚尔特喋喋不休地重复这种论调。其实,马赫主义者是主观主义者和不可知论者,因为他们**不充分**相信我们感官的提示,不彻底贯彻感觉论。他们不承认客观的、不依赖于人的实在是我们感觉的泉源。他们不把感觉看做是这个客观实在的正确摄影,因而直接和自然科学发生矛盾,为信仰主义大开方便之门。相反地,唯物主义者认为世界比它的显现更丰富、更生动、更多样化,因为科学每向前发展一步,就会发现它的新的方面。唯物主义者认为我们的感觉是唯一的和最终的客观实在的映象,所谓最终的,并不是说客观实在已经被彻底认识了,而是说除了它,没有而且也不能有别的客观实在。这种观点不仅坚决地堵塞了通向一切信仰主义的大门,而且也堵塞了通向教授的经院哲学的大门。这种经院哲学不是把客观实在看做我们感觉的泉源,而是用成套臆造的字眼来"推演出"客观的这一概念,认为客观的就是具有普遍意义的、社会地组织起来的,等等,它不能够而且也往往不愿意把客观真理和关于鬼神的教义分开。

马赫主义者对"独断主义者"即唯物主义者的"陈腐"观点轻蔑地耸耸肩膀,因为唯物主义者坚持着似乎已被"最新科学"和"最新实证论"驳倒了的**物质**概念。关于物质构造的新物理学理论,我们将另行论述。但是,像马赫主义者那样把关于物质的某种构造的理论和认识论的范畴混淆起来,把关于物质的新类型(例如电子)的新特性问题和认识论的老问题,即关于我们知识的泉源、客观真理的存在等等问题混淆起来,这是完全不能容许的。有人对我们说,马赫"发现了世界要素":红、绿、硬、软、响、长等等。我们要问:当人看见红,感觉到硬等等的时候,人感知的是不是客观实在呢?这个老而又老的哲学问题被马赫搞乱了。如果你们认为人感知的不是客观实在,那么你们就必然和马赫一起陷入主观主义和不可知论,你们就理所当然地受到内在论者即哲学上的缅施科夫式人物的拥抱。如果你们认为人感知的是客观实在,那么就需要有一个关于这种客观实在的哲学概念,而这个概念很早很早以前就制定出来了,这个概念就是**物质**。物质是标志客观实在的哲学范畴,这种客观实在是人通过感觉感知的,它不依赖于我们的感觉而存在,为我们的感觉所复写、摄影、反映。因此,如果说这个概念会"陈腐",就是**小孩子的糊涂话**,就是无聊地重复时髦的**反动**哲学的论据。在两千年的哲学发展过程中,唯心主义和唯物主义的斗争难道会陈腐吗?哲学上柏拉图的和德谟克利特的倾向或路线的斗争难道会陈腐吗?宗教和科学的斗争难道会陈腐吗?否定客观真理和承认客观真理的斗争难道会陈腐吗?超感觉知识的维护者和反对者的斗争难道会陈腐吗?

接受或抛弃物质概念这一问题,是人对他的感官的提示是否相信的问题,是关于我们认识的泉源的问题。这一问题从一开始有哲学起就被提出来讨论了,教授小丑们可以千方百计地把这个问题改头换面,但是它正如视觉、触觉、听觉和嗅觉是否是人的认识的泉源这个问题一样,是不会陈腐的。认为我们的感觉是外部世界的映象;承认客观真理;坚持唯物主义认识论的观点,——这都是一回事。为了说明这一点,我只引证费尔巴哈以及两本哲学入门书里的话,以便读者可以看清楚,这是一个多么起码的问题。

路·费尔巴哈写道:"否认感觉是客观救世主的福音、通告(Verkündung),这多么无聊。"① 你们可以看到,这是稀奇古怪的

---

① 《费尔巴哈全集》1866年版第10卷第194—195页。

术语,然而却是一条十分鲜明的哲学路线:感觉给人揭示客观真理。"我的感觉是主观的,可是它的基础〈或原因,Grund〉是客观的。"(第195页)请把这句话同上面引证过的那段话比较一下,在那段话里费尔巴哈说过,唯物主义是从感性世界,即最终的(ausgemachte)客观真理出发的。

在弗兰克的《哲学辞典》[①]中,我们读到这样的话:感觉论是"把认识归于感觉,从感觉的经验中"引出我们的一切观念的学说。感觉论分为主观的感觉论(怀疑论[37]和贝克莱主义)、道德的感觉论(伊壁鸠鲁主义[38])和客观的感觉论。"客观的感觉论是唯物主义,因为在唯物主义者看来,物质或物体是能够作用于我们感官(atteindre nos sens)的唯一客体。"

施韦格勒在他的《哲学史》中说:"既然感觉论断言只有依靠感官才能感知真理或存在物,那么只要〈指18世纪末的法国哲学〉客观地表述这个原理,我们就可以得出一个唯物主义的论点:只有感性的东西是存在着的;除了物质的存在,没有别的存在。"[②]

这就是写进教科书的一些起码的真理,而我们的马赫主义者却把它们忘记了。

5. 绝对真理和相对真理,或论亚·波格丹诺夫所发现的恩格斯的折中主义

波格丹诺夫的这一发现写在1906年《经验一元论》第3卷的序言中。波格丹诺夫写道:"恩格斯在《反杜林论》里所说的意思,

---

① 《哲学辞典》1875年巴黎版。
② 阿尔伯特·施韦格勒博士《哲学史纲要》第15版第194页。

同我刚才所说明的真理相对性的意思**差不多**"(第 V 页),就是指
否定一切永恒真理,"否定任何真理的绝对客观性"。"恩格斯的错
误就在于不坚决果断,就在于他透过自己的全部讥讽言论,流露出
对某些尽管是可怜的'永恒真理'的承认。"(第 VIII 页)"在这里,
只有不彻底性才会容许像恩格斯所作的那些折中主义的保
留……"(第 IX 页)现在我们来举出波格丹诺夫如何反驳恩格斯
的折中主义的一个例子。为了向杜林说明,凡是奢望在历史科学
中发现永恒真理的人会局限于哪些东西,会满足于哪些"陈词滥
调"(Plattheiten),恩格斯在《反杜林论》(论"永恒真理"这一章)里
说到"拿破仑死于 1821 年 5 月 5 日"。于是波格丹诺夫反驳恩格
斯说:"这是什么'真理'啊?它有什么'永恒的'呢?确证对于我们
这一代大概已经没有任何现实意义的个别关系,这不能作为任何
活动的出发点,而且也不会引导我们到达任何地方。"(第 IX 页)
他在第 VIII 页上还说:"难道'陈词滥调'可以叫做'真理'吗?难
道'陈词滥调'是真理吗?真理就是经验的生动的组织形式。它在
我们的活动中引导我们到达某个地方,它在生活斗争中提供支
撑点。"

从这两段引文中可以很明显地看出:波格丹诺夫不是在反驳
恩格斯,而是在**唱高调**。如果你不能断定"拿破仑死于 1821 年 5
月 5 日"这个命题是错误的或是不确切的,那么你就得承认它是真
理。如果你不能断定它在将来会被推翻,那么你就得承认这个真
理是永恒的。把真理是"经验的生动的组织形式"这类词句叫做反
驳,这就是用**一堆无聊的话**来冒充哲学。地球具有地质学所叙述
的历史呢,还是在七天内被创造出来的[39]呢?难道能够用"引导"
我们到达某个地方的"生动的"(这是什么意思?)真理等等词句来

回避这个问题吗？难道关于地球历史和人类历史的知识"没有现实意义"吗？这只是波格丹诺夫用来掩饰他**退却**的冠冕堂皇的胡言乱语。因为，他在证明恩格斯对永恒真理的承认就是折中主义的时候，既没有推翻拿破仑确实死于1821年5月5日的事实，也没有驳倒那个认为这一**真理**将来会被推翻的见解是个荒谬见解的论点，而只是用响亮的词句来回避问题，这样的做法就是一种退却。

　　恩格斯所举的这个例子是非常浅显的，关于这类永恒的、绝对的、只有疯子才会怀疑的**真理**（正像恩格斯在举"巴黎在法国"这个例子时所说的），任何人都能轻而易举地想出几十个例子。为什么恩格斯在这里要讲到这些"陈词滥调"呢？因为他是要驳斥和嘲笑不会在绝对真理和相对真理的关系问题上应用辩证法的、独断的、形而上学的唯物主义者杜林。当一个唯物主义者，就要承认感官给我们揭示的客观真理。承认客观的即不依赖于人和人类的真理，也就是这样或那样地承认绝对真理。正是这个"这样或那样"，就把形而上学唯物主义者杜林同辩证唯物主义者恩格斯区别开来了。在一般科学、特别是历史科学的最复杂的问题上，杜林到处滥用最后真理、终极真理、永恒真理这些字眼。恩格斯嘲笑了他，回答说：当然，永恒真理是有的，但是在简单的事物上用大字眼（gewaltige Worte）是不聪明的。为了向前推进唯物主义，必须停止对"永恒真理"这个字眼的庸俗的玩弄，必须善于辩证地提出和解决绝对真理和相对真理的关系问题。正是由于这个缘故，30年前在杜林和恩格斯之间展开了斗争。而波格丹诺夫却假装"**没有看到**"恩格斯**在同一章中**对绝对真理和相对真理的问题所作的说明，波格丹诺夫由于恩格斯承认了对**一切**唯物主义来说都是最起码的论点,就想尽办法非难恩格斯搞"折中主义"。他这样做,只是再一次暴露了他无论对唯物主义还是对辩证法都绝对无知。

恩格斯在《反杜林论》中上述那章(第1编第9章)的开头写道:"我们却遇到了这样一个问题:人的认识的产物究竟能否具有至上的意义和无条件的真理权(Anspruch),如果能有,那么是哪些产物。"(德文第5版第79页)恩格斯对这个问题的解答如下:

"思维的至上性是在一系列非常不至上地思维着的人中实现的;拥有无条件的真理权的认识是在一系列相对的谬误中实现的;二者〈绝对真理的认识和至上的思维〉都只有通过人类生活的无限延续才能完全实现。

在这里,我们又遇到了在上面已经遇到过的矛盾:一方面,人的思维的性质必然被看做是绝对的,另一方面,人的思维又是在完全有限地思维着的个人中实现的。这个矛盾只有在至少对我们来说实际上是无止境的人类世代更迭中才能得到解决。从这个意义来说,人的思维是至上的,同样又是不至上的,它的认识能力是无限的,同样又是有限的。按它的本性〈或构造,Anlage〉、使命、可能和历史的终极目的来说,是至上的和无限的;按它的个别实现情况和每次的现实来说,又是不至上的和有限的。"(第81页)[1]

恩格斯继续说道:"永恒真理的情况也是一样。"[2]

这个论断,对于一切马赫主义者所强调的**相对主义**问题,即我们知识的相对性原则的问题,是极端重要的。马赫主义者**都**坚决

---

[1]　参看维·**切尔诺夫**的话,上引著作第64页及以下几页。马赫主义者切尔诺夫先生完全站在不愿意承认自己是马赫主义者的波格丹诺夫的立场上。他们的不同之处在于:波格丹诺夫竭力**掩饰**他和恩格斯的分歧,认为这是偶然的,等等;而切尔诺夫则觉得,这是既同唯物主义又同辩证法进行斗争的问题。

[2]　见《马克思恩格斯文集》第9卷第90—92页。——编者注

认为他们是相对主义者,但是,俄国马赫主义者在重复德国人的话的时候,却害怕或不能直截了当地明白地提出相对主义和辩证法的关系问题。在波格丹诺夫(以及一切马赫主义者)看来,承认我们知识的相对性,就是根本**不**承认绝对真理。在恩格斯看来,绝对真理是由相对真理构成的。波格丹诺夫是相对主义者。恩格斯是辩证论者。下面是恩格斯在《反杜林论》同一章中讲的另一段同样重要的话:

"真理和谬误,正如一切在两极对立中运动的逻辑范畴一样,只是在非常有限的领域内才具有绝对的意义;这一点我们刚才已经看到了,即使是杜林先生,只要他稍微知道一点正是说明一切两极对立的不充分性的辩证法的初步知识〈辩证法的基本前提〉,他也会知道的。只要我们在上面指出的狭窄的领域之外应用真理和谬误的对立,这种对立就变成相对的,因而对精确的科学的表达方式来说就是无用的;但是,如果我们企图在这一领域之外把这种对立当做绝对有效的东西来应用,那我们就会完全遭到失败;对立的两极都向自己的对立面转化,真理变成谬误,谬误变成真理。"(第86页)①　接着恩格斯举了波义耳定律(气体的体积同它所受的压力成反比)作为例子。这个定律所包含的"一粟真理"只在一定界限内才是绝对真理。这个定律"只是近似的"真理。

因此,人类思维按其本性是能够给我们提供并且正在提供由相对真理的总和所构成的绝对真理的。科学发展的每一阶段,都在给绝对真理这一总和增添新的一粟,可是每一科学原理的真理的界限都是相对的,它随着知识的增加时而扩张、时而缩小。约·

----

① 见《马克思恩格斯文集》第9卷第96页。——编者注

狄慈根在《漫游》①中说:"我们可以看到、听到、嗅到、触到绝对真理,无疑地也可以**认识**绝对真理,但它并不全部进入(geht nicht auf)认识中。"(第195页)"不言而喻,图像不能穷尽对象,画家落后于他的模特儿…… 图像怎么能够和它的模特儿'一致'呢? 只是近似地一致。"(第197页)"我们只能相对地认识自然界和它的各个部分;因为每一个部分,虽然只是自然界的一个相对的部分,然而却具有绝对物的本性,具有认识所不可穷尽的自在的自然整体(des Naturganzen an sich)的本性…… 我们究竟怎样知道在自然现象背后,在相对真理背后,存在着不完全显露在人面前的普遍的、无限的、绝对的自然呢? ……这种知识是从哪儿来的呢? 它是天赋的,是同意识一起为我们所秉赋的。"(第198页)最后这句话是狄慈根的不确切的说法之一,这些不确切的说法使得马克思在给库格曼的一封信中指出:狄慈根的观点中存在着混乱。② 只有抓住这类不正确的地方,才能谈论不同于辩证唯物主义的狄慈根的特殊哲学。但是狄慈根自己在**同一页**上就改正了,他说:"虽然我说,关于无限的、绝对的真理的知识是天赋的,它是独一无二的唯一的先于经验的知识,但是这种天赋知识还是由经验证实。"(第198页)

从恩格斯和狄慈根的所有这些言论中可以清楚地看出:在辩证唯物主义看来,相对真理和绝对真理之间没有不可逾越的鸿沟。波格丹诺夫完全不懂得这点,他竟然说出了这样的话:"它〈旧唯物主义的世界观〉希望成为对于**事物本质的**绝对**客观的**认识〈黑体是

---

① 即《一个社会主义者在认识论领域中的漫游》。——编者注
② 参看《马克思恩格斯全集》第1版第32卷第567页。——编者注

波格丹诺夫用的〉,因而同任何意识形态的历史条件的制约性不能相容。"(《经验一元论》第3卷第 IV 页)从现代唯物主义即马克思主义的观点来看,我们的知识向客观的、绝对的真理接近的**界限**是受历史条件制约的,但是这个真理的存在**是无条件的**,我们向这个真理的接近也是无条件的。图像的轮廓是受历史条件制约的,而这幅图像描绘客观地存在着的模特儿,这是无条件的。在我们认识事物本质的过程中,我们什么时候和在什么条件下进到发现煤焦油中的茜素或发现原子中的电子,这是受历史条件制约的;然而,每一个这样的发现都意味着"绝对客观的认识"前进一步,这是无条件的。一句话,任何意识形态都是受历史条件制约的,可是,任何科学的意识形态(例如不同于宗教的意识形态)都和客观真理、绝对自然相符合,这是无条件的。你们会说:相对真理和绝对真理的这种区分是不确定的。我告诉你们:这种区分正是这样"不确定",以便阻止科学变为恶劣的教条,变为某种僵死的凝固不变的东西;但同时它又是这样"确定",以便最坚决果断地同信仰主义和不可知论划清界限,同哲学唯心主义以及休谟和康德的信徒们的诡辩划清界限。这里是有你们所没有看到的界限,而且由于你们没有看到这个界限,你们滚入了反动哲学的泥坑。这就是辩证唯物主义和相对主义的界限。

马赫、阿芬那留斯和彼得楚尔特宣称:我们是相对主义者。切尔诺夫先生和一些想当马克思主义者的俄国马赫主义者也随声附和地说:我们是相对主义者。是的,切尔诺夫先生和马赫主义者同志们,你们的错误正在这里。因为,把相对主义作为认识论的基础,就必然使自己不是陷入绝对怀疑论、不可知论和诡辩,就是陷入主观主义。作为认识论基础的相对主义,不仅承认我们知识的相对性，并且还否定任何为我们的相对认识所逐渐接近的、不依赖于人类而存在的、客观的准绳或模特儿。从赤裸裸的相对主义的观点出发，可以证明任何诡辩都是正确的，可以认为拿破仑是否死于1821年5月5日这件事是"有条件的"，可以纯粹为了人或人类的"方便"，在承认科学意识形态（它在一方面是"方便"的）的同时，又承认宗教意识形态（它在另一方面也是很"方便"的），等等。

辩证法，正如黑格尔早已说明的那样，**包含着**相对主义、否定、怀疑论的因素，可是它**并不归结为**相对主义。马克思和恩格斯的唯物主义辩证法无疑地包含着相对主义，可是它并不归结为相对主义，这就是说，它不是在否定客观真理的意义上，而是在我们的知识向客观真理接近的界限受历史条件制约的意义上，承认我们一切知识的相对性。

波格丹诺夫加上着重标记写道："**彻底的马克思主义不承认**"像永恒真理"**这样的独断主义和静力学**"（《经验一元论》第3卷第IX页）。这是一句糊涂话。如果世界是永恒地运动着和发展着的物质（像马克思主义者所认为的那样），这种物质为不断发展着的人的意识所反映，那么这同"静力学"有什么关系呢？这里谈的根本不是物的不变的本质，也不是不变的意识，而是反映自然界的意识和意识所反映的自然界之间的**符合**。在这个问题上，而且仅仅在这个问题上，"独断主义"这个术语具有特殊的、独特的哲学风味，它是唯心主义者和不可知论者在**反对**唯物主义者时所爱用的字眼，这一点我们从相当"老的"唯物主义者费尔巴哈举的例子中已经看到过了。总之，从臭名昭彰的"最新实证论"的观点出发对唯物主义所进行的一切反驳，都是陈词滥调。

6. 认识论中的实践标准

我们已经看到,马克思在 1845 年,恩格斯在 1888 年和 1892 年,都把实践标准作为唯物主义认识论的基础。**40** 马克思在关于费尔巴哈的提纲第 2 条里说:离开实践提出"人的思维是否具有对象的〈即客观的〉真理性"的问题,是经院哲学。恩格斯重复说:对康德和休谟的不可知论以及其他哲学怪论(Schrullen)的最有力的驳斥就是实践。他反驳不可知论者说:"我们行动的结果证明我们的知觉符合(Übereinstimmung)所感知的事物的对象〈客观〉本性。"①

请把马赫关于实践标准的言论和上面的言论对比一下。"在日常的思维和谈话中,通常把**假象**、**错觉**同**现实**对立起来。把一支铅笔举在我们面前的空气中,我们看见它是直的;把它斜放在水里,我们看见它是弯的。在后一种情况下,人们说:'铅笔**好像是弯的,但实际上**是直的。'可是我们有什么理由把**一个事实**说成是现实,而把**另一个事实**贬斥为错觉呢? ……当我们犯着在非常情况下仍然期待通常现象的到来这种自然错误时,那么我们的期待当然是会落空的。但事实在这点上是没有过失的。在这种情况下谈**错觉**,从实践的观点看来是有意义的,从科学的观点看来却是毫无意义的。世界是否真的存在着或者它只是我们的像梦一样的错觉,这个常常引起争论的问题,从科学的观点看来同样是毫无意义的。但是,就连最荒唐的梦也是一个事实,它同任何其他事实比较

---

① 参看《马克思恩格斯文集》第 1 卷第 503—504 页,第 4 卷第 279 页,第 3 卷第 507 页。——编者注

起来并不逊色。"(《感觉的分析》第18—19页)

真的,不仅荒唐的梦是事实,而且荒唐的哲学也是事实。只要知道了恩斯特·马赫的哲学,对这点就不可能有什么怀疑。马赫是一个登峰造极的诡辩论者,他把对人们的谬误、人类的种种"荒唐的梦"(如相信鬼神之类)的科学史的和心理学的研究,同真理和"荒唐"在认识论上的区分混淆起来了。这正好像一位经济学家说:西尼耳所谓资本家的全部利润是由工人的"最后一小时"的劳动所创造的理论[41]和马克思的理论同样都是事实,至于哪一种理论反映客观真理以及哪一种理论表现资产阶级的偏见和资产阶级教授们的卖身求荣的问题,从科学的观点看来是没有意义的。制革匠约·狄慈根认为科学的即唯物主义的认识论是"反对宗教信仰的万能武器"(《短篇哲学著作集》第55页),而正式的教授恩斯特·马赫却认为,唯物主义认识论和主观唯心主义认识论的差别,"从科学的观点看来是没有意义的"!科学在唯物主义反对唯心主义和宗教的斗争中是无党性的,这不仅是马赫一个人所喜爱的思想,而且是现代所有的资产阶级教授们所喜爱的思想,这些教授,按照约·狄慈根的公正的说法,就是"用生造的唯心主义来愚弄人民的有学位的奴仆"(同上,第53页)。

恩·马赫把每个人用来区别错觉和现实的实践标准置于科学的界限、认识论的界限之外,这正是这种生造的教授唯心主义。马克思和恩格斯都说过,人类的实践证明唯物主义认识论的正确性,并且把那些想离开实践来解决认识论的基本问题的尝试称为"经院哲学"和"哲学怪论"。但马赫认为,实践是一回事,而认识论完全是另外一回事;人们可以把它们并列在一起,不用前者来制约后者。马赫在他的最后一本著作《认识和谬误》中说:"认识是生物学上有用的（förderndes）心理体验。"（德文第 2 版第 115 页）"只有结果才能把认识和谬误区别开来。"（第 116 页）"概念是物理学的作业假说。"（第 143 页）我们俄国的那些想当马克思主义者的马赫主义者，天真到了惊人的地步，他们竟把马赫的这些话当做他**接近**马克思主义的证明。但是，马赫在这里接近马克思主义，就像俾斯麦接近工人运动或叶夫洛吉主教接近民主主义一样。在马赫那里，这些论点**是**和他的唯心主义的认识论**并列在一起的**，但是它们并不决定在认识论上选择哪一条确定的路线。认识只有在它反映不以人为转移的客观真理时，才能成为生物学上有用的认识，成为对人的实践、生命的保存、种的保存有用的认识。在唯物主义者看来，人类实践的"结果"证明着我们的表象同我们所感知的事物的客观本性相符合。在唯我论者看来，"结果"是**我在实践中**所需要的一切，而实践是可以同认识论分开来考察的。马克思主义者说：如果把实践标准作为认识论的基础，那么我们就必然得出唯物主义。马赫说：就算实践是唯物主义的，但理论却完全是另外一回事。

马赫在《感觉的分析》中写道："在实践方面，我们在从事某种活动时不能缺少**自我**这个观念，正如我们在伸手拿一个东西时不能缺少物体这个观念一样。在生理学方面，我们经常是一个利己主义者和唯物主义者，正如我们经常看到日出一样。但是在理论方面，我们决不应该坚持这种看法。"（第 284—285 页）

这里说到利己主义，真是牛头不对马嘴，因为它根本不是认识论的范畴。这里和表面看到的太阳环绕地球的运行也毫不相干，因为，我们用来作为认识论的标准的实践应当也包括天文学上的观察、发现等等的实践。剩下来的只是马赫的有价值的供状：人们在自己的实践中完全地唯一地以唯物主义的认识论为指导。至于在"理论方面"逃避唯物主义认识论的尝试,只不过是表现着马赫的学究式的经院哲学的倾向和生造的唯心主义的倾向罢了。

为了给不可知论和唯心主义扫清地盘,竭力想把实践作为一种在认识论上不值得研究的东西加以排除,这毫不新鲜,我们可以从下面一个德国古典哲学史上的例子看出。在康德与费希特之间有一个戈·恩·舒尔采(在哲学史上叫做舒尔采-埃奈西德穆)。他公开拥护哲学上的怀疑论路线,自称为休谟(以及古代哲学家皮浪和塞克斯都)的追随者。他坚决否认任何自在之物和客观认识的可能性,坚决要求我们不要超出"经验"、感觉之外,同时他也预见到了来自另一阵营的反驳:"既然怀疑论者在参加实际生活时承认客观对象的真实性是无可怀疑的,并且依据这点进行活动和承认真理的标准,那么他自己的这种行为就是对他的怀疑论的最好的和最明白的驳斥。"①舒尔采愤慨地回答说:"这类论据只是对于小民百姓(Pöbel)才是有用的"(第254页),因为"我的怀疑论并不涉及到日常生活的事情,而只是停留在哲学的范围之内"(第255页)。

主观唯心主义者费希特,同样也希望在唯心主义哲学的范围内给这样一种实在论留个地盘,"这种实在论是我们每个人、甚至最坚决的唯心主义者在行动时都不能回避的(sich aufdringt),也就是承认对象是完全不依赖于我们,在我们之外存在的"(《费希特全集》第1卷第455页)。

马赫的最新实证论并不比舒尔采和费希特高明多少!作为一个笑柄,我们要指出:在这个问题上,巴扎罗夫还是以为除普列汉

---

① 戈·恩·舒尔采《埃奈西德穆或关于耶拿的赖因霍尔德教授先生提出的基础哲学的原理》1792年版第253页。

诺夫以外世界上再没有别人了,再没有比猫更凶的野兽了。巴扎罗夫嘲笑"普列汉诺夫的获生的跳跃的哲学"(《论丛》第 69 页)[42],的确,普列汉诺夫曾经写过这样拙劣的词句,说什么"信仰"外部世界的存在就是"哲学的不可避免的获生的跳跃(salto vitale)"(《〈路·费尔巴哈〉注释》第 111 页)。"信仰"这个字眼,是重复休谟的,虽然加上了引号,但暴露了普列汉诺夫用语的混乱,这是毫无疑问的。可是为什么要找普列汉诺夫呢?? 为什么巴扎罗夫不举其他的唯物主义者,哪怕是费尔巴哈呢? 仅仅是因为他不知道费尔巴哈吗? 但无知并不是论据。费尔巴哈和马克思、恩格斯一样,在认识论的基本问题上也向实践作了在舒尔采、费希特和马赫看来是不能容许的"跳跃"。在批判唯心主义的时候,费尔巴哈引证了费希特的一段典型的话来说明唯心主义的实质,这段话绝妙地击中了整个马赫主义的要害。费希特写道:"你所以认为物是现实的,是存在于你之外的,只是因为你看到它们、听到它们、触到它们。但是视、触、听都只是感觉…… 你感觉的不是对象,而只是你自己的感觉。"(《费尔巴哈全集》第 10 卷第 185 页)费尔巴哈反驳说:人不是抽象的**自我**,他不是男人,就是女人,可以把世界是否是感觉的问题同别人是我的感觉还是像我们在实践中的关系所证明的那样不是我的感觉这一问题同等看待。"唯心主义的根本错误就在于:它只是从理论的角度提出并解决世界的客观性或主观性、现实性或非现实性的问题。"(同上,第 189 页)费尔巴哈把人类实践的总和当做认识论的基础。他说:当然唯心主义者在实践中也承认我们的**自我**和他人的**你**的实在性。不过在唯心主义者看来,"这是一种只适合于生活而不适合于思辨的观点。但是,这种和生活矛盾的思辨,把死的观点、脱离了肉体的灵魂的观点当做真理的观点的思辨,是僵死的、虚伪的思辨"(第192页)。我们要**感觉**,首先就得呼吸;没有空气,没有食物和饮料,我们就不能生存。

"愤怒的唯心主义者大叫大嚷地说:这样说来,在研究世界的观念性或实在性的问题时要讨论饮食问题吗?多么卑下!在哲学和神学的讲坛上竭力谩骂科学的唯物主义,而在公共餐桌上却醉心于最粗俗的唯物主义,这多么有失体统啊!"(第195页)费尔巴哈大声说:把主观感觉和客观世界同等看待,"就等于把遗精和生孩子同等看待"(第198页)。

这种评语虽然不十分文雅,却击中了宣称感性表象也就是存在于我们之外的现实的那些哲学家的要害。

生活、实践的观点,应该是认识论的首要的和基本的观点。这种观点必然会导致唯物主义,而把教授的经院哲学的无数臆说一脚踢开。当然,在这里不要忘记:实践标准实质上决不能**完全地**证实或驳倒人类的任何表象。这个标准也是这样的"不确定",以便不让人的知识变成"绝对",同时它又是这样的确定,以便同唯心主义和不可知论的一切变种进行无情的斗争。如果我们的实践所证实的是唯一的、最终的、客观的真理,那么,因此就得承认:坚持唯物主义观点的科学的道路是走向这种真理的唯一的道路。例如,波格丹诺夫同意承认马克思的货币流通理论只是在"我们的时代"才具有客观真理性,而把那种认为这个理论具有"超历史的客观的"真理性的见解叫做"独断主义"(《经验一元论》第3卷第VII页)。这又是一个糊涂观点。这个理论和实践的符合,是不能被将来任何情况所改变的,原因很简单,正如拿破仑死于1821年5月5日这个真理**是永恒的**一样。但是,实践标准即**一切**资本主义国家近几十年来的发展进程所证明为客观真理的,是马克思的**整个**

社会经济理论,而不是其中的某一部分、某一表述等等,因此很明显,在这里说什么马克思主义者的"独断主义",就是向资产阶级经济学作不可宽恕的让步。从马克思的理论是客观真理这一为马克思主义者所同意的见解出发,所能得出的唯一结论就是:**沿着马克思的理论的道路**前进,我们将愈来愈接近客观真理(但决不会穷尽它);而**沿着任何其他的道路**前进,除了混乱和谬误之外,我们什么也得不到。

第 三 章

辩证唯物主义的认识论和
经验批判主义的认识论(三)

1. 什么是物质? 什么是经验?

唯心主义者,不可知论者,其中也包括马赫主义者,经常拿第一个问题追问唯物主义者,唯物主义者经常拿第二个问题追问马赫主义者。我们来分析一下这是怎么一回事。

关于物质的问题,阿芬那留斯说道:

"在清洗过的'完全经验'内部没有'物理的东西',即没有形而上学地绝对地理解的'物质',因为这样理解的'物质'只是一种抽象,也就是一切中心项都被抽象掉的对立项的总和。正如在原则同格中,也就是说,在'完全经验'中,没有中心项的对立项是不可设想的(undenkbar)一样,形而上学地绝对地理解的'物质'是完全没有意义的东西(Unding)。"(《关于心理学对象的概念的考察》,载于上述杂志第 2 页第 119 节)

从这段莫名其妙的话中可以看出一点:阿芬那留斯把物理的东西或物质叫做绝对物和形而上学,因为根据他的原则同格(或者用新的说法:"完全经验")的理论,对立项和中心项是分不开的,环境和**自我**是分不开的,**非我**和**自我**是分不开的(如约·哥·费希特所说的)。这种理论是改头换面的主观唯心主义,关于这一点我们已在有关地方说过了。阿芬那留斯对"物质"的抨击的性质十分明显:唯心主义者否认物理的东西的存在是不以心理为转移的,所以不接受哲学给这种存在制定的概念。至于物质是"物理的东西"(即人最熟悉的、直接感知的东西,除了疯人院里的疯子,谁也不会怀疑它的存在),这一点阿芬那留斯并不否认,他只是要求接受"**他的**"关于环境和**自我**有不可分割的联系的理论。

马赫把这个思想表达得比较简单,没有用哲学上的遁词饰语:"我们称之为物质的东西,只是**要素**("感觉")的一定的有规律的联系。"(《感觉的分析》第 265 页)马赫以为,他提出这样一个论断,就会使普通的世界观发生"根本的变革"。其实这是用"要素"这个字眼掩盖了真面目的老朽不堪的主观唯心主义。

最后,疯狂地攻击唯物主义的英国马赫主义者毕尔生说道:"从科学的观点来看,不能反对把某些比较恒久的感性知觉群加以分类,把它们集合在一起而称之为物质。这样我们就很接近约·斯·穆勒的定义:物质是感觉的恒久可能性。但是这样的物质定义完全不同于如下的定义:物质是运动着的东西。"(《科学入门》1900 年第 2 版第 249 页)这里没有用"要素"这块遮羞布,唯心主义者直接向不可知论者伸出了手。

读者可以看到,经验批判主义的创始人的这一切论述,完全是在思维对存在、感觉对物理东西的关系这个认识论的老问题上兜圈子。要有俄国马赫主义者的无比天真才能在这里看到某种和"最新自然科学"或"最新实证论"多少有点关系的东西。所有我们提到的哲学家都是用唯心主义的基本哲学路线代替唯物主义的基本哲学路线(从存在到思维、从物质到感觉),只是有的质直明言,有的吞吞吐吐。他们否认物质，也就是否认我们感觉的外部的、客观的泉源，否认和我们感觉相符合的客观实在，这是大家早已熟知的他们对认识论问题的解答。相反地，对唯心主义者和不可知论者所否定的那条哲学路线的承认，是以如下的定义表达的：物质是作用于我们的感官而引起感觉的东西；物质是我们通过感觉感知的客观实在，等等。

波格丹诺夫胆怯地避开恩格斯，装做只跟别尔托夫争辩，对上述定义表示愤慨，因为，你们要知道，这类定义"原来是简单地重复"（《经验一元论》第3卷第XVI页）下面的"公式"（我们的"马克思主义者"忘记了加上：**恩格斯**的公式）：对哲学上的一个派别说来，物质是第一性的，精神是第二性的；对另一个派别说来，则恰恰相反。所有的俄国马赫主义者都喜出望外地重复波格丹诺夫的"驳斥"！可是这些人稍微想一想就会明白，对于认识论的这两个根本概念，除了指出它们之中哪一个是第一性的，不可能，实质上不可能再下别的定义。下"定义"是什么意思呢？这首先就是把某一个概念放在另一个更广泛的概念里。例如，当我下定义说驴是动物的时候，我是把"驴"这个概念放在更广泛的概念里。现在试问，在认识论所能使用的概念中，有没有比存在和思维、物质和感觉、物理的东西和心理的东西这些概念更广泛的概念呢？没有。这是些极为广泛的、最为广泛的概念，其实（如果撇开**术语上经常**可能发生的变化）认识论直到现在还没有超出它们。只有欺诈或极端愚蠢才会要求给这两个极其广泛的概念"系列"下一个不是"简单地重复"二者之中哪一个是第一性的"定义"。就拿上面所引的三种关于物质的论断来说吧！这三种论断归结起来是什么意思呢？归结起来就是：这些哲学家是从心理的东西或**自我**到物理的东西或环境,也就是从中心项到对立项,或者从感觉到物质,或者从感性知觉到物质。实际上,阿芬那留斯、马赫和毕尔生除了表明他们的哲学路线的**倾向**以外,能不能给这些基本概念下什么别的"定义"呢? 对于什么是**自我**,什么是感觉,什么是感性知觉,他们是不是能下别的定义,能下什么更特别的定义呢? 只要清楚地提出问题就可以了解,当马赫主义者要求唯物主义者给物质下的定义不再重复物质、自然界、存在、物理的东西是第一性的,而精神、意识、感觉、心理的东西是第二性的时候,他们是在说些多么荒唐绝顶的话。

顺便说一下,马克思和恩格斯的天才也表现在:他们蔑视学究式地玩弄新奇的名词、古怪的术语、狡猾的"主义",而直截了当地说,哲学上有唯物主义路线和唯心主义路线,在两者之间有各式各样的不可知论。劳神费力寻找哲学上的"新"观点,正如劳神费力创造"新"价值论、"新"地租论等等一样,是精神上贫乏的表现。

关于阿芬那留斯,他的门徒卡斯坦宁说,他在一次私人谈话中表示:"我既不知道物理的东西,也不知道心理的东西,只知道第三种东西。"有一位著作家指出,阿芬那留斯没有提出这个第三种东西的概念。彼得楚尔特回答说:"我们知道他为什么不能提出这样的概念。因为第三种东西没有对立概念〈Gegenbegriff,相关概念〉······什么是第三种东西这个问题提得不合逻辑。"(《纯粹经验哲学引论》第2卷第329页)不可能给这个概念下定义,这一点彼得楚尔特是懂得的。但是他不懂得,援用"第三种东西"不过是一种狡辩,因为我们每个人都知道什么是物理的东西,什么是心理的东西,可是目前谁也不知道什么是"第三种东西"。阿芬那留斯只是用这种狡辩掩盖痕迹,**事实上他在宣称自我是第一性的**(中心项），自然界（环境）是第二性的（对立项）。

当然，就是物质和意识的对立，也只是在非常有限的范围内才有绝对的意义，在这里，仅仅在承认什么是第一性的和什么是第二性的这个认识论的基本问题的范围内才有绝对的意义。超出这个范围，这种对立无疑是相对的。

现在我们来看一看在经验批判主义哲学里是怎样使用"经验"一词的。《纯粹经验批判》一书的第1节叙述了如下的"假设"："我们环境的任何构成部分都和个人处在这样一种关系中：如果前者呈现，那么后者就申述自己的经验，说某某东西是我从经验中知道的，某某东西是经验；或说某某东西是从经验中产生的，是依赖于经验的。"（俄译本第1页）这样，经验还是由**自我**和环境这两个概念来确定的，可是关于二者有"不可分割的"联系的"学说"暂时收藏起来了。再往下读："纯粹经验的综合概念"，"就是作为这样一种申述的经验的综合概念，在这种申述的所有构成部分中，只有我们环境的构成部分才是这种申述的前提"（第1—2页）。如果认为环境是不依赖于人的"申述"或"言表"而存在着的，那么就有可能唯物地解释经验了！"纯粹经验的分析概念"，"就是作为这样一种申述的经验的分析概念，在这种申述中没有掺入任何非经验的东西，因而这种申述本身不外就是经验"（第2页）。经验就是经验。竟有人把这种冒牌学者的胡说当做真正的深奥思想！

必须再补充几点：阿芬那留斯在《纯粹经验批判》第2卷里把"经验"看做是**心理的东西**的一种"特殊状态"；他把经验分为物的价值（sachhafte Werte）和思想的价值（gedankenhafte Werte）；"广义的经验"包含思想的价值；"完全经验"被视为和原则同格是同一的（《考察》）。一句话，"想怎么说，就怎么说"。"经验"掩盖哲学上的唯物主义路线和唯心主义路线,使二者的混同神圣化。我们的马赫主义者轻信地把"纯粹经验"当做真的,可是在哲学著作中,各种派别的代表都一致指出阿芬那留斯滥用这个概念。阿·黎尔写道:"什么是纯粹经验,在阿芬那留斯的书中仍然是含糊不清的。他说'纯粹经验是一种没有掺入任何非经验的东西的经验',这显然是在兜圈子。"(《系统哲学》1907 年莱比锡版第 102 页)冯特写道,阿芬那留斯的纯粹经验有时是指任何一种幻想,有时是指具有"物性"的言表(《哲学研究》杂志第 13 卷第 92—93 页)。阿芬那留斯把经验这个概念**扩大了**(第 382 页)。科韦拉尔特写道:"整个这种哲学的意义取决于经验和纯粹经验这两个术语的精确定义。阿芬那留斯没有下这样的精确定义。"(《新经院哲学评论》杂志1907 年 2 月号第 61 页)诺曼·斯密斯说道:阿芬那留斯在反唯心主义的幌子下偷运唯心主义的时候,"经验这个术语的含糊不清很好地帮了他的忙"(《思想》杂志第 15 卷第 29 页)。

　　"我郑重声明,我的哲学的真谛和灵魂在于:人除了经验以外什么也没有;人所要获得的一切,只有通过经验才能获得……" 这岂不是一位狂热的纯粹经验的哲学家吗? 讲这段话的人是主观唯心主义者约·哥·费希特(《向广大读者所作的有关最新哲学真正本质的明白报道》第 12 页)。我们从哲学史中知道,对经验概念的解释,使古典的唯物主义者和古典的唯心主义者划分开来了。目前,各式各样的教授哲学都以侈谈"经验"来掩饰它们的反动性。一切内在论者都援用经验。马赫在他的《认识和谬误》一书第 2 版序言里对威·耶鲁萨伦姆教授的一本书称赞不已。在那本书中我们读到:"承认神的原初存在,和任何经验都不矛盾。"(《批判的唯心主义和纯粹的逻辑》第 222 页)

我们只能怜惜那些相信阿芬那留斯之流的人,他们以为靠"经验"一词就可以超越唯物主义和唯心主义的"陈旧"差别。瓦连廷诺夫和尤什凯维奇责备同纯粹马赫主义略有分歧的波格丹诺夫滥用了"经验"一词,这些先生在这里只是暴露出自己的无知。波格丹诺夫在这一点上"没有过错",因为他**只是**盲目地接受了马赫和阿芬那留斯的糊涂观念。当他说"意识和直接心理经验是同一概念"(《经验一元论》第 2 卷第 53 页),物质"不是经验",而是"引出一切已知物的未知物"(《经验一元论》第 3 卷第 XIII 页),这时候他是在**唯心地**解释经验。当然,他不是第一个[①]但也不是最后一个用"经验"这个字眼来建立唯心主义体系的人。当他驳斥反动的哲学家们,说那些想超出经验界限的尝试事实上"只会导致空洞的抽象和矛盾的映象,而这些抽象和映象的一切要素毕竟是从经验中取得的"(第 1 卷第 48 页),这时候他把在人之外、不依赖于人的意识而存在的东西同人的意识的空洞抽象对立起来,就是说,他是在唯物地解释经验。

完全同样地,马赫以唯心主义为出发点(物体是感觉或"要素"的复合),却常常不由自主地对"经验"一词作唯物主义的解释。他在《力学》一书(1897 年德文第 3 版第 14 页)中说道:"不要从自身中推究哲理(nicht aus uns herausphilosophieren),而要从经验中推究。"在这里,他把经验同从自身中推究哲理对立起来,就是说,他把经验解释为某种客观的、人从外界得到的东西,他是在

---

① 在英国,贝尔福特·巴克斯同志老早就这样做了。不久以前,一位评论巴克斯的著作《实在的根源》的法国评论家辛辣地对他说:"经验不过是意识的代用语",你就公开地做一个唯心主义者吧!(1907 年《哲学评论》杂志[43]第 10 期第 399 页)

唯物地解释经验。还有一个例子:"我们在自然界里观察到的东西,虽然我们还不理解,还没有加以分析,但是已经印入我们的表象,以后这些表象在最一般、最稳定的(stärksten)特征上模仿(nachahmen)自然过程。这种经验就成为永远在我们手边的财宝(Schatz)……"(同上,第27页)在这里自然界被看做是第一性的,感觉和经验被看做是派生的。如果马赫在认识论的基本问题上始终坚持这种观点,他就会使人类摆脱许多愚蠢的唯心主义的"复合"。第三个例子:"思想和经验的密切结合创立了现代自然科学。经验产生思想。思想经过进一步的精炼,又来和经验相比较",等等(《认识和谬误》第200页)。马赫的特殊"哲学"在这里被抛弃了,这位作者自发地转到唯物地看待经验的自然科学家的普通观点上去了。

总结:马赫主义者用来建立自己体系的"经验"一词,老早就在掩盖各种唯心主义体系了,现在它又被阿芬那留斯之流用来为由唯心主义立场转到唯物主义立场或由唯物主义立场转到唯心主义立场的折中主义效劳了。这个概念的各种不同的"定义",只是表现着被恩格斯十分鲜明地揭示出的哲学上的两条基本路线。

2. 普列汉诺夫对"经验"概念的错误理解

普列汉诺夫在给《路·费尔巴哈》(1905年版)写的序言第X—XI页上说道:

"一位德国著作家说,在经验批判主义看来,**经验**只是研究的对象,决不是认识的手段。如果真是这样,那么把经验批判主义和唯物主义对立起来就没有意义了,关于经验批判主义负有代替唯物主义的使命的议论也就是十分空洞无谓的了。"

这全是糊涂思想。

阿芬那留斯的最"正统的"继承者之一弗·卡斯坦宁在一篇关于经验批判主义的文章(给冯特的答复)中说道:"从《纯粹经验批判》一书来看,经验不是认识的手段,而只是研究的对象。"①照普列汉诺夫的说法,把弗·卡斯坦宁的观点和唯物主义对立起来就没有意义了!

弗·卡斯坦宁几乎逐字逐句地转述阿芬那留斯的话。阿芬那留斯在他的《考察》一书中,坚决把自己对经验的理解同"占统治地位的、实质上完全是形而上学的认识论"对经验的看法对立起来;他认为经验是我们见到的东西,是我们发现的东西(das Vorge-fundene),后者认为经验是"认识的手段"(上引书第 401 页)。彼得楚尔特在他的《纯粹经验哲学引论》(第 1 卷第 170 页)中也跟随阿芬那留斯说同样的话。照普列汉诺夫的说法,把卡斯坦宁、阿芬那留斯和彼得楚尔特的观点同唯物主义对立起来就没有意义了!不是普列汉诺夫没有"读完"卡斯坦宁及其同伴的著作,就是他从第三手引用了"一位德国著作家"的话。

最著名的经验批判主义者们的这个为普列汉诺夫所不了解的论断究竟是什么意思呢?卡斯坦宁本来想说:阿芬那留斯在他的《纯粹经验批判》一书中把经验,即一切"人的言表",当做研究的**对象**。卡斯坦宁说(上引论文,第 50 页):阿芬那留斯不是在这里研究这些言表是不是实在的,或者它们是否和**幽灵**有关系;他只是把人的各式各样的言表,**不论是唯心主义的还是唯物主义的**,都聚集

---

① 《科学的哲学季刊》第 22 年卷(1898)第 45 页。

起来,加以系统化,从形式上进行分类(第53页),而没有深入问题的本质。卡斯坦宁称**这种**观点"主要是怀疑论"(第213页),他是完全正确的。卡斯坦宁还在这篇文章里保护他的亲爱的老师,驳斥了冯特说他的老师是唯物主义者那个可耻的(在一位德国教授看来)责难。哪里,我们算是什么唯物主义者!——这就是卡斯坦宁反驳的用意,——即使我们谈到"经验",那也决不是指通常所说的那种导致或者可能导致唯物主义的经验,而是指我们所研究的、人们当做经验"说出"的一切东西。卡斯坦宁和阿芬那留斯认为把经验看做认识的手段的观点是唯物主义观点(这也许是最平常的,然而如同我们从费希特的例子中所看到的,这毕竟是不对的)。阿芬那留斯同那种不理会嵌入说和同格说而坚决认为脑是思想器官的"占统治地位的""形而上学"划清界限。阿芬那留斯认为我们所发现的东西或见到的东西(das Vorgefundene)正是**自我**和环境的不可分割的联系。这种看法导致对"经验"作混乱的唯心主义的解释。

总之,在"经验"这个字眼下,毫无疑问,既可隐藏哲学上的唯物主义路线,也可隐藏唯心主义路线,同样既可隐藏休谟主义路线,也可隐藏康德主义路线,但是不论把经验规定为研究的对象①,还是规定为认识的手段,都还没有解决这方面的任何问题。而卡斯坦宁专门对冯特的驳斥,同经验批判主义和唯物主义的对立问题毫无关系。

---

① 也许普列汉诺夫以为卡斯坦宁说的是"不依赖于认识而存在的认识对象",而不是"研究的对象"? 如果是这样,这倒的确是唯物主义。但是,不论卡斯坦宁,或者任何一个熟悉经验批判主义的人,都没有说过而且也不可能说出这样的话。

　　作为一个笑柄，我们要指出，波格丹诺夫和瓦连廷诺夫在这个问题上给普列汉诺夫的答复表现了同样的无知。波格丹诺夫说："还不十分明白"（第3卷第 XI 页），"经验批判主义者的事情是弄清楚这种说法和接受或不接受条件"。多么有利的立场：我并不是马赫主义者，所以我没有义务去弄清楚某一个阿芬那留斯或卡斯坦宁所说的经验是什么意思！波格丹诺夫想利用马赫主义（以及马赫主义关于"经验"的糊涂观念），可是他不愿意对这种糊涂观念负责。

　　"纯粹的"经验批判主义者瓦连廷诺夫抄下了普列汉诺夫的那一段话，并且当众跳起了康康舞**44**，他讥笑普列汉诺夫没有说出作者的名字，没有说明问题的所在（上引书第 108—109 页）。但是这位经验批判主义哲学家自己对于问题的本质**一个字**也没有回答，虽然他承认曾把普列汉诺夫的那段话"至少反复读了三遍"（显然，他什么也不了解）。瞧，这就是马赫主义者！

3. 自然界中的因果性和必然性

　　因果性问题对于确定任何一种最新"主义"的哲学路线都具有特别重要的意义，因此我们应当稍微详细地谈谈这个问题。

　　我们先从唯物主义认识论对这个问题的说明谈起。路·费尔巴哈的观点，在前面提到的他对鲁·海姆的反驳中讲得特别清楚。"海姆说，'在他（费尔巴哈）的著作中，自然界和人类理性是完全分开的，它们之间有一条双方都不能逾越的鸿沟'。海姆是根据我的《宗教的本质》第 48 节提出这个谴责的。我在这一节中说过：'自然界只有通过自然界本身才能被理解；自然界的必然性不是人类的或逻辑的必然性,也不是形而上学的或数学的必然性;自然界是唯一的这样一种存在物,对于它是不应当,也不能够运用任何人类尺度的,尽管为了使自然界能够为我们理解,我们也拿自然现象同类似的人类现象相比,甚至把人类的用语和概念(如秩序、目的、规律等)用于自然界,而且按照我们语言的性质也必须把它们用于自然界。'这是什么意思呢? 是不是我想说,自然界中没有任何秩序,比方说,秋去可以夏来,春去可以冬来,冬去可以秋来呢? 是不是我想说,自然界中没有目的,比方说,肺和空气之间,光和眼睛之间,声音和耳朵之间没有任何适应呢? 是不是我想说,自然界中没有规律,比方说,地球时而按椭圆形运转,时而按圆形运转,时而一年环绕太阳一周,时而一刻钟环绕太阳一周呢? 这是多么荒谬啊! 我在这段话里究竟想说什么呢? 无非是把属于自然界的东西同属于人的东西区别开来;在这段话里没有说自然界中任何真实的东西都跟秩序、目的、规律这些词和观念不相符合,这段话只是否认思想和存在是同一的,否认秩序等等之存在于自然界就像存在于人的头脑或感觉中一样。秩序、目的、规律不外是一些词,人用这些词把自然界的事物翻译成**自己的**语言,以便了解这些事物;这些词不是没有意义的,不是没有客观内容的(nicht sinn-d. h. gegenstandlose Worte);但是,我还是应当把原文和译文区别开来。人理解秩序、目的、规律这些词是有些随意的。

有神论根据自然界的秩序、合目的性、规律性的偶然性**公然**断定它们是任意产生的,断定有一个和自然界不同的存在物,这个存在物把秩序、合目的性、规律性加给本身(an sich)就是混乱的(dissolute)、没有任何规定性的自然界。有神论者的理性……是和自然界相矛盾的理性,是绝对不了解自然界本质的理性。有神论者的理性把自然界分成两个存在物，一个是物质的，另一个是形式的或精神的。"(《费尔巴哈全集》1903 年版第 7 卷第 518—520 页)

由此可见，费尔巴哈承认自然界的客观规律性，承认被人类的秩序、规律等等观念仅仅近似正确地反映着的客观因果性。费尔巴哈承认自然界的客观规律性，同他承认我们意识所反映的外部世界、对象、物体、物的客观实在性是分不开的。费尔巴哈的观点是彻底的唯物主义观点。而所有其他的观点，说得更确切些，因果性问题上的另外一条哲学路线，即否认自然界的客观规律性、因果性、必然性，被费尔巴哈公允地列为信仰主义的派别。因为事实上很明显，因果性问题上的主观主义路线，即不从外部客观世界中而从意识、理性、逻辑等等中引出自然界的秩序和必然性，不仅把人类理性和自然界分离开来，不仅把前者和后者对立起来，并且把自然界作为理性的**一部分**，而不是把理性看做自然界的一小部分。因果性问题上的主观主义路线就是哲学唯心主义(无论是休谟的还是康德的因果论，都是它的变种)，也就是或多或少减弱了的、冲淡了的信仰主义。承认自然界的客观规律性和这个规律性在人脑中的近似正确的反映，就是唯物主义。

至于说到恩格斯，如果我没有弄错，他当时用不着专门在因果性问题上以他的唯物主义观点去反对其他派别。对他来说没有这种必要，因为他在关于整个外部世界的客观实在性这个更根本的问题上已经十分明确地同一切不可知论者划清了界限。但是，谁要是稍微认真地读过恩格斯的哲学著作，就一定会明白，恩格斯不容许对自然界的客观规律性、因果性、必然性的存在有丝毫怀疑。我们只要举几个例子就够了。恩格斯在《反杜林论》第 1 章里说道："为了认识这些细节〈或世界现象总画面的个别方面〉，我们不得不把它们从自然的(natürlich)或历史的联系中抽出来,从它们的特性、它们的特殊的原因和结果等等方面来分别加以研究。"(第5—6页)这种自然联系即自然现象的联系是客观存在着的,这是很明显的。恩格斯特别强调用辩证观点来看原因和结果:"原因和结果这两个概念,只有应用于个别场合时才有其本来的意义;可是,只要我们把这种个别的场合放到它同宇宙的总联系中来考察,这两个概念就交汇起来,融合在普遍相互作用的看法中,而在这种相互作用中,原因和结果经常交换位置;在此时或此地是结果,在彼时或彼地就成了原因,反之亦然。"(第8页)因此,人的因果概念总是把自然现象的客观联系稍许简单化了,只是近似地反映这种联系,人为地把一个统一的世界过程的某些方面孤立起来。恩格斯说,如果我们注意到思维和意识是"人脑的产物,而人本身是自然界的产物",那么我们发现思维规律和自然规律相符合,就是完全可以理解的。很明显,"归根到底也是自然界产物的人脑的产物,并不同自然界的其他联系(Naturzusammenhang)相矛盾,而是相适应的"(第22页)①。世界现象的自然的、客观的联系是存在着的,这是毫无疑问的。恩格斯经常讲到"自然界的规律"、"自然界的必然性"(Naturnotwendigkeiten),他认为没有必要特别解释这些众所周知的唯物主义原理。

在《路德维希·费尔巴哈》里,我们同样可以读到:"外部世界和人类思维的运动的一般规律在本质上是同一的,但是在表现上是不同的,这是因为人的头脑可以自觉地应用这些规律,而在自然界中这些规律是不自觉地、以外部必然性的形式、在无穷无尽的表

---

① 见《马克思恩格斯文集》第9卷第23、25、38—39页。——编者注

面的偶然性中实现的,而且到现在为止在人类历史上多半也是如此。"(第38页)恩格斯责备旧的自然哲学"用观念的、幻想的联系来代替尚未知道的现实的联系〈自然现象的〉"(第42页)①。十分明显,恩格斯承认自然界的客观规律性、因果性、必然性,同时着重指出我们人类用某些概念对这个规律性所作的近似的反映具有相对性。

在讲到约·狄慈根的时候,我们首先应当从我们的马赫主义者歪曲事实的无数例子中举出一个例子。《"关于"马克思主义哲学的论丛》的作者之一格尔方德先生告诉我们:"狄慈根的世界观的基本点可以归结为如下论点:'……(9)我们加给物的因果依存关系实际上并不包含在物本身中'。"(第248页)**这完全是胡说**。格尔方德先生本人的见解是唯物主义和不可知论的真正杂烩。他**肆意歪曲**约·狄慈根的观点。的确,从约·狄慈根那里可以找出不少糊涂观念、不确切之处和错误,这些东西使马赫主义者称快,使一切唯物主义者不能不承认约·狄慈根是一位不十分彻底的哲学家。但是,硬说唯物主义者约·狄慈根根本否认唯物主义的因果观,这也只有格尔方德之流,只有俄国的马赫主义者们才干得出来。

约·狄慈根在他的著作《人脑活动的实质》(1903年德文版)中说道:"客观的科学的认识,不是通过信仰或思辨,而是通过经验,通过归纳去寻找自己的原因,不是在经验之前而是在经验之后去寻找原因。自然科学不是在现象之外或现象之后,而是在现象之中或通过现象去寻找原因。"(第94—95页)"原因是思维能力的产物。然而它们不是思维能力的纯粹产物,而是由思维能力和

---

① 见《马克思恩格斯文集》第4卷第298、300—301页。——编者注

感性材料结合起来产生的。感性材料给这样产生的原因提供客观存在。正如我们要求真理是客观现象的真理一样，我们也要求原因是现实的，要求它是某个客观结果的原因。"(第98—99页)"物的原因就是物的联系。"(第100页)

由此可见，格尔方德先生提出的论断**是和实际情况截然相反的**。约·狄慈根所阐述的唯物主义世界观承认"物本身中"**含有**"因果依存性"。为了制造马赫主义的杂烩，格尔方德先生需要把因果性问题上的唯物主义路线和唯心主义路线混淆起来。

我们现在就来谈谈这第二条路线。

阿芬那留斯在他的第一部著作《哲学——按照费力最小的原则对世界的思维》中清楚地说明了他的哲学在这个问题上的出发点。我们在第81节里读到："我们既然感觉不到〈没有在经验中认识到：erfahren〉某种引起运动的力量，也就感觉不到任何运动的**必然性……** 我们所感觉到(erfahren)的一切，始终只是一个现象跟着一个现象。"这是最纯粹的休谟观点：感觉、经验丝毫没有告诉我们任何必然性。断言(根据"思维经济"的原则)感觉是唯一存在的哲学家，不能得出任何别的结论。我们往下读到："既然**因果性**的观念要求力量和必然性或强制作为决定结果的不可分割的组成部分，所以因果性的观念也就和它们一起完蛋。"(第82节)"必然性是表示期待结果的或然率的程度。"(第83节，论题)

这是因果性问题上的十分明确的主观主义。只要稍微彻底一点，那么，不承认客观实在是我们感觉的泉源，就不能得出别的结论。

拿马赫来说吧！我们在关于"因果性和说明"的专门一章(《热学原理》1900年第2版第432—439页)中读到："休谟〈对因果性

概念〉的批判仍然有效。"康德和休谟对因果性问题的解答是各不相同的(其他哲学家,马赫不予理会!);"我们赞成"休谟的解答。"除了**逻辑的**必然性〈黑体是马赫用的〉,任何其他的必然性,例如物理的必然性,都是不存在的。"这正是费尔巴哈十分坚决地反对的一种观点。马赫从来没有想到要否认他和休谟的血缘关系。只有俄国的马赫主义者们才会断言休谟的不可知论同马克思和恩格斯的唯物主义是"可以结合的"。我们在马赫的《力学》里读到:"在自然界中,既没有原因,也没有结果。"(1897 年第 3 版第 474 页)"我不止一次地说过:因果律的一切形式都是从主观意向(Trieben)中产生的;对自然界说来,并没有同这些形式相适应的必然性。"(第 495 页)

在这里应当指出,我们的俄国马赫主义者幼稚得惊人,他们用关于因果律的这种或那种说法的问题来代替关于因果律的一切论断上的唯物主义趋向或唯心主义趋向的问题。他们相信了德国的经验批判主义教授们,以为只要说"函数关系",那就是"最新实证论"的发现,那就会摆脱类似"必然性"、"规律"等等说法的"拜物教"。当然,这纯粹是无稽之谈,冯特完全有理由嘲笑这种一点也没有改变问题实质的**字眼更换**(上引论文,载于《哲学研究》第 383 页和第 388 页)。马赫自己也说到因果律的"一切形式",并在《认识和谬误》(第 2 版第 278 页)中作了一个很明白的声明:只有在能够用**可测的**量来表达研究的结果时,函数概念才能够更精确地表达"要素的依存性",但是这甚至在化学那样的科学中也只能够部分地做到。大概,在我们那些轻信教授们发现的马赫主义者看来,费尔巴哈(不必说恩格斯了)不知道秩序、规律性等等概念在一定条件下可以用数学上规定的函数关系来表达!

　　划分哲学派别的真正重要的认识论问题,并不在于我们对因果联系的记述精确到什么程度,这些记述是否能用精确的数学公式来表达,而在于:我们对这些联系的认识的泉源是自然界的客观规律性,还是我们心的特性即心所固有的认识某些先验真理等等的能力。正是这个问题把唯物主义者费尔巴哈、马克思、恩格斯同不可知论者(休谟主义者)阿芬那留斯、马赫断然分开了。

　　马赫(如果责备他始终如一,那就错了)在他的著作的一些地方常常"忘记"他同休谟的一致,"忘记"他的主观主义的因果论,而"只是"以一个自然科学家的态度,也就是说以自发的唯物主义观点谈论问题。例如,我们在《力学》中读到:"自然界教导我们在自然现象中发现均一性。"(法译本第 182 页)如果我们在自然现象中**发现**均一性,那是不是说这个均一性是客观地、在我们心之外存在着呢? 不是的。关于自然界的均一性这个问题,马赫却说出这样一些话:"推动我们把那些只观察了一半的事实在思想中加以充实的力量,是联想。这种力量由于不断重复而加强起来。于是我们就觉得它是一种不依赖于我们的意志和个别事实的力量,是一种既指导思想**也**〈黑体是马赫用的〉指导事实并且作为支配二者的**规律**而使它们相互符合的力量。至于我们认为自己能借助于这种规律而作出预言,这仅仅〈!〉证明我们环境的充分的均一性,但决不证明我们的预言实现的**必然性**。"(《热学》①第 383 页)

　　这样说来,可以而且应当**在**环境即自然界的均一性**以外**去寻找某种必然性! 到哪儿去寻找,这是唯心主义哲学的秘密,这种哲学害怕承认人的认识能力不过是对自然界的反映。马赫在他的最

――――――――――
① 即《热学原理》。――编者注

后一部著作《认识和谬误》里甚至断定自然规律是"对期待的限制"（第2版第450页及以下各页）！唯我论又显形了。

我们来看看这个哲学派别的其他著作家的立场。英国人卡尔·毕尔生以他特有的明确性表示："科学的规律与其说是外部世界的事实，不如说是人心的产物。"（《科学入门》第2版第36页）"凡是把自然界说成人的主宰（sovereign）的诗人和唯物主义者，都太健忘了：他们为之惊叹的自然现象的秩序和复杂性，最低限度也像人本身的记忆和思想一样，是人的认识能力的产物。"（第185页）"自然规律的广括性质应当归功于人心的独创性。"（同上）第3章第4节这样写道："**人是自然规律的创造者**。""人把规律给予自然界这一说法要比自然界把规律给予人这一相反的说法有意义得多"，虽然这位尊贵的教授痛苦地承认，这后一种（唯物主义的）观点，"不幸现在太流行了"（第87页）。第4章是论述因果性问题的，其中第11节表述了毕尔生的**论点**："**必然性属于概念的世界，不属于知觉的世界**。"应当指出，对毕尔生说来，知觉或感性印象"也就是"存在于我们之外的现实。"在一定知觉系列不断重复时具有的均一性中，即在知觉的常规中，没有任何内在必然性；可是知觉常规的存在是思维者存在的必要条件。因此，必然性包含在思维者的本性中，而不包含在知觉本身中；必然性是认识能力的产物。"（第139页）

我们的这位马赫主义者（恩·马赫"本人"曾一再表示和他完全一致）就这样顺利地达到了纯粹康德主义的唯心主义：人把规律给予自然界，而不是自然界把规律给予人！问题不在于重复康德的先验性学说，因为这一点所决定的不是哲学上的唯心主义路线，而是这条路线的一个特殊说法。问题在于：理性、思维、意识在这里是第一性的,自然界是第二性的。理性并非自然界的一小部分、它的最高产物之一、它的过程的反映,而自然界倒是理性的一小部分。理性便这样自然而然地从普通的、单纯的、谁都知道的人的理性扩张成像约·狄慈根所说的"无限的"、神秘的、神的理性。"人把规律给予自然界"这个康德主义-马赫主义的公式是信仰主义的公式。如果我们的马赫主义者在恩格斯的书中读到唯物主义的基本特征是把自然界而不是把精神当做第一性,因而就非常惊异,这只是表明他们在分辨真正重要的哲学派别同教授们的故弄玄虚、咬文嚼字方面无能到了什么地步。

约·彼得楚尔特在他的两卷集著作中阐述和发挥了阿芬那留斯的理论,他可以说是反动的马赫主义经院哲学的最好的典范。他郑重其事地说:"直到今天,在休谟死后的150年,实体性和因果性仍旧麻痹着思维的勇气。"(《纯粹经验哲学引论》第1卷第31页)当然,唯我论者比任何人都"更有勇气",他们发现了没有有机物质的感觉、没有头脑的思想、没有客观规律性的自然界!"我们还没有提到的关于因果性的最后一个说法,即事件的必然性或**自然界的必然性**,在自身中包含着一种模糊的神秘的东西"——"拜物教"、"拟人观"等等的观念(第32页和第34页)。可怜的神秘主义者费尔巴哈、马克思和恩格斯!他们一直在谈论着自然界的必然性,而且还把休谟路线的拥护者叫做理论上的反动派……　彼得楚尔特是超出一切"拟人观"的。他发现了伟大的"**一义性规律**",这个规律消除了一切模糊性、一切"拜物教"的痕迹,如此等等。就以力的平行四边形为例(第35页)。我们不能"证明"它,应当承认它是"经验的事实"。我们不能假定物体受到同样的撞击而有各种不同的运动。"我们不能容许自然界的这种不规定性和任意性；我们应当向它要求规定性和规律性。"(第 35 页)是的，是的！我们向自然界要求规律性。资产阶级向它的教授们要求反动性。"我们的思维向自然界要求规定性，而自然界总是服从这个要求的，我们甚至可以看出在某种意义上它不得不服从这个要求。"(第 36 页)当物体在 AB 线上受到撞击时，为什么它向 C 运动，而不向 D 或 F 等等方向运动呢？

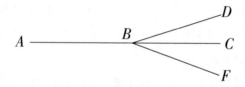

"为什么自然界不从无数其他可能的方向中选择一个方向呢？"(第 37 页)因为这些方向是"多义的"，而约瑟夫·彼得楚尔特的伟大的经验批判主义的发现要求**一义性**。

"经验批判主义者们"以诸如此类不可名状的谬论充塞着好几十页篇幅！

"……我们一再指出，我们的原理不是从个别经验的总和中汲取力量的，相反地，我们要求自然界承认它(seine Geltung)。事实上，这个原理在还没有成为规律之前，对我们来说就已经是我们对待现实的原则即公设了。它可以说是先验地、不依赖于任何个别经验而发生作用的。乍看起来，纯粹经验哲学不应当宣传先验的真理，从而回到最空洞的形而上学去。但它所说的先验只是逻辑的先验，不是心理的先验，也不是形而上学的先验。"(第 40 页)当然，如果把先验叫做逻辑的先验，那么这种观念的一切反动性就会因此而消失，并且它会上升到"最新实证论"的高峰！

约·彼得楚尔特接着教训我们说：不可能有心理现象的一义

规定性,因为幻想的作用、伟大发明家的意义等等在这里造成了例外,而自然规律或精神规律是不容许有"任何例外"的(第65页)。我们面前是一位十足的形而上学者,他对偶然和必然之间的差别的相对性一无所知。

彼得楚尔特继续说:也许人们会引用历史事件的或诗歌中人物性格发展的动因来反驳我吧?"如果我们仔细看一看,我们就会看到并没有这样的一义性。对任何一个历史事件或任何一出戏剧,我们都可以设想,其中的人物在同样的心理条件下会有不同的行动。"(第73页)"不但在心理的领域中没有一义性,而且我们有理由**要求**在现实中也没有一义性〈黑体是彼得楚尔特用的〉。我们的学说就是这样提高到……**公设**的地位……即提高到任何以前的经验的必要条件的地位、**逻辑的先验**的地位。"(黑体是彼得楚尔特用的,第76页)

彼得楚尔特在他的《引论》①两卷集和1906年出版的小册子《从实证论观点来看世界问题》中继续使用这个"逻辑的先验"。②我们看到的是卓越的经验批判主义者的第二个例子。他不露声色地滚到康德主义那边,并用换汤不换药的办法宣扬最反动的学说。这并不是偶然的,因为马赫和阿芬那留斯的因果说根本就是唯心主义的谎话,这是无论用多么响亮的有关"实证论"的词句也掩盖不了的。休谟和康德在因果论上的差别是次要的、不可知论者之间的差别,他们在基本点上是一致的:他们都否认自然界的客观规

----

① 即《纯粹经验哲学引论》。——编者注
② **约·彼得楚尔特**《从实证论观点来看世界问题》1906年莱比锡版第130页:"即使从经验论的观点来看,也可以有逻辑的先验,因为对于我们环境的经验的〈erfahrungsmäßig,在经验中感知的〉恒久性来说,因果性是逻辑的先验。"

律性。这就注定他们必然得出某些唯心主义的结论。比起约·彼
得楚尔特稍微有点"良心"的经验批判主义者鲁道夫·维利,由于
自己和内在论者有血缘关系而感到羞惭,例如,他不同意彼得楚尔
特的全部"一义性"理论,认为它除了"逻辑的形式主义",什么也没
有提供。然而鲁·维利是否因为摒弃了彼得楚尔特就使自己的立
场有所改进呢? 一点也没有。因为他摒弃康德的不可知论,完全
是为了拥护休谟的不可知论。他写道:"我们从休谟的时代起就早
已知道'必然性'不是'超越的',而是纯粹逻辑的标记(Merkmal),
或者像我很乐意说的并且我已经说过的,是纯粹语言上的
(sprachlich)标记。"(鲁·维利《反对学院智慧》1905 年慕尼黑版
第 91 页;参看第 173、175 页)

　　不可知论者把我们对必然性的唯物主义观点叫做"超越的"观
点,因为从维利并不反对而只是加以清洗的康德主义和休谟主义
的"学院智慧"来看,凡是承认我们在经验中感知的客观实在,都是
非法的"超越"。

　　在属于我们所研究的哲学派别的法国著作家中,昂利·彭加
勒这位伟大的物理学家和渺小的哲学家常常误入同一条不可知论
的道路。帕·尤什凯维奇当然把他的错误宣称为最新实证论的最
新成就。这种实证论"最新"到这样的程度,以至还需要加上一个
新"论":经验符号论。在彭加勒看来(在论新物理学的一章中将会
谈到他的全部见解),自然规律是人为了"**方便**"而创造的符号、约
定。"唯一真正的客观实在是世界的内部和谐",并且彭加勒把具有
普遍意义的、大多数人或所有的人都承认的东西叫做客观的东西①,

----

　　①　昂利·彭加勒《科学的价值》1905 年巴黎版第 7、9 页,有俄译本。

也就是说,他像一切马赫主义者一样纯粹主观主义地取消客观真理,而关于"和谐"是不是存在于**我们之外**的问题,他断然说:"毫无疑问,不是。"十分明显,新术语一点也没有改变不可知论的陈旧不堪的哲学路线,因为彭加勒的"独创的"理论的本质就是否认(虽然他远不彻底)自然界的客观实在性和客观规律性。因此,很自然,和那些把旧错误的新说法当做最新发现的俄国马赫主义者不同,德国康德主义者欢迎这样的观点,认为这是在哲学的根本问题上转到他们一边,转到不可知论一边。我们在康德主义者菲力浦·弗兰克的著作中读到:"法国数学家昂利·彭加勒维护这样的观点:理论自然科学的许多最一般的原理(惯性定律、能量守恒定律等等),往往很难说它们的起源是经验的还是先验的,实际上,它们既不属于前者,也不属于后者,纯粹是一些以人的意愿为转移的约定的前提。"这位康德主义者喜不自胜地说:"这样一来,最新自然哲学就出乎意料地复活了批判唯心主义的基本思想,那就是:经验只不过充实人生来就有的框架而已……"[①]

　　我们举这个例子是要让读者清楚地知道我们的尤什凯维奇之流天真到了什么程度。他们把一种什么"符号论"当做真正的**新货色**,可是稍微有点学识的哲学家们却直截了当地说:这是转到批判唯心主义的观点上去了！因为这种观点的实质并不一定在于重复康德的说法,而是在于承认康德和休谟**共同的**基本思想:否认自然界的客观规律性,**从主体**、从人的意识中而不是从自然界中引出某些"经验的条件",引出某些原则、公设、前提。恩格斯说得对,实质不在于一个哲学家归附于唯物主义或唯心主义的许多学派中的哪

---

　　①　1907年《自然哲学年鉴》[45]第6卷第443、447页。

一派,而在于他把自然界、外部世界、运动着的物质看做第一性的呢,还是把精神、理性、意识等等看做第一性的。①

　　有学识的康德主义者埃·路加对马赫主义在这个问题上不同于其他哲学路线的特征也提出了评述。在因果性问题上,"马赫完全附和休谟"②。"保·福尔克曼从自然过程的必然性中引出思维的必然性。这个观点承认必然性的事实,它同马赫相反而和康德一致;但是福尔克曼又和康德相反,认为必然性的泉源不是在思维中,而是在自然过程中。"(第424页)

　　保·福尔克曼是一位物理学家,写过许多有关认识论问题的著作。他也像极大多数自然科学家一样,倾向于唯物主义——虽然是一种不彻底的、怯懦的、含糊的唯物主义。承认自然界的必然性,并从其中引出思维的必然性,这是唯物主义。从思维中引出必然性、因果性、规律性等等,这是唯心主义。上述引文中唯一不确切的地方,是认为马赫对一切必然性一概否定。我们已经看到,无论是马赫,或者是坚决离开唯物主义而不可避免地滚向唯心主义的整个经验批判主义派别,都不是这样的。

　　关于俄国马赫主义者,我们还要专门说几句话。他们想当马克思主义者,他们都"读过"恩格斯坚决把唯物主义和休谟的派别区分开来的论述,他们不会不从马赫本人或任何一个稍许熟悉马赫哲学的人那里听说马赫和阿芬那留斯是遵循休谟路线的,但是他们在因果性问题上对休谟主义和唯物主义都尽量**一声**不响! 支配他们的是十足的糊涂思想。举几个例子来说吧! 帕·尤什凯维

---

① 参看《马克思恩格斯文集》第4卷第277—278页。——编者注
② **埃·路加**《认识问题和马赫的〈感觉的分析〉》,载于《康德研究》杂志第8卷第409页。

奇先生宣扬"新"经验符号论。无论是"所谓纯粹经验的材料,如蓝色、坚硬等感觉",或者是"所谓纯粹理性的创造,如契玛拉[46]或象棋游戏",都是"经验符号"(《论丛》第179页)。"认识是充满了经验符号的,它在发展中走向愈来愈高度符号化的经验符号。""所谓自然规律……就是这些经验符号。"(同上)"所谓真正的实在、自在的存在,就是我们知识所力求达到的那个无限大的〈尤什凯维奇先生真是一个非常博学的人!〉终极的符号体系。"(第188页)"作为我们认识的基础的""知觉流"是"非理性的"、"非逻辑的"(第187、194页)。能量"就像时间、空间、质量以及其他自然科学的基本概念一样,不能说是物、实体:能量是常数,是经验符号,它像其他经验符号一样,暂时地满足人要把理性、逻各斯导入非理性的知觉流这个基本要求"(第209页)。

我们面前是一个穿着用斑驳陆离、刺人眼目的"最新"术语做成的小丑服装的主观唯心主义者。在他看来,外部世界、自然界和自然规律都是我们认识的符号。知觉流是没有理性、秩序、规律性的,是我们的认识把理性导入其中的。天体是人类认识的符号,地球也在其内。尽管自然科学教导我们说,地球在人类和有机物质可能出现以前就早已存在了,而我们却把这一切都改了[47]!行星运动的秩序是**我们**给予的,是我们认识的产物。当尤什凯维奇先生感到人类理性被这种哲学扩张为自然界的创造主、缔造者时,便在理性旁边写上**"逻各斯"**,即抽象的理性——这不是一般的理性,而是特殊的理性;这不是人脑的机能,而是一种先于任何头脑而存在的东西、一种神灵的东西。"最新实证论"的最新成就,就是费尔巴哈早已揭露过的那个陈旧的信仰主义公式。

我们来看一下亚·波格丹诺夫吧! 1899年,当他还是一个半唯物主义者,由于受到一位很有名的化学家但也是很糊涂的哲学家威廉·奥斯特瓦尔德的影响而刚刚开始动摇时,他写道:"现象的普遍因果联系,是人类认识的最终的也是最好的产物;它是普遍的规律,它是那些(用一个哲学家的话来说)由人类理性加给自然界的规律中的最高的规律。"(《自然史观的基本要素》第41页)

天晓得波格丹诺夫的这段话那时候是从谁那里引来的。但是事实上,这位"马克思主义者"轻信地加以复述的"一个哲学家的话"就是**康德**的话。这真是一件不愉快的事情!更不愉快的是:这甚至不能"单纯"用奥斯特瓦尔德的影响来解释。

1904年,波格丹诺夫已经丢开了自然科学的唯物主义和奥斯特瓦尔德,他写道:"……现代实证论认为因果律仅仅是从认识上把许多现象联结成连续系列的一种方法,仅仅是使经验协调的一种形式。"(《社会心理学》第207页)这种现代实证论就是否认存在于一切"认识"和一切人以前和以外的自然界的客观必然性的不可知论,关于这一点,波格丹诺夫或者是一无所知,或者是知而不言。他完全相信德国教授们称为"现代实证论"的东西。最后,在1905年,当波格丹诺夫经过了上述几个阶段和经验批判主义阶段而处在"经验一元论"阶段时,他写道:"规律决不属于经验的范围……规律不是在经验中得出的,而是思维创造出来用以组织经验、和谐地把经验协调成严整的统一体的一种手段。"(《经验一元论》第1卷第40页)"规律是认识的抽象;正如心理学的规律很少具有心理性质一样,物理学的规律很少具有物理性质。"(同上)

这么说来,秋去冬来,冬去春来的规律不是我们在经验中得出的,而是思维创造出来的一种用以组织、协调、调合的手段……波格丹诺夫同志,组织、协调、调合什么和什么啊?

"经验一元论之所以能成立，只是因为认识积极地协调经验，排除经验的无数矛盾，为经验创造普遍的组织形式，以派生的、有秩序的关系世界代替原始的、混乱的要素世界。"（第57页）这是不对的。似乎认识能够"创造"普遍的形式，能够以秩序代替原始的混乱等等，这种思想是唯心主义哲学的思想。世界是物质的有规律的运动，而我们的认识是自然界的最高产物，只能**反映**这个规律性。

总结：我们的马赫主义者盲目地相信"最新的"反动教授们，重复着康德和休谟在因果性问题上的不可知论的错误，他们既看不到这些学说同马克思主义即唯物主义处于怎样的绝对矛盾中，也看不到这些学说怎样沿着斜坡滚向唯心主义。

4."思维经济原则"和"世界的统一性"问题

"马赫、阿芬那留斯和其他许多人用来作为认识论基础的'费力最小'原则……无疑是认识论中的'马克思主义'倾向。"

弗·巴扎罗夫在《论丛》第69页中就是这样讲的。

马克思的学说中有"经济"。马赫的学说中也有"经济"。二者之间有丝毫联系吗，这真的是"无疑"的吗？

正如我们所看到的，阿芬那留斯的著作《哲学——按照费力最小的原则对世界的思维》（1876）是这样运用这个"原则"的：为了"思维经济"，宣布**只有感觉**才是存在的。也是为了思维经济，宣布因果性和"实体"（教授先生们"为了显示自己了不起"[48]，喜欢用这个名词来代替更确切明白的名词：物质)"都被废弃了"，也就是说，感觉成了没有物质的感觉，思想成了没有头脑的思想。这种十足的谬论是企图在新的伪装下偷运**主观唯心主义**。这部关于声名狼藉的"思维经济"问题的**主要**著作正具有**这种性质**，这一点正如我们所看到的，在哲学文献上**已被公认**。如果我们的马赫主义者没有看出藏在"新"幌子下的主观唯心主义，这倒是怪事。

马赫在《感觉的分析》（俄译本第49页）里还引证过他在1872年就这个问题所写的著作。我们知道，这部著作也贯穿着**纯粹**主观主义的观点，把世界归结为感觉。可见，把这个著名"原则"引入哲学的这两部主要著作都贯穿着唯心主义！为什么这样说呢？因为，如果真的把思维经济原则当做"认识论的**基础**"，那么这个原则只能导致主观唯心主义，不能导致其他**任何东西**。只要我们把这样荒谬的概念搬入**认识论**，那么不用说，"设想"只有我和我的感觉存在着，是最"经济"不过的了。

"设想"原子是不可分的"经济些"呢，还是"设想"原子是由正电子和负电子构成的"经济些"？设想俄国资产阶级革命是自由派进行的"经济些"呢，还是设想它是反对自由派的"经济些"？只要提出问题，就可以看出**在这里**使用"思维经济"这个范畴是荒谬的、主观主义的。人的思维在**正确地**反映客观真理的时候才是"经济的"，而实践、实验、工业是衡量这个正确性的标准。只有在否认客观实在，即否认马克思主义**基础**的情况下，才会一本正经地谈论认识论中的思维经济！

如果看一看马赫的晚期著作，我们就会发现，他对这个著名原则的**说明**往往是等于对这个原则的完全否定。例如，马赫在《热学》里又重谈他心爱的关于科学的"经济本性"的思想（德文第2版第366页）。但是，他立即就补充说，我们不是为经济而经济（第366页；第391页重述）："科学经济的目的是提供一幅尽可能全面的……静止的……世界图景"(第366页)。既然这样,那么"经济原则"不仅被排除于认识论的基础之外,而且实际上完全被排除于认识论之外。说科学的目的是提供一幅正确的(这同静止毫无关系)世界图景,这就是重复唯物主义的论点。这样说,就是承认世界对于我们的认识来说是客观实在,模特儿对于画像来说是客观实在。**就此**看来,思维的**经济性**只不过是一个用来代替正确性的笨拙的极其可笑的**字眼**。马赫在这里,像平常一样,又弄糊涂了,而马赫主义者模仿并推崇糊涂思想!

在《认识和谬误》一书的《研究方法的实例》一章中,我们读到:

"'全面而又极简单的记述'(基尔霍夫,1874年);'对真实事物的经济描写'(马赫,1872年);'思维和存在的符合以及各种思想过程的相互符合'(格拉斯曼,1844年),——这一切都大同小异地表达同一个思想。"

这难道不是典型的糊涂思想吗?竟把"思维经济"(马赫在1872年从中推出**只有**感觉是存在着的,后来他自己也不得不承认这是唯心主义的观点)同数学家格拉斯曼关于思维和**存在**必然相符合这一纯粹唯物主义的见解**相提并论**!竟把"思维经济"同对**客观实在**(对它的存在基尔霍夫从未想到要怀疑)的极简单的**记述**相提并论!

这样运用"思维经济"原则不过是马赫的可笑的哲学动摇的一个范例。如果除掉那些怪话或错误(lapsus),"思维经济原则"的唯心主义性质就是确定无疑的了。例如,康德主义者赫尼格斯瓦尔德在和马赫的哲学进行论战时,就**欢迎**马赫的"经济原则",认为它**接近于**"康德主义的思想领域"(理查·赫尼格斯瓦尔德博士《马赫哲学批判》1903年柏林版第27页)。事实上,如果不承认我们通过感觉感知的客观实在,那么"经济原则"不是从**主体中**得出的,又是从哪里得出的呢? 感觉当然不包含任何"经济"。这就是说,思维提供一种在感觉中所没有的东西! 这就是说,"经济原则"不是从经验(=感觉)中得出的,而是先于一切经验的,它像康德的范畴一样,构成经验的逻辑条件。赫尼格斯瓦尔德从《感觉的分析》一书中引用了下面一段话:"我们可以按照我们本身的肉体均衡和精神均衡,推论出自然界中所发生的过程的均衡、一义规定性和同类性。"(俄译本第281页)的确,这种论点的主观唯心主义性质,马赫跟谈论先验主义的彼得楚尔特的相近,都是毋庸置疑的。

唯心主义者冯特根据这个"思维经济原则",很恰当地把马赫叫做"翻了一个面的康德"(《系统哲学》1907年莱比锡版第128页)。在康德那里是先验和经验。在马赫那里则是经验和先验,因为思维经济原则在马赫那里实质上是先验的(第130页)。联系(Verknüpfung)或者存在于物中,作为"自然界的客观规律(这是马赫坚决否认的),或者是主观的记述原则"(第130页)。经济原则在马赫那里是主观的,并且作为一个可以有各种意义的目的论原则,不知道是从何处降到世上(kommt wie aus der Pistole geschossen)(第131页)。你们看,哲学术语的专家们并不像我们的马赫主义者那样天真,凭空就肯相信一个"新"名词可以消除主观主义和客观主义、唯心主义和唯物主义之间的对立。

最后,我们再提一下英国哲学家詹姆斯·华德。他干脆自称是唯灵论的一元论者。他不同马赫争论,相反地,我们将在下面看到,他利用物理学上的整个马赫主义思潮来反对唯物主义。他明确地说,"简便标准"在马赫那里"主要是主观的东西,而不是客观的东西"(《自然主义和不可知论》第3版第1卷第82页)。

　　思维经济原则作为认识论的基础,很合德国康德主义者和英国唯灵论者的心意,对于这一点,只要看过上述的一切,就不会觉得奇怪了。至于那些想当马克思主义者的人使唯物主义者马克思的政治经济学和马赫的认识论经济学靠拢起来,这纯粹是滑稽的事情。

　　在这里略谈一下"世界的统一性"问题是适宜的。在这个问题上,帕·尤什凯维奇先生千百次明显地表现出了我们的马赫主义者所造成的那种极端混乱。恩格斯在《反杜林论》里反驳杜林从思维的统一性中推论出世界的统一性时说道:"世界的真正的统一性在于它的物质性,而这种物质性不是由魔术师的三两句话所证明的,而是由哲学和自然科学的长期的和持续的发展所证明的。"(第31页)①尤什凯维奇先生引用了这一段话并"加以反驳":"这里首先不明白的是:'世界的统一性在于它的物质性'这个说法究竟是什么意思。"(上引书第52页)

　　这不是挺有意思吗? 这个人公开乱谈马克思主义的哲学,为的是声明自己"不明白"唯物主义的最基本的原理! 恩格斯以杜林为例指出:稍微彻底一点的哲学,都会或者从思维中推论出世界的统一性——那样它就毫无力量反对唯灵论和信仰主义(《反杜林论》第30页)②,它的论据也必然会是些骗人的话;或者从存在于我们之外的、在认识论上早就叫做物质的并为自然科学研究的客观实在中推论出世界的统一性。跟一个"不明白"这种事情的人进行认真的讨论是毫无益处的,因为他在这里说"不明白",是为了用骗人的话来回避对恩格斯的十分清楚的唯物主义原理作实质性的答复,同时他重复纯粹杜林式的谬论,说什么"关于存在的原则同

——————————

① 见《马克思恩格斯文集》第9卷第47页。——编者注
② 同上书,第45—46页。——编者注

类性和联系性的基本公设"（尤什凯维奇，上引书第 51 页），说什么公设就是"原理"，"如果认为原理是从经验中推出来的，那就不确切了，因为只有把原理作为研究的基础，才可能有科学的经验"（同上）。这完全是胡说八道，因为这个人只要对印出来的文字稍加重视，就会看出下述思想一般说来具有**唯心主义**性质，具体说来具有**康德主义**性质，这个思想就是：似乎有这样的原理，它们不是从经验中得出的，而且没有它们就不可能有经验。从各种书籍中找来的、和唯物主义者狄慈根的一些明显错误拼凑在一起的连篇累牍的空话，这就是尤什凯维奇先生们的"哲学"。

我们最好看一看一位严肃的经验批判主义者约瑟夫·彼得楚尔特关于世界统一性问题的论断。他的《引论》第 2 卷第 29 节的题目是：《对认识领域中统一（einheitlich）的追求。一切事物的一义性的公设》。下面是他的几段典型的论断："……只有在**统一性**中找得到这样的自然目的，任何思维都超不出这个目的，所以，如果思维估计到有关领域内的一切事实，那么它就能在这个目的内达到安定。"（第 79 页）"……自然界决不总是适应**统一性**的要求，这是毫无疑问的。虽然如此，目前自然界在许多场合下已在满足**安定**的要求，这也是毫无疑问的。并且根据我们过去的一切研究来看，应当认为极可能的是：将来自然界在一切场合下都会满足这个要求。因此，把实际的精神状态描述为对稳定状态的追求要比描述为对统一性的追求更为确切……　稳定状态的原则更深邃一些……　海克尔建议把原始生物界同植物界和动物界并列，这是一种不适当的解决办法，因为这个建议造成两种新困难来代替以前的一种困难。以前是植物和动物之间的界限有疑问，而现在既不能把原始生物同植物截然区分开，又不能把它们同动物截然区分开…… 很明显,这种状态不是最终的(endgültig)状态。无论如何必须消除概念的这种**模棱两可性**,如果没有别的办法,最后即使采用专家经服从多数的表决而取得一致意见的方法也行。"(第80—81页)

看来已经够了吧? 经验批判主义者彼得楚尔特**丝毫也**不比杜林好,这是很明显的。但是对于论敌也应当公正:彼得楚尔特至少具有科学良心,他在每部著作中都**毅然决然地**批驳唯物主义这个哲学派别。至少他没有卑贱到冒充唯物主义和声明"不明白"基本哲学派别起码差别的地步。

5. 空间和时间

唯物主义既然承认客观实在即运动着的物质不依赖于我们的意识而存在,也就必然要承认时间和空间的客观实在性。这首先就和康德主义不同。康德主义在这个问题上是站在唯心主义方面的,它认为时间和空间不是客观实在,而是人的直观形式。派别极不相同的著作家、稍微彻底一些的思想家都非常清楚地认识到两条基本哲学路线在这个问题上也有根本的分歧。我们先从唯物主义者谈起。

费尔巴哈说道:"空间和时间不是现象的简单形式,而是存在的……根本条件(Wesensbedingungen)。"(《费尔巴哈全集》第2卷第332页)费尔巴哈承认我们通过感觉认识到的感性世界是客观实在,自然也就否认现象论(如马赫会自称的)或不可知论(如恩格斯所说的)的时空观。正如物或物体不是简单的现象,不是感觉的复合,而是作用于我们感官的客观实在一样,空间和时间也不是现象的简单形式,而是存在的客观实在形式。世界上除了运动着的物质,什么也没有,而运动着的物质只能在空间和时间中运动。人类的时空观念是相对的,但绝对真理是由这些相对的观念构成的;这些相对的观念在发展中走向绝对真理,接近绝对真理。正如关于物质的构造和运动形式的科学知识的可变性并没有推翻外部世界的客观实在性一样,人类的时空观念的可变性也没有推翻空间和时间的客观实在性。

恩格斯在揭露不彻底的糊涂的唯物主义者杜林时,抓住他的地方正是:他只谈时间**概念**的变化(这对于各种**极不相同**的哲学派别中多少有些名气的现代哲学家来说是无可争辩的问题),**躲躲闪闪地**不明确回答下面的问题:空间或时间是实在的还是观念的?我们的相对的时空观念是不是**接近**存在的客观实在形式?或者它们只是发展着的、组织起来的、协调起来的和如此等等的人类思想的产物? 这就是而且唯有这才是真正划分根本哲学派别的认识论基本问题。恩格斯写道:"什么概念在杜林先生的脑子里变化着,这和我们毫不相干。这里所说的,不是时间**概念**,而是杜林先生决不可能这样轻易地〈就是说用概念的可变性这类词句〉摆脱掉的**现实的时间**。"(《反杜林论》德文第5版第41页)①

看来,这非常清楚,就连尤什凯维奇先生们也都能了解问题的本质吧? 恩格斯提出了大家公认的、一切唯物主义者都十分明了的关于时间的**现实性**即客观实在性的原理来反对杜林。他说,光凭谈论时空**概念**的变化是**回避不了**直接承认或否认这个原理的。这并不是说,恩格斯否认对我们的时空概念的变化和发展进行研

①   见《马克思恩格斯文集》第9卷第56页。——编者注

究的必要性和科学意义,而是说,我们要彻底解决认识论问题,即关于整个人类知识的泉源和意义的问题。多少有些见识的哲学唯心主义者(恩格斯在说到唯心主义者的时候,指的是古典哲学的天才的彻底的唯心主义者)容易承认我们的时空概念是发展的,例如,认为发展着的时空概念接近于绝对的时空观念等等,但他仍然是唯心主义者。如果不坚决地、明确地承认我们的发展着的时空概念**反映着**客观实在的时间和空间,不承认它们在这里也和在一般场合一样接近客观真理,那么就不可能把敌视一切信仰主义和一切唯心主义的哲学观点坚持到底。

恩格斯教训杜林说:"一切存在的基本形式是空间和时间,时间以外的存在像空间以外的存在一样,是非常荒诞的事情。"(同上)①

为什么恩格斯要在前半句话里几乎一字不差地重复费尔巴哈的话,而在后半句话里提起费尔巴哈同有神论这种非常荒诞的事情所进行的卓有成效的斗争呢? 因为,从恩格斯这本著作的同一章里可以看到,要是杜林不时而依恃世界的"终极原因",时而依恃"第一次推动"(恩格斯说,这是神这个概念的另一种说法),他就不能够使自己的哲学自圆其说。也许,杜林想当一个唯物主义者和无神论者的诚意并不亚于我们那些想当马克思主义者的马赫主义者,可是他**没有能够**把那种确实可以使唯心主义和有神论的荒诞事情失去任何立足之地的哲学观点贯彻到底。既然杜林不承认,至少不是明确地承认(因为杜林在这个问题上动摇和糊涂)时间和空间的客观实在性,他也就不是偶然地而是必然地沿着斜坡一直滚到"终极原因"和"第一次推动"中去,因为他使自己失去了防止

---

① 见《马克思恩格斯文集》第9卷第56页。——编者注

超出时间和空间界限的客观标准。既然时间和空间**只是**概念，那么创造它们的人类就有权利**超出它们的界限**，资产阶级教授们就有权利由于保卫这种超越的合法性、由于直接或间接地维护中世纪的"荒诞事情"而从反动政府领取薪金了。

恩格斯曾经向杜林指出，否认时间和空间的客观实在性，在理论上就是糊涂的哲学思想，在实践上就是向信仰主义投降或对它束手无策。

现在看一看"最新实证论"有关这个问题的"学说"吧！在马赫的著作里，我们读到："空间和时间是感觉系列的调整了的〈或者协调了的，wohlgeordnete〉体系。"（《力学》德文第3版第498页）这是很明显的唯心主义谬论，它是从物体是感觉的复合这个学说中必然产生出来的。不是具有感觉的人存在于空间和时间中，而是空间和时间存在于人里面，依赖于人，为人所产生。这就是从马赫的著作中得出的结论。马赫感到自己在滚向唯心主义，于是就"抗拒"，提出一大堆保留条件，并且像杜林一样把问题淹没在关于我们的时空概念的可变性、相对性等等冗长的议论中（着重参看《认识和谬误》）。但是，这没有挽救他，而且也挽救不了他，因为只有承认了空间和时间的客观实在性，才能真正克服在这个问题上的唯心主义立场。而这是马赫无论如何也不愿意干的。他根据相对主义的原则建立时间和空间的认识论，仅此而已。实质上，这样的构造只能导致主观唯心主义。这一点我们在谈到绝对真理和相对真理的时候就已经说明了。

马赫为了抵制从他的前提中必然得出的唯心主义结论，便反驳康德，坚持说空间概念起源于经验（《认识和谬误》德文第2版第350、385页）。但是，如果我们**没有**在经验中感知客观实在（像马赫告诫的那样),那么这样反驳康德就一点也没有抛弃康德和马赫的共同的不可知论立场。如果空间概念是我们从经验中获得的,但**不是**我们以外的客观实在的反映,那么马赫的理论仍旧是唯心主义的。**在人和人的经验出现以前**,自然界就存在于以百万年计算的**时间中**,这一点就证明这种唯心主义理论是荒谬的。

马赫写道:"在生理学方面,时间和空间是判定方位的感觉,它们同感性的感觉一起决定着生物学上合目的的适应反应的发出(Auslösung)。在物理学方面,时间和空间是物理要素的相互依存关系。"(同上,第434页)

相对主义者马赫只限于从各个方面考察时间**概念**!他也像杜林一样踏步不前。如果说"要素"是感觉,那么物理要素的相互依存关系就不能存在于人以外、人出现以前、有机物质出现以前。如果说时间和空间的感觉能够使人具有生物学上合目地判定方位的能力,那也只有在这些感觉反映了人以外的**客观实在**的条件下才能做到,因为,假如人的感觉没有使人对环境具有**客观的正确的**观念,人对环境就不能有生物学上的适应。关于空间和时间的学说是同对认识论的基本问题的解答密切联系着的。这个基本问题就是:我们的感觉是物体和物的映象呢,还是物体是我们的感觉的复合。马赫只是在这两种解答之间无所适从。

马赫说道,在现代物理学中保持着牛顿对绝对时间和绝对空间的观点(第442—444页),即对本来的时间和空间的观点。他接着说,这种观点在"我们"看来是毫无意义的(他显然没有想到世界上还有唯物主义者和唯物主义认识论)。但是**在实践中**这种观点是**无害的**(unschädlich)(第442页),因而它在长时期内没有受到批判。

　　关于唯物主义观点无害的这种天真说法,使马赫露出了马脚!首先,说唯心主义者"很久"没有批判这种观点,是不确实的;马赫简直无视唯心主义认识论和唯物主义认识论在这个问题上的斗争;他回避直截明了地叙述这两种观点。其次,马赫承认他所反驳的唯物主义观点是"无害"的,实质上也就是承认它们是正确的。因为不正确的东西怎么能够在许多世纪以来都是无害的呢? 马赫曾经向之递送秋波的实践标准到哪儿去了? 唯物主义关于时间和空间的客观实在性的观点之所以是"无害的",只是因为自然科学**没有超出**时间和空间的界限,即没有超出物质世界的界限,而把这件事让给反动哲学的教授们去做了。这种"无害"也就是正确。

　　"有害的"是马赫对空间和时间的唯心主义观点。因为,第一,它向信仰主义敞开了大门;第二,它**引诱**马赫本人作出反动的结论。例如,马赫在1872年写道:"不必去设想化学元素是在三维空间中的。"(《功的守恒定律》①第29页,第55页重述)这样做,就是"作茧自缚。正如没有任何必要从音调的一定高度上去设想纯粹思维的东西(das bloß Gedachte)一样,也没有任何必要从空间上即从可以看到和触摸到的东西上去设想纯粹思维的东西"(第27页)。"直到现在还没有建立起令人满意的电学理论,这也许是由于总想用三维空间的分子过程来说明电的现象的缘故。"(第30页)

　　根据马赫在1872年公开维护的那种直率的没有被搞乱的马赫主义观点,毋庸置疑地会作出如下的论断:如果人们感觉不到分子、原子,一句话,感觉不到化学元素,那么,这就是说化学元素是"纯粹思维的东西(das bloß Gedachte)"。既然如此,既然空间和

————————

　　①　即《功的守恒定律的历史和根源》。——编者注

时间没有客观实在的意义,那么很明显,大可不必从**空间**上去设想原子!让物理学和化学以物质在其中运动的三维空间来"自缚"吧,——可是为了说明电,却可以在**非**三维空间中寻找它的元素!

尽管马赫在1906年重述过这个谬论(《认识和谬误》第2版第418页),我们的马赫主义者还是小心翼翼地回避了它。这是可以理解的,因为不这样,他们就必须直截了当地提出唯物主义和唯心主义对空间的看法问题,不能支吾搪塞,不能有任何"调和"这个对立的企图。同样可以理解的是,在70年代,当马赫还默默无闻,甚至"正统派的物理学家"都拒绝刊登他的论文的时候,内在论学派的首领之一安东·冯·勒克列尔就**不遗余力地**抓住马赫的**这个论断**,说它出色地否认了唯物主义,承认了唯心主义。因为,那时候勒克列尔还没有发明或者说还没有从舒佩、舒伯特-索尔登或约·雷姆克那里剽窃到"内在论学派"这个"新的"称号,而是**坦率地**自称为**批判唯心主义者**①。这位信仰主义的毫不掩饰的维护者在自己的哲学著作中公开宣扬信仰主义,他一看到马赫的那些话,就立刻宣称马赫是个伟大的哲学家、"最好的革命者"(第252页);他这样做是完全对的。马赫的论断是从自然科学阵营向信仰主义阵营的转移。不论在1872年或在1906年,自然科学都曾经在三维空间中探求,而且现在还在探求和发现(至少**在摸索**)电的原子即电子。自然科学毫不怀疑它所研究的物质只存在于三维空间中,因而这个物质的粒子虽然小到我们不能看见,也"必定"存在于同一个三维空间中。从1872年起,30多年来科学在物质构造问题上获得了巨大的辉煌的成就,唯物主义对空间和时间的看法一直是

---

① **安东·冯·勒克列尔**《从贝克莱和康德对认识的批判来看现代自然科学的实在论》1879年布拉格版。

"无害的",也就是说跟过去一样,和自然科学是一致的,而马赫之流所持的相反的看法却是对信仰主义的"有害的"投降。

马赫在他的《力学》里维护那些研究设想出来的 *n* 维空间问题的数学家,使他们不致因为从他们的研究中得出"怪异的"结论而遭到谴责。这种维护无疑是完全正当的,但是请看一看马赫是站在什么样的**认识论**立场上维护他们的。马赫说道,现代数学提出了 *n* 维空间,即设想出来的空间这个十分重要而有用的问题,可是只有三维空间才是"现实的"(ein wirklicher Fall)(第 3 版第 483—485 页)。因此,"由于不知道把地狱安放在什么地方而感到为难的许多神学家"以及一些降神术者想从第四维空间得到好处,那是白费心思。(同上)

很好! 马赫不愿意加入神学家和降神术者的队伍。但是他在自己的**认识论**中怎样和他们划清界限呢? 他说,只有三维空间才是**现实的**! 如果你不承认空间和时间具有客观实在性,那又怎么能防范神学家及其同伙呢? 原来,当你需要摆脱降神术者的时候,你就采用不声不响地剽窃唯物主义的方法。因为,唯物主义者既然承认现实世界、我们感觉到的物质是**客观**实在,也就有权利由此得出结论说,任何超出时间和空间界限的人类臆想,不管它的目的怎样,**都不是现实的**。而你们呢,马赫主义者先生们,当你们和唯物主义进行斗争的时候,你们就否认"现实"具有客观实在性,可是当你们要同彻底的、毫无顾忌的、公开的唯心主义进行斗争的时候,你们又偷运这个客观实在性! 如果在时间和空间的**相对的**概念里除了相对性之外没有任何东西,如果这些相对的概念所反映的客观(=既不依存于单个人,也不依存于全人类)实在并不存在,那么为什么人类,为什么人类的大多数不能有时间和空间以外的存在物的概念呢？如果马赫有权**在三维空间以外**探求电的原子或一般原子，那么为什么人类的大多数无权**在三维空间以外**探求原子或道德基础呢？

马赫在同一本书中写道："还没有过借助第四维来接生的产科大夫。"

绝妙的论据，但是，只有对那些认为实践是证实**客观**真理、证实我们感性世界的**客观**实在性的标准的人们来说，才是绝妙的论据。如果我们的感觉给我们提供不依赖于我们而存在的外部世界的客观真实的映象，那么这种援引产科大夫、援引整个人类实践的论据是适用的。但是这样一来，整个马赫主义这个哲学派别就毫不中用了。

马赫在提到自己 1872 年的著作时继续写道："我希望没有人会用我在这个问题上所想、所说和所写的东西替任何鬼神之说辩护(die Kosten einer Spukgeschichte bestreiten)。"

不能希望拿破仑不是死于 1821 年 5 月 5 日。当马赫主义已经为内在论者服务而且还在服务的时候，不能希望它不为"鬼神之说"服务！

我们将会在下面看到，马赫主义还不只是替内在论者服务。哲学唯心主义不过是隐蔽起来的、修饰过的鬼神之说。请看一看这个哲学流派的那些不大像德国经验批判主义代表那样矫饰的法国代表和英国代表吧！彭加勒说，时空概念是相对的，因而(对于非唯物主义者来说的确是"因而")"不是自然界把它们〈这些概念〉给予〈或强加于，impose〉我们，而是我们把它们给予自然界，因为我们认为它们是方便的"(上引书第 6 页)。这不是证明德国康德主义者兴高采烈是有道理的吗？这不是证实了恩格斯的话吗？恩格斯说,彻底的哲学学说必须或者把自然界当做第一性的,或者把人的思维当做第一性的。

英国马赫主义者卡尔·毕尔生的见解是十分明确的。他说道:"我们不能断定空间和时间是实际存在的;它们不是存在于物中,而是存在于我们感知物的方式(our mode)中。"(上引书第184页)这是直率的毫不掩饰的唯心主义。"时间像空间一样,是人的认识能力这部大的分类机器用来整理(arranges)它的材料的方式〈plans,直译:方案〉之一。"(同上)卡·毕尔生照例是用确切明白的提纲形式叙述的最后结论如下:"空间和时间不是现象世界(phenomenal world)的实在性,而是我们感知物的方式〈样式,modes〉。它们既不是无限大的,也不是无限可分的,按其本质来说(essentially),它们是受我们知觉的内容限制的。"(第191页,关于空间和时间的第5章的结论)

唯物主义的这位认真而诚实的敌人毕尔生(我们再重复一遍,马赫一再表示他和毕尔生完全一致,而毕尔生也坦率地说他和马赫一致)没有给自己的哲学另造特别的招牌,而是毫不隐讳地说出他的哲学路线渊源于两位古典哲学家:休谟和康德(第192页)!

如果说在俄国有一些天真的人相信马赫主义在空间和时间问题上提出了"新"的解答,那么在英国的文献里却可以看到,自然科学家和唯心主义哲学家对马赫主义者卡·毕尔生的态度一开始就十分明确。例如,请看生物学家劳埃德·摩根的批评:"自然科学本身认为现象世界是存在于观察者的心以外的,是不依赖于观察者的心的",而毕尔生教授则是站在"唯心主义立场上"的①。"依

---

①　1892年《自然科学》杂志**49**第1卷第300页。

我看来,作为科学的自然科学有充分根据来说明空间和时间是纯粹客观的范畴。我认为,生物学家有权研究有机体在空间的分布,地质学家有权研究有机体在时间上的分布,而不必向读者解释,这里讲的只是感性知觉、积累起来的感性知觉、知觉的某些形式。也许这一切都是很好的,可是在物理学和生物学中却是不适当的。"(第304页)劳埃德·摩根是恩格斯叫做"羞羞答答的唯物主义"的那种不可知论的代表,不管这种哲学具有怎样的"调和"倾向,可是要把毕尔生的观点和自然科学调和起来毕竟是不可能的。另一位批评家说道,在毕尔生那里,"起初心存在于空间中,后来空间存在于心中"[1]。卡·毕尔生的拥护者莱尔(R.J.Ryle)回答道:"与康德的名字联系在一起的时空学说,是从贝克莱主教以来关于人类认识的唯心主义理论的最重要的肯定的成就,这是不容怀疑的。毕尔生的《科学入门》的最显著的特点之一就是:在这本书里,我们也许是第一次在英国学者的著作里看到对康德学说的基本真理的完全承认,对康德学说所作的简短而明晰的说明……"[2]

可见,在英国,无论是马赫主义者自己,或者是自然科学家营垒中反对他们的人,或者是哲学专家营垒中拥护他们的人,都**丝毫没有怀疑**马赫关于时间和空间问题的学说具有唯心主义性质。"看不出"这一点的只有几个想当马克思主义者的俄国著作家。

例如,弗·巴扎罗夫在《论丛》第67页上写道:"恩格斯的许多个别观点,比方说,他关于'纯粹的'空间和时间的观念,现在已经陈旧了。"

---

① **J.麦·本特利**论毕尔生,载于1897年9月《哲学评论》杂志[50]第6卷第5期第523页。
② **雷·约·莱尔**论毕尔生,载于1892年8月《自然科学》杂志第6期第454页。

当然啦！唯物主义者恩格斯的观点陈旧了，而唯心主义者毕尔生和糊涂的唯心主义者马赫的观点是最新的！这里最可笑的是巴扎罗夫甚至毫不怀疑：对于空间和时间的看法，即对空间和时间的客观实在性的承认或否认，可以归入**"个别观点"**，而和这位著作家在下一句话里所说的**"世界观的出发点"**相对立。这就是恩格斯在谈到 19 世纪 80 年代德国哲学时常说的"折中主义残羹剩汁"的一个鲜明例子。因为，把马克思和恩格斯的唯物主义世界观的"出发点"同他们关于时间和空间的客观实在性的"个别观点"对立起来，就像把马克思的经济学说的"出发点"同他关于剩余价值的"个别观点"对立起来一样，是荒谬绝伦的。把恩格斯关于时间和空间的客观实在性的学说同他关于"自在之物"转化为"为我之物"的学说分开来，同他对客观真理和绝对真理的承认（就是承认我们通过感觉感知的客观实在）分开来，同他对自然界的客观规律性、因果性、必然性的承认分开来，这就等于把完整的哲学变为杂烩。巴扎罗夫像一切马赫主义者一样糊涂，他把人类的时空概念的可变性，即这些概念的纯粹相对的性质，同下列事实的不变性混淆起来，这个事实就是：人和自然界只存在于时间和空间中，僧侣们所创造的、为人类中无知而又受压制的群众的臆想所支持的时间和空间以外的存在物，是一种病态的幻想，是哲学唯心主义的谬论，是不良社会制度的不良产物。关于物质的构造、食物的化学成分、原子和电子的科学学说会陈旧，并且正在日益陈旧；但是，人不能拿思想当饭吃、不能单靠精神恋爱生育孩子这一真理是不会陈旧的。否定时间和空间的客观实在性的哲学，正如否定上述真理一样，是荒诞的、内部腐朽的、虚伪的。唯心主义者和不可知论者的花招，正如伪君子鼓吹精神恋爱一样，整个说来是伪善的！

为了举例说明我们的时空概念的相对性同唯物主义和唯心主义两条路线在这个问题上的**绝对的**(在认识论范围内)对立二者之间的差别,我还要引证一位很老的而且是十足的"经验批判主义者"即休谟主义者舒尔采-埃奈西德穆在1792年写的一段有代表性的话:

"如果从我们之内的表象和思想的特性推论出'我们之外的物'的特性",那么,"空间和时间就是某种在我们以外的实在的东西、真实存在着的东西,因为只有在现存的(vorhandenen)空间中才能想象物体的存在,只有在现存的时间中才能想象变化的存在"。(上引书第100页)

一点也不错! 休谟的追随者舒尔采虽然坚决地批驳唯物主义并且丝毫也不向它让步,但是他在1792年对空间和时间问题同我们以外的客观实在问题的关系所作的描述,正好和唯物主义者恩格斯在1894年对这种关系所作的描述相同(恩格斯在《反杜林论》的最后一篇序言上注明的日期是1894年5月23日)。这并不是说,100年来,我们的时空观念没有改变,没有收集到大量**有关**这些观念的**发展**的新材料(伏罗希洛夫式的人物切尔诺夫和伏罗希洛夫式的人物瓦连廷诺夫在所谓驳斥恩格斯的时候所提到的材料);这是说,不管我们的马赫主义者卖弄什么"新"名称,唯物主义和不可知论这两条基本哲学路线之间的**相互关系**是不会改变的。

除了一些"新"名称,波格丹诺夫也没有给唯心主义和不可知论的旧哲学增添任何东西。当他重复赫林和马赫关于生理学空间和几何学空间的差别或者感性知觉的空间和抽象空间的差别的论述时(《经验一元论》第1卷第26页),他完全是在重复杜林的错误。人究竟怎样依靠各种感官感知空间,抽象的空间概念又怎样通过长期的历史发展从这些知觉中形成起来,这是一个问题;不依赖于人类的客观实在同人类的这些知觉和这些概念是否符合,这完全是另外一个问题。虽然后一个问题是唯一的哲学问题,但是波格丹诺夫由于对前一个问题进行了一大堆详细的研究而"看不出"这后一个问题,所以他不能明确地用恩格斯的唯物主义来反对马赫的糊涂观念。

时间像空间一样,"是各种人的经验的社会一致的形式"(同上,第34页),它们的"客观性"就在于"具有普遍意义"(同上)。

这完全是骗人的话。宗教也是具有普遍意义的,因为它表现出人类大多数的经验的社会一致。但是,任何客观实在都和宗教的教义(例如,关于地球的过去和世界的创造的教义)不相符合。科学学说认为,地球存在于任何社会性出现**以前**、人类出现**以前**、有机物质出现**以前**,存在于**一定的**时间内和**一定的**(对其他行星说来)空间内。客观实在和这种科学学说(虽然,像宗教发展的每一阶段是相对的一样,它在科学发展的每一阶段上也是相对的)**是相符合的**。在波格丹诺夫看来,空间和时间的各种形式适应人们的经验和人们的认识能力。事实上,恰好相反,我们的"经验"和我们的认识日益正确而深刻地**反映着客观的**空间和时间,并日益适应它们。

6. 自由和必然

阿·卢那察尔斯基在《论丛》第140—141页上引证了恩格斯在《反杜林论》里有关这个问题的论述,并且完全同意恩格斯在这部著作的"惊人的一页"①中对这个问题所作的"异常明晰确切的"
评述。

　　这里的确有很多惊人的地方。而最"惊人的"是:无论阿·卢
那察尔斯基,或者其他一群想当马克思主义者的马赫主义者,都
"没有看出"恩格斯关于自由和必然的论述在认识论上的意义。他
们读也读过,抄也抄过,可是什么都不了解。

　　恩格斯说:"黑格尔第一个正确地叙述了自由和必然之间的关
系。在他看来,自由是对必然的认识。'必然只有**在它没有被理解
时才是盲目的。**'自由不在于幻想中摆脱自然规律而独立,而在于
认识这些规律,从而能够有计划地使自然规律为一定的目的服务。
这无论对外部自然的规律,或对支配人本身的肉体存在和精神存
在的规律来说,都是一样的。这两类规律,我们最多只能在观念中
而不能在现实中把它们互相分开。因此,意志自由只是借助于对
事物的认识来作出决定的能力。因此,人对一定问题的判断越是
自由,这个判断的内容所具有的**必然性**就越大……　　自由就在于
根据对自然界的必然性(Naturnotwendigkeiten)的认识来支配我
们自己和外部自然……"(德文第 5 版第 112—113 页)②

　　我们来分析一下这一整段论述是以哪些认识论的前提为根
据的。

　　第一,恩格斯在他的论述中一开始就承认自然规律、外部自然
界的规律、自然界的必然性,就是说,承认马赫、阿芬那留斯、彼得

---

①　卢那察尔斯基说:"……宗教经济学的惊人的一页。我这样说,不免会引起不
　　信教的读者的微笑。"卢那察尔斯基同志,不管你的用意多么好,你对宗教的
　　谄媚所引起的不是微笑,而是憎恶**51**。

②　见《马克思恩格斯文集》第 9 卷第 120 页。——编者注

楚尔特之流叫做"形而上学"的一切东西。如果卢那察尔斯基愿意好好地想一想恩格斯的"惊人的"论述，就不可能不看到唯物主义认识论同不可知论和唯心主义之间的基本区别，后二者否认自然界的规律性或者宣称它只是"逻辑的"等等。

　　第二，恩格斯没有生造自由和必然的"定义"，即反动教授（如阿芬那留斯）和他们的门徒（如波格丹诺夫）所最感兴趣的那些经院式的定义。恩格斯一方面考察人的认识和意志，另一方面也考察自然界的必然性，他没有提出任何规定、任何定义，只是说，自然界的必然性是第一性的，而人的意志和意识是第二性的。后者不可避免地、必然地要适应前者；恩格斯认为这是不言而喻的，他无须多费唇舌来说明自己的观点。只有俄国的马赫主义者才会**埋怨恩格斯**给唯物主义所下的一般定义（自然界是第一性的，意识是第二性的；请回想波格丹诺夫在这一点上的"困惑莫解"！），同时又认为恩格斯对这个一般的基本的定义**一次个别应用**是"惊人的"，是"异常确切的"！

　　第三，恩格斯并不怀疑有"盲目的必然性"。他承认存在**尚未被人认识**的必然性。这从上面所引的那段话里可以看得再清楚不过了。但是从马赫主义者的观点看来，人怎么能够知道他所**不知道**的东西是存在的呢？怎么能够知道尚未被认识的必然性是存在的呢？这难道不是"神秘主义"，不是"形而上学"，不是承认"物神"和"偶像"，不是"康德主义的不可认识的自在之物"吗？如果马赫主义者细想一下，他们就不会看不出，恩格斯关于物的客观本性的可知性和关于"自在之物"转化为"为我之物"的论点，同他关于盲目的、尚未被认识的必然性的论点是**完全一致**的。每一个个别人的意识的发展和全人类的集体知识的发展在每一步上都向我们表明:尚未被认识的"自在之物"在转化为已被认识的"为我之物",盲目的、尚未被认识的必然性、"自在的必然性"在转化为已被认识的"为我的必然性"。从认识论上说,这两种转化完全没有什么差别,因为在这两种情况下,基本观点是一个,都是唯物主义观点,都承认外部世界的客观实在性和外部自然界的规律,并且认为这个世界和这些规律对人来说是完全可以认识的,但又是永远认识**不完**的。我们不知道气象中的自然界的必然性,所以就不可避免地成为气候的奴隶。但是,虽然**我们不知道**这个必然性,**我们却知道**它是存在的。这种知识是从什么地方得来的呢? 它同物存在于我们的意识之外并且不以我们的意识为转移这种知识同出一源,就是说,从我们知识的发展中得来的。我们知识的发展千百万次地告诉每一个人,当对象作用于我们感官的时候,不知就变为知,相反地,当这种作用的可能性消失的时候,知就变为不知。

第四,在上面所引的论述中,恩格斯显然运用了哲学上"获生的跳跃"方法,就是说,作了从理论到实践的**跳跃**。我们的马赫主义者所追随的那些博学的(又是愚蠢的)哲学教授中间,从来没有一个人会容许自己作出这种对"纯科学"的代表说来是可耻的跳跃。对他们说来,要想尽办法狡猾地用文字来捏造"定义"的认识论是一回事,而实践却完全是另外一回事。对恩格斯说来,整个活生生的人类实践是深入到认识论本身之中的,它提供真理的**客观**标准。当我们不知道自然规律的时候,自然规律是在我们的认识之外独立地存在着并起着作用,使我们成为"盲目的必然性"的奴隶。一经我们认识了这种**不依赖于**我们的意志和我们的意识而起着作用的(如马克思千百次反复说过的那样)规律,我们就成为自然界的主人。在人类实践中表现出来的对自然界的统治是自然现象和自然过程在人脑中客观正确的反映的结果,它证明这一反映(在实践向我们表明的范围内)是客观的、绝对的、永恒的真理。

我们得出的结论是什么呢?在恩格斯的论述中,每一步,几乎每一句话、每一个论点,都完全是而且纯粹是建立在辩证唯物主义的认识论上的,建立在正面驳斥马赫主义关于物体是感觉的复合、关于"要素"、关于"感性表象和存在于我们之外的现实一致"等等全部胡说的那些前提上的。马赫主义者对这些满不在乎,他们抛弃唯物主义,重复着(像别尔曼那样)关于辩证法的陈腐的混话,同时又热烈地欢迎辩证唯物主义的**一次**应用!他们从折中主义残羹剩汁里获得自己的哲学,并且继续用这种东西款待读者。他们从马赫那里取出一点不可知论和唯心主义,再从马克思那里取出一点辩证唯物主义,把它们拼凑起来,于是含含糊糊地说这种杂烩是马克思主义的**发展**。他们认为,如果马赫、阿芬那留斯、彼得楚尔特以及他们的其他一切权威对黑格尔和马克思怎样解决这个问题(关于自由和必然)丝毫不了解,那纯粹是偶然的事情,那不过是他们没有读过某一本书的某一页罢了,决不是因为这些"权威"过去和现在对 19 世纪哲学的**真正的**进步完全无知,决不是因为他们过去和现在都是哲学上的蒙昧主义者。

请看这种蒙昧主义者之一、维也纳大学最正式的哲学教授恩斯特·马赫的论述:

"决定论的立场正确还是非决定论的立场正确,这是无法证明的。只有至善至美的科学或者证明其不可能有的科学才能解决这个问题。这里的问题是:我们在考察事物时使用(man heranbringt)什么样的前提,要看我们究竟把多大的主观成分(subjektives Gewicht)归于以往研究的成败。但是在进行研究时,每个思想家

在理论上必然是一个决定论者。"(《认识和谬误》德文第 2 版第
282—283 页)

　　用心地把纯粹的理论同实践割裂开来,这难道不是蒙昧主义
吗? 把决定论局限于"研究"的领域,而在道德、社会活动的领域
中,在除开"研究"以外的其他一切领域中,问题则由"主观的"评定
来解决,这难道不是蒙昧主义吗? 这位博学的学究说,我在书房
里是一个决定论者;可是,关于哲学家要关心建立在决定论上
的、包括理论和实践在内的完整的世界观这一点,却根本不谈。
马赫之所以胡说,是因为他在理论上完全不明白自由和必然的
关系问题。

　　"……任何一个新发现都暴露了我们知识的不足,都显示出至
今尚未被看出的依赖性残余……"(第 283 页)　妙极了! 这个"残
余"就是我们的认识日益深刻反映的"自在之物"吗? 完全不是这
样:"……由此可见,在理论上维护极端的决定论的人,在实践上必
定仍旧是一个非决定论者……"(第 283 页)　瞧,分配得多好①:
理论是教授们的事,实践是神学家们的事! 或者:理论上是客观主
义(即"羞羞答答的"唯物主义),实践上是"社会学中的主观方
法"**52**。俄国的小市民思想家,民粹派,从列谢维奇到切尔诺夫,都
同情这种庸俗的哲学,这是不足为奇的。至于那些想当马克思主
义者的人竟迷恋这类胡说,羞羞答答地掩饰马赫的特别荒谬的结
论,这就是十分可悲的了。

　　但是在意志问题上,马赫没有停留在糊涂思想和不彻底的不

----

　　①　马赫在《力学》中说道:"人们的宗教见解纯属私人的事情,只要他们不想强迫
　　　　别人相信它们,不想把它们应用到属于其他领域的问题上去。"(法译本第
　　　　434 页)

可知论上,而是走得远多了……　我们在《力学》一书中读到:"我们的饥饿感觉同硫酸对锌的亲和力本质上没有差别,我们的意志同石头对它的垫基的压力也没有多大差别。""这样〈就是说,抱这种观点〉就发现我们更接近自然界,而不需要把人分解成一堆不可理解的云雾似的原子,或者使世界成为精神结合物的体系。"(法译本第 434 页)这样一来,就不需要唯物主义("云雾似的原子"或电子,即承认物质世界的客观实在性)了,也不需要那种承认世界是精神的"异在"的唯心主义了。但是承认世界就是**意志**的唯心主义还是可以有的! 我们不仅超出唯物主义,而且超出"某一位"黑格尔的唯心主义,但是我们可以向叔本华式的唯心主义打情骂俏!只要有人一提到马赫接近哲学唯心主义,我们的马赫主义者就装出一副无辜受辱的样子,可是又认为对这个棘手的问题最好来个默不作声。但实际上,在哲学文献中,很难找到一篇叙述马赫观点的文章不指出他倾向于意志的形而上学(Willensmetaphysik),即倾向于唯意志论的唯心主义。尤·鲍曼指出了这一点①,而对鲍曼进行驳斥的马赫主义者汉·克莱因佩特也没有反驳这一点,反而说,马赫当然"接近康德和贝克莱甚于接近在自然科学中占统治地位的形而上学经验论"(即自发的唯物主义;同上,第 6 卷第 87页)。埃·贝歇尔也指出了这一点。他说,如果马赫在一些地方承认唯意志论的形而上学,在另一些地方又否认它,这只是证明他用语随便;事实上马赫无疑是接近于唯意志论的形而上学的②。路加也承认有这种形而上学(即唯心主义)和"现象学"(即不可知论)

---

① 1898 年《系统哲学文库》第 4 卷第 2 期第 63 页,关于马赫的哲学观点的论文。

② 埃里希·贝歇尔《恩·马赫的哲学观点》,载于 1905 年《哲学评论》杂志第 14卷第 5 期第 536、546、547、548 页。

的混合物①。威·冯特也指出了这一点②。宇伯威格—海因策的近代哲学史教程也断定,马赫是一位"并非同唯意志论的唯心主义无关的"现象论者③。

总而言之,除了俄国马赫主义者,谁都很清楚马赫的折中主义和他的唯心主义倾向。

---

① **埃·路加**《认识问题和马赫的〈感觉的分析〉》,载于 1903 年《康德研究》杂志第 8 卷第 400 页。
② 《系统哲学》1907 年莱比锡版第 131 页。
③ 《哲学史概论》1903 年柏林第 9 版第 4 卷第 250 页。

第 四 章

作为经验批判主义的战友和
继承者的哲学唯心主义者

到目前为止,我们对经验批判主义单独作了考察。现在我们应当看一看它的历史发展,看一看它同其他哲学派别的联系和相互关系。这里首先要提出的是马赫和阿芬那留斯对康德的关系问题。

1. 从左边和从右边对康德主义的批判

马赫和阿芬那留斯都是在 19 世纪 70 年代出现于哲学舞台的,当时德国教授中间的时髦口号是:"回到康德那里去!"这两位经验批判主义创始人在他们的哲学发展上正是从康德那里出发的。马赫写道:"我应当万分感激地承认,正是他的〈康德的〉批判唯心主义作了我的全部批判思维的出发点。但是我没有能够始终忠实于它。我很快又回到贝克莱的观点上来了",后来"又得出了和休谟的观点相近的观点…… 现在我还是认为贝克莱和休谟是比康德彻底得多的思想家"。(《感觉的分析》第 292 页)

可见,马赫十分明确地承认:他是从康德开始的,以后走上了贝克莱和休谟的路线。再看一看阿芬那留斯吧。

阿芬那留斯在他的《〈纯粹经验批判〉绪论》(1876)一书的前言里就已指出:《纯粹经验批判》这几个字表明了他对康德的《纯粹理性批判》的态度,"而且当然是"同康德"对立的态度"(1876 年版第 IV 页)。阿芬那留斯究竟在什么问题上和康德对立呢? 在阿芬那留斯看来,康德没有充分地"清洗经验"。阿芬那留斯在他的《绪论》(第 56、72 节及其他许多节)里论述的就是这种"对经验的清洗"。阿芬那留斯要"清洗掉"康德的经验学说中的什么东西呢? 首先是先验主义。他在第 56 节里说道:"关于是否应当从经验的内容中排除'理性的先验概念'这种多余的东西,从而首先造成**纯粹经验**的问题,据我所知,是第一次在这里提出来的。"我们已经看到,阿芬那留斯就是这样"清洗掉"康德主义对必然性和因果性的承认的。

其次,阿芬那留斯要清洗掉康德主义对实体的承认(第 95 节),即对自在之物的承认,因为,在他看来,这个自在之物"不是存在于现实经验的材料中,而是由思维输送到这种材料中去的"。

现在我们可以看到:阿芬那留斯给自己的哲学路线所下的这一定义和马赫的定义是完全一致的,不同的只是在表达上过于矫揉造作。但是首先必须指出:阿芬那留斯说他在 1876 年**第一次**提出了"清洗经验"的问题,即清洗掉康德学说中的先验主义和对自在之物的承认的问题,**这是公然撒谎**。事实上,在德国古典哲学的发展过程中,在康德之后就立即出现了对康德主义的批判,这种批判和阿芬那留斯的批判正好是**同一方向**。在德国古典哲学里,代表这种方向的是休谟的不可知论的信徒舒尔采-埃奈西德穆和贝克莱主义即主观唯心主义的信徒约·哥·费希特。1792 年舒尔采-埃奈西德穆批判康德,**就是**因为康德承认先验主义(上引书第

56、141页及其他许多页)和自在之物。舒尔采说道,我们这些怀疑论者或休谟的信徒摒弃超出"一切经验界限"的自在之物(第57页)。我们摒弃**客观的知识**(第25页);我们否认空间和时间真实地存在于我们之外(第100页);我们否认在经验中有必然性(第112页)、因果性、力,等等(第113页)。决不能认为它们具有"在我们表象以外的实在性"(第114页)。康德"独断地"证明先验性,他说,既然我们不能用别的方法来思维,那就是说先验的思维规律是存在的。舒尔采回答康德说:"这个论据在哲学上老早就被用来证明存在于我们表象以外的东西的客观本性了。"(第141页)这样推论下去,就会认为自在之物具有因果性(第142页)。"经验从来没有告诉过我们(wir erfahren niemals),客观对象作用于我们就产生表象。"康德也完全没有证明,为什么"必须承认这种存在于我们理性以外的东西就是不同于我们的感觉(Gemüt)的自在之物。感觉可以被设想为我们全部认识的**唯一**基础"(第265页)。康德的纯粹理性批判"把任何认识都开始于客观对象对我们感觉(Gemüt)器官的作用这一前提作为他的论断的基础,可是后来它又对这个前提的真理性和实在性提出异议"(第266页)。康德无论在哪一点上都没有驳倒唯心主义者贝克莱(第268—272页)。

由此可见,休谟主义者舒尔采摒弃康德关于自在之物的学说,认为它不彻底,对唯物主义作了让步,即对下述"独断主义"的论断作了让步:我们通过感觉感知的是客观实在,或者换句话说,我们的表象是由客观的(不依赖于我们意识的)对象作用于我们的感官而产生的。不可知论者舒尔采责备不可知论者康德,因为康德对自在之物的承认是和不可知论相矛盾的,并且会导向唯物主义。主观唯心主义者费希特也这样批判康德,不过更坚决些。他说:康德承认不依赖于我们的**自我**的自在之物，这是"**实在论**"(《费希特全集》第 1 卷第 483 页)；康德"没有明确地"把"实在论"同"唯心主义"区别开来。费希特认为康德和康德主义者的惊人的不彻底性就在于他们承认自在之物是"客观实在的基础"(第 480 页)，因此他们便陷入和批判唯心主义相矛盾的境地。费希特向那些用实在论解释康德的人大叫大嚷说："在你们那里，地在象上，象在地上。你们的自在之物只不过是思想而已，但却作用于我们的**自我**！"(第 483 页)

可见，阿芬那留斯以为他"第一次"从康德的"经验中清洗掉"先验主义和自在之物，从而创立了哲学上的"新"派别，那就大错而特错了。事实上他是在继续休谟和贝克莱、舒尔采-埃奈西德穆和约·哥·费希特的旧路线。阿芬那留斯以为他在全面地"清洗经验"。事实上他不过是**从不可知论中清洗掉康德主义**。他不是反对康德的不可知论(不可知论就是否认我们通过感觉感知的客观实在)，而是**主张更纯粹的不可知论**，主张排除康德的那个和不可知论相矛盾的假定：自在之物是存在的，虽然它们是不可认识的、心智的、彼岸的；必然性和因果性是存在的，虽然它们是先验的，是存在于思维中而不是存在于客观现实中。他不像唯物主义者那样**从左边**同康德进行斗争，而是像怀疑论者和唯心主义者那样**从右边**同康德进行斗争。他自以为前进了，实际上他后退了，退到库诺·费舍在谈到舒尔采-埃奈西德穆时曾确切地表述过的批判康德的纲领上去了。费舍说："剔除纯粹理性〈即先验主义〉的纯粹理性批判就是怀疑论。剔除自在之物的纯粹理性批判就是贝克莱的唯心主义。"(《近代哲学史》1869 年德文版第 5 卷第 115 页)

现在我们接触到我国的整个"马赫狂"(即俄国马赫主义者向

恩格斯和马克思的整个进攻)的最有趣的插曲之一。波格丹诺夫和巴扎罗夫、尤什凯维奇和瓦连廷诺夫用千百种调子吹嘘的他们的最新发现就是:普列汉诺夫作了一次"倒霉的尝试,想用妥协的、勉强可以认识的自在之物来调和恩格斯和康德的学说"(《论丛》第67页及其他许多页)。我们的马赫主义者的这个发现向我们暴露出,他们思想的极度混乱,他们对康德和德国古典哲学全部发展过程的惊人无知,真是达到无以复加的地步。

　　康德哲学的基本特征是调和唯物主义和唯心主义,使二者妥协,使不同的相互对立的哲学派别结合在一个体系中。当康德承认在我们之外有某种东西、某种自在之物同我们表象相符合的时候,他是唯物主义者;当康德宣称这个自在之物是不可认识的、超验的、彼岸的时候,他是唯心主义者。康德在承认经验、感觉是我们知识的唯一泉源时,他就把自己的哲学引向感觉论,并且通过感觉论,在一定的条件下又引向唯物主义。康德在承认空间、时间、因果性等等的先验性时,他就把自己的哲学引向唯心主义。由于康德的这种不彻底性,不论是彻底的唯物主义者,或是彻底的唯心主义者(以及"纯粹的"不可知论者即休谟主义者),都同他进行了无情的斗争。唯物主义者责备康德的唯心主义,驳斥他的体系的唯心主义特征,证明自在之物是可知的、此岸的,证明自在之物和现象之间没有原则的差别,证明不应当从先验的思维规律中而应当从客观现实中引出因果性等等。不可知论者和唯心主义者责备康德承认自在之物,认为这是向唯物主义,向"实在论"或"素朴实在论"让步。此外,不可知论者不仅抛弃了自在之物,也抛弃了先验主义,而唯心主义者则要求不仅从纯粹思想中彻底地引出先验的直观形式,而且彻底地引出整个世界(把人的思维扩张为抽象的自我或"绝对观念"、普遍意志等等）。我们的马赫主义者"没有发觉"他们是把那些从怀疑论和唯心主义的观点去批判康德的人们奉为自己的老师的，因而看见一些怪人从完全相反的观点去批判康德，驳斥康德体系中哪怕是一点点的不可知论（怀疑论）和唯心主义的因素，证明自在之物是客观实在的、完全可以认识的、此岸的，证明它同现象没有什么原则差别并且在人的个体意识和人类的集体意识发展的每一步上都在转化为现象，他们就悲观失望，不胜伤感。他们喊叫道：天呀！这是把唯物主义和康德主义生拉硬扯地混合起来了！

　　当我读到我们的马赫主义者要人家相信他们对康德的批判比某些老朽的唯物主义者彻底得多、坚决得多的时候，我总觉得好像普利什凯维奇走进了我们中间，他大喊大叫：我对立宪民主党人[53]的批判要比你们这些马克思主义者先生们彻底得多、坚决得多！当然啦，普利什凯维奇先生，政治上彻底的人能够而且永远会从完全相反的观点去批判立宪民主党人，可是毕竟不应该忘记：你们批判立宪民主党人，是因为他们是过分的民主派，而我们批判立宪民主党人，却是因为他们是不够格的民主派。马赫主义者批判康德，是因为他是过分的唯物主义者，而我们批判康德，却是因为他是不够格的唯物主义者。马赫主义者从右边批判康德，而我们从左边批判康德。

　　在德国古典哲学史上，休谟主义者舒尔采和主观唯心主义者费希特是前一种批判的典型。我们已经看到，他们极力排除康德主义的"实在论"因素。正如舒尔采和费希特批判康德本人那样，休谟主义的经验批判主义者和主观唯心主义的内在论者也批判了19世纪后半期的德国新康德主义者。休谟和贝克莱的那条路线用新词句略微改扮一下又出现了。马赫和阿芬那留斯谴责康德，不是因为他对自在之物的看法不够实在、不够唯物，而是因为他**承认有自在之物**；不是因为他拒绝从客观现实中引出自然界的因果性和必然性，而是因为他一般地承认任何因果性和必然性（也许纯粹"逻辑的"因果性和必然性除外）。内在论者和经验批判主义者的步调是一致的，他们也从休谟和贝克莱的观点去批判康德。例如，1879年勒克列尔就在他那本吹捧马赫是位卓绝的哲学家的著作中谴责康德的"不彻底性和对实在论的顺从（Connivenz）"，这表现在"庸俗实在论的名词残渣（Residuum）"，即"**自在之物**"这个概念上（《……现代自然科学的实在论》①第9页）。"为了说得更厉害些"，勒克列尔把唯物主义叫做庸俗实在论。勒克列尔写道："我们认为应当把康德理论中一切倾向于庸俗实在论（realismus vulgaris）的组成部分都除掉，因为在唯心主义看来，它们是不彻底的，是杂种的（zwitterhaft）产物。"（第41页）康德学说中的"不彻底性和矛盾"是"因唯心主义的批判主义与实在论的独断主义的未被排除的残渣混合起来（Verquickung）"而产生的（第170页）。勒克列尔把唯物主义叫做实在论的独断主义。

另一位内在论者约翰奈斯·雷姆克谴责康德用自在之物在自己和贝克莱之间**筑起一个实在论的屏障（约翰奈斯·雷姆克《世界是知觉和概念》1880年柏林版第9页）**。"康德的哲学活动实质上具有论战的性质：他自己的哲学通过自在之物和德国的唯理论〈即和18世纪的旧信仰主义〉对立，通过纯粹的直观和英国的经验论对立。"（第25页）"我想把康德的自在之物比做一个安置在陷阱上

---

① 即《从贝克莱和康德对认识的批判来看现代自然科学的实在论》。——编者注

面的活动机关,这个小东西看起来是不伤人的,是没有危险的,可是你一踩上去,就会意外地掉进**自在世界**的深渊。"(第27页)原来马赫和阿芬那留斯的战友内在论者不喜欢康德,是因为康德在某些方面接近唯物主义的"深渊"!

现在请看几个从左边批判康德的典型。费尔巴哈谴责康德,不是因为他的"实在论",而是因为他的**唯心主义**;费尔巴哈把康德的体系叫做"经验论基础上的唯心主义"(《费尔巴哈全集》第2卷第296页)。

请看费尔巴哈对康德所作的特别重要的评论。"康德说:'如果我们把我们感觉的对象看做是单纯的现象(我们应当这样看),那么这样我们就承认现象的基础是自在之物,虽然我们不知道自在之物本身是怎样构成的,只知道它的现象,就是说,只知道这个未知物影响(affiziert)我们感官的那个方式。所以,我们的理性由于承认现象的存在,也就承认自在之物的存在;就这一点而论,我们可以说,设想这种作为现象基础的本质,即纯粹想象的本质,不但是容许的,而且是必要的'……" 费尔巴哈从康德的文章中选出这样一段话来加以批判。康德在这一段话里认为自在之物不过是想象的物,即想象的本质,而不是实在。费尔巴哈说:"……因此,感觉的对象、经验的对象,对于理性来说是单纯的现象,而不是真理…… 要知道,想象的本质对理性来说并不是现实的客体!康德哲学是主体和客体、本质和实存、思维和存在之间的矛盾。在这里,本质归于理性,实存归于感觉。没有本质的实存〈即没有客观实在性的现象的实存〉是单纯的现象,即感性的物;没有实存的本质,是想象的本质、**本体**;我们可以而且应当想象它们,可是它们缺少实存——至少对我们来说缺少客观性;它们是自在之物,是真正的物,但是它们不是现实的物……　使真理和现实分开,使现实和真理分开,这是多么矛盾啊!"(《费尔巴哈全集》第 2 卷第 302—303 页)费尔巴哈谴责康德,不是因为他承认自在之物,而是因为他不承认自在之物的现实性即客观实在性,因为他认为自在之物是单纯的思想、"想象的本质",而不是"具有实存的本质"即实在的、实际存在着的本质。费尔巴哈谴责康德,是因为他离开了唯物主义。

　　费尔巴哈在 1858 年 3 月 26 日给博林的信中写道:"康德哲学是一种矛盾,它不可避免地要走向费希特的唯心主义或感觉论";前一个结论"是属于过去的",后一个结论"是属于现在和将来的"(上引格律恩的书第 2 卷第 49 页)。我们已经看到,费尔巴哈是维护客观的感觉论即唯物主义的。从康德那里再转到不可知论和唯心主义,转到休谟和贝克莱那里,即使在费尔巴哈看来,也无疑**是反动的**。费尔巴哈的热心的信徒阿尔布雷希特·劳接受了费尔巴哈的优点,也接受了费尔巴哈的那些被马克思和恩格斯克服了的缺点,他完全按照他的老师的精神去批判康德,说:"康德哲学有二重性〈模棱两可性〉。它既是唯物主义,又是唯心主义。理解康德哲学实质的关键就在于它的这种二重性。作为一个唯物主义者或经验论者,康德不得不承认我们之外的物的存在(Wesenheit)。可是作为一个唯心主义者,他不能摆脱这种偏见:灵魂是某种和感性的物完全不同的东西。存在着现实的物和理解这些物的人的精神。这个精神究竟是怎样接近和它完全不同的物呢?康德托词如下:精神具有某些先验的认识,借助这些认识,物必定像显现给精神那样地显现出来。因此,我们按照自己对物的理解去理解物,这是我们的创造。因为生存在我们身上的精神不外是神的精神,并且像神从无中创造出世界那样，人的精神也从物中创造出一种并非物本身所具有的东西。这样，康德便保证了现实的物作为'自在之物'而存在。康德需要灵魂，因为在他看来，灵魂不死是道德的公设。先生们〈这是劳对新康德主义者，特别是对伪造《唯物主义史》的糊涂人阿·朗格说的〉，'自在之物'是康德的唯心主义借以区别于贝克莱的唯心主义的东西，它架起了一座从唯心主义通向唯物主义的桥梁。这就是我对康德哲学的批判，谁能驳斥这个批判，就请驳斥吧……　对唯物主义者说来，把先验的认识和'自在之物'区别开来完全是多余的，因为唯物主义者在任何地方都没有把自然界中的恒久联系割断，都没有把物质和精神看做彼此根本不同的东西，而是认为它们只不过是同一东西的两个方面，因此不需要用什么特别巧妙的方法来使精神接近物。"①

其次，我们看到，恩格斯谴责康德，是因为康德是不可知论者，而不是因为他离开了彻底的不可知论。恩格斯的学生拉法格在1900年曾这样反驳康德主义者（当时沙尔·拉波波特也在内）：

"……在19世纪初期，我们的资产阶级结束了革命性的破坏事业之后，便开始否定他们的伏尔泰主义哲学。被夏多勃里昂涂上了（peinturlurait）浪漫主义色彩的天主教又行时了；百科全书派的宣传家们被罗伯斯比尔送上了断头台，而塞巴斯蒂安·梅尔西爱为了彻底击溃百科全书派的唯物主义则输入了康德的唯心主义。

在历史上将被称为资产阶级世纪的19世纪末期，知识分子企

---

① 阿尔布雷希特·劳《路德维希·费尔巴哈的哲学，现代自然科学和哲学批判》1882年莱比锡版第87—89页。

图借助康德哲学来粉碎马克思和恩格斯的唯物主义。这个反动的运动开始于德国——这样说并不是想冒犯我们那些想把全部荣誉都归于自己学派的创立者马隆的整体社会主义者。事实上，马隆本人属于赫希柏格、伯恩施坦以及杜林的其他门徒那一学派，这些人是在苏黎世开始对马克思主义进行改良的〈拉法格说的是上一世纪 70 年代后半期德国社会主义运动中有名的思想运动[54]〉。应当预料到：在饶勒斯、富尼埃以及我们的知识分子用熟了康德的术语以后，也会把康德呈献给我们的……　当拉波波特硬说马克思认为'存在着观念和实在的同一性'的时候，他是错误的。首先，我们从来也不使用这样的形而上学用语。观念像客体一样，也是实在的，它是客体在头脑中的反映……　为了使那些需要了解资产阶级哲学的同志们开开心（récréer），我想说明一下这个引起唯灵论思想家们如此浓厚兴趣的有名的问题究竟是怎么一回事。

　　一个吃着香肠、每天收入 5 个法郎的工人很明白：他被老板掠夺，他吃的是猪肉；老板是强盗，香肠好吃而且对身体有营养。资产阶级的诡辩家（不管他叫皮浪也好，叫休谟或者康德也好，反正都一样）说道：完全不是这样，工人的这种看法是他个人的看法，也就是主观的看法；他可以有同样的理由认为，老板是他的恩人，香肠是由剁碎的肉皮做成的，因为他不可能认识**自在之物**……

　　问题提得不对，它的困难也就在这里……　为了认识客体，人首先必须检验他的感觉是不是欺骗他……　化学家向前迈进了一步，他们深入到物体内部，分析了物体，把物体分解为元素，然后作了相反的处理，即进行综合，用元素再组成物体。从人能够用这些元素制造出东西来供自己使用的那个时候起，正如恩格斯所说的，人就可以认为他认识了**自在之物**。如果基督教徒的上帝真的存在而且创造了世界，他所做的也不会多于这些。"①

我们引用这样长的一段话，是为了说明拉法格怎样理解恩格斯，以及他怎样从左边批判康德。他不是批判康德主义和休谟主义不同的那些方面，而是批判康德和休谟共同的那些方面；不是批判康德承认自在之物，而是批判康德对于自在之物的看法不够唯物。

最后，卡·考茨基在他的《伦理学》②里，也是从与休谟主义和贝克莱主义完全相反的观点去批判康德的。他这样来反对康德的认识论："我看见绿的、红的、白的东西，这是根据我的视力。但是，绿的东西不同于红的东西，这证明在我以外存在着某种东西，证明物之间确实存在着差别…… 一个个空间观念和时间观念向我表明的物本身之间的相互关系和差别……是外部世界的真实的相互关系和差别；它们不为我的认识能力的性质所决定……在这种情况下〈如果康德关于时间和空间的观念性的学说是正确的话〉，我们就一点也不能知道我们之外的世界，甚至不能知道它是存在着的。"（俄译本第33—34页）

可见，费尔巴哈、马克思、恩格斯的**整个学派**，从康德那里向左走，走向完全否定一切唯心主义和一切不可知论。而我们的马赫主义者却跟着哲学上的**反动**派别走，跟着以休谟主义和贝克莱主义的观点去批判康德的马赫和阿芬那留斯走。当然，跟哪一个思想反动的人走都可以，这是每个公民尤其是每个知识分子的神圣权利。但是，如果在哲学上同**马克思主义基础**已经彻底决裂的人，

---

① **保尔·拉法格**《马克思的唯物主义和康德的唯心主义》，载于1900年2月25日《社会主义者报》**55**。
② 即《伦理学和唯物史观》。——编者注

后来又开始支吾不清,颠倒是非,闪烁其词,硬说他们在哲学上"也是"马克思主义者,硬说他们和马克思"差不多"是一致的,只是对马克思学说稍稍作了"补充",那么,这实在是令人十分厌恶的。

2. "经验符号论者"尤什凯维奇怎样 嘲笑"经验批判主义者"切尔诺夫

帕·尤什凯维奇先生写道:"看到切尔诺夫先生怎样想使不可知论的实证论者-孔德主义者和斯宾塞主义者米海洛夫斯基成为马赫和阿芬那留斯的先驱,当然觉得可笑。"(上引书第73页)

在这里,可笑的首先是尤什凯维奇先生的惊人的无知。他也像一切伏罗希洛夫式的人物一样,用一堆学术名词和学者名字来掩盖自己的无知。上面引用的话出自专谈马赫主义和马克思主义的关系那一节里。尤什凯维奇先生虽然谈这个问题,可是他不知道:在恩格斯看来(也像在一切唯物主义者看来一样),不论是休谟路线的拥护者还是康德路线的拥护者,同样都是不可知论者。因此,当马赫本人也承认自己是休谟的拥护者的时候,还把不可知论同马赫主义对立起来,这只能表明他在哲学上缺乏起码的知识。"不可知论的实证论"这个名词也是荒谬的,因为休谟的拥护者就把自己叫做实证论者。尤什凯维奇先生既然把彼得楚尔特奉为老师,他就应当知道彼得楚尔特是直接把经验批判主义归进实证论的。最后,把奥古斯特·孔德和赫伯特·斯宾塞的名字扯进来也是荒谬的,因为马克思主义所批驳的不是一个实证论者和另一个实证论者的不同点,而是他们的共同点,使一个哲学家成为不同于唯物主义者的实证论者的那些东西。

我们的伏罗希洛夫式的人物所以需要这一大堆字眼,是为了"困惑"读者,是为了用响亮的词句震昏读者,使他们的注意力**从问题的实质**转到无关紧要的枝节上去。而这个问题的实质就在于唯物主义和整个广泛的实证论思潮(**其中既有**奥·孔德、赫·斯宾塞、米海洛夫斯基,又有许多新康德主义者以及马赫和阿芬那留斯)之间的根本分歧。恩格斯在他的《路·费尔巴哈》里极其明确地说出了这个问题的实质,把当时(即上一世纪80年代)**所有的**康德主义者和休谟主义者都归入可怜的折中主义者、小识小见之徒(Flohknacker,直译为捉跳蚤者)等等的阵营中。① 这种评定可以加在什么人身上和应当加在什么人身上,这是我们的伏罗希洛夫式的人物不愿考虑的。既然他们不会考虑,那么我们就给他们看一个鲜明的对比吧。恩格斯在1888年和1892年说到一般康德主义者和休谟主义者时,都没有提到**任何人的**名字。[56]恩格斯只引用了一本书,那就是他曾经分析过的施达克评论费尔巴哈的一部著作。恩格斯说:"施达克极力保护费尔巴哈,反对现今在德国以哲学家名义大吹大擂的大学教师们的攻击和学说。对关心德国古典哲学的这些不肖子孙的人们来说,这的确是很重要的;对施达克本人来说,这也许是必要的。不过我们就怜惜怜惜读者吧。"(《路德维希·费尔巴哈》第25页②)

恩格斯想"怜惜读者",就是说,使社会民主党人不至于有幸去结识那些自命为哲学家的不肖空谈家。究竟谁是这些"不肖子孙"的代表呢?

我们翻开施达克的著作(**卡·尼·施达克**《路德维希·费尔巴

① 参看《马克思恩格斯文集》第4卷第284页。——编者注
② 同上书,第286页。——编者注

哈》1885年斯图加特版),就会看到他经常引证**休谟和康德**的拥护者们。施达克把费尔巴哈同这两条路线区分开来。施达克同时还引证**阿·黎尔、文德尔班**和**阿·朗格**(施达克的书第3、18—19、127页及以下各页)。

我们翻开1891年出版的理·阿芬那留斯的《人的世界概念》这本书的德文第1版,就会在第120页上读到:"我们的分析所得出的最后结论,是和其他研究者,例如**恩·拉斯、恩·马赫、阿·黎尔、威·冯特**的结论一致的,虽然由于观点的不同,这种一致还不是绝对的(durchgehend)。并请参阅**叔本华**的著作。"

我们的伏罗希洛夫式的人物尤什凯维奇嘲笑了谁呢?

阿芬那留斯丝毫不怀疑他自己在原则上接近**康德主义者**黎尔和拉斯,接近**唯心主义者**冯特,这种接近不是在个别问题上,而是在经验批判主义的"最后结论"的问题上。他在两个康德主义者之间提到马赫。的确,当黎尔和拉斯以休谟精神清洗康德,而马赫和阿芬那留斯以贝克莱精神清洗休谟的时候,难道他们还不是一伙吗?

恩格斯想"怜惜"德国工人,使他们不至于和这一伙"捉跳蚤的"大学讲师成为知交,这也值得大惊小怪吗?

恩格斯能怜惜德国工人,可是伏罗希洛夫式的人物却不怜惜俄国读者。

必须指出,康德和休谟的或休谟和贝克莱的本质上是折中主义的结合,可以说,可能有各种不同的比例,有时主要强调这种混合物的这一因素,有时主要强调它的另一因素。例如,我们在上面已经看到,公开承认自己和马赫是唯我论者(即彻头彻尾的贝克莱主义者)的,只有一个马赫主义者汉·克莱因佩特。相反地,马赫和阿芬那留斯的许多门徒和拥护者,如彼得楚尔特、维利、毕尔生、俄国经验批判主义者列谢维奇、法国人昂利·德拉克鲁瓦[①]和其他人,都强调马赫和阿芬那留斯观点中的休谟主义。我们且举一位特别有名望的学者为例。这位学者在哲学上也把休谟和贝克莱结合起来,但是他把着重点放在这种混合物的唯物主义因素上。这位学者就是英国著名的自然科学家托·赫胥黎,是他使"不可知论者"这个术语通用起来的,当恩格斯谈到英国的不可知论的时候,无疑地首先而且主要指的就是他。恩格斯在1892年把这类不可知论者叫做"羞羞答答的唯物主义者"[②]。英国唯灵论者詹姆斯·华德在他的《自然主义和不可知论》一书中主要攻击了"不可知论的科学领袖"(第2卷第229页)赫胥黎。华德的话证实了恩格斯的评价,他说:"赫胥黎学说中承认物理的方面〈按马赫的说法,就是"要素的系列"〉居于第一位的这种倾向,往往表现得非常明显,以致在这里一般未必能说得上平行主义。尽管赫胥黎非常激烈地拒绝接受唯物主义者这个称号,认为这是对他的洁白无瑕的不可知论的侮辱,但我却不知道还有哪一位著作家比他更配得上这个称号。"(第2卷第30—31页)詹姆斯·华德还引用了赫胥黎的话来证实他的看法。赫胥黎说:"凡是熟悉科学史的人都会承认,科学的进步在各个时代都意味着,尤其是在目前比任何时候都更意味着我们称做物质和因果性的东西的领域在扩大,我们称做精神和自发性的东西相应地从人类思想的一切领域中逐渐消失。"

---

① **昂利·德拉克鲁瓦**《大卫·休谟和批判哲学》,见《国际哲学大会丛书》第4卷。作者把阿芬那留斯和德国内在论者、法国沙·雷努维埃及其学派("新批判主义者")都列为休谟的拥护者。

② 参看《马克思恩格斯文集》第3卷第506页。——编者注

或者："我们要用精神的术语来表达物质现象,还是要用物质的术语来表达精神现象,这个问题本身并不重要,因为在一定的相对的意义上,这两种说法都是正确的〈按马赫的说法,就是"相对稳定的要素复合"〉。但是根据科学的进步来看,在各方面最好使用唯物主义的术语。因为它把思想和世界的其他现象联结起来……而相反的术语或唯灵论的术语却是毫无内容的(utterly barren),只能引起思想混乱和糊涂……　几乎用不着怀疑,科学愈向前发展,自然界的一切现象将要愈广泛愈彻底地用唯物主义的公式或符号来表达。"(第1卷第17—19页)

"羞羞答答的唯物主义者"赫胥黎就是这样论述的,他无论如何不愿意承认唯物主义,认为唯物主义是不正当地超出"感觉群"的"形而上学"。这同一位赫胥黎又写道:"如果我非得在绝对唯物主义和绝对唯心主义中间进行选择的话,那么我不得不接受后者……""我们唯一确实知道的是精神世界的存在。"(上引詹·华德的书第2卷第216页)

赫胥黎的哲学正像马赫的哲学一样,是休谟主义和贝克莱主义的混合物。但是在赫胥黎的著作中,贝克莱主义是偶尔出现的,而他的不可知论是唯物主义的遮羞布。在马赫的著作中,混合物的"色彩"就不同了,因而那位唯灵论者华德在无情地攻击赫胥黎的同时,亲昵地拍着阿芬那留斯和马赫的肩膀。

3. 内在论者是马赫和阿芬那留斯的战友

在谈到经验批判主义的时候,我们不免要一再引证所谓内在论学派的哲学家们。这个学派的主要代表是舒佩、勒克列尔、雷姆克和舒伯特-索尔登。现在有必要弄清楚经验批判主义和内在论者的关系,弄清楚内在论者所宣扬的哲学的本质。

马赫在1902年写道:"……现在我看到许多哲学家,如实证论者、经验批判主义者、内在论哲学的信徒,以及极少数自然科学家,互不相识,各自开辟新的道路,尽管这些道路因人而异,但差不多都是殊途同归。"(《感觉的分析》第9页)这里首先必须指出,马赫难得正确地承认,**极少数**自然科学家属于这种似乎"新的"但事实上非常陈旧的休谟主义-贝克莱主义哲学的拥护者。其次,马赫认为这种"新"哲学是一种很广泛的**思潮**,内在论者在这个思潮中同经验批判主义者和实证论者处于同等地位;马赫的这种看法是非常重要的。马赫在《感觉的分析》俄译本(1906年)的序言里重复说道:"这样,就展开了一个共同的运动……"(第4页)马赫在另一个地方又说道:"我非常接近内在论哲学的追随者…… 我在这本书〈舒佩的《认识论和逻辑概论》〉里找不到一个地方是我不会欣然同意的,我顶多作了一点修订。"(第46页)马赫也认为舒伯特-索尔登是在走着"十分相近的道路"(第4页),而对于威廉·舒佩,马赫甚至把自己最后的、可以说是综合性的哲学著作《认识和谬误》**献给**他。

另一位经验批判主义的创始人阿芬那留斯在1894年写道,舒佩对经验批判主义的赞同使他感到"高兴"和"振奋",而他和舒佩之间的"意见不一(Differenz)""也许只是暂时地存在着(vielleicht nur einstweilen noch bestehend)"[1]。最后,约·彼得楚尔特(弗·列谢维奇认为他的学说是经验批判主义的最高成就)**直截**

---

[1] 《科学的哲学季刊》第18年卷(1894)第1册第29页。

了当地宣布舒佩、马赫和阿芬那留斯这三个人是"新"派别的领袖
（《纯粹经验哲学引论》1904 年版第 2 卷第 295 页和《世界问题》[①]
1906 年版第 V 页和第 146 页）。同时彼得楚尔特坚决反对鲁·维
利（《引论》第 2 卷第 321 页），——维利几乎是唯一的由于有舒佩
这样的亲属而感到羞愧的著名马赫主义者，他力图在原则上同舒
佩划清界限，阿芬那留斯的这个学生因此受到了敬爱的老师的训
诫。阿芬那留斯在评注维利反对舒佩的文章时写了上面引用的那
几句有关舒佩的话，并且补充说，维利的批判"也许是过火了"（《科
学的哲学季刊》第 18 年卷（1894）第 29 页。维利反对舒佩的文章
也刊载于此）。

　　我们已经知道了经验批判主义者对内在论者的评价，现在来
看一看内在论者对经验批判主义者的评价。勒克列尔在 1879 年
的评论，我们已经讲过了。舒伯特-索尔登在 1882 年直率地说自
己的见解"部分地同老费希特〈即主观唯心主义的著名代表约翰·
哥特利布·费希特，他也像约瑟夫·狄慈根一样，在哲学方面有一
个不肖之子〉一致"，再就是"同舒佩、勒克列尔、**阿芬那留斯**一致，
并且部分地同雷姆克一致"，他还特别满意地引证**马赫**（《功的守
恒》[②]），来反对"自然科学的形而上学"[③]，——德国所有的反动讲
师和教授都这样称呼自然科学的唯物主义。阿芬那留斯的《人的
世界概念》一书问世后，威·舒佩在 1893 年《给理·阿芬那留斯的
公开信》中祝贺这部著作的出版，认为这部著作是对舒佩本人也维

---

① 即《从实证论观点来看世界问题》。——编者注
② 即《功的守恒定律的历史和根源》。——编者注
③ **理查·冯·舒伯特-索尔登博士**《论客体和主体的超验性》1882 年版第 37 页
　和第 5 节，并参看他的《认识论的基础》1884 年版第 3 页。

护的"素朴实在论的确证"。舒佩写道:"我对思维的理解和您的〈阿芬那留斯的〉'纯粹经验'是非常一致的。"①后来,在1896年,舒伯特-索尔登在给他"所依据的""哲学上的方法论派别"作总结时,数了自己的家谱:从贝克莱和休谟开始,经过**弗·阿·朗格**("我们德国这一派其实是从朗格开端的"),然后又数到拉斯、舒佩及其同伙、**阿芬那留斯**和**马赫**、新康德主义者中的**黎尔**、法国人中的沙·雷努维埃等等②。最后,在内在论者的专门哲学刊物的创刊号上刊载的纲领式的《发刊词》里,我们除了看到向唯物主义的宣战和对沙尔·雷努维埃的赞同外,还读到:"甚至在自然科学家本身的营垒中,个别自然科学家也发出了呼声,宣扬反对同行们日益增长的妄自尊大,反对那种支配着自然科学的非哲学精神。例如物理学家马赫就是这样……　新生力量到处都行动起来了,它们致力于破除对自然科学正确无误的盲目信仰,开始重新探索进入神秘之堂奥的其他途径,探索通向真理之宫殿的更好入口。"③

　　关于沙·雷努维埃,我稍微谈几句。他是在法国影响很大而且传播很广的所谓新批判主义者学派的首领。他的理论哲学是休谟的现象论和康德的先验主义的结合。他坚决否认自在之物。他宣称现象的联系、秩序、规律是先验的,他用大写字母写规律一词,并把它变为宗教的基础。天主教的神父们看到这种哲学欣喜若狂。马赫主义者维利愤怒地把雷努维埃叫做"使徒保罗第二"、"高级蒙昧主义者"、"善于诡辩的意志自由的宣扬者"(《反对学院智

---

① 《科学的哲学季刊》第17年卷(1893)第384页。
② **理查·冯·舒伯特-索尔登博士**《人类的幸福和社会问题》1896年版第Ⅴ页和第Ⅵ页。
③ 《内在论哲学杂志》[57]1896年在柏林出版的第1卷第6、9页。

慧》第 129 页）。就是内在论者的这样一些同道者**热烈地欢迎**马赫
的哲学。当马赫的《力学》一书的法译本出版时，雷努维埃的同事
和学生毕雍出版的"新批判主义者"的刊物《哲学年鉴》[58]写道："谈
论马赫先生的实证论科学对实体、物、自在之物的批判同新批判主
义的唯心主义有多大程度的一致，这是没有必要的。"（第 15 卷
（1904 年）第 179 页）

　　至于俄国的马赫主义者，他们都因自己和内在论者有血缘关
系而感到羞愧；对于这些不自觉地走上司徒卢威、缅施科夫之流的
道路的人们，当然不能有别的指望。只有巴扎罗夫把"内在论学派
的一些代表"叫做"实在论者"①。波格丹诺夫扼要地（**而事实上是
错误地**）宣称："内在论学派不过是康德主义和经验批判主义之间
的中间形式。"（《经验一元论》第 3 卷第 XXII 页）维·切尔诺夫写
道："一般说来，内在论者只在其理论的一个方面接近实证论，其他
方面则远远超出实证论的范围。"（《哲学和社会学论文集》第 37 页）
瓦连廷诺夫说："内在论学派使这些〈马赫主义的〉思想具有不合适
的形式，因而陷入唯我论的绝境。"（上引书第 149 页）请看，这里是
要什么有什么：既有宪法又有姜汁鲟鱼[59]；既有实在论又有唯我
论。我们的马赫主义者不敢直率地清楚地道出内在论者的真相。

　　事实上，内在论者是反动透顶的反动派，信仰主义的公开说教
者，彻头彻尾的蒙昧主义者。他们之中**没有一个人不公开地**用自
己的理论性最强的认识论著作来捍卫宗教，替这种或那种中世纪
思想辩护。勒克列尔在 1879 年替自己的哲学辩护，说它能"满足

---

　　① "现代哲学的实在论者（来自康德主义的内在论学派的一些代表、马赫和阿芬
　　那留斯的学派以及许多和他们有血缘关系的流派）认为，根本没有任何理由
　　否弃素朴实在论的出发点。"（《论丛》第 26 页）

宗教信仰者的一切要求"(《……实在论》①第 73 页)。约·雷姆克在 1880 年把自己的《认识论》②一书献给新教牧师比德曼,他在这本书的结尾宣扬不是超感觉的神,而是作为"实在的概念"的神(大概巴扎罗夫因此就把"某些"内在论者列为"实在论者"的吧?),还说"这个实在的概念的客体化由实际生活来解决",还把比德曼的《基督教教义学》称为"科学的神学"的典范(约·雷姆克《世界是知觉和概念》1880 年柏林版第 312 页)。舒佩在《内在论哲学杂志》上断言,如果说内在论者否认超验的东西,那么神和来世决不包含在这个概念之中(《内在论哲学杂志》第 2 卷第 52 页)。他在《伦理学》一书中坚持"道德规则……和形而上学世界观有联系"的主张,并斥责政教分立这种"毫无意义的词句"(威廉·舒佩博士《伦理学和法哲学基础》1881 年布雷斯劳版第 181、325 页)。舒伯特-索尔登在他的《认识论的基础》这本书里作出结论说,我们的**自我**先于我们的肉体而存在,**自我**在肉体死后仍然存在,也就是说,灵魂不死(上引书第 82 页)等等。他在《社会问题》③一书中反对倍倍尔,拥护"社会改良"以及等级选举制。他说:"社会民主党人忽视了一个事实:没有神恩赐的不幸,就没有幸福。"(第 330 页)同时又悲叹道,唯物主义"占着统治地位"(第 242 页),"现在谁要是相信有彼岸的生活,哪怕只相信有这种可能性,他也会被看成是个傻瓜"(同上)。

就是这些德国的缅施科夫式的人物,这些丝毫不亚于雷努维埃的第一流蒙昧主义者和经验批判主义者,亲密地姘居着。他们在理论上有血缘关系,这是无可争辩的。内在论者的康德主义并

---

① 即《从贝克莱和康德对认识的批判来看现代自然科学的实在论》。——编者注
② 即《世界是知觉和概念。认识论》。——编者注
③ 即《人类的幸福和社会问题》。——编者注

不比彼得楚尔特或毕尔生的康德主义多。我们在上面已经看到，内在论者自己承认是休谟和贝克莱的学生，而且这种对内在论者的评价在哲学文献上也是得到公认的。为了清楚地指明马赫和阿芬那留斯的这些战友是以什么样的认识论前提为出发点的，我们现在从内在论者的著作里引证几个基本的理论论点。

勒克列尔在1879年还没有想出"内在论者"这个名称。这个名称本来的意思是"经验的"、"凭经验得到的"，它像欧洲资产阶级政党的那些骗人招牌一样，也是一块遮盖劣品的骗人招牌。勒克列尔在他的第一部著作里公开地坦率地自称为**"批判唯心主义者"**（《……实在论》第11、21、206页及其他许多页）。我们已经看到，他在这本书里批判康德向唯物主义让步，明确地指出**他自己**的道路是**从康德走向费希特和贝克莱**。勒克列尔像舒佩、舒伯特-索尔登和雷姆克一样，对一般唯物主义，特别是**对大多数自然科学家的唯物主义倾向**进行了无情的斗争。

勒克列尔说："如果我们回到批判唯心主义的观点，如果我们不把超验的存在〈即在人的意识以外的存在〉加给整个自然界和自然过程，那么，在主体看来，无论是物体的总和，还是主体所能看到和触及到的自己的肉体及其一切变化，都将是空间上相互关联的共存和时间上的连贯性的直接感知的现象，因此对自然界的一切解释归结起来就是确定这些共存和连贯性的规律。"（第21页）

反动的新康德主义者说过：回到康德那里去。反动的内在论者现在所说的**其实**就是：回到费希特和贝克莱那里去。在勒克列尔看来，一切存在物都是**"感觉的复合"**（第38页），同时他把作用于我们感官的一些种类的特性（Eigenschaften），比方说，用字母**M**来表示，而把作用于其他的自然界客体的另一些种类的特性用

字母 **N** 来表示(第 150 页及其他页)。勒克列尔还说,自然界不是个别人的"意识现象(Bewuβtseinsphänomen)",而是"人类"的"意识现象"(第 55—56 页)。如果注意到勒克列尔正是在马赫担任物理学教授的布拉格出版这本书的,并且勒克列尔欣喜若狂地引证的仅仅是 1872 年出版的马赫的《功的守恒》,那么不由地会产生一个问题:是不是应当承认信仰主义的信徒、露骨的唯心主义者勒克列尔是马赫的"独创的"哲学的真正祖师呢?

至于讲到那个得出"同样结论"(据勒克列尔说①)的舒佩,正如我们所看到的,他真的以维护"素朴实在论"自居,并且在《给理·阿芬那留斯的公开信》中苦恼地抱怨说:"我的〈威廉·舒佩的〉认识论通常被曲解为主观唯心主义了"。内在论者舒佩说他拥护实在论,这个不高明的骗术究竟是怎么回事,从舒佩反驳冯特时所说的一段话中就可以看得出来。冯特毫不犹豫地把内在论者都列为费希特主义者、主观唯心主义者(《哲学研究》杂志上引卷第 386、397、407 页)。

舒佩**反驳**冯特说:"我说的'存在就是意识'这个论点的意思是,意识离开外部世界是不可设想的,因而后者属于前者,这就是我屡次指出并加以说明的意识和外部世界的绝对的联系(Zusammengehörigkeit),在这种联系中,它们构成存在的统一的、原初的整体。"②

只有非常天真的人才会看不出这种"实在论"中的纯粹的主观唯心主义!真想不到:外部世界"属于意识"并且和意识有**绝对的**

---

①　《一元论的认识论概论》1882 年布雷斯劳版第 10 页。

②　**威廉·舒佩**《内在论哲学和威廉·冯特》,载于《内在论哲学杂志》第 2 卷第 195 页。

联系！是的，人们"通常"把他列为主观唯心主义者，这就诋毁了这位可怜的教授。这种哲学和阿芬那留斯的"原则同格"完全一致，切尔诺夫和瓦连廷诺夫的任何声明和抗议都不能把它们彼此分开，这两种哲学将一起被送到德国教授们的反动制品的博物馆里去。作为再次证明瓦连廷诺夫先生考虑不周的一个笑柄，我们要指出：他把舒佩称为唯我论者（不用说，舒佩曾经像马赫、彼得楚尔特之流一样，拼命赌咒发誓，说他不是唯我论者，还专以这个题目写了文章），而对《论丛》一书中的一篇巴扎罗夫的文章则赞扬备至！我真想把巴扎罗夫所说的"感性表象**也就是**存在于我们之外的现实"这句名言译成德文，把它寄给一个头脑稍微清楚一些的内在论者。他一定会狂吻巴扎罗夫，而且会像舒佩、勒克列尔和舒伯特-索尔登之流狂吻马赫和阿芬那留斯那样把巴扎罗夫吻个不休。因为巴扎罗夫的这句名言就是集内在论学派的学说之**大成**。

最后，请看舒伯特-索尔登吧。"自然科学的唯物主义"即承认外部世界的客观实在性的"形而上学"，是这位哲学家的大敌（《认识论的基础》1884年版第31页以及整个第2章《自然科学的形而上学》）。"自然科学舍弃了一切意识关系"（第52页）——这就是主要的罪恶（这也就是唯物主义！）。因为人不能脱离"感觉，因而也不能脱离意识状态"（第33、34页）。舒伯特-索尔登在1896年承认说，当然，我的观点是**认识论上的唯我论**（《社会问题》第 X 页），但不是"形而上学的"唯我论，不是"实践的"唯我论。"我们直接感知的东西就是感觉，是不断变化的感觉的复合。"（《论……超验性》[①]第73页）

---

① 即《论客体和主体的超验性》。——编者注

舒伯特-索尔登说:"自然科学把〈人类〉共同的外部世界当做个人的内心世界的原因,马克思用同样的(而且同样错误的)方式把物质的生产过程当做内部过程和动机的原因。"(《社会问题》第 XVIII 页)对于马克思的历史唯物主义同自然科学的唯物主义和一般哲学唯物主义的联系,马赫的这位战友并不想表示怀疑。

"许多人,甚至是多数人,都会有这样的看法:从认识论上的唯我论观点看来,任何形而上学都是不可能有的,就是说,形而上学总是超验的。经过深思以后,我不能够同意这个看法。我的理由是这样的……　一切感知到的东西的直接基础是精神的(唯我论的)联系,个人的**自我**(个人的表象世界)及其肉体是精神联系的中心。没有这个**自我**,其余的世界是不可设想的;没有其余的世界,这个**自我**也是不可设想的。随着个人的**自我**的毁灭,世界也就烟消云散,这看来是不可能的;随着其余的世界的毁灭,个人的**自我**也就没有容身之地,因为个人的**自我**只能在逻辑上而不能在时间和空间上同世界分开。因此我的个人的**自我**即使在我死后也必然继续存在,只要整个世界不随着我的个人的**自我**而一起毁灭……"(同上,第 XXIII 页)

"原则同格"、"感觉的复合"以及马赫主义的其他庸俗见解,对那些需要它们的人是服务得很好的!

"……从唯我论的观点看来,什么是彼岸世界(das Jenseits)呢? 它不过是我在未来可能有的经验……"(同上) "当然,举例来说,降神术没有证明自己的彼岸世界的存在,可是无论如何不能拿自然科学的唯物主义来反对降神术,因为我们已经看到,这种唯物主义不过是无所不包的精神联系〈="原则同格"〉内部的世界过程的一个方面。"(第 XXIV 页)

所有这些话全是在《社会问题》（1896）一书的那篇哲学序言里说的。在那篇序言里，舒伯特-索尔登**一直**是同马赫和阿芬那留斯手挽着手出现的。马赫主义只有在一小群俄国马赫主义者那里才专为知识分子空谈服务，而在它的祖国却公开宣布它扮演信仰主义奴仆的角色！

4. 经验批判主义往哪里发展？

现在我们来看一看马赫主义在马赫和阿芬那留斯以后的发展情形。我们已经看到，马赫和阿芬那留斯的哲学是大杂烩，是一些矛盾的没有联系的认识论命题的堆砌。我们现在应当看一看这种哲学怎样发展，往哪里发展，就是说，朝什么方向发展。这会帮助我们援引一些不容争辩的历史事实来解决若干"争论的"问题。实际上，由于我们所研究的这个派别的基本哲学前提是折中主义的、没有联系的，所以对这个派别作出各种不同的解释以及在枝节问题上进行无谓的争论，这是完全难免的。但是，经验批判主义像任何一种思潮一样，是活生生的、成长着的、发展着的东西，它朝这个或那个方向发展的事实，要比冗长的议论更有助于解决有关这种哲学的真正本质的**基本**问题。判断一个人，不是根据他自己的表白或对自己的看法，而是根据他的行动。判断哲学家，不应当根据他们本人所挂的招牌（"实证论"、"纯粹经验"哲学、"一元论"或"经验一元论"、"自然科学的哲学"等等），而应当根据他们实际上怎样解决基本的理论问题、他们同什么人携手并进、他们用什么教导自己的学生和追随者以及这些学生和追随者学到了什么。

这后一个问题正是我们现在所感到兴趣的。一切根本的东西,马赫和阿芬那留斯在 20 多年以前都已经谈过了。在这段时间里,那些想要了解这两位"领袖"的人以及这两位"领袖"本人(至少是比自己的同伴长寿的马赫)认为是自己事业的继承者的人是**怎样了解**这两位"领袖"的,这一点不会不表露出来。为了确切起见,我们就以自称为马赫和阿芬那留斯的学生(或追随者)以及被马赫列入这个营垒的那些人为例。这样,我们就会看出,经验批判主义是一个哲学**流派**,而不是著作家的奇谈汇集。

马赫在《感觉的分析》俄译本序言中把汉斯·科内利乌斯作为一位走着"即使不是相同道路,也是很相近道路"的"青年研究工作者"(第 4 页)加以推荐。马赫在《感觉的分析》一书的正文里再一次顺便"满意地提到"汉·科内利乌斯等人的"著作",说他们"揭示了阿芬那留斯思想的本质并且向前发展了这些思想"(第 48 页)。拿汉·科内利乌斯的《哲学引论》(1903 年德文版)这本书来说吧。我们看到,这本书的作者也提到他要跟随马赫和阿芬那留斯走(第VIII、32 页)。因此,我们看到的是一个**为老师所承认的学生**。这个学生也是从感觉—要素开始的(第 17、24 页),他断然说,他不超出**经验**(第 VI 页)。他称自己的观点是"彻底的或认识论的经验论"(第 335 页)。他毅然决然地既谴责唯心主义的"片面性",又谴责唯心主义者和唯物主义者的"独断主义"(第 129 页)。他劲头十足地批驳可能产生的"误解"(第 123 页):似乎从他的哲学中会得出承认世界存在于人脑中的结论。他以不亚于阿芬那留斯、舒佩或巴扎罗夫的巧妙手法向素朴实在论递送秋波(第 125 页:"视觉和其他任何一种知觉是在而且只是在我们发现它们的地方,即素朴的没有被虚伪的哲学玷污的意识给它们限定的地方,才有自己的位置")。这样,这个为老师所承认的学生也得出了**灵魂不死、有**

神的结论。这位教授讲坛上的巡官，不，应当说"最新实证论者"的学生，吼叫道：唯物主义把人变成了一部自动机器。"不用说，唯物主义破坏了我们自由决断的信心，同时还破坏了对我们行为的道德价值的全部评价和我们的责任心。同样地，关于我们的生命在死后继续存在的思想，唯物主义也不给它容身之地。"（第116页）这本书的结尾是：教育（显然是对这位科学大师所愚弄的青年的教育）之所以需要，不仅是为了活动，而"首先"是为了"培养崇敬心（Ehrfurcht）——不是崇敬偶然传统的暂时价值，而是崇敬天职和美的不朽价值，崇敬在我们内心和在我们以外的神灵（dem Göttlichen）"（第357页）。

　　请把这种见解和亚·波格丹诺夫的论断比较一下。波格丹诺夫硬说，由于马赫否认任何"自在之物"，所以在马赫哲学中，神、意志自由、灵魂不死等观念**绝对没有**（黑体是波格丹诺夫用的）而且"不可能有容身之地"（《感觉的分析》第 XII 页）。可是马赫就在这一本书里（第293页）声称："没有什么马赫哲学"，他不仅推荐内在论者，而且还推荐那位揭示了阿芬那留斯的思想本质的科内利乌斯！因此，第一，波格丹诺夫**绝对不知道**"马赫哲学"是一种不仅栖身于信仰主义的羽翼下而且还要走向信仰主义的思潮。第二，波格丹诺夫**绝对不知道**哲学史，因为把否定上述观念和否定任何自在之物联系在一起，就是嘲弄哲学史。一切始终不渝地拥护休谟的人，由于否定任何自在之物，恰恰给这些观念**留下容身之地**，波格丹诺夫是不是想要否认这一点呢？主观唯心主义者否定任何自在之物，从而使这些观念有容身之地，波格丹诺夫是不是没有听到过这一点呢？这些观念**唯独**在一种哲学即唯物主义哲学里"不可能有容身之地"，因为这种哲学教导说：只有感性的存在；世界是运动着的物质；我们大家所知道的外部世界即物理的东西是唯一的客观实在。也正是由于这个缘故，马赫所推荐的内在论者和马赫的学生科内利乌斯以及整个现代教授哲学都同唯物主义展开了斗争。

当人们向我们的马赫主义者着重指出这种不体面的言行时，他们才开始和科内利乌斯断绝关系。可是这没有多大价值。弗里德里希·阿德勒大概没有"接到警告"，所以他在社会主义杂志上还推荐这位科内利乌斯（1908 年《斗争》杂志第 5 期第 235 页："这是一部容易读的、值得大大推荐的著作"）。有人通过马赫主义把露骨的哲学反动分子和信仰主义的宣扬者拉来做工人的老师！

彼得楚尔特没有接到警告就看出科内利乌斯的虚伪，可是他同这种虚伪作斗争的方式简直妙极了。请听一听："断言世界就是表象〈我们正与之斗争的——这可不是开玩笑！——唯心主义者就是这样断言的〉，这只有在如下情况下才有意义，即人们想以此说明世界是陈述者或者甚至是所有陈述者的表象，就是说，世界的存在仅仅依赖于这个人或这些人的思维：只有当这个人想到世界的时候，世界才存在，当他没有想到世界的时候，世界就不存在。相反地，我们使世界不依赖于个别人或者一些人的思维，或者说得更确切和更明白些，不依赖于思维的**活动**，不依赖于任何**现实的**〈实际的〉思维，而是依赖于一般思维，并且只是在逻辑上。唯心主义者把二者混淆起来，其结果就是我们在科内利乌斯的著作中所看到的不可知论的半唯我论。"（《引论》第 2 卷第 317 页）

斯托雷平否认有秘密检查室！[60]彼得楚尔特彻底击败了唯心主义者。但令人诧异的是：他这样歼灭唯心主义，倒像是劝告唯心主义者要更狡猾地掩盖自己的唯心主义。世界依赖于人们的思维，——这是错误的唯心主义。世界依赖于一般思维，——这是最新的实证论、批判实在论，一句话，这是彻头彻尾的资产阶级骗术！如果说科内利乌斯是不可知论的半唯我论者，那么彼得楚尔特就是唯我论的半不可知论者。先生们，你们在捉跳蚤啊！

我们继续谈下去吧。马赫在他的《认识和谬误》这本书的第2版里说道，教授汉斯·克莱因佩特博士作了"系统的叙述〈对马赫的观点〉，在一切重要的地方，我都能同意这个叙述"(《现代自然科学的认识论》1905年莱比锡版)。我们来看看这个第二号汉斯吧。这位教授是马赫主义的一个最好的传播者，他在一些专门的哲学刊物上用德文和英文写了不少介绍马赫观点的文章，翻译了马赫推荐的并附有马赫的序言的一些著作，总而言之，他是这位"老师"的得力帮手。请看他的观点："……我的全部(外在的和内在的)经验，我的全部思维和意向，都是我的心理过程，都是我的意识的一部分。"(上引书第18页)"我们叫做物理的东西的，是由心理要素构成的。"(第144页)"**任何科学所能达到的唯一的目标是主观的信念，而不是客观的真相**(Gewissheit)。"(第9页，黑体是克莱因佩特用的，他在这里作了一个注释："康德在《实践理性批判》一书中已经说过类似的话。")"假定有别人的意识存在，这是一个决不能得到经验证实的假定。"(第42页)"我不知道……在我以外是否还有其他的**自我**。"(第43页)第5节的题目是《意识的能动性》("自生性"＝自发性)。动物这类自动机器的表象变换纯粹是机械的。当我们做梦的时候，也是这样。"在正常状态下，我们意识的特性和这种情形有本质上的不同。这就是说，我们的意识具有那些〈自动机器〉所没有的特性；要机械地或自动地说明这种特性，至少是困难的。这种特性就是所谓的我们的**自我**的主动性。任何人都能使自己和自己的意识状态对立起来，都能操纵这些意识状态，都能把它们鲜明地摆出来或者把它们藏起来，都能分析它们，都能把它们的各个部分彼此加以比较，等等。这一切都是（直接的）经验的事实。我们的**自我**实质上不同于一切意识状态的总和，所以不能同这个总和相提并论。糖是由碳、氢、氧组成的；假如我们使糖具有糖的灵魂，那么类推下去，糖的灵魂就应当具有任意移动氢粒子、氧粒子和碳粒子的特性。"（第29—30页）下一章第4节的题目是《认识的行动就是意志的行动（Willenshandlung）》。"我的一切心理体验划分为强制行为和任意行为两大类，应当认为这是确定不移的事实。外部世界的一切印象都属于前一类。"（第47页）"关于同一个事实领域，可以有许多理论……这个事实是物理学家完全了解的，又是同任何绝对认识论的前提不相容的。这个事实是和我们思维的意志性质有关联的；这个事实表现出我们的意志不受外部环境的束缚。"（第50页）

　　现在请大家判断一下波格丹诺夫的声明是多么大胆吧，当马赫自己推荐克莱因佩特这种人的时候，波格丹诺夫竟说在马赫哲学里"意志自由绝对没有容身之地"！我们已经看到，克莱因佩特没有掩饰自己的唯心主义和马赫的唯心主义。克莱因佩特在1898—1899年写道："对于我们概念的本质，赫兹表露出同样的〈像马赫一样的〉主观主义看法……　如果从唯心主义方面看来，马赫和赫兹〈克莱因佩特把这位著名的物理学家扯上，这有多少道理，以后另行论述〉因为着重指出我们的**一切**概念（不是个别的概念）的主观起源和它们之间的联系而建立了功绩，那么从经验论方面看来，他们因为承认只有经验这个不依赖于思维的阶段才能解决概念的正确性问题也建立了同样大的功绩。"（1898—1899年

《系统哲学文库》第5卷第169——170页)克莱因佩特在1900年写道:虽然康德和贝克莱跟马赫有种种不同,"但是至少他们比在自然科学中占统治地位的、成为马赫主要攻击对象的形而上学的经验论〈即唯物主义! 这位教授先生避讳叫出恶魔的名字!〉更加接近马赫"(同上,第6卷第87页)。他在1903年写道:"贝克莱和马赫的出发点是无法驳倒的……" "马赫是康德事业的完成者。"(1903年《康德研究》杂志第8卷第314、274页)

马赫在《感觉的分析》俄译本序言中也把泰·齐亨称做"走的即使不是相同道路,也是很相近道路的人"。我们读读泰·齐亨教授的《心理生理学的认识论》(Theodor Ziehen: «Psychophysiologische Erkenntnistheorie»1898年耶拿版)这部著作就会看到,作者在序言里就引用了马赫、阿芬那留斯、舒佩等人的话。看来,这又是一个为老师所承认的学生。齐亨的"最新"理论是:只有"群氓"才会认为,似乎是"现实的物引起我们的感觉"(第3页);"在认识论的入口,除了写上贝克莱的'外部客体不是独自存在着,而是在我们的心中存在着'这句话,不可能有任何别的题词"(第5页)。"我们感知的只是感觉和表象。这二者都是心理的东西。非心理的东西是没有内容的字眼。"(第100页)自然规律不是物质的物体之间的关系,而是"还原了的感觉之间的"关系(第104页:齐亨式的贝克莱主义的全部独创性就在于"还原了的感觉"这个"新"概念!)。

还在1904年,彼得楚尔特就在他的《纯粹经验哲学引论》第2卷(第298—301页)里把齐亨当做唯心主义者抛弃了。他在1906年已经把科内利乌斯、克莱因佩特、齐亨、费尔伏恩列入**唯心主义者或心理一元论者**的名单(《……世界问题》第137页注释)。要知道,所有这些教授先生们在对"马赫和阿芬那留斯的观点"的解释中都有"误解"(同上)。

可怜的马赫和阿芬那留斯! 非但他们的敌人诬蔑他们搞唯心主义,"甚至"(如波格丹诺夫所说)搞唯我论,连他们的朋友、学生、追随者、专家教授也错误地、从唯心主义方面理解自己的老师。如果说经验批判主义发展为唯心主义,这决不能证明它的混乱的贝克莱主义的基本前提根本是虚妄的。天啊! 这不过是一个诺兹德列夫[61]式的人物彼得楚尔特所说的那种小小的"误解"而已。

在这里最可笑的也许是:这位以维护纯洁无瑕自居的彼得楚尔特自己首先以"逻辑的先验""补充了"马赫和阿芬那留斯的学说,其次把他们和信仰主义的传播者威廉·舒佩结合在一起。

如果彼得楚尔特知道英国的马赫信徒,他还得把陷进(由于"误解")唯心主义的马赫主义者的名单大大地扩充。我们已经指出,大受马赫赞赏的卡尔·毕尔生是一个彻头彻尾的唯心主义者。请再听两位"诽谤者"对毕尔生所作的同样的评论:"卡·毕尔生教授的学说不过是贝克莱的真正伟大的学说的回声。"(霍华德·诺克斯的话,载于 1897 年《思想》杂志第 6 卷第 205 页)"毫无疑问,毕尔生先生是一个十足的唯心主义者。"(乔治·罗狄埃的话,载于 1888 年 2 月《哲学评论》杂志[62]第 26 卷第 200 页)马赫认为英国唯心主义者威廉·克利福德的学说"非常接近"他的哲学(《感觉的分析》第 8 页)。不过这个克利福德与其说是马赫的学生,不如说是马赫的老师,因为他的哲学著作在上一世纪 70 年代就已出版了。这里的"误解"是直接从马赫那里来的,马赫在 1901 年"没有看出"克利福德学说中的唯心主义。克利福德曾说,世界是"精神之物

(mind-stuff)"、"社会的客体"、"高度组织起来的经验"等等①。为了说明德国马赫主义者的欺骗行为,应当指出,克莱因佩特在1905年就把这个唯心主义者抬高到"现代自然科学认识论"的创始人的地位!

马赫在《感觉的分析》第284页上指出了一位"接近"佛教和马赫主义的美国哲学家保·卡鲁斯。卡鲁斯自称是马赫的"崇拜者和朋友",他在芝加哥主编一个研究哲学的杂志《一元论者》[63]和一个宣传宗教的杂志《公开论坛》(«The Open Court»)[64]。这个通俗杂志的编辑部说道:"科学是神的启示。我们坚持这样一种看法:科学可以改革教会,这种改革将保存宗教中一切正确的、健康的好的东西。"马赫经常为《一元论者》杂志撰稿,在这个杂志上发表他的新作的个别章节。卡鲁斯按照康德的精神"稍微"修改了马赫的学说,声称马赫"是唯心主义者,或者像我要说的,是主观主义者",但是,尽管他,卡鲁斯,和马赫有部分意见分歧,却仍然深信"我和马赫在思想上一致"②。卡鲁斯声明:我们的一元论"不是唯物主义的,不是唯灵论的,也不是不可知论的;它不过是意味着彻底性……它把经验当做基础,把经验关系的系统化的形式当做方法来使用"(显然这是从亚·波格丹诺夫的《经验一元论》那本书里抄来的!)。卡鲁斯的口号是:"不是不可知论,而是实证科学;不是神秘主义,而是清晰的思想;不是超自然主义,不是唯物主义,而是一元论的世界观;不是教条,而是宗教;不是信条,而是信仰(not

---

① 威廉·金登·克利福德《演讲论文集》1901年伦敦第3版第2卷第55、65、69页。在第58页上写道:"我拥护贝克莱,反对斯宾塞。"在第52页上写道:"客体是我的意识中的一连串变化,而不是我的意识以外的某种东西。"

② 1906年7月《一元论者》杂志第16卷;保·卡鲁斯《马赫教授的哲学》第320、345、333页。这是对克莱因佩特在同一杂志上发表的一篇论文的回答。

creed, but faith）。"为了实行这个口号,卡鲁斯宣扬一种"新神学"、
"科学的神学"或宗教科学。这种神学否定圣经的词句,但是坚信
"一切真理都是神的真理,神在自然科学中也像在历史中一样显示
自己"[①]。应当指出,克莱因佩特在上面提到的那本论述现代自然
科学的认识论的书里,除了推荐奥斯特瓦尔德、阿芬那留斯和内在
论者,还推荐了卡鲁斯(第 151—152 页)。当海克尔发表了他的
一元论者协会的纲要时,卡鲁斯表示坚决反对。首先,卡鲁斯认
为,海克尔否定"同科学的哲学完全相容的"先验主义是枉费心机
的。其次,卡鲁斯反对海克尔的"排除意志自由的可能性"的决定
论学说。再次,他说海克尔"强调自然主义者反对教会传统保守主
义的片面观点,是犯了一个错误。因此,海克尔并不是愉快地致力
于使现存教会对教理作出新的更正确的解释而得到高度发展,而
是变成了现存教会的敌人"(同上,1906 年第 16 卷第 122 页)。卡
鲁斯本人也承认:"许多自由思想者认为我是反动分子,责备我不
加入他们把一切宗教当做偏见来攻击的合唱队。"(第 355 页)

十分明显,我们面前是以宗教鸦片来麻醉人民的一伙美国文
化骗子的首领。马赫和克莱因佩特显然也是由于小小的"误解"而
加入了这一伙的。

5. 亚·波格丹诺夫的"经验一元论"

波格丹诺夫关于自己写道:"直到现在,我个人在著作界只知
道一个经验一元论者,此人就是亚·波格丹诺夫。我倒很了解他,

[①]　1902 年 10 月《一元论者》杂志第 13 卷第 24 页及以下各页,卡鲁斯的论文:
《神学是一门科学》。

并且能够保证他的观点完全适合自然界对于精神是第一性的这一神圣的公式。这就是说，他把一切存在着的东西看做是发展的一根不断的链条，这根链条最底下的环节消失在要素的混沌世界里，而我们所知道的上面的环节是**人们的经验**〈黑体是波格丹诺夫用的〉，即心理经验和更高一层的物理经验，并且这种经验和从其中产生出来的认识都符合于通常称之为精神的东西。"(《经验一元论》第3卷第 XII 页)

波格丹诺夫在这里把我们所熟知的恩格斯的原理叫做"神圣的"公式来加以讥笑，但又巧妙地避开了恩格斯！我们同恩格斯没有分歧，根本没有……

可是请大家更仔细地看一看波格丹诺夫自己对他的标榜一时的"经验一元论"和"代换说"所作的这段概述吧。波格丹诺夫把物理世界叫做**人们的经验**，宣称在发展的链条上，物理经验要比心理经验**更高一层**。这真是荒谬绝伦！而这种荒谬正是一切唯心主义哲学所特有的。如果波格丹诺夫把这样的"体系"也归入唯物主义，说什么他也认为自然界是第一性的，精神是第二性的，那简直是滑稽。如果这样应用恩格斯的定义，那么连黑格尔也是唯物主义者了，因为，在黑格尔那里也是心理经验（名为绝对观念）在先，然后是"更高一层"的物理世界，即自然界，最后才是人的认识，人是通过自然界认识绝对观念的。任何一个唯心主义者也不会在这种含义上否认自然界的第一性，因为实际上这不是第一性，实际上自然界不是被看做**直接**存在的东西，不是被看做认识论的出发点。实际上还要**通过**"心理的东西"的**抽象概念**这一漫长的行程才转到自然界。不论这些抽象概念叫做绝对观念、普遍的**自我**，还是叫做世界意志或其他等等，都一样。这些名称只是用来区分唯心主义

变种的,而这些变种多得不可胜数。唯心主义的实质在于:把心理的东西作为最初的出发点;从心理的东西引出自然界,**然后再**从自然界引出普通的人的意识。因此,这种最初的"心理的东西"始终是把冲淡了的神学掩盖起来的**僵死的抽象概念**。例如,任何人都知道什么是人的**观念**,但是脱离了人的和在人出现以前的观念、抽象的观念、绝对观念,却是唯心主义者黑格尔的神学的虚构。任何人都知道什么是人的感觉,但是脱离了人的、在人出现以前的感觉,却是胡说、僵死的抽象概念、唯心主义的谬论。波格丹诺夫在编造下面的阶梯时炮制的正是这种唯心主义的谬论:

（1）"要素"的混沌世界（我们知道,要素这个名词除了**感觉**,不包含任何其他的人的概念）;

（2）人们的心理经验;

（3）人们的物理经验;

（4）"从这种经验中产生出来的认识"。

与人脱离的（人的）感觉是没有的。这就是说,第一层梯级是僵死的唯心主义的抽象概念。实质上,我们在这里看到的并不是大家所熟悉的、通常的**人的**感觉,而是某种臆造的、**不属于任何人的感觉**,**一般**感觉,神的感觉,正如在黑格尔那里通常的人的观念一旦与人和人脑分开就成了神的观念一样。

第一层梯级滚开吧。

第二层梯级也滚开吧。因为,任何人都不知道,自然科学也不知道物理的东西**以前的心理的东西**（而波格丹诺夫认为第二层梯级**先于**第三层梯级）。物理世界在心理的东西出现以前就已存在,心理的东西是最高形式的有机物质的最高产物。波格丹诺夫的第二层梯级也是僵死的抽象概念,是没有头脑的思想,是与人分开的人的理性。

只有完全抛弃前两层梯级，也只有这样，我们才能获得一幅真正同自然科学和唯物主义相符合的世界图景。这就是：（1）物理世界是**不依赖于人的意识而存在的**，它在人出现**以前**、在任何"人们的经验"产生**以前**早就存在；（2）心理的东西、意识等等是物质（即物理的东西）的最高产物，是叫做人脑的这样一块特别复杂的物质的机能。

波格丹诺夫写道："代换的领域是和物理现象的领域相合的；用不着以任何东西代换心理现象，因为它们是直接的复合。"（第XXXIX页）

这就是唯心主义，因为心理的东西，即意识、表象、感觉等等，被认为是**直接的东西**，而物理的东西是从其中引出来的，是代换它的。费希特说，世界是我们的**自我**所创造的**非我**。黑格尔说，世界是绝对观念。叔本华说，世界是意志。内在论者雷姆克说，世界是概念和表象。内在论者舒佩说，存在是意识。波格丹诺夫说，物理的东西是心理的东西的代换。只有瞎子才看不出这些不同的说法所包含的相同的唯心主义实质。

波格丹诺夫在《经验一元论》第1卷第128—129页写道："让我们向自己提这样一个问题：什么是'生物'，譬如说，什么是'人'？"他回答道："'人'首先是'直接体验'的一定复合"。请注意**"首先"**二字！**"然后**，在经验的进一步发展中，'人'对自己和别人来说才是其他许多物理物体中的一个物理物体。"

这完全是胡说的"复合"，它只适宜于推出灵魂不死或神的观念等等。人首先是直接体验的复合，而**在进一步发展中**才是物理物体！这就是说，有脱离了物理物体的、在物理物体出现**以前**的"直接体验"。真可惜，我们的正教中学还没有讲授这种卓绝的哲学；在那里，它的全部价值是会受到珍视的。

"……我们承认，物理自然界本身是那些具有直接性质的复合（其中也包括心理同格）**所派生的东西**〈黑体是波格丹诺夫用的〉；物理自然界是这种复合在其他的、与它们相似的、不过是最复杂类型的复合中（在生物的社会地组织起来的经验中）的反映。"（第146页）

凡是说物理自然界本身是派生的东西的哲学，就是最纯粹的僧侣主义哲学。它的这种性质决不会因为波格丹诺夫本人极力否认一切宗教而有所改变。杜林也是一个无神论者；他甚至提议在他的"共同社会的"制度里禁止宗教。尽管这样，恩格斯完全正确地指出，杜林的"体系"如果没有宗教便不能自圆其说。[①] 波格丹诺夫也完全是这样，不过有一个重大的差别：上面引的一段话不是偶然的自相矛盾，而是他的"经验一元论"和他的全部"代换说"的本质。如果自然界是派生的，那么不用说，它只是由某种比自然界更巨大、更丰富、更广阔、更有力的东西派生出来的，只是由某种存在着的东西派生出来的，因为要"派生"自然界，就必须有一个不依赖于自然界而存在的东西。这就是说，有某种存在于自然界**以外**、并且能**派生**出自然界的东西。用俄国话说，这种东西叫做神。唯心主义哲学家总是想方设法改变神这个名称，使它更抽象，更模糊，同时（为了显得更真实）更接近于"心理的东西"，如"直接的复合"、无须证明的直接存在的东西。绝对观念，普遍精神，世界意志，心理的东西对物理的东西的"**普遍代换**"，——这些都是同一个观念，只是说法不同而已。任何人都知道，而且自然科学也在研究，观念、精神、意志、心理的东西是进行正常活动的人脑的机能；

---

① 参看《马克思恩格斯文集》第9卷第332—335页。——编者注

把这种机能同按一定方式组成的物质分开，把这种机能变为普遍的抽象概念，用这个抽象概念"代换"整个物理自然界，这是哲学唯心主义的妄想，这是对自然科学的嘲弄。

唯物主义说，"生物的社会地组织起来的经验"是由物理自然界派生出来的，是物理自然界长期发展的结果，是从没有而且也不可能有社会性、组织性、经验和生物的那种状态的物理自然界中发展出来的。唯心主义说，物理自然界是由生物的这种经验派生出来的。唯心主义这样说，就是把自然界和神相提并论（如果不是使自然界隶属于神）。因为神无疑是由生物的社会地组织起来的经验派生出来的。不管怎样考察波格丹诺夫的哲学，除了反动的混乱思想，它没有任何别的内容。

波格丹诺夫以为谈论社会地组织经验，就是"认识上的社会主义"（第 3 卷第 XXXIV 页）。这真是痴人说梦。如果这样解释社会主义，那么耶稣会士[65]也是"认识上的社会主义"的热诚的信徒了，因为他们的认识论的出发点，就是神这个"社会地组织起来的经验"。无疑地，天主教也是社会地组织起来的经验，不过它反映的不是客观真理（为波格丹诺夫所否定而为科学所反映的客观真理），而是一定的社会阶级利用人民的愚昧无知。

何必提耶稣会士呢！我们在马赫所心爱的内在论者那里完全可以找到波格丹诺夫的"认识上的社会主义"。勒克列尔认为自然界是"人类"的意识（《……实在论》第 55 页），决不是个别人的意识。这种费希特主义的认识上的社会主义，你要多少，资产阶级的哲学家就可以给多少。舒佩也强调 das generische, das gattungs- mäßige Moment des Bewusstseins（参看《科学的哲学季刊》第 17 卷第 379—380 页），即认识中共同的、类的要素。以为用人类的意识代替个人的意识，或者用社会地组织起来的经验代替一个人的经验，哲学唯心主义便会消失，这等于以为用股份公司代替一个资本家，资本主义便会消失一样。

我们俄国的马赫主义者尤什凯维奇和瓦连廷诺夫跟着唯物主义者拉赫美托夫说，波格丹诺夫是唯心主义者（同时又简直像流氓似地大骂拉赫美托夫）。但是他们不会想一想这种唯心主义是从哪里来的。在他们看来，波格丹诺夫是一个单独的现象，是一种偶然的情况，是个别的例子。这是不正确的。波格丹诺夫个人可以认为他发明了"独创的"体系，可是只要把他和上述的马赫的学生们比较一下，就可以看出这种看法的错误。波格丹诺夫和科内利乌斯之间的差别，比科内利乌斯和卡鲁斯之间的差别小得多。波格丹诺夫和卡鲁斯之间的差别，又比卡鲁斯和齐亨之间的差别小些（当然是从哲学体系方面来看，而不是从反动结论的自觉性方面来看），等等。波格丹诺夫不过是那种证明马赫主义向唯心主义发展的"社会地组织起来的经验"的表现之一。如果在波格丹诺夫的老师马赫的学说中没有贝克莱主义的……"要素"，世界上就不会出现波格丹诺夫（当然指的**仅仅**是哲学家的波格丹诺夫）。我想象不出对波格丹诺夫还有比下述做法更"可怕的报复"[66]：把他的《经验一元论》翻译成德文，并送给勒克列尔和舒伯特-索尔登、科内利乌斯和克莱因佩特、卡鲁斯和毕雍（雷努维埃的法国合作者和学生）去评论。马赫的这些人所共知的战友和部分地公开的追随者会用接吻来欢迎这个"代换说"，这恐怕会比他们的议论更能说明问题。

但是，如果把波格丹诺夫的哲学看做是已经完成的和一成不变的体系，也未必正确。从1899年到1908年这九年中间，波格丹诺夫在哲学中的漫游经过了四个阶段。最初他是一个"自然科学的"（即半自觉的、自发地忠于自然科学精神的）唯物主义者。《自然史观的基本要素》这本书就带有这个阶段的鲜明的痕迹。第二个阶段是上一世纪90年代末流行的奥斯特瓦尔德的"唯能论"的阶段，也就是在某些地方陷入唯心主义的混乱的不可知论的阶段。波格丹诺夫从奥斯特瓦尔德（奥斯特瓦尔德的《自然哲学讲演录》一书的封面题词是："献给恩·马赫"）那里转向了马赫，也就是说他采用了像马赫的全部哲学一样不彻底的、糊涂的主观唯心主义的基本前提。第四个阶段是：企图清除马赫主义的若干矛盾，创立一种类似客观唯心主义的东西。"普遍代换说"表明波格丹诺夫从他的出发点起差不多转了一个180度的大弯。比起先前的几个阶段，波格丹诺夫哲学的这个阶段离辩证唯物主义更远还是更近呢？如果他停留在一个地方，当然是更远了。如果他继续顺着他九年来走的那条曲线前进，那么就更近了。现在他只需要认真地前进一步，就是说，只需要普遍抛弃他的普遍代换说，就可以重新转到唯物主义。因为，就像（si licet parva componere magnis! ——如果可以以小比大的话）黑格尔的"绝对观念"把康德的唯心主义的一切矛盾和费希特主义的一切弱点集中起来一样，这个普遍代换说把不彻底的唯心主义的一切过失和彻底的主观唯心主义的一切弱点集中起来，编成了一条中国式的辫子。以前费尔巴哈**只要认**真地前进一步，就是说，只要普遍抛弃、完全根除绝对观念，即黑格尔的"代换"物理自然界的"心理的东西"，就可以重新转到唯物主义。费尔巴哈剪掉了哲学唯心主义的中国式的辫子，也就是说，他把自然界当做基础，而没有任何的"代换"。

过些时候我们就会看到马赫派的唯心主义的中国式的辫子是否还会长期留下去。

6."符号论"(或象形文字论)和
对亥姆霍兹的批判

上面讲到了作为经验批判主义的战友和继承者的唯心主义者,为了再作一些补充,我们认为指出马赫主义对我国文献中所提到的某些哲学论点所作的批判的性质,是适当的。例如,我们那些想当马克思主义者的马赫主义者兴高采烈地攻击普列汉诺夫的"象形文字论"[67],即一种认为人的感觉和表象不是现实的物和自然过程的复写,不是它们的模写,而是记号、符号、象形文字等等的理论。巴扎罗夫嘲笑这种象形文字论的唯物主义。必须指出,如果他为了保护非象形文字论的**唯物主义**而反对象形文字论的唯物主义,那**他是对的**。但是巴扎罗夫又在这里使用魔术师的手法,在批判"象形文字论"的幌子下,偷运他的否认唯物主义的观点。恩格斯既没有说符号,也没有说象形文字,而说的是物的复写、摄影、模写、镜像。巴扎罗夫不是指出普列汉诺夫由于违背恩格斯对唯物主义的表述而犯的错误,而是用普列汉诺夫的错误来蒙蔽读者,使他们看不到恩格斯的正确思想。

为了说明普列汉诺夫的错误和巴扎罗夫的混乱,我们且举出"符号论"(用象形文字这个词代替符号这个词也一样)的一位著名代表亥姆霍兹,并看一看唯物主义者以及与马赫主义者沆瀣一气的唯心主义者是怎样批判亥姆霍兹的。

亥姆霍兹这位在自然科学上极伟大的人物,也像大多数自然科学家一样,在哲学上是不彻底的。他倾向于康德主义,但是在他的认识论里并没有彻底地坚持这种观点。例如,在他的《生理光学》一书中对概念和客体是否相符合这个问题有这样一些论述："……我曾把感觉叫做外部现象的**符号**，并且我否认感觉和它们所代表的物之间有任何的相似之处。"（法译本第579页，德文原本第442页）这是不可知论。但是接着在同一页上我们读到："我们的概念和表象是我们所看见或我们所想象的对象对我们的神经系统和我们的意识所发生的**作用**。"这是唯物主义。亥姆霍兹只是不明白绝对真理和相对真理的关系，这从他在后面的论述中可以看出来。例如，亥姆霍兹在稍后一点说道："因此，我认为，在**实用的**真理的意义之外谈论我们表象的真理性是毫无意义的。我们关于物的表象，**只能是客体的符号、天然标志**，我们要学会使用这些标志来调整我们的活动和行动。当我们学会正确地解释这些符号的时候，我们就能够借助它们来指导我们的行动，获得所期望的结果……" 这是不对的。亥姆霍兹在这里滑向主观主义，否认客观实在和客观真理。当他用下面这句话来结束这一段的时候，他竟达到了极端错误的地步："观念和它所代表的客体，显然是属于两个完全不同世界的两种东西……" 只有康德主义者才把观念和现实、意识和自然界这样割裂开来。但是，我们在稍后一点读到："首先，谈到外部对象的质，只要稍微想一想就会明白，我们可以加之于外部对象上的所有的质，仅仅表示外部对象对我们的感官或对自然界的其他对象的**作用**。"（法译本第581页，德文原本第445页；我是从法译本转译的。）这里亥姆霍兹又转到唯物主义观点上了。亥姆霍兹是一个不彻底的康德主义者，时而承认先验的思维规律，时而倾向于时间和空间的"超验的实在性"（即倾向于唯物主义对时间和空间的看法），时而从作用于我们感官的外部对象中引出人的感觉，时而宣称感觉不过是符号，即某种任意的标志，这种标志是跟"完全不同的"被标记的物的世界脱离的（参看维克多·海费尔德《关于亥姆霍兹的经验概念》1897年柏林版）。

　　1878年亥姆霍兹在关于"知觉中的事实"的演讲中（勒克列尔把这篇演讲叫做"实在论阵营中的一件大事"），曾经这样表明他的观点："我们的感觉正是外部原因在我们的器官上所引起的作用。至于这种作用怎样表现出来，那当然主要取决于感受这种作用的器官的性质。由于我们感觉的质把引起这种感觉的外部影响的特性告知我们，所以感觉可以看做是外部影响的**记号**（Zeichen），但不能看做是它的**模写**。因为模写需要同被模写的对象有一定程度的相似之处……　而记号却不需要同它所标记的东西有任何相似之处。"（《报告演说集》1884年版第2卷第226页）如果感觉不是物的映象，而只是同物没有"任何相似之处"的记号或符号，那么亥姆霍兹的作为出发点的唯物主义前提就被推翻了，外部对象的存在就有些问题了，因为记号或符号完全可能代表虚构的对象，并且任何人都知道一些**这种**记号或符号的例子。亥姆霍兹继康德之后，企图划出一条与"现象"和"自在之物"之间的原则界限相类似的界限。亥姆霍兹对直率的、明确的、公开的唯物主义持有一种不可克服的偏见。但是他在稍后一点又说道："我不知道怎样才能驳倒想把生活看做是梦幻的极端主观唯心主义的体系。人们可以宣称这种体系是最难令人置信的和最不能令人满意的，我在这方面会同意最激烈的否定说法，但是，这种体系还是可以贯彻到底的……　相反地，实在论的假说信赖平常的自我观察的申述〈或提示，Aussage〉。依据平常的自我观察，随着一定行动而发生的知觉的变化和先前的意志的冲动是没有任何心理的联系的。这种假说，把日常知觉所证实的一切东西，即在我们以外的物质世界，看做是不依赖于我们的表象而存在的东西。"（第 242—243 页）"无疑地，实在论的假说是我们所能制定的最简单的假说，它在极其广泛的应用范围内是受过考验的并且是得到证实的，它的各个部分是被精确地规定了的，因而它作为行动的基础是最有用和最有效的。"（第 243 页）亥姆霍兹的不可知论也是和具有康德主义成分（跟赫胥黎的贝克莱主义成分不同）的"羞羞答答的唯物主义"相似的。

因此，费尔巴哈的继承者阿尔布雷希特·劳对亥姆霍兹的这种没有彻底背离"实在论"的符号论进行坚决的批判。劳说，亥姆霍兹的基本观点是实在论的前提，按照这种前提，"我们借助我们的感觉认识物的客观特性"①。符号论不能和这种观点（如我们已经看到的，完全唯物主义的观点）调和，因为它对感性有些不信任，即对我们感官的提示不信任。不容争辩，模写决不会和原型完全相同，但模写是一回事，符号、**记号**是另一回事。模写一定是而且必然是以"被模写"的东西的客观实在性为前提的。"记号"、符号、象形文字是一些带有完全不必要的不可知论成分的概念。因此，阿·劳说得十分正确：亥姆霍兹用符号论向康德主义纳贡。劳说道："如果亥姆霍兹始终信守自己的实在论观点，彻底坚持物体的特性既表现物体彼此间的关系又表现物体对我们的关系这一原则，那么，他显然就不需要这一套符号论了，他就会简单明了地说，'物在我们身上引起的感觉，是这些物的本质的模写'。"（同上，第320 页）

---

① **阿尔布雷希特·劳《感觉和思维》**1896 年吉森版第 304 页。

这位唯物主义者就是这样批判亥姆霍兹的。他是为了维护费尔巴哈的彻底的唯物主义而批驳亥姆霍兹的象形文字论（或符号论）的唯物主义或半唯物主义的。

唯心主义者勒克列尔（很合马赫心意的"内在论学派"的代表）也责备亥姆霍兹不彻底，责备他动摇于唯物主义和唯灵论之间（《……实在论》第154页）。但是，在勒克列尔看来，符号论不是唯物主义不足，而是唯物主义太多。勒克列尔写道："亥姆霍兹认为，我们意识的知觉为认识超验原因在时间上的连贯性和它们的相同性或相异性，提供足够的依据。在亥姆霍兹看来，这足以使我们推想超验物领域中〈即客观实在领域中〉的有规律的秩序。"（第33页）勒克列尔大声疾呼地反对这种"亥姆霍兹的独断主义偏见"。他叫嚷道："贝克莱的神作为我们意识中观念的**有规律的**秩序的假设原因，至少能像外部的物的世界一样满足我们对说明原因的要求。"（第34页）"如果不大量地掺入庸俗实在论〈即唯物主义〉，要把符号论贯彻到底……是不可能的。"（第35页）

这位"批判唯心主义者"在1879年就是这样斥责亥姆霍兹的唯物主义的。过了20年，马赫的得意门生克莱因佩特在《恩斯特·马赫和亨利希·赫兹对物理学的根本观点》①一文中，用马赫的"最新"哲学对"过时的"亥姆霍兹作了如下的驳斥。我们暂时撇开赫兹不谈（他实质上和亥姆霍兹一样不彻底），看一看克莱因佩特是怎样比较马赫和亥姆霍兹的。他引证了这两位著作家的许多话，特别着重地强调了马赫关于物体是感觉复合的思想符号等等的有名言论，然后说道：

---

① 1899年《哲学文库》**68**的第2分刊《系统哲学》第5卷特别是第163—164页。

"如果我们探讨一下亥姆霍兹的思想过程，我们就会看到下列的基本前提：

（1）存在着外部世界的对象。

（2）没有某种（被认为是实在的）原因的作用，这些对象的变化是不可想象的。

（3）'原因按其原来的词意，是指停留或存在于不断变化的现象后面的始终不变的东西，即实物及其作用的规律、力'〈克莱因佩特引用亥姆霍兹的话〉。

（4）从现象的原因中，可以在逻辑上严格地一义性地导出一切现象。

（5）达到这个目的和掌握客观真理，意思是相同的，因此获得（Erlangung）客观真理是可以想象的。"（第163页）

克莱因佩特对这些前提及其矛盾性，对制造不可解决的问题，表示愤慨，他指出，亥姆霍兹并不严格地坚持这些观点，因为有时候使用的"一些说法，有点像马赫对"物质、力、原因等"这些词的纯粹逻辑的理解"。

"如果我们想起马赫的一些那样美妙、明白的名词，就不难发现我们对亥姆霍兹感到不满的由来。对质量、力等名词的错误理解，就是亥姆霍兹全部论述的毛病。要知道，这不过是些概念即我们幻想的产物，而决不是存在于思维之外的实在。我们根本不能认识什么实在。由于我们的感官不完善，我们根本不能够从我们感官的观察中作出只有一个意思的结论。我们决不能断言，例如，在看某一标度（durch Ablesen einer Skala）的时候，我们会得到一个确定的数字。因为在一定的界限内，总可能有无数与所观察的事实都同样相符的数字。而认识存在于我们之外的某种实在的东西,这是我们完全办不到的。即使假定能够办到并且我们认识了实在,我们也无权把逻辑规律应用于实在,因为逻辑规律是**我们的**规律,它们只能应用于**我们的**概念,应用于**我们的**〈黑体都是克莱因佩特用的〉思想产物。在事实之间没有逻辑的联系,只有简单的连贯性;在这里必然判断是不可设想的。因此,说一种事实是另一种事实的原因,是不正确的,而建立在这种理解上的亥姆霍兹的整个演绎也就随之站不住脚了。最后,客观的即不依赖于任何主体而存在的真理是不可能达到的,这不仅是由于我们感官的特性,而且因为我们作为人(wir als Menschen),根本不能理解完全不依赖于我们而存在的东西。"(第 164 页)

读者可以看到,我们这位马赫的学生重复着他的老师和那个不承认自己是马赫主义者的波格丹诺夫所爱说的话,把亥姆霍兹的全部哲学完全否定,而且是从唯心主义的观点来否定的。这位唯心主义者甚至没有特别注意符号论,因为他认为符号论是对唯物主义的不关紧要的、也许是偶然的偏离。克莱因佩特把亥姆霍兹看做是"物理学的传统观点"即"直到现在仍为大多数物理学家所持的那种观点"的代表(第 160 页)。

我们得出的结论是:普列汉诺夫在阐述唯物主义时犯了明显的错误,而巴扎罗夫却完全把问题搞乱了,他把唯物主义和唯心主义混为一谈,用"感性表象也就是存在于我们之外的现实"这种唯心主义胡说来反对"符号论"或"象形文字论的唯物主义"。从康德主义者亥姆霍兹那里出发,正如从康德本人那里出发一样,唯物主义者向左走,马赫主义者则向右走。

7. 对杜林的两种批判

我们还要指出马赫主义者对唯物主义的难于置信的歪曲中的一个特点。瓦连廷诺夫想用和毕希纳对比的方法来打垮马克思主义者。他不顾恩格斯已和毕希纳异常清楚地划清了界限,硬说毕希纳有许多同普列汉诺夫相似的地方。波格丹诺夫则从另一方面对待这个问题,仿佛他是在维护那种"不知何故常常被人们轻蔑地谈论的""自然科学家的唯物主义"(《经验一元论》第 3 卷第 X 页)。瓦连廷诺夫和波格丹诺夫在这里糊涂极了。马克思和恩格斯总是"轻蔑地谈论"不好的社会主义者,但是应当从中看出:他们的本意是要求正确的科学的社会主义学说,而不是要求从社会主义飞到资产阶级观点上去。马克思和恩格斯总是斥责**不好的**(而且主要是反辩证法的)唯物主义,但他们是从更高级、更发展的辩证**唯物主义**的观点,而不是从休谟主义或贝克莱主义的观点加以斥责的。马克思、恩格斯和狄慈根谈论不好的唯物主义者,是重视他们,希望纠正他们的错误;而对于休谟主义者和贝克莱主义者、马赫和阿芬那留斯,他们连谈都不谈,只给这**整个**派别下一个更轻蔑的评语。因此,我们的马赫主义者在提到霍尔巴赫一伙、毕希纳一伙等等时所做的无数鬼脸怪相,完全是想蒙蔽大家,掩盖整个马赫主义对一般唯物主义原理的背离,害怕直截了当地同恩格斯论争。

恩格斯在他的《路德维希·费尔巴哈》第 2 章的后面对 18 世纪的法国唯物主义以及毕希纳、福格特和摩莱肖特作了评论,没有比这说得更清楚的了。只要**不想**歪曲恩格斯,就**不可能**不了解他。

恩格斯在这一章里阐明唯物主义的一切学派同唯心主义者的**整个营垒**、同一切康德主义者和休谟主义者的**基本**区别时说道：马克思和我是唯物主义者。恩格斯**责备费尔巴哈有几分怯懦**和轻率，这表现在：费尔巴哈在某些地方由于某个唯物主义学派的错误而摒弃了一般唯物主义。恩格斯说，费尔巴哈"不应该（durfte nicht）把这些巡回传教士〈毕希纳及其一伙〉的学说同一般唯物主义混淆起来"（第21页）①。只有那些由于背诵和迷信德国反动教授们的学说而失灵了的头脑，才会**不了解**恩格斯对费尔巴哈的**这种**责备的性质。

恩格斯异常明白地说，毕希纳及其一伙"丝毫没有越出他们的老师们〈即18世纪的唯物主义者〉的这个范围"而**前进一步**。恩格斯责备毕希纳一伙，就是因为这一点，而且**仅仅是因为这一点**；不是因为他们的唯物主义（像不学无术之徒所想的那样），而是因为他们**没有推进唯物主义**，"**在进一步发展〈唯物主义的〉理论方面，他们实际上什么事也没有做**"。恩格斯责备毕希纳一伙，**仅仅**是因为这一点。就在这里，恩格斯**逐一地**列举了18世纪法国唯物主义者的三个基本的"局限性"（Beschränktheit）。马克思和恩格斯摆脱了这些局限性，可是毕希纳一伙没有摆脱得了。第一个局限性是：旧唯物主义者的观点是"机械的"，**这就是说**，他们"仅仅运用力学的尺度来衡量化学性质的和有机性质的过程"（第19页）。我们将在下一章里看到，由于不懂得恩格斯的这句话，某些人是怎样经过新物理学而陷入唯心主义的。恩格斯批驳**机械**唯物主义的原因，是和"最新"唯心主义（亦即马赫主义）派别的物理学家们责难

---

① 见《马克思恩格斯文集》第4卷第283页。——编者注

它的原因不同的。第二个局限性是：旧唯物主义者观点的形而上学性，即他们的**"反辩证法的哲学思维方法"**。这个局限性完全为我们的马赫主义者和毕希纳一伙所共有，正如我们看到的，我们的马赫主义者对于恩格斯在认识论上应用辩证法（例如，绝对真理和相对真理）丝毫不理解。第三个局限性是："上半截"即在社会科学领域内保持着唯心主义，不懂得历史唯物主义。

恩格斯在列举并透彻地阐明了这三个"局限性"之后（第19—21页），**紧接着补充说**，毕希纳一伙并没有越出**"这个范围"**（über diese Schranken）。

只是因为这三点，只是在这个范围内，恩格斯批驳了18世纪的唯物主义，也批驳了毕希纳一伙的学说！在唯物主义的其余一切更基本的问题上（被马赫主义者歪曲了的），马克思和恩格斯同所有这些旧唯物主义者之间**没有而且也不可能有任何差别**。把这个十分清楚的问题弄得混乱不清的完全是俄国马赫主义者，因为在他们的西欧的导师和同道者看来，马赫一伙的路线和全体唯物主义者的路线之间的根本差异是有目共睹的。我们的马赫主义者需要把这个问题弄得混乱不清，以便把自己脱离马克思主义而转入资产阶级哲学阵营说成是对马克思主义的"小小修正"！

就拿杜林来说吧。很难想象有比恩格斯对他的评论更轻蔑的了。可是请看一看，**在恩格斯批判杜林的同时**，称赞马赫的"**革命哲学**"的**勒克列尔**，是怎样批判同一个杜林的。在勒克列尔看来，杜林是唯物主义的"**极左派**"，这派人"毫不掩饰地宣称感觉以及意识和理性的各种表现，都是动物机体的分泌物、机能、高级产物、总效果等"（《……实在论》1879年版第23—24页）。

恩格斯是因为这一点批判杜林的吗？不是。在这一点上，他和杜林也像和其他一切唯物主义者一样，是**完全一致的**。他是从正相反的观点批判杜林的，是因为杜林的唯物主义不彻底，是因为杜林具有给信仰主义留下空子的唯心主义的奇思妙想。

“自然界本身在具有表象的生物之内起作用，也在它之外起作用，以便合乎规律地产生相互联系的观点，创造关于物的进程的必要知识。”勒克列尔引用了杜林的这几句话并疯狂地攻击这种观点的唯物主义，攻击这种唯物主义的“最粗陋的形而上学”、“自我欺骗”等等，等等（第160页和第161—163页）。

恩格斯是因为这一点批判杜林的吗？不是。他嘲笑任何的夸张，可是在承认意识所反映的自然界的客观规律性这一点上，**恩格斯和杜林**，也像和其他一切唯物主义者一样，**是完全一致的**。

“思维是其余一切现实的高级形态……”“哲学的基本前提是：物质的现实世界独立存在于这个世界所产生的并认识这个世界的意识现象群之外，不同于这种意识现象群。”勒克列尔引用了杜林的这几句话以及杜林对康德等人的一连串抨击，责备杜林有“形而上学”（第218—222页），责备他承认“形而上学的教条”等等。

恩格斯是因为这一点批判杜林的吗？不是。世界不依赖于意识而存在着，康德主义者、休谟主义者、贝克莱主义者等等对这个真理的任何背离都是错误的，——在这两点上，恩格斯和杜林，也像和其他一切唯物主义者一样，是完全一致的。如果恩格斯看到了勒克列尔和马赫是**从哪一方面**手携手地去批判杜林的，他就会用比他用在杜林身上的更加轻蔑**百倍**的话来骂这两个哲学上的反动分子！在勒克列尔看来，杜林是有害的实在论和唯物主义的化身（再参看《一元论的认识论概论》1882年版第45页）。马赫的老师和战友威·舒佩在1878年责备杜林的“荒谬的实在论”

(Traumrealismus)①，以报复杜林给一切唯心主义者加上"荒谬的唯心主义"这个名称。在恩格斯看来，**恰恰相反**：杜林是一个**不够**坚定、明确、彻底的唯物主义者。

马克思、恩格斯和约·狄慈根出现于哲学舞台上，都是当唯物主义在所有先进知识分子中间、特别是在工人中间已经占居优势的时候。因此，马克思和恩格斯把自己的全部注意力集中于：不是重复旧的东西，而是认真地在理论上**发展**唯物主义，把唯物主义应用于历史，就是说，**修盖好**唯物主义哲学这所建筑物的**上层**，这是理所当然的。他们在认识论领域中**只限于**改正费尔巴哈的错误，讥笑唯物主义者杜林的庸俗，批判毕希纳的错误（参看约·狄慈根的著作），强调这些在工人中间影响广名声大的著作家所**特别**缺少的东西，即辩证法，这是理所当然的。马克思、恩格斯和约·狄慈根并不担心叫卖者在几十种出版物中所叫卖的那些唯物主义的起码真理，而是把全部注意力集中于：不让这些起码真理庸俗化、过于简单化，导致思想僵化（"下半截是唯物主义，上半截是唯心主义"），导致忘却黑格尔的辩证法这个唯心主义体系的**宝贵**成果——毕希纳之流和杜林之流（以及勒克列尔、马赫、阿芬那留斯等等）一群雄鸡所不能从绝对唯心主义粪堆中啄出的这颗珍珠[69]。

只要稍微具体地想一想恩格斯和约·狄慈根的哲学著作产生时的这些历史条件，就会完全明白为什么他们**反对**把唯物主义的起码真理庸俗化，**甚于维护**这些真理。马克思和恩格斯反对把政治民主的基本要求庸俗化，也甚于维护这些要求。

只有哲学反动分子的门徒们才会"看不出"这种情况，才会向

---

① 　**威廉·舒佩博士**《认识论的逻辑》1878 年波恩版第 56 页。

读者把事情说成似乎马克思和恩格斯不懂得做一个唯物主义者是
怎么一回事。

8. 约·狄慈根为什么会为反动哲学家喜欢？

　　前面引过的格尔方德的例子已经包含对这个问题的回答，我
们不准备再看我们的马赫主义者格尔方德式地对待约·狄慈根的
无数例子。最好还是引用约·狄慈根本人的一些论述来说明他的
弱点。

　　狄慈根说："思维是脑的机能。"（《人脑活动的实质》1903年版
第52页，有俄译本）"思维是脑的产物……　我的书桌，作为我的
思想的内容，和这个思想是一致的，不是不同的。但是，在我的头
脑之外的这张书桌是我的思想的对象，它和我的思想迥然不同。"
（第53页）然而狄慈根对这种十分明白的唯物主义论点却作了这
样的补充："但是，非感性的表象也是感性的、物质的，即现实
的……　精神和桌子、光、声音之间的差别，并不比这些东西彼此
之间的差别大。"（第54页）这显然是不对的。说不论思想或物质
都是"现实的"，即存在着的，这是对的。但是把思想叫做物质的，
这就是向混淆唯物主义和唯心主义方面迈了错误的一步。实质
上，这多半是狄慈根用语不确切，他在另一地方就正确地说道："精
神和物质至少有一点是共同的，就是：它们都是存在着的。"（第80
页）狄慈根说："思维是肉体的活动。为了思维，我需要可供思维的
材料。这种材料是自然现象和生活现象提供给我们的……　物质
是精神的界限；精神不能超出物质的界限。精神是物质的产物，但
物质却不止是精神的产物……"（第64页）　对唯物主义者约·狄

慈根的这类唯物主义的说法,马赫主义者却不作分析! 他们偏要抓住狄慈根的一些不确切的混乱的地方。例如,狄慈根说,自然科学家"只有在自己的领域以外"才可能成为"唯心主义者"(第108页)。是不是这样,为什么是这样,马赫主义者对此默不作声。但是在前一页上狄慈根承认"现代唯心主义有积极方面"(第106页)和"唯物主义原理有缺陷",这必定使马赫主义者感到高兴吧! 狄慈根没有正确地表达出来的思想是:物质和精神的差别**也是相对的,不是无限的**(第107页)。这是正确的。但是,由此得出的结论不是唯物主义有缺陷,而是形而上学的、反辩证法的唯物主义有缺陷。

"普通的、科学的真理不以个人为基础。它的基础是在外界〈即在个人之外〉,在它的素材中;它是客观的真理……　我们称自己为唯物主义者……　哲学唯物主义者的特征是:他们把物体世界作为起点,摆在首位,把观念或精神看成结果。而反对者却按宗教的办法从上帝的道中引出物……从观念中引出物质世界。"(《短篇哲学著作集》1903年版第59、62页)马赫主义者回避这种对客观真理的承认和对**恩格斯**的唯物主义定义的重复。但是狄慈根又说:"我们同样也有理由称自己为唯心主义者,因为我们的体系建立在哲学的总的成果上,建立在对观念的科学研究上,建立在对精神本性的清楚理解上。"(第63页)抓住这些显然不正确的词句来否定唯物主义是不困难的。事实上,在狄慈根的书中,与其说是基本思想错误,不如说是措辞不当,他的基本思想是要指出旧唯物主义不能科学地(借助历史唯物主义)研究观念。

请看狄慈根关于旧唯物主义的论述:"正如我们对经济学的了解一样,我们的唯物主义也是科学的、历史的成果。正如我们同过去的社会主义者判然不同一样,我们也同过去的唯物主义者判然不同。我们同过去的唯物主义者只有一个共同点:承认物质是观念的前提或基原。"(第140页)这个"只有"是值得注意的! 它包含着和不可知论、马赫主义、唯心主义**不同**的唯物主义的**全部**认识论基础。但狄慈根在这里注意的是和庸俗唯物主义划清界限。

　　然而,接着就是一段完全不正确的话:"物质这个概念必须扩大。它包括现实界的一切现象,因之也包括我们的认识能力和说明能力。"(第141页)这是糊涂思想,它只能在"扩大"唯物主义的借口下把唯物主义和唯心主义混淆起来。抓住这种"扩大",就是忘掉狄慈根哲学的**基础**,忘掉他承认物质是第一性的,是"精神的界限"。在几行之后,狄慈根实际上自己就纠正了自己:"整体支配部分,物质支配精神……"(第142页) "就这种意义来说,我们可以把物质世界看做是……第一原因,看做是天地的创造者。"(第142页)狄慈根在《漫游》(上引书第214页)中重复说,物质这个概念也应当包括思想。这是糊涂思想。因为这样一来,狄慈根自己所坚持的那种物质和精神、唯物主义和唯心主义在认识论上的对立就会失去意义。至于说到这种对立不应当是"无限的"、夸大的、形而上学的,这是不容争辩的(强调这一点是**辩证**唯物主义者狄慈根的巨大功绩)。这种相对对立的绝对必要性和绝对真理性的界限,正是确定认识论研究的**方向**的界限。如果在这些界限之外,把物质和精神即物理的东西和心理的东西的对立当做绝对的对立,那就是极大的错误。

　　和恩格斯不同,狄慈根把自己的思想表达得暧昧、模糊、混乱。但是,撇开他的叙述的缺点和个别的错误不谈,他很好地捍卫了"**唯物主义认识论**"(第222页及第271页)和"**辩证唯物主义**"(第

224页）。约·狄慈根说："唯物主义认识论在于承认：人的认识器官并不放出任何形而上学的光，而是自然界的一部分，这一部分反映自然界的其他部分。"（第222—223页）"认识能力不是什么超自然的真理泉源，而是反映世界事物或自然界的类似镜子的工具。"（第243页）我们的深思熟虑的马赫主义者们不去分析约·狄慈根的**唯物主义认识论**的一个个论点，而抓着他**背离**唯物主义认识论的地方，抓着他的模糊、混乱的地方。约·狄慈根会为反动哲学家们所喜欢，是因为他有某些混乱的地方。哪里有混乱，哪里就有马赫主义者，这已经是不言而喻的了。

　　1868年12月5日马克思在给库格曼的信中写道："很久以前，他〈狄慈根〉寄给我一部关于'思维能力'的手稿的片段，这部分手稿虽然有些杂乱无章，重复过多，但包含着许多卓越的思想，而且作为一个工人独立思考的成果来说，甚至是令人惊叹的思想。"（俄译本第53页）[1]瓦连廷诺夫先生引用了这个评语，可是**没有想到**自问一下，马克思是**在什么地方**看出约·狄慈根的**混乱**的：是在狄慈根和马赫接近的地方呢，还是在狄慈根和马赫对立的地方？瓦连廷诺夫先生没有提出这个问题，因为不论是狄慈根的著作或是马克思的信，他都是像果戈理小说中的彼特鲁什卡那样读的。但是要找到对这个问题的回答是不难的。马克思一再把自己的世界观叫做辩证唯物主义，恩格斯的《反杜林论》（**马克思读过全部手稿**）阐述的也正是这个世界观。就是瓦连廷诺夫先生们也能从这里想到：约·狄慈根的**混乱**只能在于**他背离**对辩证法的彻底应用，**背离**彻底的**唯物主义**，特别是**背离**《反杜林论》。

_____

①　参看《马克思恩格斯全集》第1版第32卷第566—567页。——编者注

　　瓦连廷诺夫先生及其弟兄们现在是不是领悟到，马克思所指的狄慈根的混乱**只是狄慈根和马赫接近的地方**（马赫从康德出发不是走向唯物主义，而是走向贝克莱和休谟）？或者也许是唯物主义者马克思所指的混乱恰好是狄慈根的唯物主义认识论，而赞成他背离唯物主义，赞成那些和《反杜林论》（在马克思参加下写成的）发生分歧的地方？

　　我们的马赫主义者想要人们承认他们是马克思主义者，并且还告诉全世界，"**他们的**"马赫赞同狄慈根。这些人是在愚弄谁呢？我们的英雄们没有觉察到，马赫能赞同狄慈根的地方，恰恰就是马克思称狄慈根为糊涂人的地方！

　　如果给约·狄慈根一个总的评价，他是不应该受到这样严厉的谴责的。他九成是唯物主义者，从来没有妄自标新立异，企图建立不同于唯物主义的特殊哲学。狄慈根多次讲到马克思，总是说他是**一派之首**（《短篇哲学著作集》第4页，1873年的评论；第95页，1876年的评论，着重指出马克思和恩格斯"具有必要的哲学素养"，即哲学修养；第181页，1886年的评论，说马克思和恩格斯是一派的"公认的创立者"）。狄慈根是一个马克思主义者，欧根·狄慈根和——十分遗憾！——帕·达乌盖同志杜撰"自然一元论"、"狄慈根主义"等等，是给他帮了倒忙。"狄慈根主义"不同于辩证唯物主义，它是一种**混乱思想**，是向反动哲学迈进**一步**，是企图不根据约瑟夫·狄慈根的伟大之处（这个按照自己的方式发现了辩证唯物主义的工人哲学家有许多伟大之处！），而利用**他的弱点**来创立一条路线！

　　我只举两个例子来说明帕·达乌盖同志和欧·狄慈根是怎样滑向反动哲学的。

帕·达乌盖在《成果》第2版[70]第273页上写道:"甚至资产阶级的评论也指出了狄慈根的哲学同经验批判主义和内在论学派的联系",在下面又写道:"特别是同勒克列尔的联系"(这是从"资产阶级的评论"中引来的)。

帕·达乌盖珍视并尊敬约·狄慈根,这是毫无疑问的。但是,他由于**不加批驳地**引用资产阶级蹩脚文人的评论而使约·狄慈根**蒙受耻辱**,这也是毫无疑问的。因为这些资产阶级蹩脚文人把信仰主义和教授们(资产阶级的"有学位的奴仆们")的最坚决的敌人同信仰主义的公开鼓吹者和臭名昭著的反动分子勒克列尔扯在一起了。很可能达乌盖只是重复了别人对内在论者和勒克列尔的评论,他没有亲自去看这些反动分子的著作。但是下面的话可以作为对他的一个警告:从马克思到狄慈根的一些特殊之处,然后到马赫,再到内在论者,这是一条通向泥潭的道路。不要说把狄慈根和勒克列尔扯在一起,就是把他和马赫扯在一起,也突出了糊涂人狄慈根而不是唯物主义者狄慈根。

我要保护约·狄慈根,使他不受帕·达乌盖的侮辱。我肯定地说,约·狄慈根不应该受到把他和勒克列尔扯在一起的侮辱。而且我能够举出一位在这个问题上极有权威的人物作证,这个人像勒克列尔本人一样是个反动分子、信仰主义哲学家和"内在论者",这就是舒伯特-索尔登。他在1896年写道:"社会民主党人有或多或少的(通常是较少的)理由愿意接近黑格尔,但他们只是使黑格尔哲学唯物主义化;参看约·狄慈根的著作。在狄慈根的著作中,绝对者变成宇宙,宇宙变成自在之物、绝对主语,而绝对主语的现象是它的谓语。狄慈根就这样使最纯粹的抽象成为具体过程的基础,当然他没有觉察到这一点,就像黑格尔没有觉察到这一点一样……　在狄慈根那里,黑格尔、达尔文、海克尔和自然科学的唯物主义常常混杂在一起。"(《社会问题》第 XXXIII 页)舒伯特-索尔登比马赫更能分辨哲学上的细微差别,而马赫则随便称赞一切人,甚至称赞康德主义者耶鲁萨伦姆。

欧根·狄慈根很幼稚,他竟向德国公众埋怨俄国的狭隘的唯物主义者"委屈了"约瑟夫·狄慈根;他**还把**普列汉诺夫和达乌盖关于约·狄慈根的论文(见约·狄慈根《认识和真理》1908 年斯图加特版附录)**译成了**德文。这个可怜的"自然一元论者"其实是埋怨了自己。懂得一些哲学和马克思主义的弗·梅林在他的评论中**写道,普列汉诺夫反对达乌盖实际上是对的**(1908 年 6 月 19 日《新时代》杂志第 38 期小品栏第 432 页)。在梅林看来,约·狄慈根**一离开**马克思和恩格斯就**陷入窘境**(第 431 页),这是毫无疑问的。欧根·狄慈根写了一篇冗长的哀恸的文章回答梅林。在这篇文章中,他竟说约·狄慈根"对于联合""正统派和修正主义者这两个相互敌视的弟兄",也许是有用的(1908 年 7 月 31 日《新时代》杂志第 44 期第 652 页)。

达乌盖同志,再一次警告你:从马克思到"狄慈根主义"和"马赫主义",这是一条**通向泥潭的道路**;这当然不是对个人说的,不是对伊万、西多尔或帕维尔[71]说的,而是对一个派别说的。

马赫主义者先生们,不要叱责我抬出了"权威人士"。你们对权威人士的叱责,不过是掩饰你们用资产阶级的**权威人士**(马赫、彼得楚尔特、阿芬那留斯、内在论者)来代替社会主义的权威人士(马克思、恩格斯、拉法格、梅林、考茨基)。你们最好不要提出有关"权威人士"和"权威"的问题吧!

第 五 章

最近的自然科学革命和
哲学唯心主义

　　一年前,《新时代》杂志(1906——1907 年第 52 期)登载了约瑟夫·狄奈-德涅斯的一篇题为《马克思主义和最近的自然科学革命》的论文。这篇论文的缺点在于:它忽视了从"新"物理学中得出的并且是我们现在特别感兴趣的认识论结论。但是,正是这个缺点使我们对这位作者的观点和结论特别感兴趣。像本书的作者一样,约瑟夫·狄奈-德涅斯所持的观点,就是我们的马赫主义者极其轻视的最"普通的马克思主义者"的观点。例如,尤什凯维奇先生写道:"自称为辩证唯物主义者的,通常是一般的、普通的马克思主义者。"(他的书第 1 页)就是约·狄奈-德涅斯这样一个普通的马克思主义者,把自然科学特别是物理学中的最新发现(X 射线、柏克勒尔射线、镭[72]等等)**直接**同恩格斯的《反杜林论》作了比较。这种比较使他得出了什么样的结论呢? 约·狄奈-德涅斯写道:"在自然科学的各种极不相同的领域里都获得了新知识,所有这些新知识归结起来就是恩格斯想要提到首位的一点:在自然界中'没有任何不可调和的对立,没有任何强制规定的分界线和差别';既然在自然界中有对立和差别,那么它们的固定性和绝对性只是我们加到自然界中去的。"例如,人们发现了光和电只是同一自然力的表现。[73]化学亲和力归结为电的过程已日益成为可能。不可破坏的、不可分解的化学元素被发现是可以破坏的、可以分解的,这样的化学元素的数目继续不断地增多,真好像是在跟世界的统一性开玩笑似的。镭元素已经能变成氦元素了。[74]"就像一切自然力都可以归结为一种力一样,一切自然物也可以归结为**一种物质**。"(黑体是约·狄奈-德涅斯用的)作者在援引一位著作家认为原子只是以太[75]的凝结这个见解时惊叹道:"多么辉煌地证实了恩格斯的名言:运动是物质的存在形式。""自然界的一切现象都是运动,它们之间的差别仅仅在于:我们人所感知的是这种运动的各种不同形式…… 事实正如恩格斯所说的那样。自然界完全和历史一样,是受辩证的运动规律支配的。"

　　另一方面,只要拿起马赫主义的著作或关于马赫主义的著作,就一定会看到,它们自命不凡地引证了新物理学,而这种新物理学据说把唯物主义驳倒了,云云。这些引证是不是有根据,那是另一个问题。但是,新物理学,确切些说,新物理学中的一定学派跟马赫主义和现代唯心主义哲学的其他变种有联系,这却是丝毫不容怀疑的。像普列汉诺夫那样,忽视这种联系来研究马赫主义,就是嘲弄辩证唯物主义的精神,也就是为了恩格斯的某个词句而牺牲恩格斯的方法。恩格斯直率地说:"甚至随着自然科学〈姑且不谈人类历史〉领域中每一个划时代的发现,唯物主义也必然要改变自己的形式。"(《路·费尔巴哈》德文版第 19 页)①因此,对恩格斯的唯物主义的"形式"的修正,对他的自然哲学论点的修正,不但不含有任何通常所理解的"修正主义的东西",相反地,这正是马克思主

---

① 见《马克思恩格斯文集》第 4 卷第 281 页。——编者注

义所必然要求的。我们谴责马赫主义者的决不是这样的修改,而是他们的**纯粹修正主义的**手法:他们在批判唯物主义的**形式**的幌子下改变唯物主义的**实质**,他们采纳反动的资产阶级哲学的基本论点,又毫不打算直接、公开、断然地反驳恩格斯在这个问题上所作的像"没有物质的运动……是不可想象的"(《反杜林论》第50页)①这样无疑是极端重要的论断。

不言而喻,在研究现代物理学家的一个学派和哲学唯心主义的复活的联系这一问题时,我们决不想涉及专门的物理学理论。我们感兴趣的只是从一些明确的论点和尽人皆知的发现中得出的认识论结论。这些认识论结论是很自然地得出的,以致许多物理学家都已经提到它们。不仅如此,在物理学家当中已经有了各种不同的派别,并且在这个基础上正在形成某些学派。因此,我们的任务仅限于清楚地说明:这些派别分歧的实质何在,它们和哲学基本路线的关系如何。

1. 现代物理学的危机

著名的法国物理学家昂利·彭加勒在他的《科学的价值》一书中说,物理学有发生"严重危机的迹象",并且专用一章来论述这个危机(第8章,参看第171页)。这个危机不只是"伟大的革命者——镭"推翻了能量守恒原理,而且"所有其他的原理也遭到危险"(第180页)。例如,拉瓦锡原理或质量守恒原理被物质的电子论推翻了。根据这种理论,原子是由一些带有正电或负电的极微

_____

① 见《马克思恩格斯文集》第9卷第64页。——编者注

小的粒子组成的,这些粒子叫做电子,它们"浸入我们称之为以太的介质中"。物理学家的实验提供出计算电子的运动速度及其质量(或者电子的质量对它的电荷的比例)的数据。电子的运动速度证明是可以和光速(每秒 30 万公里)相比较的,例如,它达到光速的⅓。在这样的条件下,根据首先克服电子本身的惯性、其次克服以太的惯性的必要,必须注意电子的双重质量。第一种质量将是电子的实在的或力学的质量,第二种质量将是"表现以太的惯性的电动力学的质量"。现在,第一种质量证明等于零。电子的全部质量,至少是负电子的全部质量,按其起源来说,完全是电动力学的质量。质量在消失。力学的基础被破坏。牛顿的原理即作用和反作用相等的原理被推翻,等等。[76]

彭加勒说,摆在我们面前的是物理学旧原理的"废墟",是"原理的普遍毁灭"。他同时声明说:不错,所有上述同原理有出入的地方都属于无穷小量——很可能有我们还不知道的对推翻旧定律起着相反作用的另外的无穷小量——而且镭也很稀少,但是不管怎样,**"怀疑时期"**已经到来了。我们已经看到作者从这个"怀疑时期"中得出的认识论结论:"不是自然界把空间和时间的概念①给予〈或强加于〉我们,而是我们把这些概念给予自然界";"凡不是思想的东西,都是纯粹的无"。这是唯心主义的结论。最基本的原理的被推翻证明(彭加勒的思想过程就是这样):这些原理不是什么自然界的复写、映象,不是人的意识之外的某种东西的模写,而是人的意识的产物。彭加勒没有彻底发挥这些结论,他对这个问题的哲学方面没有多大兴趣。法国的哲学问题著作家阿贝尔·莱伊

---

① 按彭加勒的原著,"时间和空间的概念"应为"时间和空间的框架(cadre)"。——编者注

在自己的《现代物理学家的物理学理论》(**Abel Rey,**《La théorie de la physique chez les physiciens contemporains》1907 年巴黎 F.阿尔康出版社版)一书中非常详细地论述了这一方面。的确,作者本人是一个实证论者,就是说,是一个糊涂人和半马赫主义者,但是在这里,这一点甚至还有某些方便之处,因为不能怀疑他想"诽谤"我们的马赫主义者的偶像。在讲到概念的确切哲学定义,尤其是讲到唯物主义的时候,我们不能相信莱伊,因为他也是一个教授,作为一个教授,他对唯物主义者怀着无比轻蔑的态度(而且他以对唯物主义认识论极端无知著称)。不用说,对这样一些"科学大师"来说,什么马克思或恩格斯全不放在眼里。但是莱伊仔细地、一般讲来是诚实地引用了有关这个问题的非常丰富的文献,其中不仅有法国的,而且有英国的和德国的(特别是奥斯特瓦尔德和马赫的),所以我们将常常利用他的这部著作。

这位作者说:一般哲学家以及那些出于某种动机想全面批判科学的人,现在都特别注意物理学。"他们在讨论物理学知识的界限和价值的时候,实质上是在批判实证科学的合理性,批判认识客体的可能性。"(第 I—II 页)他们从"现代物理学的危机"中急于作出怀疑论的结论(第 14 页)。这个危机的实质究竟是什么呢? 在 19 世纪前 60 多年中,物理学家们在一切根本问题上彼此是一致的。"他们相信对自然界的纯粹力学的解释;他们认为物理学只是比较复杂的力学,即分子力学。他们只是在把物理学归结为力学的方法问题上,在机械论的细节问题上有分歧。""现在,物理化学的科学展示给我们的景况看来是完全相反的。严重的分歧代替了从前的一致,而且这种分歧不是在细节上,而是在基本的、主导的思想上。如果说每一个学者都有自己的特殊倾向是言过其实,那么毕竟必须确认，像艺术一样，科学特别是物理学也有很多学派，它们的结论常常是分歧的，有时候简直是彼此敌对的……

　　由此可以看出，所谓现代物理学的危机的含意是什么和范围有多广。

　　直到19世纪中叶，传统物理学认为，只要使物理学延续下去就足以达到物质的形而上学。这种物理学使自己的理论具有了本体论的意义。这些理论完全是机械论的。传统机械论〈莱伊是在特殊意义上使用这个词的，他指的是把物理学归结为力学的观点的体系〉就这样超越经验结果，超出经验结果的范围，提供了对物质世界的**实在的**认识。这不是对经验的假定说法，而是教条……”
（第16页）

　　我们在这里必须打断一下这位可敬的“实证论者”。很清楚，他是在给我们描述传统物理学的唯物主义哲学，可是又不愿意说出魔鬼（即唯物主义）的名字。在休谟主义者看来，唯物主义一定是形而上学、教条、超出经验范围的东西等等。休谟主义者莱伊不懂得唯物主义，所以对辩证法、对辩证唯物主义同恩格斯所说的形而上学唯物主义之间的区别也就一点不了解。因此，如对绝对真理和相对真理的相互关系，莱伊完全不明白。

　　“……19世纪下半叶对传统机械论所作的批判破坏了机械论的这个本体论实在性的前提。在这种批判的基础上，确立了对物理学的一种哲学的看法，这种看法在19世纪末几乎成为哲学上的传统的看法。依据这种看法，科学不过是符号的公式，是作记号〈标记，repérage，创造记号、标志、符号〉的方法。由于这些作记号的方法因学派的不同而各异，于是人们很快就作出结论说：被作上记号的东西，只是人为了标记（为了符号化）而事先创造出来

(façonné)的东西。科学成了爱好者的艺术品,成了功利主义者的艺术品。这些看法自然就被普遍解释为对科学的可能性的否定。只要不曲解科学二字的意义,那么,科学若是纯粹人造的作用于自然界的手段,若是单纯的功利主义的技术,它就没有权利被称为科学。说科学只能是人造的作用手段,而不能是任何别的东西,这就是否定真正的科学。

传统机械论的破产,确切些说,它所受到的批判,造成了如下的论点:科学也破产了。人们根据不可能原封不动地保持传统机械论这一点,断定不可能有科学。"(第16—17页)

于是作者提出了一个问题:"现代的物理学危机是科学发展中的一个暂时的外部的偶然事件呢,还是科学突然开倒车并且完全离开了它一向所走的道路?……"

"……如果在历史上实际起过解放者作用的那些物理化学科学在这样一次危机中遭到毁灭,如果这次危机使它们只具有在技术上有用的处方的价值,而使它们失去在认识自然界方面的一切意义,那么,无论在逻辑上或在思想史上都一定会发生根本的变革。物理学失去一切教育价值;物理学所代表的实证科学的精神成为虚伪的危险的精神。"科学所能提供的只是实用的处方,而不是真实的知识。"对实在的东西的认识,要用其他方法去寻求……　要走另外一条道路,要把认为是被科学夺去了的东西归还给主观直觉,归还给对实在的神秘感觉,一句话,归还给神秘的东西。"(第19页)

作为一个实证论者,作者认为这样的观点是错误的,认为物理学的危机是暂时的。莱伊怎样清洗马赫、彭加勒及其伙伴们的这些结论,我们将在下面看到。现在我们只来查明"危机"的事实和它的意义。从我们引证的莱伊最后几句话里可以清楚地看出,是哪些反动分子利用了这种危机并使它尖锐化的。莱伊在他的著作的序言里直率地说:"19世纪末期的信仰主义的和反理智主义的运动"力图"以现代物理学的一般精神为依据"(第II页)。在法国,凡是把信仰置于理性之上的人都被称为信仰主义者(来自拉丁文 fides,信仰)。否认理性的权力或要求的学说被称为反理智主义。因此,在哲学方面,"现代物理学的危机"的实质就在于:旧物理学认为自己的理论是"对物质世界的实在的认识",就是说,是对客观实在的反映。物理学中的新思潮认为理论只是供实践用的符号、记号、标记,就是说,它否定不依赖于我们的意识并为我们的意识所反映的客观实在的存在。如果莱伊使用正确的哲学用语,他就一定会这样说:为旧物理学自发地接受的唯物主义认识论被唯心主义的和不可知论的认识论代替了,不管唯心主义者和不可知论者的意愿如何,信仰主义利用了这种代替。

但是,莱伊并没有认为这种构成危机的代替似乎是所有的新物理学家反对所有的旧物理学家。他没有这样想。他指出,根据现代物理学家的认识论倾向,他们可分为三个学派:唯能论或概念论(conceptuelle——从纯概念一词来的)学派;绝大多数物理学家现在继续支持的机械论或新机械论学派;介于这两种学派之间的批判学派。马赫和杜恒属于第一个学派;昂利·彭加勒属于第三个学派;旧物理学家基尔霍夫、亥姆霍兹、汤姆生(开尔文勋爵)、麦克斯韦以及现代物理学家拉摩、洛仑茨等人属于第二个学派。这**两条**基本路线(因为第三条路线不是独立的路线,而是中间的路线)的实质何在,从莱伊下面的话中可以看出:

"传统机械论建立了物质世界的体系。"它的物质构造学说所根据的是"质上相同的和同一的元素",并且这些元素应当看做是"不变的、不可入的"等等。物理学"用**实在的**材料和**实在的**水泥建造了**实在的**建筑物。物理学家掌握了**物质的**元素、它们发生作用的**原因**和**方式**,以及它们发生作用的**实在的**规律"(第 33—38 页)。"这种对物理学的看法的改变主要在于:抛弃了理论的本体论价值而特别强调物理学的现象论的意义。"概念论的观点从事"纯粹的抽象","探求那种尽可能排除物质假说的、纯粹抽象的理论"。"能量的概念已成为新物理学的基础(substructure)。所以概念论物理学多半可以叫做**唯能论**物理学",虽然这个名称对于像马赫这样的概念论物理学的代表是不适合的(第 46 页)。

莱伊把唯能论和马赫主义混为一谈当然是不完全正确的,同样,硬说新机械论学派尽管同概念论者有着十分深刻的分歧,也会得出对物理学的现象论的看法(第 48 页),这也是不完全正确的。莱伊的"新"术语并没有把问题弄清楚,反而把问题弄模糊了。但是为了让读者知道"实证论者"对物理学危机的看法,我们又不能撇开"新"术语。就问题的实质来说,"新"学派和旧观点的对立,正像读者会深信的那样,是同前面援引过的克莱因佩特对亥姆霍兹的批判完全一致的。莱伊在转述不同物理学家的观点时,在自己的叙述中反映出那些物理学家的哲学观点是十分含糊、动摇不定的。现代物理学危机的**实质**就是:旧定律和基本原理被推翻,意识之外的客观实在被抛弃,这就是说,唯物主义被唯心主义和不可知论代替了。"物质消失了"这句话可以表达出在许多个别问题上的基本的、典型的困难,即造成这种危机的困难。现在我们就来谈一谈这个困难。

2. "物质消失了"

在现代物理学家对最新发现的论述中,我们的确可以看到这样的话。例如,在路·乌尔维格的《科学的进化》一书中,论述物质的新理论那一章的标题是:《物质存在吗?》他在那一章里说道:"原子在非物质化,物质在消失。"①为了看看马赫主义者怎样轻易地由此作出根本的哲学结论,我们且看一下瓦连廷诺夫吧。他写道:"对世界的科学说明'只有在唯物主义中'才能得到确实可靠的论据,这种说法不过是一种虚构,而且是一种荒谬的虚构。"(第67页)他把著名的意大利物理学家奥古斯托·里希当做这种荒谬虚构的破坏者举了出来,因为里希说:电子论"与其说是电的理论,不如说是物质的理论;新体系不过是用电代替了物质"(奥古斯托·里希《现代的物理现象理论》1905年莱比锡版第131页,有俄译本)。瓦连廷诺夫先生引用了这些话(第64页)后就大叫:

"为什么奥古斯托·里希竟敢这样侮辱神圣的物质呢? 也许因为他是唯我论者、唯心主义者、资产阶级的批判主义者、某种经验一元论者、或者比这更坏的什么人吧?"

这种在瓦连廷诺夫先生看来是对唯物主义者的极端恶毒的谴责,正表明他在哲学唯物主义问题上十分幼稚无知。哲学唯心主义和"物质的消失"之间的真正联系何在,瓦连廷诺夫先生是绝对不了解的。他跟着现代物理学家所说的那种"物质的消失",同唯物主义和唯心主义在认识论上的区分没有关系。为了弄清楚这一

① 路·乌尔维格《科学的进化》1908年巴黎A.科兰出版社版第63、87、88页。参看他的论文《物理学家关于物质的观念》,载于1908年《心理学年鉴》[77]。

点，我们举出一位最彻底的、最明显的马赫主义者卡尔·毕尔生来说吧。在他看来，物理世界是一些感性知觉群。他用下图来说明"我们对物理世界的认识模型"，并声明，这个图没有注意大小的比例（《科学入门》第 282 页）：

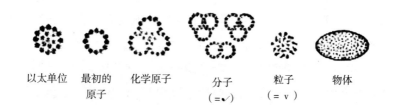

以太单位　最初的　化学原子　　分子　　粒子　　物体
　　　　　原子　　　　　　　（＝✓）　（＝ v）

卡·毕尔生为了使他的图简化，完全抛开了以太和电或正电子和负电子的比例关系问题。但是这并不重要。重要的是，毕尔生的唯心主义观点把"物体"当做感性知觉，至于这些物体由粒子构成，粒子由分子构成等等，涉及的是物理世界模型中的变化，而同物体是感觉的符号还是感觉是物体的映象这个问题丝毫无关。唯物主义和唯心主义是按照如何解答我们认识的**泉源**问题即认识（和一般"心理的东西"）同**物理**世界的关系问题而区分开来的，至于物质的构造问题即原子和电子问题，那是一个只同这个"物理世界"有关的问题。当物理学家说"物质在消失"的时候，他们是想说，自然科学从来都是把它对物理世界的一切研究归结为物质、电、以太这三个终极的概念，而现在却只剩下后两个概念了，因为物质已经能够归结为电，原子已经能够解释为类似无限小的太阳系的东西，在这个无限小的太阳系中，负电子以一定的（正如我们所看到过的，极大的）速度环绕着正电子转动[78]。因此，物理世界可以归结为两三种元素（因为，正如物理学家贝拉所说的，正电子和负电子构成"两种在本质上不同的物质",——莱伊的上引著作第 294—295 页),而不是几十种元素。因此,自然科学正导向**"物质的统一"**(同上)①,这就是把很多人弄糊涂了的那些关于物质消失、电代替物质等等的言论的实际内容。"物质在消失"这句话的意思是说:至今我们认识物质所达到的那个界限正在消失,我们的知识正在深化;那些从前看来是绝对的、不变的、原本的物质特性(不可入性、惯性、质量[80]等等)正在消失,现在它们显现出是相对的、仅为物质的某些状态所固有的。因为物质的**唯一"特性"**就是:它是**客观实在**,它存在于我们的意识之外。哲学唯物主义是同承认这个特性分不开的。

　　一般马赫主义和马赫主义新物理学的错误在于:它们忽视了哲学唯物主义的这个基础,忽视了形而上学唯物主义和辩证唯物主义的差别。承认某些不变的要素、"物的不变的实质"等等,并不是唯物主义,而是**形而上学的**即反辩证法的唯物主义。因此,约·狄慈根着重指出:"科学的对象是无穷无尽的",不仅无限大的东西,连"最小的原子"也是不可度量的、认识不完的、**不可穷尽的**,因为"自然界在它的各个部分中都是无始无终的"(《短篇哲学著作集》第 229—230 页)。因此,恩格斯举了在煤焦油中发现茜素的例子来批判**机械**唯物主义。为了从唯一正确的即辩证唯物主义的观点提出问题,我们要问:电子、以太**等等**,是不是作为客观实在而存在于人的意识之外呢? 对这个问题,自然科学家一定会毫不踌

---

①　参看**奥利弗·洛治**《论电子》1906 年巴黎版第 159 页:"物质的电的理论",即认为电是"基本实体"的学说,"差不多从理论上达到了哲学家一向追求的东西,即物质的统一"。并参看**奥古斯托·里希**《关于物质的构造》1908 年莱比锡版;**约·约·汤姆生**《物质微粒论》1907 年伦敦版;**保·朗之万**《电子物理学》,载于 1905 年《科学总评》杂志[79]第 257—276 页。

踌躇地给予回答,并且总是回答说**是的**,正如他们毫不踌躇地承认自然界在人和有机物质出现以前就已存在一样。问题就这样得出了有利于唯物主义的解答,因为物质这个概念,正如我们已经讲过的,在认识论上指的只是不依赖于人的意识而存在并且为人的意识所反映的客观实在,而不是**任何别的东西**。

但是,辩证唯物主义坚持认为:任何关于物质构造及其特性的科学原理都具有近似的、相对的性质;自然界中没有绝对的界限;运动着的物质会从一种状态转化为在我们看来似乎和它不可调和的另一种状态;等等。不管没有重量的以太变成有重量的物质和有重量的物质变成没有重量的以太,从"常识"看来是多么稀奇;不管电子除了电磁的质量外再没有任何其他的质量,是多么"奇怪";不管力学的运动规律只适用于自然现象的一个领域并且服从于更深刻的电磁现象规律,是多么奇异,等等,——这一切不过是再一次**证实了**辩证唯物主义。新物理学陷入唯心主义,主要就是因为物理学家不懂得辩证法。他们反对形而上学(是恩格斯所说的形而上学,不是实证论者即休谟主义者所说的形而上学)的唯物主义,反对它的片面的"机械性",可是同时把小孩子和水一起从澡盆里泼出去了。他们在否定物质的至今已知的元素和特性的不变性时,竟滑到否定物质,即否定物理世界的客观实在性。他们在否定一些最重要的和基本的规律的绝对性质时,竟滑到否定自然界中的一切客观规律性,宣称自然规律是单纯的约定、"对期待的限制"、"逻辑的必然性"等等。他们在坚持我们知识的近似的、相对的性质时,竟滑到否定不依赖于认识并为这个认识所近似真实地、相对正确地反映的客体。诸如此类,不一而足。

波格丹诺夫在1899年关于"物的不变的实质"的议论,瓦连廷诺夫和尤什凯维奇关于"实体"的议论等等,也都是不懂得辩证法的结果。从恩格斯的观点看来,不变的只有一点,那就是:人的意识(在有人的意识的时候)反映着不依赖于它而存在和发展的外部世界。而空洞的教授哲学所描述的任何其他的"不变性"、任何其他的"实质"、任何"绝对的实体",在马克思和恩格斯看来,都是不存在的。物的"实质"或"实体"**也是**相对的;它们表现的只是人对客体的认识的深化。既然这种深化昨天还没有超过原子,今天还没有超过电子和以太,所以辩证唯物主义坚持认为,日益发展的人类科学在认识自然界上的这一切**里程碑**都具有暂时的、相对的、近似的性质。电子和原子一样,**也是不可穷尽的**,自然界是无限的,而且它无限地**存在着**。正是绝对地无条件地承认自然界**存在**于人的意识和感觉之外这一点,才把辩证唯物主义同相对主义的不可知论和唯心主义区别开来。

我们举两个例子来说明新物理学是怎样无意识地自发地动摇于辩证唯物主义和"现象论"之间的。辩证唯物主义始终是资产阶级学者所不懂得的,"现象论"不可避免地会得出主观主义的(进而会直接得出信仰主义的)结论。

正是那个奥古斯托·里希(瓦连廷诺夫先生**没有能够**就自己感兴趣的唯物主义问题向他请教),在他的一本书的绪论里写道:"电子或电原子究竟是什么东西,直到现在还是一个秘密;但是尽管这样,新理论大概注定会随着时间的推移而获得不小的哲学意义,因为它将会取得关于有重量物质的结构的崭新前提,并且力求把外部世界的一切现象归之于一个共同的起源。

"从现代的实证论和功利主义的倾向来看,这样的好处也许是不重要的。理论可以首先被认为是一种便于整理和排列事实的手段,是一种指导人们去进一步探索现象的手段。但是,如果说从前人们对人类精神的能力大概过于信任,把掌握万物的最终原因看得过于容易,那么现在却有一种陷入相反的错误的趋向。"(上引书第3页)

为什么里希在这里要跟实证论和功利主义的倾向划清界限呢？因为,他虽然看来没有任何一定的哲学观点,却自发地坚持外部世界的实在性,坚持承认新理论不仅仅是"方便的手段"(彭加勒),不仅仅是"经验符号"(尤什凯维奇),不仅仅是"经验的协调"(波格丹诺夫)和其他诸如此类的主观主义怪论,而是对客观实在的认识的更进一步。如果这位物理学家懂得**辩证**唯物主义,他对于同旧形而上学唯物主义相反的错误所下的判断,也许就会成为正确哲学的出发点。但是这些人所处的整个环境,使他们厌弃马克思和恩格斯,把他们投入庸俗的御用哲学的怀抱。

莱伊对辩证法也是一窍不通的。但是他也不得不确认,在现代物理学家中间有"机械论"(即唯物主义)传统的继承者。他说:走"机械论"这条路的,不只是基尔霍夫、赫兹、玻耳兹曼、麦克斯韦、亥姆霍兹和开尔文勋爵。"那些继洛仑茨和拉摩之后制定物质的电的理论,宣称质量是运动的函数而否认质量守恒的人,都是纯粹的机械论者,并且从某种观点看来,他们是任何人都比不了的机械论者,是机械论最新成就(l'aboutissant)的代表。**所有这些人都是机械论者,因为他们都以实在的运动为出发点**。"(黑体是莱伊用的,第290—291页)

"……如果洛仑茨、拉摩和朗之万(Langevin)的新假说被实验证实了,并且为物理学体系确立了十分稳固的基础,那么现代力学的定律依存于电磁学的定律就会是毫无疑问的;力学的定律就会成为特殊的情况，并且会被限制在严格规定的界限之内。质量守恒和我们的惯性原理就会只对物体的中等速度有效，所谓'中等的'这一术语是对我们的感觉和构成我们的普通经验的现象来说的。力学的全面改造就会成为必要的，因而作为一个体系的物理学的全面改造也会成为必要的了。

这是不是说放弃了机械论呢？决不是。纯粹机械论的传统将会继续保存，机械论将会循着它的发展的正常道路前进。"（第295页）

"电子物理学虽然应该列入按总的精神来说是机械论的理论中，但是它力图把自己的体系加给整个物理学。虽然这种电子物理学的基本原理不是取自力学，而是取自电学的实验材料，可是按其精神却是机械论的。因为，（1）它使用**形象的**（figurés）、**物质的**元素来表示物理的性质及其规律；它是用知觉的术语表达的。（2）虽然它没有把物理现象看做力学现象的特殊情况，但是却把力学现象看做物理现象的特殊情况。因此，力学的规律依然和物理学的规律有着**直接的联系**；力学的概念依然是和物理化学的概念同属一类的概念。在传统的机械论中，这些概念是**比较缓慢的**运动的模写（calqués）。这种运动因为是唯一已知的并且可以直接观察的，所以就被看做是……一切可能有的运动的典型。**新的实验证明**，必须**扩大**我们关于可能有的运动的观念。传统力学依然是完整无缺的，但是它已经只能应用于比较缓慢的运动……　对于高速度，则有另外一些运动规律。物质归结为电粒子，即原子的终极元素……　（3）运动，空间中的位移，依然是物理学理论的唯一形象的（figuré）元素。（4）最后，对于物理学、对于物理学的方法、对于物理学的理论以及它们和经验的关系的看法，仍然和机械论的看法,和文艺复兴时代以来的物理学的理论是**绝对同一的**。从物理学的总的精神来看,这个见解比其他一切见解高出一筹。"(第46—47页)

我一大段一大段地全文摘录莱伊的文章,是因为,莱伊总是不敢提"唯物主义的形而上学",不这样引证就不能说明他的主张。但是不管莱伊和他所讲到的物理学家们怎样发誓不提唯物主义,然而力学是缓慢的实在运动的模写,新物理学是极迅速的实在运动的模写,毕竟还是不容置疑的。承认理论是模写,是客观实在的近似的复写,这就是唯物主义。当莱伊说在新物理学家中间有一种"对概念论〈马赫主义〉学派和唯能论学派的反动"的时候,当他把电子理论的物理学家们看做是这种反动的代表的时候(第46页),就最好不过地证实了下述事实:实质上,斗争是在唯物主义倾向和唯心主义倾向之间进行的。这是我们求之不得的。只是不要忘记,除了一切有学识的市侩们对唯物主义的一般偏见之外,在最杰出的理论家们身上也表现出对辩证法的完全无知。

3. 没有物质的运动可以想象吗?

哲学唯心主义利用新物理学或由新物理学得出唯心主义结论,这不是由于发现了新种类的物质和力、物质和运动,而是由于企图想象没有物质的运动。对这种企图,我们的马赫主义者不作实质性的分析。他们不愿理睬恩格斯的"没有物质的运动是**不可想象的**"[1]这一论断。约·狄慈根早在1869年就在他的《人脑活

---

[1]　见《马克思恩格斯文集》第9卷第64页。——编者注

动的实质》一书中说出了与恩格斯相同的思想。不错,他还带着他所常有的那种想"调和"唯物主义和唯心主义的糊涂意图。我们暂且撇开这种意图不谈,因为这种意图在很大程度上是由于狄慈根同毕希纳的反辩证法的唯物主义进行论争而产生的。现在来看一看狄慈根本人对我们所关心的问题的说法吧。狄慈根说:"唯心主义者想要没有特殊的一般,没有物质的精神,没有物质的力,没有经验或没有材料的科学,没有相对的绝对。"(《人脑活动的实质》1903年版第108页)这样,狄慈根就把那种使运动和物质分离、使力和物质分离的意向同唯心主义联系起来,同那种使思想和大脑分离的意向并列起来。狄慈根接着说:"喜欢离开自己的归纳科学而转向哲学思辨的李比希,在唯心主义的意义上说道:力是不能看见的。"(第109页)"唯灵论者或唯心主义者**相信**力具有精神的即虚幻的、不可说明的本质。"(第110页)"力和物质的对立,正如唯心主义和唯物主义的对立一样,早已有之。"(第111页)"当然,没有物质的力是没有的,没有力的物质也是没有的。没有力的物质和没有物质的力都是无稽之谈。如果唯心主义自然科学家相信力是非物质的存在,那么在这一点上他们就不是自然科学家,而是……看到幽灵的人。"(第114页)

我们由此看到,40年前也有自然科学家认为没有物质的运动是可以想象的,而狄慈根说他们"在这一点上"是看到幽灵的人。哲学唯心主义同物质和运动的分离、同物质和力的脱离之间的联系究竟在什么地方呢?想象没有物质的运动实际上不是"更经济些"吗?

让我们设想这样一个彻底的唯心主义者,假定他抱有这样的观点:整个世界是我的感觉或我的表象等等(如果说的是"不属于任何人的"感觉或表象,那么因此改变的不过是哲学唯心主义的一个形式,而不是它的实质)。唯心主义者也不想否认世界是运动,就是说,是我的思想、表象、感觉的运动。至于**什么**在运动,唯心主义者拒绝回答,并认为这是荒谬的问题,因为只有我的感觉在交替变换,只有我的表象在消失和出现,仅此而已。在我之外什么也没有。"在运动着"——这就够了。再想象不出更"经济的"思维了。如果唯我论者把自己的观点贯彻到底,那么,任何证明、任何三段论法和任何定义都驳不倒他。

唯物主义者和唯心主义哲学信徒的基本区别在于:唯物主义者把感觉、知觉、表象,总之,把人的意识看做是客观实在的映象。世界是为我们的意识所反映的这个客观实在的运动。和表象、知觉等等的运动相符合的是在我之外的物质的运动。物质概念,除了表示我们通过感觉感知的客观实在之外,不表示任何其他东西。因此,使运动和物质分离,就等于使思维和客观实在分离,使我的感觉和外部世界分离,也就是转到唯心主义方面去。通常使用的否定物质和承认没有物质的运动的手法是:不提物质对思想的关系。事情被说成仿佛这种关系并不存在,而实际上这种关系正被偷运进来;议论开始时,这种关系是不说出来的,以后却以比较不易觉察的方式突然出现。

有人向我们说物质消失了,想由此作出认识论上的结论。我们要问,那么,思想还存在吗? 如果它不存在,如果它随着物质的消失而消失了,如果表象和感觉随着脑髓和神经系统的消失而消失了,那就是说,一切都消失了,连作为某种"思想"(或者还说不上是一种思想)标本的你们的议论也消失了! 如果它存在,如果设想思想(表象、感觉等等)并没有随着物质的消失而消失,那就是说,你们悄悄地转到哲学唯心主义观点上去了。那些为了"经济"而要想象没有物质的运动的人们向来就是这样,因为只要他们议论下去,他们就**默默地**承认了**在物质消失之后**思想还存在。而这就是说,一种非常简单的,或者说非常复杂的哲学唯心主义被当成基础了。如果公开地把问题归结为唯我论(**我存在着,整个世界只是我的感觉**),那就是非常简单的哲学唯心主义;如果用僵死的抽象概念,即用不属于任何人的思想、不属于任何人的表象、不属于任何人的感觉、一般的思想(绝对观念、普遍意志等等)、作为不确定的"要素"的感觉、代换整个物理自然界的"心理的东西"等等,来代替活人的思想、表象、感觉,那就是非常复杂的哲学唯心主义。哲学唯心主义的变种可能有 1 000 种色调,并且随时可以创造出第 1 001 种色调来。而这个第 1 001 种的小体系(例如,经验一元论)和其余体系的差别,对于它的创造者说来,也许是重要的。在唯物主义看来,这些差别完全是不重要的。重要的是出发点。重要的是:**想象**没有物质的运动的这种意图偷运着和物质分离的**思想**,而这就是哲学唯心主义。

因此,例如英国马赫主义者卡尔·毕尔生,一个最明显、最彻底、最厌恶支吾其词的马赫主义者,在他的著作专论"物质"的第 7 章开头一节就直截了当地用了一个很说明问题的标题:《**万物都在运动——但只在概念中运动**》(«All things move—but only in conception»)。他说:"对于知觉的领域说来,什么在运动以及它为什么运动,这是一个无聊的问题("it is idle to ask")。"(《科学入门》第 243 页)

因此,波格丹诺夫的哲学厄运其实在他认识马赫以前就开始了,就是说从他相信伟大的化学家和渺小的哲学家奥斯特瓦尔德的话,以为可以想象没有物质的运动的时候就开始了。谈一谈波格丹诺夫的哲学发展过程中的这个早已是陈迹的插曲是很适当的,尤其是因为在讲到哲学唯心主义和新物理学的某些派别的联系时,不能避而不谈奥斯特瓦尔德的"唯能论"。

波格丹诺夫在1899年写道:"我们已经说过,19世纪没有完全解决关于'物的不变的实质'这一问题。这种实质以'物质'为名,甚至在本世纪最先进的思想家的世界观中,还起着显著的作用……"(《自然史观的基本要素》第38页)

我们说过,这是糊涂思想。这里是把承认外部世界的客观实在性,承认在我们意识之外存在着永恒运动着和永恒变化着的物质,同承认物的不变的实质混淆起来了。不能认为波格丹诺夫在1899年没有把马克思和恩格斯列入"先进的思想家"。但是,他显然不懂辩证唯物主义。

"……人们通常还是把自然过程区分为两个方面:物质和它的运动。不能说物质概念已经非常清楚了。对于什么是物质的问题,不容易提出令人满意的答复。有人给物质下定义,说是'感觉的原因',或'感觉的恒久可能性';但是,这里显然把物质和运动混淆起来了……"

很明显,波格丹诺夫的议论是不正确的。这不仅是因为他把唯物主义对感觉的客观泉源的承认(用感觉的原因这几个字含糊地表述的)同穆勒所谓物质是感觉的恒久**可能性**这个不可知论的定义混淆起来了。这里的根本错误是:作者刚要接触到感觉的客观泉源是否存在的问题时,却中途抛开这个问题,而跳到关于没有运动的物质是否存在的问题上去了。唯心主义者可以认为世界是我们感觉(即使是"社会地组织起来的"、高度"协调起来的"感觉)

的**运动**；唯物主义者则认为世界是我们感觉的客观泉源的运动，即我们感觉的客观模型的运动。形而上学的即反辩证法的唯物主义者可以承认没有运动的物质的存在（即使是暂时的、在"第一次推动"之前的……存在）；辩证唯物主义者则不仅认为运动是物质的不可分离的特性，而且还批驳对运动的简单化的看法等等。

"……'物质是运动着的东西'，这样的定义也许是最精确的了；但是这正如我们说物质是句子的主语，'运动着'是句子的谓语一样，是毫无内容的。可是问题也许在于：在静力学时代，人们惯于一定把某个坚实的东西、某种'对象'看成是主语，而像'运动'这种不适合静力学思维的东西，他们只同意当做谓语，当做'物质'的一种属性看待。"

这倒有点像阿基莫夫对火星派的责难：在火星派的纲领中无产阶级一词没有用主格出现过！[81]说世界是运动着的物质，或者说世界是物质的运动，问题并不会因此而改变。

"相信物质的人说：'……要知道，能量应该有承担者呀！'奥斯特瓦尔德问得有道理：'为什么呢？难道自然界一定要由主语和谓语构成吗？'"（第 39 页）

这个在 1899 年深得波格丹诺夫欢心的奥斯特瓦尔德的回答，不过是诡辩而已。我们可以反问奥斯特瓦尔德：难道我们的判断一定要由电子和以太构成吗？事实上，在思想上把作为"主语"的物质从"自然界"中排除掉，这就是默认**思想**是**哲学**上的"主语"（即某种第一性的、原初的、不依赖于物质的东西）。被排除掉的不是主语，而是感觉的客观泉源，因此**感觉**变成了"主语"，就是说，不管以后怎样改扮感觉这个词，哲学变成了贝克莱主义哲学。奥斯特瓦尔德含糊地使用"能量"一词，企图以此躲避不可避免的哲学上的抉择（唯物主义或唯心主义），然而正是他的这种企图再一次证明了诸如此类的诡计都是枉费心机的。如果能量是运动，那你们只是把困难从主语移到了谓语，只是把是不是物质在运动的问题改变为能量是不是物质的问题。能量的转化是在我的意识之外、不依赖于人和人类而发生的呢，或者这只是观念、符号、约定的记号等等？"唯能论"哲学，这种用"新"术语来掩饰认识论上的旧错误的企图，在这个问题上彻底破产了。

请看几个说明唯能论者奥斯特瓦尔德如何混乱的例子。他在《自然哲学讲演录》一书的序言中说："如何把物质和精神这两个概念结合起来的旧困难，如果通过把这两个概念归入能量概念而被简单地自然而然地排除掉，那是一个很大的收获。"①这不是收获，而是损失，因为按照唯物主义的方向还是按照唯心主义的方向进行认识论的研究（奥斯特瓦尔德并没有清楚地意识到，他所提出的正是认识论的问题，而不是化学的问题！）这个问题，不会由于滥用"能量"一词而得到解决，反而会混乱起来。当然，如果把物质和精神"归入"能量这个概念，对立无疑会从**字面**上消除，但是鬼神学说的荒谬却不会由于我们称它为"唯能论的"学说而消失。在奥斯特瓦尔德的《讲演录》第394页上有这样的话："一切外界现象都可以描述为能量之间的过程，其原因非常简单：我们意识的过程本身就是能量的过程，并把自己的这种特性传给（aufprägen）一切外部经验。"这是纯粹的唯心主义：不是我们的思想反映外部世界中的能量的转化，而是外部世界反映我们的意识的"特性"！美国哲学家希本针对奥斯特瓦尔德讲演录中的这一段话和其他类似的话，非

①　威廉·奥斯特瓦尔德《自然哲学讲演录》1902年莱比锡第2版第VIII页。

常恰当地说,奥斯特瓦尔德"在这里穿着康德主义的服装出现":一切外界现象的可解释性竟会从我们智慧的特性中得出来![1] 希本说道:"很明显,如果我们给能量这个最基本的概念这样下定义,使它还包含心理现象,那么这就已经不是科学界所承认的,甚至也不是唯能论者本人所承认的单纯的能量概念了。"自然科学把能量的转化看做是不依赖于人的意识和人类经验的客观过程,即唯物地看能量的转化。就是在奥斯特瓦尔德本人的著作中,在许多场合下,甚至可能在绝大多数场合下,能量也是指**物质的**运动。

因此也就出现了一种怪现象:奥斯特瓦尔德的学生波格丹诺夫成了马赫的学生以后,就开始责备奥斯特瓦尔德,这并不是因为奥斯特瓦尔德没有彻底地坚持唯物主义的能量观点,而是因为他承认唯物主义的能量观点(有时候甚至把它作为基础)。唯物主义者批判奥斯特瓦尔德,是因为他陷入唯心主义,是因为他企图调和唯物主义和唯心主义。波格丹诺夫从**唯心主义的**观点来批判奥斯特瓦尔德,他在 1906 年写道:"……奥斯特瓦尔德的敌视原子论而在其他方面却和旧唯物主义非常接近的唯能论,曾引起我最热烈的同情。可是不久我就看出了他的自然哲学的重大矛盾:他多次强调能量概念的**纯方法论的**意义,但自己在许多场合下却不坚持这一点。在他那里,能量常常从经验事实间的相互关系的纯粹符号变为经验的**实体**,即变为世界的物质……"(《经验一元论》第 3卷第 XVI—XVII 页)

能量是纯粹的符号!波格丹诺夫此后便可以随意和"经验符号论者"尤什凯维奇,和"纯粹马赫主义者"、经验批判主义者等去

---

[1]　**约·格·希本**《唯能论及其哲学意义》,载于 1903 年 4 月《一元论者》杂志第 13 卷第 3 期第 329—330 页。

争论了。在唯物主义者看来,这将是信黄鬼的人和信绿鬼的人之间的争论。因为,重要的不是波格丹诺夫和其他马赫主义者的差别,而是他们的共同点:**唯心地**解释"经验"和"能量",否认客观实在。可是人的经验就是对客观实在的适应,唯一科学的"方法论"和科学的"唯能论"就是客观实在的模写。

"世界的材料对于它〈奥斯特瓦尔德的唯能论〉是无足轻重的;旧唯物主义也好,泛心论〈即哲学唯心主义?〉也好,都是和它完全相容的……"(第 XVII 页)波格丹诺夫**离开**混乱的唯能论,**不是沿着唯物主义的道路,而是沿着唯心主义**的道路走的…… "如果能量被认为是实体,那么这就是减去了绝对原子的旧唯物主义,即在存在物的**连续性**方面作过修正的唯物主义。"(同上)是的,波格丹诺夫离开"旧"唯物主义即自然科学家的形而上学唯物主义,不是走向**辩证**唯物主义(他在 1906 年仍像在 1899 年一样不懂得辩证唯物主义),而是走向唯心主义和信仰主义,因为没有一个现代信仰主义的有教养的代表、没有一个内在论者、没有一个"新批判主义者"等等会反对能量的"方法论的"概念,会反对把能量解释为"经验事实间的相互关系的纯粹符号"。就拿保·卡鲁斯(这个人的面貌,我们在上面已经十分熟悉)来说吧。你们会看到,这个马赫主义者**完全是波格丹诺夫式地**批判奥斯特瓦尔德的,他写道:"唯物主义和唯能论无疑都属于同一范畴。"(1907 年《一元论者》杂志第 17 卷第 4 期第 536 页)"唯物主义对我们的启发是很少的,因为它只告诉我们,一切是物质,物体是物质,思想不过是物质的机能。而奥斯特瓦尔德教授的唯能论一点也不高明,因为它对我们说,物质是能量,心灵不过是能量的因素。"(第 533 页)

奥斯特瓦尔德的唯能论是一个很好的例子,它说明"新"术语怎样很快地时髦起来，以及怎样很快地被发现：表达方式的稍微改变，丝毫也没有取消哲学的基本问题和哲学的基本派别。如同"经验"等术语一样，"唯能论"的术语也可以用来表达唯物主义和唯心主义（当然，彻底的程度是不一样的）。唯能论物理学是那些想象没有物质的运动的新唯心主义尝试的泉源，这种尝试是由于以前认为不可分解的物质粒子的分解和以前没见过的物质运动形式的发现而产生的。

4. 现代物理学的两个派别和英国唯灵论

为了具体介绍由于新物理学的某些结论而在现代文献中展开的哲学论战，我们让直接参加"战斗"的人讲话，并且先让英国人讲。物理学家阿瑟·威·李凯尔根据自然科学家的观点来维护一个派别，哲学家詹姆斯·华德则根据认识论的观点来维护另一个派别。

1901 年在格拉斯哥举行的英国自然科学家会议上，物理学组主席阿·威·李凯尔选择了关于物理学理论的价值、关于原子的特别是以太的存在所引起的疑惑问题作自己的讲题。演讲人引了提出这个问题的物理学家彭加勒和波英廷（他是符号论者或马赫主义者的英国同道者）的话，引了哲学家华德的话，引了恩·海克尔的名著，试图来说明自己的观点[①]。

李凯尔说道："争论的问题是：应当把那些成为最流行的科学理论的基础的假说看做是我们周围世界的构造的确切描述呢，还

①　1901 年英国科学协会格拉斯哥会议。阿瑟·威·李凯尔教授的主席致辞，载于 1901 年《美国科学附刊》第 1345、1346 期。

是只看做是一种方便的虚构?"(用我们同波格丹诺夫、尤什凯维奇之流进行争论时所使用的术语来说:是客观实在、运动着的物质的复写呢,或者只是"方法论"、"纯粹符号"、"经验的组织形式"?)李凯尔同意这两种理论实际上可以没有差别:一个只查看地图或图例上的蓝色线条的人也许和一个知道蓝色线条表示真正河流的人一样,也能够确定江河的流向。从方便的虚构这一观点看来,理论会"帮助记忆","整理"我们的观察,使它们和某种人造的体系相符合,"调整我们的知识",把知识归纳为方程式,等等。例如,我们可以只说热是运动或能量的一种形式,"这样来把运动着的原子的生动图景换成关于热能的平淡的(colourless)叙述,而不去确定热能的真实本性"。尽管李凯尔完全承认在这条道路上可能获得巨大的科学成就,但是他"大胆地断言,这种策略体系不能认为是追求真理的科学的最新成就"。问题依然存在着:"我们能不能从物质所显露的现象中推断出物质本身的构造?""我们有没有理由认为:科学已经提供的理论概要,在某种程度上是真理的复写,而不是真理的简单图表?"

李凯尔在分析物质构造的问题时,拿空气作例子,说空气是由几种气体组成的,科学把"各种基本气体"分解"为原子和以太的混合物"。他继续说道,就在这里有人向我们大喝一声:"停住!"分子和原子是看不见的;它们作为"简单的概念(mere conceptions)"会是有用的,"但是不能把它们看做实在的东西"。李凯尔引用科学发展中的无数实例中的一个实例来排除这种反驳,这个实例就是:土星光环从望远镜里观察似乎是连续的物质。数学家用计算证明了这是不可能的,并且光谱的分析证实了根据计算而得出的结论。另一种反驳是:人们把我们在普通物质中没有感觉到的特性强加于原子和以太。李凯尔引用气体和液体的扩散等等的例子，也排除了这种反驳。许多事实、观察和实验都证明，物质是由一个个粒子或颗粒组成的。这些粒子、原子是不是和它们四周的"原初介质"、"基本介质"（以太）有区别，或者它们是处在特殊状态下的这种介质的一部分，这一问题现在还没有得到解决，不过它没有损害原子存在的理论。违反经验的指示，先验地否定跟普通物质不同的"准物质的实体"（原子和以太）的存在，这是没有根据的。局部的错误在这里是不可避免的，但全部科学资料是不容许怀疑原子和分子的存在的。

李凯尔然后举出一些新材料证明原子是由带负电的微粒（小体、电子）组成的，并且指出有关分子大小的各种实验的结果和计算所得出的结果是近似的："第一级近似值"是直径约 100 毫微米（1 毫微米等于百万分之一毫米）。撇开李凯尔的个别意见和他对新活力论[82]的批判不谈，我们现在引用他的结论：

"有些人贬低那种至今还在指导科学理论前进的思想的意义，他们常常认为，除了如下两种对立的论断，别无选择：或者断言，原子和以太不过是科学想象的虚构；或者断言，现在还不完善的原子和以太的力学理论，如果达到完善的境地，就会使我们对实在有全面而又非常正确的看法。依我看来，是有中间道路的。"一个人在黑暗的屋子里只能极其模糊地辨别东西，但是如果他没有碰到家具，没有把穿衣镜当做门走，那就是说，他正确地看见某些东西。因此，我们既不必放弃不停留在自然界的表面而要深入自然界内部的打算，也不必自以为我们已经完全揭露了我们周围世界的秘密。"可以承认，不论关于原子的本性，或是关于原子存在于其中的以太的本性，我们都没有描绘出完整的图画；可是我想指出，尽管我们的某些理论具有近似的〈tentative，直译是：摸索的〉性质，尽管有许多局部的困难，原子论……在一些主要的原理上还是正确的；原子不仅是数学家（puzzled mathematicians）的辅助概念（helps），而且也是物理的实在。"

李凯尔就这样结束了他的演说。读者可以看出，演讲人并没有研究过认识论，但是实际上他无疑代表着许多自然科学家坚持了自发的唯物主义观点。他的立场的实质是：物理学的理论是客观实在的（日益确切的）模写。世界是运动着的物质，我们对它的认识是不断深化的。李凯尔哲学的不确切性的产生，是由于他不必要地维护以太运动的"力学的"（为什么不是电磁学的？）理论和不懂得相对真理和绝对真理的相互关系。这位物理学家所缺少的**只是辩证**唯物主义的知识（当然不算上那些迫使英国教授们自称为"不可知论者"的很重要的通常见解）。

我们现在看一看唯灵论者詹姆斯·华德是怎样批判这种哲学的。他写道："……自然主义不是科学，作为它的基础的机械的自然理论，也不是科学……　虽然自然主义和自然科学，机械宇宙论和作为科学的力学，在逻辑上是各不相同的东西，可是乍看起来，它们彼此是很相似的，而且在历史上是密切联系着的。把自然科学和唯心主义派别或唯灵论派别的哲学混同起来的危险是不存在的，因为这类哲学必然包含着对自然科学所不自觉地作出的认识论前提的批判……"①　一点不错！自然科学**不自觉地**承认它的学说反映客观实在，而且**只有**这样的哲学才能和自然科学相容！"……自然主义就不同了，它像科学本身一样，在认识论方面是没

---

① 詹姆斯·华德《自然主义和不可知论》1906年版第1卷第303页。

有过错的。事实上，像唯物主义一样，自然主义不过是被当做形而上学看待的物理学……　无疑地，自然主义不像唯物主义那样独断，因为它对最终实在的本性作了不可知论的保留声明；但是它坚决地认为这个'不可认识的东西'的物质方面是第一位的……"

唯物主义者把物理学当做形而上学看待。好熟悉的论据！承认人以外的客观实在，被称为形而上学。在对唯物主义的这种责难上，唯灵论者同康德主义者和休谟主义者是一致的。这是可以理解的，因为不排除众所周知的物、物体、对象的**客观**实在性，就不可能为雷姆克所说的"实在的概念"扫清道路！……

"……当如何更好地把全部经验系统化〈华德先生，这是剽窃波格丹诺夫的！〉这个在本质上是哲学的问题产生的时候，自然主义者就断言，我们应当先从物理的方面开始。只有这些事实才是确切的、肯定的、严密地联系着的；任何一个激动人心的思想……据说都可以归结为物质和运动的十分精确的再分配……　至于具有这样的哲学意义和这样的广阔范围的论断是从物理科学〈即自然科学〉中得出的合理的结论，这一点现代物理学家还不敢直截了当地肯定。但是，他们之中有许多人认为，谁竭力揭露隐蔽的形而上学，揭穿机械宇宙论所依据的物理学实在论，谁就损害了科学的意义……"　他说，李凯尔也是这样看待我的哲学的。"……事实上，我的批判〈对于同样为一切马赫主义者所憎恶的"形而上学"的批判〉完全是以一个人数逐渐增多、影响日益扩大的物理学家的学派（如果可以这样称呼它的话）的结论为根据的，那个学派驳斥这个差不多是中世纪的实在论……　这个实在论很久很久没有遇到反对意见，以致人们把对它的挑战都看做是宣布科学的无政府状态。但是若怀疑基尔霍夫和彭加勒（我只从许多名人中提出这两个人)这样的人想'损害科学的意义',这的确是奇怪的……　为了把他们同我们有根据称之为物理学实在论者的旧学派分开,我们可以把新学派叫做物理学的符号论者。这个用语不十分恰当,可是它至少着重指出了现在特别为我们关心的这两个学派之间的一个根本的区别。争论的问题很简单。不言而喻,两个学派都以同样的感性(perceptual)经验为出发点;两个学派都使用在细节上相异而在本质上相同的抽象的概念体系;两个学派都采用同样的检验理论的方法。但是一个学派认为,它愈来愈接近最终实在,愈来愈离开假象。另一个学派则认为,它只是以适宜于理智活动的、概括的记述图式来代换(is substituting)复杂的具体事实……　不管哪一个学派都没有损害作为关于⟨黑体是华德用的⟩物的系统知识的物理学的价值;物理学进一步发展和实际应用的可能性,不管在哪一种情况下都是一样的。但是两个学派在哲学上的(speculative)差别是很大的;在这一方面,哪一个学派正确这个问题就很重要了……"

　　这个露骨的彻底的唯灵论者提问题的方法,是非常正确和明白的。的确,现代物理学中的两个学派的区别只是哲学上的,只是认识论上的。的确,基本的差别只是在于:一个学派承认为我们的理论所反映的"最终的"(应当说:客观的)实在,而另一个学派则否认这一点,认为理论不过是经验的系统化、经验符号的体系等等。新物理学发现了物质的新种类和物质运动的新形式,并且趁旧物理学概念被推翻的时候提出了旧的哲学问题。如果说"中间的"哲学派别的人们("实证论者"、休谟主义者、马赫主义者)不善于明确地提出争论的问题,那么露骨的唯心主义者华德则把一切面具都取下来了。

"……李凯尔的主席致辞维护物理学的实在论,反对彭加勒教授、波英廷教授和我最近所维护的那种符号论的解释。"(第305—306页;华德在他的著作的另一些地方,把杜恒、毕尔生和马赫也添进了这个名单,见第2卷第161、63、57、75、83页及其他页)

"……李凯尔经常谈到'想象的形象',同时经常声称原子和以太是某种超乎想象的形象的东西。这种推论方法实际上就等于说:在某种场合下,我不能创造另外的形象,因而实在必须和它相似…… 李凯尔教授承认另外的想象的形象的抽象可能性…… 他甚至承认我们的某些理论的'近似'(tentative)性质和许多'局部的困难'。归根到底,他维护的只是一种作业假说(a working hy-pothesis),而且是一种在最近半个世纪来大大丧失了威望的作业假说。但是,如果物质构造的原子论和其他理论仅仅是作业假说,而且是严格地局限于物理现象方面的假说,那么就没有什么能够证明下述理论是正确的。这种理论断言:机械论是一切的基础;它把生命的和精神的事实归结为副现象,就是说,它使这些事实成为比物质和运动具有更多现象和更少实在性的东西。这就是机械宇宙论。如果李凯尔教授不公开地支持它,那么我们和他也就没有什么可争论的了。"(第314—315页)

所谓唯物主义断言意识具有"更少"实在性,或者断言作为**运动着的物质**的世界的图景一定是"机械"图景,而不是电磁图景或某种复杂得多的图景,这当然完全是胡说八道。但是露骨的毫不掩饰的唯心主义者华德,确实很巧妙地、比我们的马赫主义者(即糊涂的唯心主义者)高明得多地**抓住了**"自发的"自然科学的唯物主义的弱点,例如,不能阐明相对真理和绝对真理的相互关系。华德反过来说,既然真理是相对的、近似的,只是"摸索"事情的本质,那就是说,它不能反映实在! 但是,唯灵论者却非常准确地提出了原子等等是"作业假说"的问题。现代的有文化的信仰主义(华德是从自己的唯灵论中直接引出这种信仰主义的),除了宣布自然科学的概念是"作业假说"之外,**再也不想要求什么了**。自然科学家先生们,我们把科学让给你们,请你们把认识论、哲学让给我们,——这就是"先进的"资本主义国家的神学家和教授同居的条件。

至于说到华德的认识论中同"新"物理学有联系的其他各点,还必须提一下他同**物质**的坚决斗争。华德在嘲笑假说太多而且相互矛盾的时候追问道:什么是物质? 什么是能量? 是一种以太还是几种以太? 或者是某种被人们任意地加上了未必有的新质的新的"理想液体"! 华德的结论是:"除了运动,我们没有发现任何确定的东西。热是运动的形态,弹性是运动的形态,光和磁也是运动的形态。正如人们所推测的那样,甚至质量本身归根到底也是某种东西的运动形态,这种东西既不是固体,也不是液体或气体;它自身既不是物体,也不是物体的集合;它不是现象的,也不应当是本体的;它是我们可以把我们自己的用语加于其上的真正的 apeiron〈希腊哲学的用语=无限者、无尽者〉。"(第 1 卷第 140 页)

这个唯灵论者是始终如一的,他把运动和物质割裂开来。在自然界中,物体的运动转化为不是具有不变质量的物体的那种东西的运动,转化为一种在未知以太中的未知的电的未知电荷的运动,——这种在实验室和工厂里发生的**物质转化**的辩证法,在唯心主义者看来(也像在广大公众以及在马赫主义者看来一样),不是唯物主义辩证法的确证,而是反对唯物主义的论据:"……专门(professed)解释世界的力学理论,由于力学的物理学本身的进步而遭到致命的打击……"(第 143 页) 我们回答道,世界是运动着的物质,力学反映这一物质的缓慢运动的规律,电磁理论反映这一物质的迅速运动的规律……　"有广延性的、坚固的、不可破坏的原子,一向是唯物主义世界观的支柱。但是,对于这些观点来说,不幸的是,有广延性的原子满足不了日益增长的知识向它提出的要求(was not equal to the demands)……"(第 144 页)　原子的可破坏性和不可穷尽性、物质和物质运动的一切形式的可变性,一向是辩证唯物主义的支柱。自然界中的一切界限,都是有条件的、相对的、可变动的,它们表示我们的智慧逐步接近于认识物质,但是这丝毫也不证明自然界、物质本身是符号、记号,也就是说,是我们智慧的产物。电子和原子相比,就像这本书中的一个句点和长 30 俄丈、宽 15 俄丈、高 7.5 俄丈的建筑物的体积相比(洛治);电子以每秒 27 万公里的速度运动着;它的质量随着它的速度而改变;它每秒转动 500 万亿次,——这一切比旧力学深奥得多,可是这一切都是物质在空间和时间中的运动。人的智慧发现了自然界中许多奇异的东西,并且还将发现更多奇异的东西,从而扩大自己对自然界的统治,但这不是说,自然界是我们的智慧或抽象智慧所创造的,即华德的神、波格丹诺夫的"代换"等所创造的。

　　"……这个理想〈"机械论"的理想〉如果作为实在世界的理论被严格地(rigorously)实现的时候,就会使我们陷入虚无主义:一切变化都是运动,因为运动是我们所能认识的唯一变化,而运动着的东西要为我们所认识,又必须是运动……"(第 166 页)　"正如我想指出的,物理学的进步正是一种最强有力的手段,可以用来反对愚昧地信仰物质和运动、反对承认它们是最终的(inmost)实体而不是存在总和的最抽象的符号……　通过赤裸裸的机械论,我们是永远不会达到神的……"(第 180 页)

好啦,这已经完全和《**"关于"马克思主义哲学的论丛**》中所说的一模一样了! 华德先生,你不妨去跟卢那察尔斯基和尤什凯维奇、巴扎罗夫和波格丹诺夫攀谈攀谈,他们虽然比你"害羞些",可是宣扬的却完全是同样的东西。

5. 现代物理学的两个派别和德国唯心主义

1896 年,著名的康德主义的唯心主义者赫尔曼·柯亨,扬扬得意地给弗·阿尔伯特·朗格所伪造的《唯物主义史》①第 5 版写了一篇序言。赫·柯亨大声叫道:"理论唯心主义开始使自然科学家们的唯物主义动摇了,也许不久就会彻底战胜它。"(第 XXVI 页)"唯心主义正在渗入(Durchwirkung)新物理学。""原子论应该让位给动力论。""惊人的转变在于:对物质的化学问题的深入研究,一定会根本克服唯物主义的物质观。就像泰勒斯完成了物质概念的最初抽象并把关于电子的思辨同这一点结合起来一样,电的理论一定会在物质观上引起最大的变革,并且经过物质转化为力而导致唯心主义的胜利。"(第 XXIX 页)

赫·柯亨像詹·华德一样明确地指出了哲学上的**基本**派别,不像我们的马赫主义者那样,迷失在唯能论、符号论、经验批判主义、经验一元论等等唯心主义的各种细小差别之中。柯亨把握住物理学中现在同马赫、彭加勒等人的名字联系着的那个学派的**基本的哲学倾向**,正确地评述这种倾向是**唯心主义的**。这里,在柯亨看来,"物质转化为力"是唯心主义的主要成就,这种看法完全和

---

①　即《唯物主义史及当代对唯物主义意义的批判》。——编者注

约·狄慈根在1869年所揭穿的那些"看到幽灵的"自然科学家的看法一样。电被宣称为唯心主义的合作者,因为它破坏了旧的物质构造理论,分解了原子,发现了物质运动的新形式,而这些新形式和旧形式如此不同,简直没有被人考察和研究过,真是不同寻常,"奇妙非凡",以致可以把自然界解释为**非物质的**(精神的、思想的、心理的)运动。我们对无限小物质粒子的知识的昨天的界限消失了,因此,唯心主义哲学家断定,物质也消失了(但思想仍然存在)。每一个物理学家和每一个工程师都知道电是(物质的)运动,可是谁也弄不清楚**什么东西**在运动,因此,唯心主义哲学家断定,可以用下面这个诱人的"经济的"建议欺骗没有哲学修养的人们:让我们**想象没有物质的运动吧**……

赫·柯亨竭力把著名的物理学家亨利希·赫兹拉来当自己的同盟者。柯亨说:赫兹属于我们,他是康德主义者,他承认先验!马赫主义者克莱因佩特争辩道:赫兹属于我们,他是马赫主义者,因为在赫兹那里可以看到"和马赫相同的对我们概念本质的主观主义观点"[1]。关于赫兹是属于**谁的**这种可笑的争论,是一个很好的例子,它说明唯心主义哲学家们怎样抓住著名自然科学家的极小的错误,抓住表达得稍微模糊的地方,来证明自己替信仰主义的变相辩护是正确的。事实上,亨·赫兹为他的《力学》[2]所写的哲学导言,表明了一个自然科学家的普通观点,这个自然科学家虽然被教授们反对唯物主义的"形而上学"的吼声吓倒,但是无论如何也不能克服他对外部世界的实在性的自发的信念。这一点克莱因佩特自己也承认,他一方面抛给广大读者一些谎话连篇的关于**自**

[1]　1898—1899年《系统哲学文库》第5卷第169—170页。
[2]　《亨利希·赫兹全集》1894年莱比锡版第3卷,特别是第1、2、49页。

然科学的认识论的通俗小册子,在这些小册子里把马赫和赫兹并列在一起,另一方面,他又在专门的哲学论文中承认"赫兹跟马赫和毕尔生相反,仍然坚持全部物理学可以用力学来说明的偏见"①,承认赫兹保持着自在之物的概念和"物理学家的普通观点",承认赫兹"仍然坚持自在世界的存在"②,等等。

指出赫兹对唯能论的看法是很有意思的。他写道:"如果我们问一下,究竟为什么现代物理学在自己的论述中喜欢使用唯能论的表达方法,那么回答将是这样:因为这样最便于避开谈论我们很少知道的东西…… 当然,我们深信:有重量的物质是由原子组成的;对于原子的大小及其运动,在某些场合下,我们是相当清楚的。但是原子的形状、它们的结合和它们的运动,在多数场合下我们是完全不清楚的…… 因此,我们关于原子的观念是今后研究的重要而有意思的目标,尽管它们决不是特别适合于用做数学理论的坚固基础。"(上引书第3卷第21页)赫兹期望对以太的进一步研究能得到对"旧物质的本质即它的惯性和引力"的说明(第1卷第354页)。

由此可以看出,赫兹甚至没有想到会有非唯物主义的能量观。唯能论成了哲学家从唯物主义逃向唯心主义的借口。自然科学家把唯能论看做是在物理学家离开了原子而还没有达到电子的时期(如果可以这样说)用以说明物质运动规律的方便手段。直到现在,这个时期在很大程度上还继续着:一种假说为另一种假说所代替;关于正电子还什么也不知道;仅仅在3个月前(1908年6月22日),让·柏克勒尔向法兰西科学院报告,他发现了这个"新的物质

---

① 1903年《康德研究》杂志第8卷第309页。
② 1906年《一元论者》杂志第16卷第2期第164页;论马赫的"一元论"的论文。

组成部分"(《科学院会议报告汇编》第 1311 页)。唯心主义哲学怎么能不利用这样有利的情况:人类的智慧还仅仅在"探索""物质",因此,"物质"不过是"符号"等等而已。

比柯亨的反动色彩浓厚得多的另外一个德国唯心主义者爱德华·冯·哈特曼,用一整本书专门论述《现代物理学的世界观》(《Die Weltanschauung der modernen Physik》1902 年莱比锡版)。作者对他维护的那个唯心主义变种所发表的专门议论,我们当然不感兴趣。对于我们说来,重要的只是指出,这个唯心主义者也确认莱伊、华德和柯亨所确认的那些现象。爱·哈特曼说:"现代物理学在实在论的基础上成长起来,只是现代新康德主义的和不可知论的思潮,才使人们唯心地解释物理学的最后成果。"(第 218页)在爱·哈特曼看来,最新物理学的基础有三个认识论的体系:物质运动论(来自希腊文 hyle = 物质和 kinesis = 运动,即承认物理现象是物质的运动)、唯能论和动力论(即承认没有物质的力)。显然,唯心主义者哈特曼维护"动力论",从"动力论"推出自然规律是宇宙思想的结论,一句话,用心理的东西"代换"物理的自然界。但是他不得不承认,绝大多数物理学家拥护物质运动论;这个体系"最常被应用"(第 190 页);它的严重缺点是"纯粹物质运动论有产生唯物主义和无神论的危险"(第 189 页)。作者完全正确地把唯能论看成一种中间体系,并把它叫做不可知论(第 136 页)。当然,它是"纯粹动力论的同盟者,因为它排除物质"(第 VI 页和第 192页);但是它的不可知论,哈特曼不喜欢,因为这是一种同真正德国黑帮分子的真正唯心主义相矛盾的"英国狂"。

看一看这位具有不调和的党性的唯心主义者(哲学上无党性的人,像政治上无党性的人一样,是不可救药的蠢材)怎样向物理学家说明走这一条或那一条认识论路线究竟是什么意思，是非常有教益的。关于对物理学的最新结论的唯心主义解释，哈特曼写道："在追求这种时髦的物理学家之中，只有极少数人完全认识到这种解释的全部意义和全部后果。他们没有看出，具有特殊规律的物理学所以保持了独立意义，只是因为物理学家们违反自己的唯心主义而坚持了**实在论的**基本前提，即自在之物的存在，自在之物在时间上的实在的可变性，实在的因果性……　只有在这些实在论的前提（因果性、时间、三维空间具有超验的意义）下，就是说，只有在自然界（物理学家就是论述它的规律的）同自在之物的王国相一致的条件下……才谈得到不同于心理规律的自然规律。只有当自然规律在不依赖于我们思维的领域中起作用时，它才能说明：从我们的映象中得出的逻辑上必然的结论，是一种未知物在自然科学上的必然结果的映象，而这些映象在我们的意识中反映或标记这种未知物。"（第218—219页）

　　哈特曼正确地感觉到，新物理学的唯心主义就是一种**时髦**，而不是离开自然科学唯物主义的重大的哲学上的转变。因此，他正确地向物理学家们解释说，要使这种"时髦"变成彻底的、完整的哲学唯心主义，必须根本修改关于时间、空间、因果性和自然规律的客观实在性的学说。不能仅仅认为原子、电子、以太是简单的符号、简单的"作业假说"，也要宣布时间、空间、自然规律和整个外部世界是"作业假说"。要就是唯物主义，要就是以心理的东西普遍代换整个物理自然界；很多人爱把这二者混为一谈，我和波格丹诺夫可不是这样的人。[83]

　　死于1906年的一位德国物理学家路德维希·玻耳兹曼，曾不断地反对马赫主义流派。我们已经指出过，他把马赫主义简单明

白地归结为唯我论，反对"迷醉于新的认识论教条"（见上面第1章
第6节）。玻耳兹曼当然害怕自称为唯物主义者，甚至还特别声明
一句：他决不反对神的存在[①]。但是他的认识论实质上是唯物主
义的，正如19世纪的自然科学史家齐·君特[②]所认为的，它表达
了多数自然科学家的意见。路·玻耳兹曼说："我们是从万物在我
们的感官上所引起的印象中认识万物的存在的。"（上引书第29
页）理论是自然界即外部世界的"模写"（或摄影）（第77页）。玻耳
兹曼指出，对那个说物质不过是感觉的复合的人来说，别的人也不
过是他的感觉而已（第168页）。这些"思想家"（玻耳兹曼有时这
样称呼哲学唯心主义者）给我们描绘了"主观的世界图景"（第176
页），而作者却宁愿要"更简单的客观的世界图景"。"唯心主义者
把物质像我们的感觉一样是存在的这一论断，比做那种觉得被敲
打的石头也会感到疼痛的孺子之见。实在论者把那种认为不能设
想心理的东西是从物质的东西或者甚至是从原子的活动中产生的
见解，比做一个没有教养的人的见解：他断言太阳距离地球不可能
有2 000万英里，因为这一点他不能设想。"（第186页）玻耳兹曼
没有放弃把精神和意志想象为"物质粒子的复杂作用"的科学理想
（第396页）。

　　路·玻耳兹曼屡次从物理学家的观点来反驳奥斯特瓦尔德的
唯能论，他证明：奥斯特瓦尔德既不能驳倒也不能取消动能的公式
（速度之平方乘以质量的一半）；奥斯特瓦尔德是在错误的圈子里
兜来兜去，起初从质量中导出能量（承认动能公式），然后又把质量

---

①　**路德维希·玻耳兹曼**《通俗论文集》1905年莱比锡版第187页。
②　**齐格蒙德·君特**《19世纪无机自然科学史》1901年柏林版第942页和第941页。

规定为能量（第 112、139 页）。这不由使我想起了波格丹诺夫在《经验一元论》第 3 卷里所转述的马赫的话。波格丹诺夫在引证马赫的《力学》中的话写道："在科学中，物质概念归结为出现在力学方程式中的质量系数，而根据精密的分析，这个系数就是两个物理复合体（即物体）相互作用时的加速度的倒数。"（第 146 页）显然，如果以某一**物体**为单位，那么其他一切物体的运动（力学的）都能用加速度的简单比例表达出来。但是"物体"（即物质）还决不因此就消失，就不再离开我们的意识而独立存在。当整个世界归结为电子的运动时，所以能从一切方程式中消去电子，正是因为到处都是指的电子，而电子群或电子聚合体之间的相互关系可以归结为它们的相互加速度，——如果运动的形式也像在力学中那样简单。

玻耳兹曼在反对马赫之流的"现象论的"物理学时，肯定地说："那些想以微分方程式来排除原子论的人，是只见树木，不见森林。"（第 144 页）"如果对微分方程式的意义不抱幻想，那就不能怀疑：世界图景（用微分方程式表明的）仍旧必然是原子论的图景，是排列在三维空间中的巨大数量的物依照一定规则在时间上变化着的图景。这些物当然可以是一样的或不一样的，不变的或可变的"等等（第 156 页）。玻耳兹曼在 1899 年慕尼黑自然科学家会议的讲演中说："十分明显，现象论的物理学只是穿上了微分方程式的外衣，实际上它的出发点同样是原子状的个体（Einzelwesen）。因为不得不设想这些个体在各种不同的现象群中时而有这一种特性，时而又有另一种特性，所以立刻就发现需要一种更加简单划一的原子论。"（第 223 页）"电子学说正发展为一切电的现象的原子理论。"（第 357 页）自然界的统一性显示在不同现象领域的微分方程式的"惊人的类似"中。"用同一方程式可以解决流体动力学的问题,也可以表达势论。流体的漩涡理论和气体的摩擦(Gasreibung)理论显出同电磁理论等等有惊人的类似。"(第 7 页)承认"普遍代换说"的人们,决不能回避这个问题:究竟是谁想到这样划一地"代换"物理的自然界呢?

仿佛是答复那些漠视"旧学派的物理学家"的人们似的,玻耳兹曼详细地叙述了某些"物理化学"专家怎样采取跟马赫主义相反的认识论观点。1903 年的"最好的"综合性著作"之一"(用玻耳兹曼的话来说)的作者福贝尔(Vaubel),"对这样常常受人赞扬的现象论的物理学采取了坚决敌视的态度"(第 381 页)。"他力求构成尽量具体的、明晰的关于原子和分子的本性以及作用于两者之间的力的观念。他使这种观念适应于这个领域里的最新实验"(离子、电子、镭、塞曼效应等等)。"作者在对物质守恒定律和能量守恒定律特别加以说明的时候,严格地坚持物质和能量的二元论①。在对物质的看法上,作者也坚持有重量的物质和以太的二元论,但是他在最严格的意义上把以太看做是物质的。"(第 381 页)作者在自己著作(电的理论)的第 2 卷里,"一开始就持如下观点:电的现象是由原子状的个体即电子的相互作用和运动引起的"(第 383 页)。

因此,德国的情形和唯灵论者詹·华德所承认的英国的情形是一样的,就是:实在论学派的物理学家在整理近年来的事实和发现上所获得的成就,并不亚于符号论学派的物理学家;它们的根本

---

①　玻耳兹曼是想说,作者没有企图设想没有物质的运动。这里说"二元论"是可笑的。哲学上的一元论和二元论就在于:彻底或不彻底地贯彻唯物主义或唯心主义。

差别"**仅仅**"在于认识论的观点上①。

6. 现代物理学的两个派别和法国信仰主义

在法国,唯心主义哲学同样坚决地抓住了马赫主义物理学的动摇。我们已经看到,新批判主义者怎样欢迎马赫的《力学》,怎样一下就指出了马赫哲学基础的唯心主义性质。法国马赫主义者彭加勒(昂利)在这方面获得了更大的成功。带有明确的信仰主义结

---

① 在写完本书以后,我读到了埃里希·贝歇尔的著作《精密自然科学的哲学前提》(**Erich Becher.**«Philosophische Voraussetzungen der exakten Naturwissenschaften»1907 年莱比锡版),这本著作证实了本节所说的一切。作者非常接近亥姆霍兹和玻耳兹曼的认识论观点,就是说,最接近"**羞羞答答的**"、想得不彻底的唯物主义,他用自己的著作来维护和阐述物理学和化学的基本前提。这种维护自然地转为反对物理学中的时髦然而却遭到愈来愈多的反击的马赫主义派别的斗争(参看第91页及其他页)。埃·贝歇尔正确地把这个派别评定为"**主观主义实证论**"(第 III 页),并把同它斗争的重心移到对外部世界的"假说"的证明上(第2—7章),移到对外部世界"不依赖于人们知觉而存在"(von Wahrgenommenwerden unabhängige Existenz)这一点的证明上。马赫主义者对这个"假说"的否定,常常把他们引向**唯我论**(第 78—82 页及其他页)。马赫认为,自然科学的唯一对象是"感觉和感觉的复合,而不是外部世界"(第 138 页),贝歇尔把这个观点称为"感觉一元论"(Empfindungsmonismus),并将它列入"纯意识派别"。这后一个笨拙而又荒谬的术语是由拉丁文的 conscientia(意识)构成的,无非是指哲学唯心主义(参看第 156 页)。在这本书的最后两章中,埃·贝歇尔很不坏地把旧的、力学的物质理论和世界图景同新的、电的物质理论和世界图景(就是作者所说的"弹性动力学的"自然观和"电动力学的"自然观)作了比较。以电子学说为基础的后一种理论,在认识世界的统一性上前进了一步;这种理论认为,"物质世界的元素是电荷(Ladungen)"(第 223 页)。"任何纯粹动力学的自然观除了一些运动着的物,什么都不知道,不管这些物是叫做电子或者叫做别的什么;这些物在往后每一瞬间的运动状态是完全合乎规律地由它们在前一瞬间的位置和运动状态决定的。"(第 225 页)埃·贝歇尔这本书的主要缺点是作者对辩证唯物主义完全无知。这种无知常常使他陷入混乱和荒谬,在这里我们不能谈论这些了。

论的最反动的唯心主义哲学一下就抓住了他的理论。这种哲学的代表勒鲁瓦（Le Roy）发表了如下的议论：科学的真理是约定的记号、符号；你们抛弃了想认识客观实在这一荒谬的"形而上学的"奢望；你们要合乎逻辑并同意我们的下述看法，即科学只对人的行动的一个领域具有实践意义，而对于行动的另一个领域，宗教所具有的**现实意义并不亚于**科学；"符号论的"马赫主义科学没有权利否定神学。昂·彭加勒因这些结论而感到羞愧，并在《科学的价值》一书中特别抨击了这些结论。但是你们看一看，他为了摆脱勒鲁瓦式的同盟者，竟不得不采取**什么样的**认识论立场。彭加勒写道："勒鲁瓦先生宣称理性是软弱得不可挽救的东西，只是为了给认识的其他泉源，给心情、情感、本能、信仰让出更大的地盘。"（第214—215页）"我不走到底"；科学的规律是约定、符号，但是"如果科学的'处方'具有行动准则的价值，那是因为我们知道它们大体上是有成效的。知道了这一点，也就是知道了某些东西；既然这样，你们有什么根据说我们不能知道任何东西呢？"（第219页）

　　昂·彭加勒援用实践标准。但是他只是用来转移问题，而不是用来解决问题，因为这个标准可以作主观的解释，也可以作客观的解释。勒鲁瓦也承认这个标准适用于科学和工业；他只是否认这个标准证明**客观**真理，因为这样一否认，他就可以在承认科学的主观（离开人类就不存在的）真理的同时承认宗教的主观真理。昂·彭加勒看到，只援用实践来反对勒鲁瓦是不行的，于是就转入科学的客观性问题。"什么是科学的客观性的标准呢？这个标准也就是我们对外部对象的信仰的标准。这些对象是实在的，因为它们在我们身上所唤起的（qu'ils nous font éprouver）感觉，我们觉得是由某种（我不知道是什么）不可破坏的结合剂而不是由一时

之机遇所结合起来的东西。"(第269—270页)

发表这种议论的人可以当个大**物理学家**,那是可能的。但是完全不容争论,只有伏罗希洛夫式的人物尤什凯维奇之流才会认真地把他看做是一个哲学家。他们宣称唯物主义被一种"理论"摧毁了,而这种"理论"一受到信仰主义的袭击就**躲在唯物主义的羽翼之下保全自己!** 因为,如果你们认为感觉是由实在的对象在我们身上唤起的,认为对科学的客观性的"信仰"就是对外部对象的客观存在的"信仰",那么这就是最纯粹的唯物主义。

"……例如,可以说,以太有着和任何外部物体同样的实在性。"(第270页)

假如是唯物主义者说了这样的话,马赫主义者会叫喊成什么样子啊! 将不知会有多少对"以太唯物主义"等等的不高明的尖刻话! 但是这位最新经验符号论的创立者在5页之后就宣称:"凡不是思想的东西都是纯粹的无,因为我们不能思考思想之外的任何东西。"(第276页)你错了,彭加勒先生,你的著作证明有些人只能思考毫无意义的东西。著名的糊涂人若尔日·索雷尔就属于这一类人,他断言,彭加勒的那部关于科学价值的著作的"前两部分"是"按照勒鲁瓦的精神写成的",因此这两个哲学家能够在下面这点上"和解":确证科学和世界的同一性的企图是一种幻想;不必提出科学能否认识自然界的问题,只要科学符合于我们所创造的机制就够了(若尔日·索雷尔《现代物理学家的形而上学偏见》1907年巴黎版第77、80、81页)。

但是,如果说彭加勒的"哲学"只要提一提就够了,那么,阿·莱伊的著作就必须详细地谈一谈。我们已经指出,现代物理学的两个基本派别(莱伊称之为"概念论"和"新机械论"),可以归结为唯心主义认识论和唯物主义认识论的差别。现在我们应该看一看,实证论者莱伊怎样解决同唯灵论者詹·华德、唯心主义者赫·柯亨和爱·哈特曼等人的任务正相反的任务:不是附和新物理学的哲学错误及其唯心主义倾向,而是改正这些错误,证明从新物理学中得出的唯心主义的(以及信仰主义的)结论是不合理的。

像一根红线贯穿着阿·莱伊的全部著作的,是他承认如下的事实:抓住"概念论者"(马赫主义者)的新物理学说的是**信仰主义**(第Ⅱ页和第17、220、362页及其他页)和**"哲学唯心主义"**(第200页)、关于理性的权利和科学的权利的怀疑论(第210、220页)、主观主义(第311页)等等。因此,阿·莱伊完全正确地把分析"物理学家对物理学的客观价值的看法"(第3页)作为他的著作的**中心**。

这个分析的结果是怎样的呢?

我们拿经验这个基本概念来说吧! 莱伊硬说,马赫(为了简单明了,我们以马赫作为莱伊所说的概念论学派的代表)的主观主义解释是一种误解。诚然,"19世纪末哲学的主要的新特征"之一是:"越来越精巧、越来越色彩繁多的经验论导致信仰主义,即承认信仰至上,这种经验论曾经一度成为怀疑论用来反对形而上学论断的强大武器。实质上,这件事情的发生还不是因为人们通过各种难以觉察的细微差异慢慢地歪曲了'经验'一词的实在含义吗?事实上,如果把经验放在它存在的条件中,放在确定和提炼经验的实验科学中去考察,那么经验就会把我们引向必然性和真理"(第398页)。毫无疑问,整个马赫主义,就这个词的广义来说,无非是通过难以觉察的细微差异歪曲"经验"一词的实在含义! 但是,仅仅非难信仰主义者的歪曲而不非难马赫本人的歪曲的莱伊,是怎样纠正这种歪曲的呢? 请听一听吧:"按照通常的定义,经验是对客体的认识。在物理科学中,这个定义比在任何其他地方都更适当……经验是我们的智慧所没有支配的东西,是我们的愿望、我们的意志所不能改变的东西,经验是现存的东西,而不是我们所创造的东西。经验是主体面前的(en face du)客体。"(第314页)

这就是莱伊维护马赫主义的典型例子!恩格斯的天才眼光多么敏锐,他用"羞羞答答的唯物主义者"这个绰号来形容哲学上的最新型的不可知论和现象论的信徒。实证论者和狂热的现象论者莱伊,就是这类人里面的佼佼者。如果经验是"对客体的认识",如果"经验是主体面前的客体",如果经验是指"某种外部的东西(quelque chose du dehors)存在着并且必然存在着(se pose et en se posant s'impose)"(第324页),那么很明显,这就是唯物主义!莱伊的现象论、他所竭力强调的言论(除了感觉之外什么也没有;客观的东西是具有普遍意义的东西,等等),都是遮羞布,是掩盖唯物主义的空洞辞藻,因为他向我们说:

"我们从外部得到的、经验强加于(imposé)我们的东西,我们所不能创造的、不依赖于我们而产生的、并且在某种程度上创造我们的东西,是客观的。"(第320页)莱伊以消灭概念论来维护"概念论"!他驳斥从马赫主义得出的唯心主义结论,不过是把马赫主义解释为羞羞答答的唯物主义。莱伊自己承认了现代物理学的两个派别的差别,却又满头大汗地去涂抹一切差别,以利于唯物主义派别。例如,莱伊在谈到新机械论学派时说道,在物理学的客观性问题上,这个学派不容许"有丝毫怀疑,丝毫不信任"(第237页),因为"在这里〈即根据新机械论学派的学说〉,你们无须经过从其他物理学理论的观点出发所必须经过的一些弯路,就可以断定这种客观性"。

莱伊掩盖的就是马赫主义的这些"弯路",在他的全部叙述中给这些弯路罩上了一层纱幕。唯物主义的基本特征正在于：它的**出发点**是科学的客观性，是承认科学所反映的客观实在；而唯心主义则**需要**"弯路"，以便这样或那样地从精神、意识中，从"心理的东西"中"引出"客观性。莱伊写道："物理学中的新机械论的〈即占统治地位的〉学派，正如人类**相信**外部世界的**实在性**一样，**相信**物理学理论的**实在性**。"（第234页，第22节：提纲）对于这一学派说来，"理论想要成为客体的摄影（le décalque）"（第235页）。

一点不错。"新机械论"学派的这个基本特征也正是**唯物主义**认识论的基础。不管莱伊怎样声明自己和唯物主义者毫无关系，不管他怎样断言新机械论者实质上也是现象论者等等，这些都不能削弱这个根本事实。新机械论者（多少有些羞羞答答的唯物主义者）和马赫主义者的差别的本质就在于：马赫主义者**背离**这种认识论，而背离这种认识论，就不可避免地要**陷入信仰主义**。

拿莱伊对马赫关于自然界的因果性和必然性的学说的态度来说吧！莱伊断言，只是乍一看来，马赫"接近怀疑论"（第76页）和"主观主义"（第76页）；如果考察一下马赫的全部学说，这种"暧昧性（équivoque）"（第115页）就消失了。莱伊考察了马赫的全部学说，从《热学》和《感觉的分析》里引证了许多话，特别论述了前一本书中关于因果性的一章，但是……**但是他对关键处，对马赫所说的没有物理必然性，只有逻辑必然性这样的话却避而不引！** 对于这一点只能说，这不是解释马赫，而是粉饰马赫，这是抹杀"新机械论"和马赫主义之间的差别。莱伊的结论是："马赫继续分析，并接受了休谟、穆勒和一切现象论者的结论，按照这些人的观点，因果性并不包含任何**实体的东西**，它只是思维的习惯。马赫接受了现象论的基本命题，即除了感觉，什么也不存在；因果说不过是这个命题的结果。但是,马赫从纯粹客观主义方面作了补充:科学研究感觉,发现其中有恒久的共同的要素,这些要素既是从感觉中抽象出来的,就具有与感觉同样的实在性,因为它们是通过感性的观察从感觉中汲取来的。这些恒久的共同的要素,例如能量及其转化,是物理学体系化的基础。"(第117页)

这就是说,马赫接受了休谟的主观的因果论并且从客观主义的意义上去解释! 莱伊托词规避,引用马赫的不彻底的地方来为马赫辩护,并得出如下的结论:这个经验通过"实在的"解释,就会导致"必然性"。而经验是从外部得到的东西,如果自然界的必然性和自然界的规律也是人从外部即客观实在的自然界中得到的,那么不言而喻,马赫主义和唯物主义之间的一切差别就会消失。莱伊用完全向"新机械论"投降,坚持现象论这个名词而不坚持这个派别的实质的办法来维护马赫主义,使它免受"新机械论"的攻击。

例如,彭加勒完全按照马赫的精神出于"方便"而引出自然规律——直到空间有三维。莱伊急忙"更正"道,但是这决不意味着"任意的"。不,"方便"在这里是表示"**对客体的适应**"(黑体是莱伊用的,第196页)。真是对两个学派的出色的划分,对唯物主义的出色的"反驳"…… "即使彭加勒的理论在逻辑上和机械论学派的本体论解释〈即这个学派承认理论是客体的摄影〉之间隔着一条不可逾越的鸿沟……即使彭加勒的理论可以作为哲学唯心主义的支柱,但是,至少在科学的领域内,它是同古典物理学思想的一般发展十分一致的,同那种把物理学看做像经验一样(即像产生经验的感觉一样)客观的客观知识的倾向十分一致的。"(第200页)

一方面,不能不承认;另一方面,必须承认。[84]一方面,虽然彭加勒站在马赫的"概念论"和新机械论的**中间**,可是他与新机械论之间有一条不可逾越的鸿沟，而马赫和新机械论之间却似乎完全没有任何鸿沟；另一方面，彭加勒和古典物理学是完全一致的，而古典物理学，用莱伊自己的话来说，是完全坚持"机械论"的观点的。一方面，彭加勒的理论可以作为哲学唯心主义的支柱；另一方面，它和"经验"一词的客观解释是可以相容的。一方面，这些恶劣的信仰主义者通过难于觉察的偏差而歪曲了"经验"一词的含义，抛弃了"经验是客体"这一正确观点；另一方面，经验的客观性只意味着经验是感觉，——这一点不论贝克莱或费希特都是完全同意的！

莱伊所以陷于混乱，是因为他给自己提出了一个无法解决的任务："调和"新物理学中的唯物主义学派和唯心主义学派的对立。他企图削弱新机械论学派的唯物主义，把那些认为自己的理论是客体的摄影的物理学家们的观点归之于现象论①。他还企图削弱

---

① "调和者"阿·莱伊不仅给哲学唯物主义对问题的提法蒙上一层纱幕，而且也回避了法国物理学家们的表达得极为明显的唯物主义言论。例如，他就没有提到 1902 年逝世的阿尔弗勒德·科尔尼（A.Cornu）。这位物理学家轻蔑地说，奥斯特瓦尔德之流"对科学唯物主义的破坏〈或克服，Überwindung〉"，是妄自尊大地杂感式地阐述问题（见 1895 年《科学总评》杂志第 1030—1031 页）。阿·科尔尼在 1900 年巴黎国际物理学家大会上说过："……我们认识自然现象愈多，笛卡儿对世界机制的大胆见解，即关于物理世界除了物质和运动以外什么都没有的见解，就会更加发展和更加精确。在那些作为 19 世纪末的标志的伟大发现之后，物理的力的统一性问题……重新提到了首位。我们的现代科学界领袖——法拉第、麦克斯韦、赫兹（如果只提已故的著名物理学家）——的主要注意力都集中于更精确地确定自然界和推测**无重量的物质**（matière subtile）即世界能量的承担者的特性…… 返回到笛卡儿的思想是显而易见的……"（《国际物理学会议报告汇编》1900 年巴黎版第 4 卷第 7 页）。律西安·彭加勒在他的著作《现代物理学》一书中正确地指出，笛卡儿的这种思想曾为 18 世纪的百科全书派所接受和发展（**律西安·彭加勒**《现代物理学》1906 年巴黎版第 14 页），但是，不论这位物理学家或阿·科尔尼都不晓得，辩证唯物主义者马克思和恩格斯是怎样使唯物主义的这个基本前提摆脱**机械**唯物主义的片面性的。

概念论学派的唯心主义,删去了这个学派的信徒的最坚决的言论并用羞羞答答的唯物主义来解释其他言论。莱伊声明自己跟唯物主义毫无关系,是何等的虚伪、勉强,这可从他对麦克斯韦和赫兹的微分方程式的理论意义的评价这一例子看出来。马赫主义者们认为,这些物理学家把自己的理论局限于方程式的体系这一情况就是驳斥唯物主义:方程式就是一切,这里没有任何物质,没有任何客观实在,只有符号。玻耳兹曼驳斥这个观点,他懂得自己是在驳斥现象论的物理学。莱伊驳斥这个观点,则以为他是在维护现象论!他说:"不能根据麦克斯韦和赫兹局限于同拉格朗日的动力学微分方程式相类似的方程式,就不把他们列入'机械论者'。这并不是说,根据麦克斯韦和赫兹的见解,我们不能在实在的元素上建立电的力学理论。相反地,这件事是可能的,这可以从下述事实得到证明:电的现象可以由一种在形式上和古典力学的一般形式相同的理论来说明……"(第253页)　目前在解决问题方面的含糊不清,"将随着那些列入方程式中的量的单位(即元素)的**性质**得到日益精确的描述而逐步减少"。在莱伊看来,物质运动的某些形式尚未经过研究,不能成为否定运动的物质性的理由。不是作为公设而是作为经验和科学发展的结果的"物质的同类性"(第262页),即"物理学对象的同类性",是测量和数学计算的适用性的条件。

　　下面是莱伊对认识论上的实践标准的看法:"与怀疑论的前提相反,我们有理由说,科学的实践价值是从它的理论价值中产生的……"(第368页)　关于马赫、彭加勒以及他们的整个学派十分明确地接受怀疑论的前提这一点,莱伊宁愿默不作声……　"这两种价值是科学的客观价值的不可分割和严格平行的两个方面。说某一自然规律有实践的价值……实质上就是说这一自然规律有客观的意义……　我们作用于客体,是要客体发生变化,要客体发生同我们的期待或预见相符合的反应,因为我们是根据这些期待或预见施加这种作用的。因此,这些期待或这些预见包含有被客体和我们的行动所**控制着的**要素……　这就是说,在这些各种各样的理论中有一部分客观的东西。"(第 368 页)这完全是唯物主义的、而且只能是唯物主义的认识论,因为其他的观点,特别是马赫主义,是否认实践标准的客观的即不依赖于人和人类的意义的。

总结:莱伊决不是从华德、柯亨及其同伙那一方面去研究问题的,可是他却得到了同样的结果:承认唯物主义倾向和唯心主义倾向是划分现代物理学中的两个主要学派的基础。

7. 俄国的"一个唯心主义物理学家"

由于我的工作的某些恶劣条件,我几乎完全不可能看到同本章所研究的问题有关的俄国文献。我只限于论述我国著名的哲学上的黑帮分子洛帕廷先生的一篇对于我的题目很重要的论文:《一个唯心主义物理学家》。这篇论文发表在去年的《哲学和心理学问题》杂志[85](1907 年 9—10 月)上。真正俄国的哲学唯心主义者洛帕廷先生对现代欧洲唯心主义者的态度,大致像"俄罗斯人民同盟"[86]对西欧反动党派的态度一样。但是正因为这样,看一看同类的哲学倾向是怎样在全然不同的文化和生活环境中表现出来的,就更有教益。洛帕廷先生的这篇论文,是对已故的俄国物理学家尼·伊·施什金(死于 1906 年)的一篇像法国人所说的éloge(颂词)。令洛帕廷先生为之心醉的是:这位对赫兹和整个新物理学很感兴趣的有教养的人,不仅是右派立宪民主党人(第339页),而且是虔诚的教徒、弗·索洛维约夫哲学的崇拜者等等。尽管洛帕廷先生主要是"关注"哲学和警察之间的交界领域,但是,他却能够提供某些说明这个唯心主义物理学家的**认识论**观点的材料。洛帕廷先生写道:"他是一个真正的实证论者,他毫不倦怠地致力于对科学的研究方法、假说和事实的最广泛的批判,看它们是否适合于作为建立完整的完备的世界观的手段和材料。在这方面,尼·伊·施什金同他的很多同代人是完全相反的。在我以前发表在这个杂志上的一些文章里,我早就不止一次地力求阐明所谓科学的世界观是由哪些五花八门的、往往不可靠的材料构成的。这些材料中有已经证明了的事实,有多少有点大胆的概括,也有在当时对某一科学领域很方便的假说,甚至还有辅助性的科学假想;这一切都被推崇为不容争辩的客观真理,并且必须根据这些真理去判断哲学和宗教方面的其他一切思想和信仰,批驳其中一切不包含在这些真理中的东西。我国的极有天才的思想家和自然科学家弗·伊·维尔纳茨基教授,曾十分明确地指出,这类想使当前历史时期的科学观点成为一成不变的、人人都应遵守的独断主义体系的企图是多么无聊和不妥当。但是犯这种过错的,不仅是广大的读者〈**洛帕廷先生的注释**:"一系列通俗书籍是为这些读者写的,这些书籍的使命是使他们深信有那样一种解答一切问题的科学手册。这一类的代表作是毕希纳的《力和物质》或海克尔的《宇宙之谜》。"〉,也不仅是自然科学的各专门部门的个别学者;特别奇怪的是,官方哲学家们也常常犯这种错误,他们的一切努力有时候只是为了证明:除了各专门科学的代表在他们以前讲过的东西之外,他们什么也没有说,他们不过是用自己的特殊语言来说一说罢了。

尼·伊·施什金决没有一点先人的独断主义。他始终不渝地拥护对自然现象的机械论解释,但是在他看来,这种解释只是一种研究方法……"(第 341 页)　嗯……嗯……旧调重弹呀!……"他决不认为机械论揭示了我们所研究的现象的本质,只把它看做是一种为了科学而把现象结合起来并加以论证的最方便最有效的方法。因此,在他看来,机械论的自然观和唯物主义的自然观远不是互相一致的……"　这和《**关于**马克思主义哲学的论<u>丛</u>》的作者们所说的完全一样!……"正相反,他觉得在高层次的问题上机械论应该采取一种严格批判的、甚至是调和的立场……"

用马赫主义者的话来讲,这叫做"超越"唯物主义和唯心主义的"陈腐的、狭隘的、片面的"对立……　"关于物的始源和终结、关于我们精神的内在本质、关于意志自由、关于灵魂不死等等问题,就其含义的实际广度来说,不能属于机械论的研究范围,因为机械论作为一种研究方法,其适用的自然界限只限于物理经验的事实……"(第 342 页)　最后两行无疑是从亚·波格丹诺夫的《经验一元论》中抄来的。

施什金在他的论文《从机械论观点来看心理生理现象》(《哲学和心理学问题》杂志第 1 卷第 127 页)里写道:"光可以看做是物质,是运动,是电,是感觉。"

毫无疑问,洛帕廷先生十分正确地把施什金列入实证论者,这个物理学家完全是属于新物理学的马赫主义学派的。施什金想用他关于光的论断来说明:各种不同的考察光的方法是从这种或那种观点看来同样合理的各种不同的"组织经验"(按照亚·波格丹诺夫的用语)的方法,或者是各种不同的"要素的联系"(按照恩·马赫的用语);物理学家们关于光的学说无论如何不是客观实在的摄影。但是施什金的论述糟透啦。"光可以看做是物质,是运动……" 自然界中既不存在没有运动的物质,也不存在没有物质的运动。施什金的前一个"对比"是没有意义的。……"看做是电……" 电是物质的运动,因此在这里施什金也错了。光的电磁理论已经证明,光和电都是同一物质(以太)的运动形式。……"看做是感觉……" 感觉是运动着的物质的映象。不通过感觉,我们就不能知道物质的任何形式,也不能知道运动的任何形式;感觉是运动着的物质作用于我们的感官而引起的。自然科学就是这样看的。红色的感觉反映每秒频率约为450万亿的以太的振动。天蓝色的感觉反映每秒频率大约620万亿的以太的振动。以太的振动是不依赖于我们的光的感觉而存在的。我们的光的感觉依赖于以太的振动对人的视觉器官的作用。我们的感觉反映客观实在,就是说,反映不依赖于人类和人的感觉而存在的东西。自然科学就是这样看的。施什金的反对唯物主义的论断是最廉价的诡辩。

8. "物理学"唯心主义的实质和意义

我们已经看到,在英国、德国和法国的著作中都提出了关于从最新物理学中得出的认识论结论的问题,并且从各种不同的观点展开了讨论。丝毫用不着怀疑,我们面前有一种国际性的思潮,它不是以某一哲学体系为转移,而是由哲学之外的某些一般原因所产生的。上面对各种材料的概述,无疑地表明了马赫主义是和新物理学"有联系"的,同时也表明了我们的马赫主义者所散播的关于这一联系的看法是**根本不正确的**。不论在哲学上或在物理学上,我们的马赫主义者都是盲目地赶**时髦**,不能够根据自己的马克思主义观点对某些思潮作一个总的概述，并对它们的地位作出评价。

关于马赫哲学是"20世纪自然科学的哲学"、"自然科学的最新哲学"、"最新的自然科学的实证论"等等（波格丹诺夫在《感觉的分析》序言第IV、XII页里这样讲过；参看尤什凯维奇、瓦连廷诺夫一伙人的同一说法）的一切空泛议论充满了双重的虚伪。因为，第一，马赫主义在思想上只和现代自然科学的**一个**门类中的**一个**学派有联系。第二，**这也是主要的一点**，在马赫主义中，和这个学派有联系的，**不是使马赫主义同其他一切唯心主义哲学的流派和体系相区别的东西，而是马赫主义和整个哲学唯心主义共有的东西。**只要看一看我们所考察的**整个**思潮，就会毫不怀疑这个论点的正确性。就拿这个学派的物理学家德国人马赫、法国人昂利·彭加勒、比利时人皮·杜恒、英国人卡·毕尔生来说吧。正如他们每一个人都十分正确地承认的，他们之间有许多共同点，他们有同一基础和同一倾向，但是他们的共同点不包括整个经验批判主义学说，特别是不包括马赫关于"世界要素"的学说。后三个物理学家甚至都不知道这两种学说。他们之间的共同点"只有"一个：哲学唯心主义。他们都毫无例外地、比较自觉地、比较坚决地**倾向**于它。拿那些以新物理学的**这个学派**为依据的、极力在认识论上加以论证和发展的哲学家来说吧。你们在这里又会看见德国的内在论者，马赫的门徒，法国的新批判主义者和唯心主义者，英国的唯灵论者，俄国的洛帕廷，还有唯一的经验一元论者亚·波格丹诺夫。他们之间的共同点只有一个，就是：他们都比较自觉地、比较坚决地贯彻哲学唯心主义，不过在贯彻过程中，有的是急急忙忙地倾向信仰主义，有的则对信仰主义怀着个人的厌恶（亚·波格丹诺夫）。

　　我们所考察的新物理学的这个学派的基本思想,是否认我们通过感觉感知的并为我们的理论所反映的客观实在,或者是怀疑这种实在的存在。在这里,这个学派离开了**被公认为**在物理学家中间占统治地位的**唯物主义**(它被不确切地称为实在论、新机械论、物质运动论;物理学家本人一点没有自觉地去发展它),是作为"物理学"唯心主义的学派而离开唯物主义的。

　　要说明"物理学"唯心主义这个听起来很古怪的术语,必须提一提最新哲学和最新自然科学的历史上的一段插曲。1866年,路·费尔巴哈攻击著名的最新生理学的创始者约翰奈斯·弥勒,并把他列入"生理学唯心主义者"(《费尔巴哈全集》第10卷第197页)。这个生理学家的唯心主义在于:他从我们感官同感觉的关系上研究感官机制的功用,例如,他指出光的感觉是由对眼睛的各种不同的刺激引起的,他想由此否定我们的感觉是客观实在的映象。路·费尔巴哈非常准确地抓住了自然科学家的一个学派的这种"生理学唯心主义"的倾向,即用唯心主义观点解释某些生理学成果的倾向。生理学和哲学唯心主义,主要是和康德派哲学唯心主义的"联系",后来很长时间被反动哲学利用了。弗·阿·朗格曾以生理学为王牌来维护康德主义的唯心主义,驳斥唯物主义;而内在论者(亚·波格丹诺夫竟错误地把他们归入介于马赫和康德之间的路线)中的约·雷姆克却在1882年特别起来反对用生理学虚伪地证实康德主义[1]。那个时期许多大生理学家**追求**唯心主义和康德主义,正如现在许多大物理学家**追求**哲学唯心主义一样,这是不容争辩的。"物理学"唯心主义,即19世纪末和20世纪初物理

―――――――――

[1]　约翰奈斯·雷姆克《哲学和康德主义》1882年爱森纳赫版第15页及以下各页。

学家的一个学派的唯心主义,既没有"驳倒"唯物主义,也没有证实唯心主义(或经验批判主义)和自然科学的联系,这正如弗·阿·朗格和"生理学"唯心主义者曾经枉费心机一样。在这两种场合下,自然科学一个门类中的一个自然科学家学派所显露的转向反动哲学的倾向,是暂时的曲折,是科学史上暂时的疾病期,是多半由于已经确定的旧概念**骤然崩溃**而引起的发育上的疾病。

　　正如我们在上面已经指出的,现代"物理学"唯心主义和现代物理学危机的联系是公认的。阿·莱伊写道:"怀疑论批判用来反对现代物理学的论据,实质上可以归结为一切怀疑论者的一个著名论据:意见分歧〈物理学家中间的〉。"他与其说是指怀疑论者,毋宁说是指像布吕纳蒂埃尔那样的信仰主义的公开信奉者。但是这些分歧"没有对物理学的客观性提出任何反证"。"物理学的历史同任何历史一样,可以划分为几个大的时期,各个时期都以理论的不同形式、不同概貌为特征…… 只要有一个由于确证了当时还不知道或者估计不足的某一重要事实而影响到物理学各个部分的发现一出现,物理学的整个面貌就改变了,新的时期就开始了。在牛顿的发现以后,在焦耳—迈尔和卡诺—克劳胥斯的发现以后,都有过这种情形。看来,在发现放射性以后,也在发生同样的情形…… 经过一段必要的时间后,观察事件的历史学家,会很容易地在当代人只看到冲突、矛盾、分裂成各种学派的地方,看到一种不断的进化。看来,物理学近年来所经历的危机,也是属于这类情况的(不管哲学的批判根据这个危机作出什么结论)。这是伟大的新发现所引起的典型的发育上的危机(crise de croissance)。不容争辩,危机会引起物理学的改革(没有这点就不会有进化和进步),可是这种改革不会改变科学精神。"(上引书第 370—372 页)

　　调和者莱伊极力要把现代物理学的一切学派联合起来反对信仰主义！这是好心肠的虚伪，然而终究是虚伪，因为马赫—彭加勒—毕尔生学派倾向于唯心主义（即精致的信仰主义），是不容争辩的。与不同于信仰主义精神的"科学精神"的基础相联系的、并为莱伊所热烈拥护的那个物理学的客观性，无非是唯物主义的"羞羞答答的"表述方式。物理学的唯物主义基本精神，正如整个现代自然科学的唯物主义基本精神一样，将克服所有一切危机，但是必须以辩证唯物主义去代替形而上学唯物主义。

　　现代物理学的危机就在于它不再公开地、断然地、坚定不移地承认它的理论的客观价值，——调和者莱伊常常力图掩盖这一点，但是事实胜于一切调和的企图。莱伊写道："数学家习惯于研究这样一种科学，它的对象至少从表面看来是学者的智慧所创造的，或者说，它的研究工作无论如何不涉及具体现象，因此他们对物理学就形成了一种过于抽象的看法。他们力图使物理学接近数学，把数学的一般理论搬用于物理学……　一切实验家都指出，数学精神侵入（invasion）物理学的判断方法和对物理学的理解中去了。对物理学的客观性的怀疑和思想动摇，达到客观性所走的弯路以及那些必须克服的障碍，往往不就是由于这种影响（并不因为它有时隐蔽而就失去效力）而产生的吗？……"（第227页）

　　这说得好极了！在物理学的客观性问题上的"思想动摇"，就是时髦的"物理学"唯心主义的实质。

　　"……数学的抽象虚构，似乎在物理的实在和数学家们为理解关于这个实在的科学而使用的方法之间设置了一重屏障。数学家们模糊地感觉到物理学的客观性……当他们着手研究物理学的时候首先希望自己是客观的，他们力求依靠实在并固守这个据点，可是旧日的习惯在起作用。所以，一直到唯能论这种想比旧的机械论物理学更扎实地和更少用假说来构想世界，力图模写（décalquer）感性世界而不是重建感性世界的理论，我们总是在同数学家们的理论打交道……　数学家们曾经用一切办法拯救物理学的客观性，因为他们十分清楚地知道，没有客观性就谈不上物理学……但是他们的理论的复杂性，他们所走的弯路，给人留下了一种笨拙的感觉。这未免过于做作，太牵强附会，矫揉造作（édifié）；实验家在这里感觉不到那种不断和物理的实在接触时所产生的自发的信赖……　实质上，这就是一切物理学家——这些人首先是物理学家（他们是不可胜数的），或者仅仅是物理学家——所说的话，这就是整个新机械论学派所说的话……　物理学的危机在于数学精神征服了物理学。在19世纪，物理学的进步和数学的进步使这两门科学密切地接近了……　理论物理学变成了数学物理学……　于是形式物理学即数学物理学的时期开始了；这种物理学成为纯粹数学的物理学了，它已不是物理学的一个门类，而是数学的一个门类。数学家过去已习惯于使用那种成为自己工作的唯一材料的概念（纯逻辑）要素，觉得自己受到那些他认为不大顺从的粗糙的物质要素的约束，在这个新阶段上，他们不能不尽量地把这些物质要素抽象掉，把它们想象为完全非物质的、纯逻辑的，或者甚至根本无视它们。作为实在的、客观的材料的要素，即作为**物理**要素的要素，完全消失了。剩下的仅仅是微分方程式所表示的形式关系……　只要数学家不为自己头脑的这种创造性的工作所愚弄……就会看到理论物理学和经验的联系；但是初看起来，以及对于没有基本知识的人说来，大概会觉得这是随意构造理论……　概念、纯概念代替实在的要素……　这样，由于理论物理学采用了数学形式,便历史地说明了……物理学的微恙(le ma-laise)、危机及其表面上同客观事实的脱离。"(第228—232页)

　　这就是产生"物理学"唯心主义的第一个原因。反动的意向是科学的进步本身所产生的。自然科学的辉煌成就,它向那些运动规律可以用数学来处理的同类的单纯的物质要素的接近,使数学家忘记了物质。"物质在消失",只剩下一些方程式。在新的发展阶段上,仿佛是通过新的方式得到了旧的康德主义的观念:理性把规律强加于自然界。正如我们所看到的,非常欣赏新物理学的唯心主义精神的赫尔曼·柯亨,竟鼓吹在中学教授高等数学,以便把我们的唯物主义时代正在排除的唯心主义精神灌输给中学生(阿·朗格《唯物主义史》1896年第5版第2卷第XLIX页)。当然,这是反动分子的痴心妄想;事实上,除了少数专家对唯心主义的极短暂的迷恋以外,这里什么都没有,而且也不可能有。但非常值得注意的是:有教养的资产阶级的代表们像快淹死的人想抓住一根稻草来救命一样,企图用多么巧妙的手段来人为地为那种由于无知、闭塞和资本主义矛盾所造成的荒诞不经现象而在下层人民群众中产生的信仰主义保持或寻找地盘。

　　产生"物理学"唯心主义的另一个原因,是**相对主义**的原理,即我们知识的相对性的原理。这个原理在旧理论急剧崩溃的时期以特殊力量强使物理学家接受;**在不懂得辩证法的情况下**,这个原理必然导致唯心主义。

　　关于相对主义和辩证法的相互关系这个问题,对于说明马赫主义的理论厄运,几乎是最重要的问题。例如,莱伊像一切欧洲实证论者一样,不懂得马克思的辩证法。他仅仅在唯心主义哲学思辨的意义上使用辩证法这个词。因此,虽然他感觉到新物理学在相对主义上失足，可是他仍然绝望地挣扎着，企图把相对主义区分为适度的和过分的。当然，"过分的相对主义纵然不是在实践上，也是在逻辑上近似真正的怀疑论"（第215页），但是，要知道，在彭加勒那里，没有这种"过分的"相对主义。真了不起，像称药那样多称一些或少称一些相对主义，就可以改善马赫主义的境况！

实际上，关于相对主义问题在理论上唯一正确的提法，是马克思和恩格斯的唯物主义辩证法指出来的，所以不懂得唯物主义辩证法，就**必然**会从相对主义走到哲学唯心主义。单是不了解这一点，就足以使别尔曼先生的《从现代认识论来看辩证法》这本荒谬的小册子失去任何意义，因为别尔曼先生关于他所完全不懂得的辩证法只是重复了陈词滥调。我们已经看到，**一切**马赫主义者在认识论上的**每一步**都暴露出同样的无知。

物理学的一切旧真理，包括那些被认为是不容争辩和不可动摇的旧真理在内，都是相对真理，——**这就是说**，任何不依赖于人类的客观真理是不会有的。不仅整个马赫主义，而且整个"物理学"唯心主义都是这样断定的。绝对真理是由发展中的相对真理的总和构成的；相对真理是不依赖于人类而存在的客体的相对正确的反映；这些反映愈来愈正确；每一个科学真理尽管有相对性，其中都含有绝对真理的成分，——这一切论点，对于所有钻研过恩格斯的《反杜林论》的人来说是不言而喻的，而对于"现代"认识论来说却是无法理解的。

像马赫特别推荐的皮·杜恒的《物理学理论》①或斯塔洛的

---

①　**皮·杜恒**《物理学理论及其对象和构造》1906年巴黎版。

《现代物理学的概念和理论》①这一类著作,非常明显地表明:这些"物理学"唯心主义者最重视的是证明我们知识的相对性,而实质上他们动摇于唯心主义和辩证唯物主义之间。这两个处于不同的时代并且从不同的观点研究问题的作者(杜恒是专业的物理学家,他在物理学方面工作了20年;斯塔洛以前是正统的黑格尔主义者,后来却又因他在1848年出版了一本按照老年黑格尔派[87]的精神写出的有关自然哲学的著作而感到羞惭),都极力攻击原子论—机械论的自然观。他们证明这种自然观是有局限性的,证明不能认为这种自然观是我们知识的界限,证明那些持这种自然观的著作家们的许多概念是僵化的。旧唯物主义的这种缺点是不容怀疑的;不了解一切科学理论的相对性,不懂得辩证法,夸大机械论的观点,这都是恩格斯责备旧唯物主义者的地方。但是恩格斯能够(与斯塔洛不同)抛弃黑格尔的唯心主义,**并且了解**黑格尔辩证法的天才的真理的内核。恩格斯是为了**辩证**唯物主义,而不是为了那陷入主观主义的相对主义而摒弃旧的形而上学唯物主义的。例如,斯塔洛说:"机械论的理论以及一切形而上学的理论,把局部的、观念的、也许是纯粹假设的属性群或个别属性实体化,把它们说成是各种各样的客观实在。"(第150页)如果你们不拒绝承认客观实在,并且攻击反辩证法的形而上学,那么这是对的。斯塔洛并没有认识清楚这一点。他不了解唯物主义辩证法,因而常常经过相对主义滚入主观主义和唯心主义。

　　杜恒也是一样。他费了莫大的力气,从物理学史上引用了许

---

① **约·伯·斯塔洛**《现代物理学的概念和理论》,1882年伦敦版。有法译本和德译本。

多在马赫的书中也常常可以看到的那种有趣的、有价值的例子来证明"物理学的任何一个规律都是暂时的和相对的，因为它们是近似的"（第280页）。马克思主义者在读到关于这个问题的冗长议论时会这样想：这个人在敲着敞开的大门！但是杜恒、斯塔洛、马赫和彭加勒的不幸就在于他们没有看见大门已经被辩证唯物主义打开了。他们由于不能对相对主义提出正确的表述，便从相对主义滚向唯心主义。杜恒写道："其实，物理学的规律既不是真的，也不是假的，而是近似的。"（第274页）这个"而是"，就已经开始虚伪，开始抹杀近似地**反映客体的**（即接近于客观真理的）科学理论和任意的、幻想的、纯粹假设的理论（例如，宗教理论或象棋理论）之间的界限。

这种虚伪竟使杜恒宣称："物质的实在"是否和感性现象相符合这一问题是**形而上学**（第10页），因此取消关于实在的问题吧，我们的概念和假说不过是符号（signes，第26页）、"任意的"（第27页）构造等等。从这里只走一步就达到唯心主义，就达到皮埃尔·杜恒先生按照康德主义的精神所宣扬的"信仰者的物理学"（莱伊的书第162页；参看第160页）。而好心肠的阿德勒（弗里茨）——也是一个想当马克思主义者的马赫主义者！——所想出的最聪明的办法是这样地"改正"杜恒的理论：杜恒所排除的"隐藏在现象后面的实在，只是作为理论对象的实在，而不是作为**现实对象**的实在"①。这是我们早就熟悉的根据休谟和贝克莱的观点对康德主义的批判。

但是皮·杜恒说不上有什么自觉的康德主义。他不过是也像

---

① 杜恒著作的德译本的《译者前言》，1908年莱比锡J.巴特出版社版。

马赫那样**摇摆不定**,不知道使自己的相对主义依据什么。在好多地方,他非常接近辩证唯物主义。他说,我们知道的声音"是在同我们发生关系时的那种声音,而不是在发声物体中本来那样的声音。声学理论使我们可以认识这种实在,而我们的感觉从这种实在中发现的只是外在的和表面的东西。声学理论告诉我们,在我们的知觉只是把握着我们称之为声音的那种表面现象的地方,确实有一种很小的、很迅速的周期运动"等等(第 7 页)。物体不是感觉的符号,而感觉却是物体的符号(更确切些说是映象)。"物理学的发展引起了不停地提供材料的自然界和不停地进行认识的理性之间的不间断的斗争"(第 32 页)——自然界正如它的极微小的粒子(包括电子在内)一样是无限的,可是理性把"自在之物"转化为"为我之物"也同样是无限的。"实在和物理学规律之间的斗争将无限地延续下去;实在迟早会对物理学表述的每个规律予以无情的驳斥——用事实加以驳斥;可是物理学将不断地修正、改变、丰富被驳斥的规律。"(第 290 页)只要作者坚持这个客观实在不依赖于人类而存在,那么这就是对辩证唯物主义的十分正确的阐述。"……物理学的理论不是今天方便明天就不适用的纯粹人造的体系;它是实验方法所不能直接〈直译是:面对面地——face à face〉观察的那些实在的愈来愈合乎自然的分类,愈来愈清楚的反映。"(第 445 页)

　　马赫主义者杜恒在最后一句话里向康德主义的唯心主义递送秋波:似乎给"实验方法"以外的方法开辟了一条小路,似乎我们不能径直地、直接地、面对面地认识"自在之物"。但是,如果说物理学的理论愈来愈合乎自然,那就是说,这个理论所"反映"的"自然"、实在,是不依赖于我们的意识而存在着的,——这正是辩证唯物主义的观点。

　　总之,今天的"物理学"唯心主义,正如昨天的"生理学"唯心主义一样,不过是意味着自然科学一个门类里的一个自然科学家学派,由于没有能够直接地和立即地从形而上学的唯物主义上升到辩证唯物主义而滚入了反动的哲学①。现代物理学正在走这一步,而且一定会走这一步,但它不是笔直地而是曲折地,不是自觉地而是自发地走向自然科学的唯一正确的方法和唯一正确的哲学;它不是清楚地看见自己的"终极目的",而是在摸索中接近这个目的;它动摇着,有时候甚至倒退。现代物理学是在临产中。它正在生产辩证唯物主义。分娩是痛苦的。除了生下一个活生生的、有生命力的生物,它还必然会产出一些死东西,一些应当扔到垃圾堆里去的废物。整个物理学唯心主义、整个经验批判主义哲学以及经验符号论、经验一元论等等,都是这一类废物。

---

　　①　著名的化学家威廉·拉姆赛说道:"常常有人问我:难道电不是一种振动吗?怎样才能用微小的粒子或微粒的移动来说明无线电报呢?对此回答如下:电是**物**;它就是〈黑体是拉姆赛用的〉这些极小的微粒,但是当这些微粒离开某一物体时,一种像光波一样的波就通过以太散播开来,而无线电报使用的就是这种波。"(**威廉·拉姆赛**《传记性的和化学的论文集》1908年伦敦版第126页)拉姆赛叙述了镭转化为氦之后指出:"至少有一种所谓的元素现在不能再看做是最终物质了;它本身正转化为更简单的物质形式。"(第160页)"负电是物质的一种特殊形式,这几乎是毫无疑问的了;而正电是一种失去负电的物质,也就是说,是减去这种带电物质的物质。"(第176页)"什么是电?从前人们以为有两种电:正电和负电。当时是不可能回答这个问题的。但是,最近的研究证明,过去一向叫做负电的东西,确实(really)是一种实体。事实上负电的粒子的相对重量已经测定;这种粒子约等于氢原子质量的七百分之一…… 电的原子叫做电子。"(第196页)如果我们的那些以哲学题目著书立说的马赫主义者会动脑筋,那么他们就会了解,"物质在消失"、"物质归结为电"等等说法,不过是下述真理在认识论上的一种无力的表现:能够发现物质的新形式、物质运动的新形式,并把旧形式归结为这些新形式,等等。

第 六 章

经验批判主义和历史唯物主义

俄国的马赫主义者,如我们已经看到的,分为两个阵营:一个就是维·切尔诺夫先生和《俄国财富》杂志[88]的撰稿者,他们不论在哲学或历史方面都是辩证唯物主义的彻底的始终如一的反对者;另一个就是我们在这里最感兴趣的那一伙马赫主义者,他们想当马克思主义者并且千方百计地向读者保证:马赫主义跟马克思和恩格斯的历史唯物主义是可以相容的。但是,这些保证大部分仅仅是保证而已:没有任何一个想当马克思主义者的马赫主义者曾打算稍微系统地去阐述经验批判主义的创始人在社会科学中的真实倾向。我们来简略地谈谈这个问题。先谈载入文献中的德国经验批判主义者的言论,然后再谈他们的俄国弟子们的言论。

1. 德国经验批判主义者在
社会科学领域中的漫游

1895 年,当理·阿芬那留斯还在世的时候,在他所主编的哲学杂志上登载了一篇他的弟子弗·布莱的文章:《政治经济学中的形而上学》[①]。经验批判主义的所有的老师不仅攻击公开的自觉

---

① 弗·布莱《政治经济学中的形而上学》,载于 1895 年《科学的哲学季刊》第 19 卷第 378—390 页。

的哲学唯物主义的"形而上学"，而且还攻击自发地站在唯物主义认识论立场上的自然科学的"形而上学"。而这位弟子则攻击政治经济学中的形而上学。他攻击的矛头指向政治经济学中的各种极不相同的学派，但是我们感到兴趣的仅仅是那些反对马克思和恩格斯学派的经验批判主义论据的性质。

弗·布莱写道："本文的目的是要指出，整个现代政治经济学在说明经济生活现象时使用着形而上学的前提：它从经济的'本性'中'引出'经济的'规律'，人对于这些'规律'说来不过是一种偶然的东西…… 政治经济学的全部现代理论都是建立在形而上学基础上的，它的全部理论是非生物学的，因而是非科学的，对认识是没有任何价值的…… 理论家们不知道他们在什么基础上建立自己的理论，不知道这些理论是从什么土壤中结出的果实。他们自命为不依靠任何前提的实在论者，因为据说他们研究的是这样'平凡的'（nüchterne）、'实际的'、'明显的'（sinnfällige）经济现象…… 他们都跟生理学上的许多派别有着血缘的类似，这种类似只是同一父母，即形而上学和思辨，遗传给子女（在我们这个场合指生理学家和经济学家）的。有一派经济学家在分析'经济''现象'时〈阿芬那留斯及其学派常常把普通的词加上引号，想表示：他们这些真正的哲学家才懂得这类庸俗的、未被"认识论的分析"清洗过的用语的全部"形而上学性"〉，没有把他们在这个过程中所见到的东西（das Gefundene）跟个人的行为联系起来：生理学家把个人的行为当做'灵魂的作用'（Wirkungen der Seele）而摒弃于他们的研究之外，而这一派经济学家则宣称个人的行为对'内在的经济规律'来说是无足轻重的（eine Negligible）。"（第378—379页）"马克思的理论从一些构造出来的过程中把'经济规律'确定下来，并且这些'规律'是处于依存的生命系列的起首部分（Initialabschnitt），而经济过程则在最终部分（Finalabschnitt）…… 经济学家把'经济'变成了一个超验的范畴，他们在这个范畴中发现了他们所想要发现的那些'规律'，即'资本'、'劳动'、'地租'、'工资'、'利润'的'规律'。经济学家把人变成了'资本家'、'工人'等等柏拉图式的概念。社会主义把'唯利是图'这个特性加给'资本家'，自由主义把'贪得无厌'这个特性加给工人，并且这两个特性可以从'资本的合乎规律的作用'中得到说明。"（第381—382页）

"马克思在着手研究〈法国社会主义和政治经济学〉的时候，就已经具有社会主义的世界观了，而他的认识目的是要给这个世界观提供'理论根据'以'保证'他的起首价值。马克思在李嘉图那里发现了价值规律，但是……法国社会主义者从李嘉图那里得出的结论，并不能满足马克思'保证'他的被导致生活差异状态的 **E** 价值[89]即'世界观'的要求，因为这些结论已经以'因工人遭到掠夺而感到愤怒'等等形式成为他的起首价值的内容的一个组成部分了。这些结论被当做'在经济学的形式上是错误的'结论而被摒弃了，因为它们不过是'把道德运用于政治经济学'而已。'但是，从经济学来看形式上是错误的东西，从世界历史来看却可能是正确的。如果群众的道德意识宣布某一经济事实是不公正的，那么这就证明这一经济事实本身已经过时，另外的经济事实已经出现，由此原来的事实就变得不能忍受和不能维持了。因此，从经济学来看的形式上的谬误背后，可能隐藏着非常真实的经济内容。'（恩格斯给《哲学的贫困》所写的序言）①"

---

① 参看《马克思恩格斯文集》第4卷第204页。——编者注

弗·布莱在引证恩格斯的话以后继续写道："在这段引文中，我们在这里感到兴趣的依存系列的中间部分(Medialabschnitt)被取出来了〈abgehoben，这是阿芬那留斯的术语，意即被意识到了，被划分出来了〉。在'认识'了'对不公正性的道德意识'后面一定隐藏着'经济事实'这一点以后，接着就是最终部分〈Finalabschnitt：马克思的理论是一种陈述，即 E 价值，即经过起首、中间、最终(Initialabschnitt, Medialabschnitt, Finalabschnitt)这三个阶段或三个部分的生活差异〉……即对这个'经济事实'的'认识'。或者换句话说，现在的任务就是在'经济事实'中'重新发现'起首价值，即'世界观'，从而'保证'这个起首价值。不管'被认识的东西'如何出现于最终部分(Finalabschnitt)，在依存系列的这种一定的变化中，已经包含着马克思的形而上学了。作为独立的 E 价值、作为'绝对真理'的'社会主义世界观'是'事后'通过'特殊的'认识论，即通过马克思的经济学体系和唯物主义的历史理论来论证的……　在马克思的世界观中，'主观''真理'借助于剩余价值的概念在'经济范畴'的认识论里面找到了它的'客观真理'，对起首价值的保证完成了，形而上学在事后受到了认识的批判。"(第384—386 页)

我们这样冗长地引证这一大段极其无聊的胡话、用阿芬那留斯的术语打扮起来的伪学者的无稽之谈，读者大概会生我们的气吧。但是，wer den **Feind** will verstehen, muß im **Feindes** Lande gehen——谁要了解**敌人**，就得深入**敌巢**[90]。而理·阿芬那留斯的哲学杂志，对于马克思主义者说来，是真正的敌巢。我们请求读者暂且克制对资产阶级科学小丑的应有的嫌恶，去分析一下阿芬那留斯的这位弟子和同事的论据。

第一个论据:马克思是"形而上学者",他不了解认识论的"概念批判",他没有研究一般认识论,而是直接把唯物主义塞到自己的"特殊的认识论"中去。

在这个论据里没有任何东西是属于布莱个人和仅仅是属于布莱个人的。我们已经几十次、几百次地看到:**所有**经验批判主义的创始人和**所有**俄国马赫主义者都非难唯物主义是"形而上学",更确切些说,他们都重复康德主义者、休谟主义者、唯心主义者用以反对唯物主义的"形而上学"的那些陈腐的论据。

第二个论据:马克思主义和自然科学(生理学)一样,是形而上学的。在这个论据上,"有过失的"也不是布莱,而是马赫和阿芬那留斯,因为,正是他们把极大多数自然科学家所持有的(根据他们两人自己的承认和所有那些多少知道这个问题的人的判断)自发唯物主义的认识论叫做"自然科学的形而上学",并向它宣战。

第三个论据:马克思主义宣称"个人"是无足轻重的(quantité négligeable),它认为人是一种"偶然的东西",它使人服从某种"内在的经济规律",它不去分析 des Gefundenen(我们所见到的东西、我们所感觉到的东西),等等。这个论据**完全**是重复经验批判主义的那一套"原则同格"的思想,即重复阿芬那留斯理论中的那一套**唯心主义的**谬论。布莱的看法完全正确,他认为从马克思和恩格斯那里丝毫找不到这类唯心主义的谬论,而且从这种谬论的角度来看,就必然要把马克思主义从根本上,从它的最基本的哲学前提上**完全**推翻。

第四个论据:马克思的理论是"非生物学的",它完全不知道任何"生活差异"以及诸如此类玩弄生物学术语的把戏(反动教授阿芬那留斯的"科学"就是由这类把戏构成的)。从马赫主义的观点看来,布莱的这个论据是正确的,因为马克思的理论和阿芬那留斯的"生物学的"玩意之间的鸿沟的确是一目了然的。我们马上就会看到,那些想当马克思主义者的俄国马赫主义者事实上是在步布莱的后尘。

第五个论据:马克思的理论有党性和偏颇性,在解决问题时有先入之见。决不是布莱一个人,而是**整个**经验批判主义,都妄图主张哲学和社会科学的无党性;既不主张社会主义,也不主张自由主义;不去区分哲学上两个根本的不可调和的派别即唯物主义和唯心主义,而力图**超乎**二者之上。我们曾经在一系列的认识论问题上探讨过马赫主义的这种倾向,所以,当我们在社会学中碰见它的时候,就不应当再感到惊讶了。

第六个"论据":讥笑"客观"真理。布莱一下子就感觉到了并且是十分公正地感觉到了:马克思的历史唯物主义和全部经济学说都彻底地承认客观真理。布莱正是因为客观真理的思想而把马克思主义"根本"否定,并一下子宣布在马克思主义学说中除了马克思的"主观的"观点以外事实上什么也没有,这样,他就正确地表达了马赫和阿芬那留斯的学说的倾向。

如果我们的马赫主义者摒弃布莱(他们大概是会摒弃他的),那么我们要对他们说:脸丑不要怪镜子。布莱是一面**忠实地**反映经验批判主义倾向的镜子,我们的马赫主义者摒弃布莱,这不过是证明他们的善良的愿望,想把马克思和阿芬那留斯结合起来的荒唐的折中主义的企图而已。

我们现在从布莱转到彼得楚尔特。布莱不过是一个学生,而彼得楚尔特却被列谢维奇这类出众的经验批判主义者称为老师。布莱直接地提出了关于马克思主义的问题,而这位对什么马克思或恩格斯都不屑一顾的彼得楚尔特，却以正面的形式叙述了经验批判主义在社会学方面的观点，从而使我们有可能把这些观点和马克思主义加以对照。

彼得楚尔特的《纯粹经验哲学引论》第 2 卷的标题是：《趋向稳定》（«Auf dem Wege zum Dauernden»）。作者把趋于稳定的倾向作为自己研究的基础。他说："人类的最终（endgültig）稳定状态，可以就其主要特征，从形式方面加以揭示。这样我们就会获得伦理学、美学和形式认识论的基础。"（第 III 页）"人类的发展本身具有自己的目的"，它趋向于"完善的（vollkommenen）稳定状态"（第 60 页）。表明这一点的特征是形形色色、不可胜数的。例如，到老还不"变聪明"、还不平静下来的狂热的激进分子难道很多吗？不错，这种"过早的稳定"（第 62 页）是庸人的特性。但庸人不正是构成"密集的多数"吗？（第 62 页）

我们这位哲学家的加上了着重标记的结论就是："我们的思维和创造的一切目的的最本质的特征，就是稳定性。"（第 72 页）解释如下：许多人看见墙上的画挂斜了或桌子上的钥匙放歪了就"不顺眼"，这种人"不一定就是学究"（第 72 页），他们**"感觉到有些无秩序"**（第 72 页，黑体是彼得楚尔特用的）。一句话，"趋于稳定的倾向，就是追求终极的、按本性来说是最终的状态的努力"（第 73 页）。所有这一切都是从第 2 卷第 5 章（标题是：《趋于稳定的心理倾向》）中引来的。对于这个倾向的证明都是最有力的。例如："喜欢爬山的人都是被一种冲动所驱使，他们总想登峰造极，达到最初意义上即空间意义上的最高点。他们所以要爬上顶峰，往往不只是为了登高远眺或借此在新鲜空气和大自然中锻炼身体，而且是因为在一切有机生物内部深藏着一种欲望：一旦开始活动，就一定要依着既定方向达到自然的目的为止。"(第73页)再如:人们为了搜集成套的邮票不知花了多少的金钱!"只要看一看邮票商人的价格表,你就会头昏眼花……　然而不可能有什么东西比这种趋向稳定的欲望更自然和更容易理解的了。"(第74页)

缺乏哲学修养的人,不理解稳定原则或思维经济原则的整个广度。彼得楚尔特为这些门外汉详细地发挥了自己的"理论"。他在第28节中说道:"同情是对稳定状态的直接需要的表现"。"同情不是所看到的苦难的重复、增加,而是由于这个苦难而引起的苦难……　同情的这种直接性是应当加以大力强调的。如果我们承认这种直接性,那么也就是承认,一个人会直接和最先关心别人的幸福,就像关心自己的幸福一样。这样我们就否定了对道德学说的一切功利主义的和幸福主义的论证。正是由于人的本性追求稳定和平静,它在根本上不是恶的,而是乐于助人的。

同情的直接性常常表现在援助的直接性中。为了救人,人们常常不加思索地跳到水里去援助快要淹死的人。与死亡挣扎的人的样子是难堪的,它使救他的人忘掉自己的其他义务,甚至冒着自己和亲人的生命危险去救一个堕落的醉汉的无用生命,也就是说,在某些情况下,同情能够使一个人做出一些从道德观点看来不能认为是正当的行为……"

这类难以言传的蠢话,在经验批判主义哲学的著作中,竟占了几十几百页的篇幅!

道德是从"道德的稳定状态"的概念中引申出来的(第2卷第2篇:《灵魂的稳定状态》,第1章:《论道德的稳定状态》)。"稳定状态,就它的概念而言,在自己的任何一个组成部分中都不包含任何变化的条件。因此,用不着进一步论证就可以断定:这种状态没有给**战争**以任何可能性。"（第 202 页）"经济平等和社会平等是从最终（endgültig）稳定状态的概念中产生的。"（第 213 页）这种"稳定状态"不是从宗教而是从"科学"中产生的。不是像社会主义者所想象的将由"多数"去实现这种稳定状态，也不是社会主义者的权力"能够帮助人类"（第 207 页）。不是的，只有"自由的发展"才能实现这个理想。事实上，资本的利润不是在减少，工资不是经常在增加吗？（第 223 页）关于"雇佣奴隶制"的这一切论断都是不正确的（第 229 页）。过去可以打断奴隶的腿而不受任何处罚，而现在呢？现在却不是这样，"道德的进步"是毋庸置疑的：请看一看英国的大学公社[91]、救世军[92]（第 230 页）、德国的"伦理协会"吧！为了"美学的稳定状态"（第 2 篇第 2 章），"浪漫主义"被摒弃了。而浪漫主义包括**自我**的无节制扩大的一切形态，包括唯心主义、形而上学、玄秘主义、唯我论、利己主义、"多数对少数的暴力压制"以及"由国家来组织一切劳动的社会民主主义理想"（第 240—241页）①。

　　布莱、彼得楚尔特和马赫在社会学中的漫游，可以归结为市侩的无限愚蠢，他们在"新的""经验批判主义的"体系和术语的掩饰下沾沾自喜地散布陈词滥调。浮夸的言词、牵强的三段论法、精巧的经院哲学，一句话，无论在认识论上或社会学上，都是一路货色，都是用同样诱人的幌子掩盖着的同样反动的内容。

　　现在我们来看一看俄国的马赫主义者。

---

①　马赫本着同样的精神赞同伯倍尔和门格尔的那种保证"个人自由"的官僚社会主义，同时他认为，与这种社会主义"不能匹比"的社会民主主义者的学说有产生"比君主制或寡头制国家中的奴隶制更加普遍、更加厉害的奴隶制"的危险。见《认识和谬误》1906 年第 2 版第 80—81 页。

2. 波格丹诺夫怎样修正和
"发展"马克思的学说

波格丹诺夫在他的《自然界和社会中的生命的发展》(1902)这篇论文中(见《社会心理学》第 35 页及以下各页),引证了"最伟大的社会学家"马克思在《批判》一书的序言①里阐明历史唯物主义基本原理的那段著名的话。波格丹诺夫在引证马克思的这段话以后说:"历史一元论的旧公式,虽然在基本上还是正确的,可是已经不能完全使我们满意了。"(第 37 页)因此,作者想从这个理论的**基本原理出发**,去修正或发展这个理论。下面就是作者的主要的结论:

"我们已经指出:社会形态属于广泛的**类**即生物学适应的**类**。但是,我们并没有因此就确定了社会形态的范围;为了确定这个范围,不仅要确定**类**,而且要确定**种**…… 人们在生存斗争中,只有借助于**意识**才能结合起来,没有意识就没有交往。因此,**形形色色的社会生活都是意识—心理的生活**…… 社会性和意识性是不可分离的。**社会存在和社会意识,按这两个词的确切的含义来说,是同一的。**"(第 50、51 页,黑体是波格丹诺夫用的)

这个结论与马克思主义毫无共同之处,这一点已由正统派指出了(《哲学论文集》1906 年圣彼得堡版第 183 页及以前几页)。但是波格丹诺夫仅仅用谩骂来回敬她,挑剔引文中的**错误**,说原文本来是"按这两个词的确切的含义",而正统派却引成了"按完全的

---

① 即《〈政治经济学批判〉序言》(见《马克思恩格斯文集》第 2 卷第 588—594 页)。——编者注

含义"。错误是有的,作者完全有权利加以纠正,但抓住这点大叫
"曲解"、"偷换"等等(《经验一元论》第3卷第XLIV页),这不过是
用抱怨的话来**模糊**分歧的实质而已。不管波格丹诺夫替"社会存
在"和"社会意识"这两个词想出了怎样"确切的"含义,有一点却是
毋庸置疑的,这就是:我们所引的他那个论点**是错误的**。社会存
在和社会意识不是同一的,这正如一般存在和一般意识不是同一
的一样。人们进行交往时,是作为有意识的生物进行的,但由此决
不能得出结论说,社会意识和社会存在是同一的。在一切稍微复
杂的社会形态中,特别是在资本主义的社会形态中,人们在交往时
并**没有意识到**这是在形成什么样的社会关系,这些社会关系又是
按照什么样的规律发展的,等等。例如,一个农民在出售谷物时,
他就和世界市场上的世界谷物生产者发生"交往",可是他没有意
识到这一点,也没有意识到从交换中形成什么样的社会关系。社
会意识**反映**社会存在,这就是马克思的学说。反映可能是对被反
映者的近似正确的复写,可是如果说它们是同一的,那就荒谬了。
意识总是**反映**存在的,这是**整个**唯物主义的一般原理。看不到这
个原理与社会意识**反映**社会存在这一历史唯物主义的原理有着直
接的和**不可分割的**联系,这是不可能的。

　　波格丹诺夫企图"按照马克思的基本原理的精神"来悄悄地修
正和发展马克思的学说,这显然是按照**唯心主义**的精神来歪曲这
些**唯物主义**的基本原理。想否认这一点是可笑的。让我们回想一
下巴扎罗夫对经验批判主义的说明(不是对经验一元论的说明,怎
么可能呢! 要知道在这些"体系"之间有着很大很大的差别呀!):
"感性表象**也就是**存在于我们之外的现实。"这是露骨的唯心主义,
是露骨的意识和存在的同一论。我们再回想一下内在论者威·

舒佩（他像巴扎罗夫之流一样拼命地赌咒发誓，说他不是唯心主义者，并且也像波格丹诺夫一样坚决地声明他的用语有特别"确切的"含义）的公式："存在就是意识。"现在请把这个公式和内在论者舒伯特-索尔登对马克思的历史唯物主义的**驳斥**对比一下。舒伯特-索尔登是这样说的："任何物质的生产过程，总是它的观察者的一种意识过程…… 在认识论上，外部生产过程不是**第一性的**(prius)，而主体或诸主体才是**第一性的**；换句话说，甚至纯粹物质的生产过程也不能引导〈我们〉脱离意识的普遍联系(Bewußtseinszusammenhangs)。"（见上引书《人类的幸福和社会问题》第 293 页和第 295—296 页）

波格丹诺夫可以随心所欲地诅咒唯物主义者，说他们"歪曲了他的思想"，可是任何诅咒都不能改变简单明了的事实。"经验一元论者"波格丹诺夫所谓的按照马克思的精神对马克思学说的修正和发展，跟唯心主义者和认识论上的唯我论者舒伯特-索尔登对马克思的驳斥，没有**任何本质上的**差别。波格丹诺夫硬说自己不是唯心主义者；舒伯特-索尔登硬说自己是实在论者（巴扎罗夫甚至相信这一点）。在我们这个时代，哲学家不能不宣称自己是"实在论者"、"唯心主义的敌人"。马赫主义者先生们，现在是应该懂得这点的时候了！

内在论者、经验批判主义者和经验一元论者，在枝节问题上、**在唯心主义**的一些说法上相互争论着，而我们则**根本**否定他们三者所共有的一切哲学基础。就算波格丹诺夫在接受马克思的**一切结论**时最好心好意地宣传着社会存在和社会意识的"同一"，但我们还是要说：波格丹诺夫**减去**"经验一元论"（更确切些说，**减去马赫主义**），才等于马克思主义者。因为这种社会存在和社会意识的同一论,是**十足的胡言乱语**,是**绝对反动的**理论。如果有个别的人把这种理论跟马克思主义,跟马克思主义者的行为调和起来,那么我们应该承认这些人比他们的理论要好些,但决不能说这种对马克思主义的惊人的理论上的歪曲是正当的。

波格丹诺夫把自己的理论跟马克思的结论调和起来,为这些结论牺牲了起码的彻底性。在世界经济中,每一个生产者都意识到自己给生产技术带来了某种变化,每一个货主都意识到他在用一些产品交换另一些产品,但是这些生产者和货主都没有意识到,他们这样做是在改变着**社会存在**。在资本主义的世界经济中,即使有 70 个马克思也不能够把握住所有这些错综复杂的变化的总和;至多是发现这些变化的**规律**,在主要的基本的方面指出这些变化及其历史发展的**客观的**逻辑。所谓客观的,并不是指有意识的生物的社会(即人的社会)能够不依赖于有意识的生物的存在而存在和发展(波格丹诺夫在自己的"理论"中所**强调**的仅仅是这些废话),而是指社会存在**不依赖**于人们的**社会意识**。你们过日子、经营事业、生儿育女、生产物品、交换产品等等,这些事实形成事件的客观必然的链条、发展的链条,这个链条不依赖于你们的**社会**意识,永远也不会为**社会**意识所完全把握。人类的最高任务,就是从一般的和基本的特征上把握经济演进(社会存在的演进)的这个客观逻辑,以便使自己的社会意识以及一切资本主义国家的先进阶级的意识尽可能清楚地、明确地、批判地**与它**相适应。

波格丹诺夫承认这一切。这说明什么呢? 这说明:他的"社会存在和社会意识同一"论,**事实上被他抛弃了**,成了空洞的经院哲学的附属品,成了像"普遍代换说"或"要素"说、"嵌入"说以及其他一切马赫主义谬论那样空洞的、僵死的、无用的东西。但是"僵死的东西抓住了活的东西"。僵死的经院哲学的附属品**违反波格丹诺夫的意志并且不依赖于**他的**意识**，把他的哲学变成了替舒伯特—索尔登分子以及其他反动分子**服务的工具**，这些反动分子在几百个教授讲坛上用几千种调子把**这种**僵死的东西当做活的东西来宣传，以便反对活的东西，窒息活的东西。波格丹诺夫本人是一切反动派、特别是资产阶级反动派的死敌。但波格丹诺夫的"代换"说与"社会存在和社会意识同一"论，却为这些反动派**服务**。这是可悲的事实，然而的确是事实。

　　一般唯物主义认为客观真实的存在（物质）不依赖于人类的意识、感觉、经验等等。历史唯物主义认为社会存在不依赖于人类的社会意识。在这两种场合下，意识都不过是存在的反映，至多也只是存在的近似正确的（恰当的、十分确切的）反映。在这个由一整块钢铸成的马克思主义哲学中，决不可去掉任何一个基本前提、任何一个重要部分，不然就会离开客观真理，就会落入资产阶级反动谬论的怀抱。

　　下面还有几个例子可以说明僵死的哲学唯心主义怎样抓住了活的马克思主义者波格丹诺夫。

　　波格丹诺夫在1901年所著的《什么是唯心主义？》（同上，第11页及以下各页）一文中写道："我们得出这样的结论：无论在人们对进步的见解是一致的地方或是不一致的地方，进步观念的基本含义始终只有一个，即**意识生活的不断增长的完满与和谐**。进步概念的客观内容就是如此……　如果现在把我们所得出的进步观念在心理学上的表现和以前阐明的生物学上的表现〈"生物学上的**所谓进步就是生命总数的增长**"，第14页〉对照一下，我们就不难深信：前者是和后者完全一致的，而且可以从后者中引申出来……　由于社会生活归根到底就是社会成员的心理生活,所以进步观念的内容在这里也还是生活的完满与和谐的不断增长,只要加上'人们的**社会生活**'这几个字就行了。当然,社会进步的观念从来没有而且也不可能有任何其他的内容。"(第16页)

"我们发现……唯心主义表现着人的心灵中社会性较多的情绪对社会性较少的情绪的胜利;进步的理想是社会进步的趋向在唯心主义心理中的反映。"(第32页)

不用说,在这一套生物学和社会学的玩意中没有**丝毫**马克思主义。在斯宾塞和米海洛夫斯基那里,我们可以随便发现许多毫不逊色的定义,这些定义除了说明作者的"一片好心"以外,什么也没有说明,而且表明作者**完全不懂**"什么是唯心主义"和什么是唯物主义。

在《经验一元论》第3卷中,在1906年写的《社会选择》(方法的基础)这篇文章中,作者一开始就驳斥"朗格、费里、沃尔特曼及其他许多人的折中主义的社会生物学的企图"(第1页),而在第15页上提出了下述的"研究"结论:"我们可以把唯能论和社会选择的基本联系表述如下:

社会选择的每一活动,就是与它有关的社会复合的能量的增加或减少。在前一种场合我们看到的是'肯定的选择',在后一种场合我们看到的是'否定的选择'。"(黑体是原作者用的)

像这种难以形容的谬论竟然冒充马克思主义!难道还能想象出比罗列这些在社会科学领域中毫无意义而且也不会有什么意义的生物学和唯能论的名词更无益、更死板、更烦琐的事情吗?这里没有一点具体的经济研究的影子,也没有一点马克思的**方法**、辩证方法以及唯物主义世界观的迹象,只有定义的**编造**,以及把这些定义硬套到马克思主义的现成结论上去的企图。"资本主义社会生产力的迅速增长,无疑地是社会整体的能量的增长……"——这句话的后半句,无疑地只是用一些毫无内容的术语重复前半句,这些术语看起来好像是使问题"深刻化"了,事实上却跟朗格之流的折中主义的生物社会学的企图没有**丝毫**区别!——"但是,这个过程的不和谐的性质,导致它以'危机'、生产力的巨大浪费、能量的急剧减少而告终:肯定的选择被否定的选择代替了"(第18页)。

你们看,这不是朗格吗? 在危机的现成结论上只是贴上生物学的和唯能论的标签,既没有补充一点具体材料,也没有说明危机的性质。这一切都是出于一片好意,因为作者想证实和加深马克思的结论,但实际上他却用枯燥不堪的僵死的经院哲学来**冲淡**马克思的结论。在这里,"马克思主义的东西"只不过是众所周知的结论的**重复**而已,至于对这种结论的全部"新的"论证,全部"**社会唯能论**"(第34页)和"社会选择",都不过是**名词的堆砌**,对马克思主义的十足嘲弄而已。

波格丹诺夫所从事的决不是马克思主义的研究,而是给这种研究早已获得的成果换上一件生物学术语和唯能论术语的新装。这全部企图自始至终都是无济于事的,因为像"选择"、能量的"同化和异化"、能量的平衡等等概念,如果应用于社会科学的领域,就成为**空洞的词句**。事实上,依靠这些概念是**不能**对社会现象作任何**研究**,**不能**对社会科学的**方法**作任何说明的。再没有什么事情比给危机、革命、阶级斗争等等现象贴上"唯能论的"或"生物社会学的"标签更容易了,然而,也再没有什么事情比这种勾当更无益、更烦琐和更死板了。问题不在于波格丹诺夫在这里企图把他的**全部**或者"几乎"全部的成果和结论塞给马克思(我们已经看到他在社会存在和社会意识的关系问题上所作的"修正"），而是在于他所采用的这种**方法**，即"社会唯能论"的方法完全是虚伪的，是跟朗格的方法毫无区别的。

马克思在 1870 年 6 月 27 日给库格曼的信里这样写道："朗格先生（在《论工人问题……》①第二版中）对我大加赞扬，但目的是为了抬高他自己。事情是这样的，朗格先生有一个伟大的发现：全部历史可以纳入一个唯一的伟大的自然规律。这个自然规律就是'Struggle for life'，即'生存斗争'这**一句话**（达尔文的说法这样应用就变成了一句空话），而这句话的内容就是马尔萨斯的人口规律，或者更确切些说，人口过剩规律。这样一来，就可以不去分析'生存斗争'如何在各种不同的社会形式中历史地表现出来，而只要把每一个具体的斗争都变成'生存斗争'这句话，并且把这句话变成马尔萨斯关于'人口的狂想'就行了。必须承认，这对于那些华而不实、假冒科学、高傲无知和思想懒惰的人说来倒是一种十分有用的方法。"②

马克思对朗格的批判的基础，不在于朗格特意把马尔萨斯主义[93]硬搬进社会学，而在于把生物学的概念**笼统地**搬用于社会科学的领域，就变成**空话**。不论这样的搬用是出于"善良的"目的或者是为了巩固错误的社会学结论，空话始终是空话。波格丹诺夫的"社会唯能论"，他加在马克思主义上面的社会选择学说，正是这样的空话。

正如马赫和阿芬那留斯在认识论上并没有发展唯心主义而是在**旧的**唯心主义的错误上增添一些自命不凡的胡诌瞎说的术语

（"要素"、"原则同格"、"嵌入"等等）一样，经验批判主义在社会学上即使最诚挚地同情马克思主义的结论，但还是以自命不凡的空洞浮夸的唯能论的和生物学的词句曲解历史唯物主义。

现代俄国的马赫主义（更确切些说，在一部分社会民主党人中间的马赫主义的流行病）的历史特点是由下述情况造成的。费尔巴哈"下半截是唯物主义者，上半截是唯心主义者"，毕希纳、福格特、摩莱肖特和杜林等人在一定程度上也是这样，不过有一个本质上的差别，所有这些哲学家和费尔巴哈比较起来，都是一些侏儒和可怜的庸才。

马克思和恩格斯的学说是从费尔巴哈那里产生出来的，是在与庸才们的斗争中发展起来的，自然他们所特别注意的是修盖好唯物主义哲学的上层，也就是说，他们所特别注意的不是唯物主义认识论，而是唯物主义历史观。因此，马克思和恩格斯在他们的著作中特别强调的是**辩证**唯物主义，而不是辩证**唯物主义**，特别坚持的是**历史**唯物主义，而不是历史**唯物主义**。我们那些想当马克思主义者的马赫主义者是在与此完全不同的历史时期接近马克思主义的，这时候资产阶级哲学已经专门从事认识论的研究了，并且片面地歪曲地接受了辩证法的若干组成部分（例如，相对主义），把主要的注意力集中于保护或恢复下半截的唯心主义，而不是集中于保护或恢复上半截的唯心主义。至少，一般实证论特别是马赫主义是在更多地从事对认识论的巧妙的伪造，冒充唯物主义，用似乎是唯物主义的术语来掩盖唯心主义，而对历史哲学却注意得比较少。我们的马赫主义者不理解马克思主义，因为他们可以说是**从另一个方面**接近马克思主义的，他们接受了——有时候与其说是接受了还不如说是背诵了——马克思的经济理论和历史理论，但并没有弄清楚它们的基础，即哲学唯物主义。因此，应当把波格丹诺夫之流叫做颠倒过来的俄国的毕希纳分子和杜林分子。他们想在上半截成为唯物主义者，但他们却不能摆脱下半截的混乱的唯心主义！在波格丹诺夫那里，"上半截"是历史唯物主义，诚然，是庸俗的、被唯心主义严重地糟蹋了的历史唯物主义；"下半截"是唯心主义，是用马克思主义的术语、马克思主义的词句装饰打扮起来的唯心主义。"社会地组织起来的经验"、"集体的劳动过程"等等，这一切都是马克思主义的字眼，然而这一切**仅仅是**一些掩饰唯心主义哲学的**字眼**，这种唯心主义哲学宣称物是"要素"-感觉的复合，外部世界是人类的"经验"或"经验符号"，物理自然界是"心理的东西"的"派生物"，等等。

日益巧妙地伪造马克思主义，日益巧妙地把各种反唯物主义的学说装扮成马克思主义，这就是现代修正主义在政治经济学上、策略问题上和一般哲学（认识论和社会学）上表现出来的特征。

3. 关于苏沃洛夫的《社会哲学的基础》

《**"关于"**马克思主义哲学的论丛》这本书的最后一篇文章，就是谢·苏沃洛夫同志的《社会哲学的基础》，正因为这本书是一部集体创作，所以成了一把散发着浓烈气味的花束。巴扎罗夫说，恩格斯认为"感性表象也就是存在于我们之外的现实"，别尔曼宣称马克思和恩格斯的辩证法是神秘主义，卢那察尔斯基提倡宗教，尤什凯维奇把"逻各斯"导入"非理性的知觉流"，波格丹诺夫把唯心主义称为马克思主义的哲学，格尔方德清洗掉约·狄慈根的唯物主义，而谢·苏沃洛夫写了《社会哲学的基础》这篇文章。当这些人在你们面前同时出现的时候,你们立即会感觉到新路线的"精神"。量转变成了质。早先各自在个别的论文和书籍中探索着的"探索者",现在发表了真正的宣言。他们之间的局部的分歧,由于他们共同**反对**(而不是"关于")马克思主义哲学而消除了;作为一个流派的马赫主义的反动面貌明显地暴露出来了。

苏沃洛夫的这篇文章由于下述情况而更为有趣:他既不是经验一元论者,也不是经验批判主义者,而只是"实在论者",因而使他与这伙人接近的,不是作为哲学家的巴扎罗夫、尤什凯维奇、波格丹诺夫各自具有的特点,而是他们**反对**辩证唯物主义的共同立场。把这位"实在论者"的社会学的议论和经验一元论者的议论比较一下,会有助于我们描绘他们的**共同**倾向。

苏沃洛夫写道:"在调节世界过程的各种规律的序列中,特殊的和复杂的规律可以归入一般的和简单的规律,而一切规律都从属于一个普遍的发展规律,即**力的经济规律**。这个规律的实质在于:**任何力的系统消耗愈少,积蓄愈多,而且消耗为积蓄服务得愈好,那么这个系统就愈能保存和发展**。很早就引起客观合目的性这一观念的各种动的平衡形态(太阳系、地球上各种现象的循环、生命过程)之所以能够形成和发展,正是由于它们本身所固有的能量的保存和积蓄,即由于它们内部的经济。力的经济规律,是统一和调节任何发展——无机界、生物界和社会的发展——的原则。"(第 293 页,黑体是原作者用的)

我们的"实证论者"和"实在论者"多么轻而易举地制造了"各种普遍规律"啊!但遗憾的只是这些规律并不比欧根·杜林所同样轻而易举地迅速地制造出来的那些规律高明半分。苏沃洛夫的"普遍规律"与杜林的普遍规律一样,都是空洞无物、华而不实的词句。试把这个规律应用于作者所列举的三个领域中的第一个领域，即应用于无机界的发展。你们就会看到，**除了**能量守恒和转化定律，任何"力的经济"在这里都是用不上的，更不必说"普遍地"应用了。至于"能量守恒"定律，作者早已把它看成特殊规律①（第292页）而剔在一边了。撇开这一规律，无机界的发展领域中还剩下些什么呢？作者借以把能量守恒和转化定律改变（"改良"）为**"力的经济"**规律的那些补充、复杂化、新发现或新事实在哪里呢？这样的事实或发现根本没有，苏沃洛夫甚至提也没有提到。他不过是像屠格涅夫小说里的巴扎罗夫所说的，为了显示自己了不起，把大笔一挥，立即描画出"实在一元论哲学"的新的"普遍规律"（第292页）。瞧我们的！我们哪一点比杜林差？

我们来看一看第二个发展领域，即生物学领域。在这个领域中，有机体是通过生存斗争和选择而发展的，那么在这里，力的经济规律是普遍的呢，还是力的浪费"规律"是普遍的？那没有什么关系！对于"实在一元论哲学"说来，普遍规律的**"含义"**在一个领域里可以理解为这样，而在另一个领域里可以理解为那样，例如，可以理解为有机体从低级到**高级**的发展。虽然普遍规律因此就成

---

① 值得注意的是：苏沃洛夫把能量守恒和转化定律的发现[94]叫做"对**唯能论**的基本原理的确证"（第292页）。我们的这位想当马克思主义者的"实在论者"是否听说过，无论庸俗唯物主义者毕希纳之流或辩证唯物主义者恩格斯都认为这个定律是对**唯物主义**基本原理的确证？我们的这位"实在论者"是否考虑过这个差别是什么意思？没有！他只是追求时髦，重复奥斯特瓦尔德的话，如此而已。这类"实在论者"的不幸也就在于他们在时髦面前五体投地，而恩格斯则不然，他掌握了能量这个**对他说来是新的名词**，并在1885年（《反杜林论》第2版序言）和1888年（《路·费尔巴哈》）开始使用它，然而是把它和"力"、"运动"这些**概念**同等使用的，掺杂在一起使用的。恩格斯善于吸收新名词来丰富自己的**唯物主义**。"实在论者"和其他的糊涂人，虽然抓住了这个新名词，可是看不出唯物主义和唯能论之间的区别！

为空话,但这没有什么关系,只要把"一元论"的原则保持下来就行了。至于第三个领域(社会领域)里,又可以从第三种含义上来理解"普遍规律",可以把它理解为生产力的发展。"普遍规律"之所以需要,就是为了用它随便去套什么东西。

"虽然社会科学还很年轻,然而它已经有了坚固的基础和完善的概括,在19世纪它发展到了理论的高度,这是马克思的主要功绩。他把社会科学提高到了社会理论的水平……" 恩格斯说,马克思把社会主义从空想变成了科学[95],可是在苏沃洛夫看来这还不够。如果我们再**把理论和科学**(在马克思以前有社会科学吗?)**区别开来**,就会更加有力些,至于说这种区别毫无意义,那没有什么关系!

"……他确立了社会动力学的基本规律,按照这个规律,生产力的进化是整个经济发展和社会发展的决定性原则。但是生产力的发展符合劳动生产率的提高,符合能量消耗的相对减少和能量积蓄的增加〈请看,'实在一元论哲学'的成就多么大啊!它对马克思主义作了新的唯能论的论证!〉……这是经济学的原则。这样,马克思就把力的经济原则当做社会理论的基础了……"

"这样"两字真是绝无仅有!**因为**马克思有政治经济学,**所以**在这种情况下就来咀嚼"经济"这个**字眼**,并把咀嚼的结果叫做"实在一元论哲学"!

不,马克思并没有把任何力的经济原则作为自己理论的基础。这是那些不甘心欧根·杜林独享美名的人所杜撰的废话。马克思给生产力的提高这一概念下了完全精确的定义,并且研究了生产力提高的具体过程。而苏沃洛夫却臆造了一个新名词来表达马克思所分析过的概念,并且臆造得非常糟糕,只是把问题弄糊涂了。

因为,"力的经济"是什么意思,怎样测量它,怎样应用这一概念,哪些精确的和固定的事实适合于这个概念,关于这一切,苏沃洛夫没有说明,而且也不能说明,因为这是一笔糊涂账。请再听下去吧!

"……这个社会经济规律,不仅是社会科学内部统一的原则〈诸位读者,你们在这里懂得了一点什么吗?〉,而且是社会理论和普遍存在理论之间联系的环节。"(第294页)

是的,是的。曾被经院哲学的许多代表在极不相同的形式下发现过许多次的"普遍存在理论",现在又被谢·苏沃洛夫发现了。我们祝贺俄国的马赫主义者发现了新的"普遍存在理论"!我们希望他们在下一部集体著作中专门去论证和发展这个伟大的发现!

至于我们的实在论哲学或实在一元论哲学的代表怎样叙述马克思的理论,可以从下面的例子中看出来:"总之,人们的生产力形成着发生序列〈嘿!〉,这些生产力是由人们的劳动能量、被征服的自然力、被文明地改变了的自然界,以及构成生产技术的劳动工具所组成的……　生产力对于劳动过程履行着纯粹经济的职能;它们节约劳动能量,提高劳动能量消耗的生产率。"(第298页)生产力对于劳动过程履行着经济的职能!这同说生命力对于生命过程履行着生命的职能完全一样。这不是叙述马克思的学说,而是用不可思议的废话来玷污马克思主义。

在苏沃洛夫的论文中,这类废话是不胜枚举的,例如:"阶级的社会化表现为阶级对于人们及其财产的集体权力的增长……"(第313页)"阶级斗争的目的,是要建立各种社会力量之间的均衡形态……"(第322页)社会的纠纷、仇视和斗争实质上是一种消极的、反社会的现象。"社会进步，按其基本内容说来，就是人们的社会性、社会联系的增长。"（第 328 页）如果把这类无聊的话汇集起来，可以写成好多本书，而资产阶级社会学的代表们确是用这类无聊的话写成了好多本书，但是把它们当做马克思主义的哲学，那就未免太过分了。如果苏沃洛夫的论文是使马克思主义通俗化的一个尝试，那就用不着对它进行特别严厉的指责。每个人都会承认，作者的本意是好的，但尝试却完全失败了，仅仅如此而已。然而，当一群马赫主义者在《社会哲学的基础》的名称下把这类东西奉送给我们的时候，当我们在波格丹诺夫的一些哲学著作中看到同样的"发展"马克思主义的方法的时候，我们就必然会得出这样的结论：反动的认识论同社会学中的反动挣扎有着不可分割的联系。

4. 哲学上的党派和哲学上的无头脑者

我们还须要考察一下马赫主义对宗教的关系问题。但是这个问题扩大成了哲学上究竟有没有党派以及哲学上的无党性有什么意义的问题。

在以上的整个叙述过程中，在我们所涉及的每个认识论问题上，在新物理学所提出的每个哲学问题上，我们探究了**唯物主义**和**唯心主义**的斗争。透过许多新奇的诡辩言词和学究气十足的烦琐语句，我们总是毫无例外地看到，在解决哲学问题上有**两条**基本路线、两个基本派别。是否把自然界、物质、物理的东西、外部世界看做第一性的东西，而把意识、精神、感觉（用现今**流行的**术语来说，即经验）、心理的东西等等看做第二性的东西，这是一个**实际上仍**然把哲学家划分为**两大阵营**的根本问题。这方面的成千上万的错误和糊涂观念的根源就在于：人们在各种术语、定义、烦琐辞令、诡辩字眼等等的外表下，**忽略了**这两个基本倾向（例如，波格丹诺夫不愿意承认自己的唯心主义，因为他所采用的不是"自然界"和"精神"这类"形而上学的"概念，而是物理的东西和心理的东西这类"经验的"概念。字眼改变了啊！）。

马克思和恩格斯的天才正是在于：他们在很长时期内，在**差不多半个世纪**里，发展了唯物主义，向前推进了哲学上的一个基本派别。他们不是踏步不前，只重复那些已经解决了的认识论问题，而是把**同样的**唯物主义彻底地贯彻（而且表明了应当**如何**贯彻）在社会科学的领域中，他们把胡言乱语、冠冕堂皇的谬论以及想在哲学上"发现""新"路线和找出"新"方向等等的无数尝试当做垃圾毫不留情地清除掉。这类尝试的胡诌瞎说的性质，玩弄哲学上新"主义"的烦琐把戏，用诡辩辞令混淆问题的实质，不能了解和看清认识论上两个基本派别的斗争，——这一切正是马克思和恩格斯在其毕生活动中所抨击和痛斥的。

我们刚才说，差不多有半个世纪。其实早在1843年，当马克思刚刚成为马克思，即刚刚成为科学社会主义的创始人，成为比以往一切形式的唯物主义无比丰富和彻底的**现代唯物主义**的创始人的时候，他就已经异常明确地指出了哲学上的根本路线。卡·格律恩曾引用过马克思在1843年10月20日写给费尔巴哈的信[96]，马克思在这封信里请费尔巴哈为《德法年鉴》杂志[97]写一篇反对谢林的文章。马克思写道：这位谢林是个无聊的吹牛大王，他妄想包罗和超越一切已往的哲学派别。"谢林向法国的浪漫主义者和神秘主义者说：我把哲学和神学结合起来了。向法国的唯物主义者说：我把肉体和观念结合起来了。向法国的怀疑论者说：我把独断主义摧毁了。"①马克思在当时就已经看出,不管"怀疑论者"叫做休谟主义者或康德主义者(在 20 世纪,或者叫做马赫主义者),他们都大声叫嚷反对唯物主义的和唯心主义的"独断主义";他没有被千百种不足道的哲学体系中的任何一个体系所迷惑,而能够经过费尔巴哈直接走上反唯心主义的唯物主义道路。过了 30 年,马克思在《资本论》第 1 卷第 2 版的跋②中,同样明确地把**他的唯物主义**跟黑格尔的**唯心主义**,即最彻底最发展的**唯心主义**对立起来,同时轻蔑地抛开孔德的"实证论",把当时的一些哲学家称为可怜的模仿者,他们自以为消灭了黑格尔,而事实上却是重犯了黑格尔以前的康德和休谟的错误。马克思在 1870 年 6 月 27 日给库格曼的信中也轻蔑地斥责"毕希纳、朗格、杜林、费希纳等人"③,因为他们不能理解黑格尔的辩证法,并且还对他采取轻视的态度④。最后,如果把马克思在《资本论》和其他著作中的一些哲学言论考察一下,那么你们就会看到一个**始终不变**的主旨:坚持**唯物主义**,轻蔑地嘲笑一切模糊问题的伎俩、一切糊涂观念和一切向**唯心主义**的退却。马克思的**全部**哲学言论,都是以说明这二者的根本对立为中心的,但从教授哲学的观点看来,这种"狭隘性"和"片面性"也就是马克思的全部哲学言论的缺点之所在。事实上,鄙弃这些调

---

① **卡尔·格律恩**《路德维希·费尔巴哈的书简、遗稿及其哲学特征的阐述》1874年莱比锡版第 1 卷第 361 页。

② 见《马克思恩格斯文集》第 5 卷第 14—23 页。——编者注

③ 参看《马克思恩格斯文集》第 10 卷第 338 页。——编者注

④ 关于实证论者比斯利(Beesly),马克思在 1870 年 12 月 13 日的信中写道:"比斯利教授是一个孔德主义者,因此不能不抛出各种各样的怪论(crotchets)。"(见《马克思恩格斯文集》第 10 卷第 347 页。——编者注)请把这一点同 1892年恩格斯对赫胥黎之流的实证论者的评价(参看《马克思恩格斯文集》第 3 卷第 504—509 页。——编者注)比较一下。

和唯物主义和唯心主义的无聊的伎俩，正是沿着十分明确的哲学道路**前进**的马克思的最伟大的功绩。

和马克思完全一致并同马克思密切合作的恩格斯，在自己的一切哲学著作中，在**一切**问题上都简单明白地把唯物主义路线跟唯心主义路线对立起来。不论在1878年、1888年或1892年[98]，他对于"超越"唯物主义和唯心主义的"片面性"而创立**新**路线（如创立什么"实证论"、"实在论"或其他教授的骗人理论）的无数煞费苦心的企图，一概表示轻视。恩格斯同杜林的全部斗争**始终**是在彻底贯彻唯物主义这个口号下进行的。恩格斯谴责唯物主义者杜林用空洞的字眼来混淆问题的实质，谴责他夸夸其谈，采用向唯心主义让步和转到唯心主义立场上去的论断方法。在《反杜林论》的**每一节**中都是这样提出问题的：不是彻底的唯物主义，就是哲学唯心主义的谎言和糊涂观点。只有头脑被反动教授哲学腐蚀了的人才会看不见这种提法。直到1894年恩格斯给《反杜林论》的最后增订版写最后一篇序言的时候，他还是继续探究新的哲学和新的自然科学，还是像以前那样坚持自己的明确坚定的立场，把大大小小新体系的垃圾清除掉。

关于恩格斯探究过新哲学这一点可以从《路德维希·费尔巴哈》中看出来。他在1888年写的序言中甚至提到德国古典哲学在英国和斯堪的纳维亚各国复活的现象，而对于当时占统治地位的新康德主义和休谟主义，他除了表示极端的轻蔑之外什么话也没有说（不论在序言里或该书正文里）。很明显，恩格斯在看到德国和英国的**时髦**哲学重复黑格尔以前的康德主义和休谟主义的旧错误时，甚至认为**转向黑格尔**[99]（在英国和斯堪的纳维亚各国）也会是有好处的，他希望这位大唯心主义者和大辩证论者能帮助人们看出浅薄的唯心主义的和形而上学的谬误。

恩格斯没有详细考察德国新康德主义和英国休谟主义的许许多多小流派，而**根本**否定它们的背弃唯物主义的基本立场。恩格斯宣称这两个学派的**整个倾向**是"**在科学上开倒车**"。那么，对于这些新康德主义者和休谟主义者（例如他们之中的赫胥黎，恩格斯是不可能不知道的）的无疑地是"实证论"的倾向，如果用流行的术语来说，无疑地是"实在论的"倾向，恩格斯是怎样评价的呢？恩格斯宣称：曾经迷惑过并且还在迷惑着无数糊涂人的那种"实证论"和"实在论"，**至多也不过是暗中偷运唯物主义**而当众对它谩骂和拒绝的**一种庸俗手段**！① 只要稍微想一想恩格斯对托·赫胥黎这样一位最大的自然科学家，这样一位比马赫、阿芬那留斯之流更讲实在论的实在论者和更讲实证论的实证论者所作的**这种**评价，就可以懂得恩格斯会怎样鄙视现在的一小撮沉溺于"最新实证论"或"最新实在论"等等的马克思主义者。

马克思和恩格斯在哲学上自始至终都是有党性的，他们善于发现一切"最新"流派对唯物主义的背弃，对唯心主义和信仰主义的纵容。因此他们对赫胥黎的评价**完全是**从彻底坚持唯物主义的观点出发的。因此他们责备费尔巴哈没有把唯物主义贯彻到底，责备他因个别唯物主义者犯有错误而拒绝唯物主义，责备他同宗教作斗争是为了革新宗教或创立新宗教，责备他在社会学上不能摆脱唯心主义的空话而成为唯物主义者。

约·狄慈根不管在阐述辩证唯物主义时曾犯过一些什么样的局部性的错误，但他充分重视并接受了他的导师的这个最伟大和

---

① 参看《马克思恩格斯文集》第 4 卷第 280 页。——编者注

最宝贵的传统。约·狄慈根由于发表一些欠妥的违背唯物主义的言论而犯了许多错误,可是他从来没有企图在原则上脱离唯物主义而独树"新的"旗帜,在紧要关头他总是毅然决然地声明:我是唯物主义者,我的哲学是唯物主义哲学。我们的约瑟夫·狄慈根公正地说道:"在一切党派之中,最可鄙的就是中间党派……　正如政治上各党派日益集成两个阵营一样……科学也正在划分为两个基本集团(Generalklassen):一边是形而上学者①,另一边是物理学家或唯物主义者。名目繁多的中间分子和调和派的骗子,如唯灵论者、感觉论者、实在论者等等,在他们的路途上一会儿卷入这个潮流,一会儿又卷入那个潮流。我们要求坚决性,我们要求明确性。反动的蒙昧主义者(Retraitebläser②)称自己为唯心主义者③,而所有那些竭力把人类理智从形而上学的荒诞思想中解放出来的人应当称为唯物主义者……　如果我们把这两个党派比做固体和液体,那么中间就是一摊糊状的东西。"④

　　正是如此!包括"实证论者"、马赫主义者等在内的"实在论者"等等,就是这样一种讨厌的糊状的东西,就是哲学上的可鄙的**中间党派**,它在每一个问题上都把唯物主义派别和唯心主义派别混淆起来。在哲学上企图超出这两个基本派别,这不过是玩弄"调和派的骗人把戏"而已。

---

①　这又是一个欠妥的、不确切的说法,不应当用"形而上学者",而应当用"唯心主义者"。约·狄慈根本人在其他地方是把形而上学者和辩证论者对立起来的。

②　直译是:吹倒退号的人。——编者注

③　请注意,约·狄慈根已经改正了错误,并且**更确切地**说明了谁是唯物主义的敌对派。

④　见他在1876年写的论文《社会民主党的哲学》,载于《短篇哲学著作集》1903年版第135页。

唯心主义哲学的"科学的僧侣主义"，不过是通向公开的僧侣主义的前阶，这一点在约·狄慈根看来是毫无疑义的。他写道："科学的僧侣主义极力想帮助宗教的僧侣主义。"（上引书第51页）"尤其是认识论的领域，对人类精神的无知"，是这两种僧侣主义在其中"产卵"的"虱巢（Lausgrube）"。约·狄慈根眼里的哲学教授是"高谈'理想财富'、用生造的（geschraubter）唯心主义来愚弄人民的有学位的奴仆"（第53页）。"正如魔鬼是上帝的死对头一样，唯物主义者是僧侣教授（Kathederpfaffen）的死对头。"唯物主义认识论是"反对宗教信仰的万能武器"（第55页），它不仅反对"僧侣所宣传的那种人所共知的、正式的、普通的宗教，而且反对沉醉的（benebelter）唯心主义者所宣传的清洗过的高尚的教授宗教"（第58页）。

在狄慈根看来，自由思想的教授们的"不彻底性"还比不上"宗教的诚实"（第60页），因为在后一种情况下，还"有一个体系"，还有不把理论跟实践分开的完整的人。对于教授先生们说来，"哲学不是科学，而是防御社会民主党的手段"（第107页）。"那些自称为哲学家的教授和讲师，尽管主张自由思想，但总是或多或少地沉溺于偏见和神秘主义……他们形成了一个反对社会民主党的……反动集团。"（第108页）"为了循着正确道路前进而不致被任何宗教的和哲学的谬论（Welsch）所迷惑，必须研究错误道路中的错误道路（der Holzweg der Holzwege），即研究哲学。"（第103页）

现在我们从哲学的党派观点来看一看马赫、阿芬那留斯以及他们的学派。这些先生们**以无党性自夸**；如果说他们有什么死对头，那么只有一个，**只有……唯物主义者**。在**一切**马赫主义者的**一切**著作中，像一根红线那样贯穿着一种愚蠢奢望："凌驾"于唯物主义和唯心主义之上、超越它们之间"陈旧的"对立。而**事实上**这帮人**每时每刻**都在陷入唯心主义,同唯物主义进行不断的和始终不渝的斗争。像阿芬那留斯这类人精心制造出来的认识论的怪论,不过是教授们的虚构,创立"自己的"哲学小宗派的企图而已。**其实**,在现代社会的各种思想和派别互相斗争的总的形势下,这些认识论的诡计所起的**客观**作用却只有一个,就是给唯心主义和信仰主义扫清道路,替它们忠实服务。因此,华德之流的英国唯灵论者、赞扬马赫攻击唯物主义的法国新批判主义者以及德国的内在论者,都拼命地抓住这个小小的经验批判主义者学派,这实在不是偶然的! 约·狄慈根所谓的"信仰主义的有学位的奴仆"这一说法,正是击中了马赫、阿芬那留斯以及他们的整个学派的要害。①

　　企图"调和"马赫主义和马克思主义的俄国马赫主义者的不幸就在于:他们相信反动的哲学教授,他们既然相信了,也就沿着斜坡滚下去了。他们企图发展和补充马克思学说的那些手法是很不

---

　　①　还可以举出一个例子来说明马赫主义事实上正在为那些广泛流行的反动资产阶级哲学流派所利用。在最新的美国哲学中,"最时髦的东西"可以说是"实用主义"**100**了("实用主义"来自希腊文 pragma——行为、行动,即行动哲学)。在哲学杂志上谈论得最多的恐怕也要算是实用主义了。实用主义既嘲笑唯物主义的形而上学,也嘲笑唯心主义的形而上学;它宣扬经验而且仅仅宣扬经验;认为实践是唯一的标准;依靠一般实证论思潮,**特别是依靠奥斯特瓦尔德、马赫、毕尔生、彭加勒、杜恒**,依靠科学不是"实在的绝对复写"的说法;并且……极其顺利地从这一切中推演出上帝,这是为了实践的目的,而且仅仅为了实践,这里没有任何形而上学,也没有丝毫超越经验界限(参看**威廉·詹姆斯**《实用主义。某些旧思想方法的新名称》1907 年纽约和伦敦版,特别是第 57 和第 106 页)。从唯物主义的观点看来,马赫主义和实用主义之间的差别,就像经验批判主义和经验一元论之间的差别一样,是微不足道的和极不重要的。请比较一下波格丹诺夫的真理定义和实用主义者的真理定义:"在实用主义者看来,真理就是经验中的各种特定作业价值(working-values)的类概念。"(同上,第 68 页)

高明的。他们读了奥斯特瓦尔德的著作，就相信奥斯特瓦尔德，转述奥斯特瓦尔德的话，说这就是马克思主义。他们读了马赫的著作，就相信马赫，转述马赫的话，说这就是马克思主义。他们读了彭加勒的著作，就相信彭加勒，转述彭加勒的话，说这就是马克思主义！这些教授们虽然在化学、历史、物理学等专门领域内能够写出极有价值的著作，可是一旦谈到哲学问题的时候，他们中间**任何一个人所说的任何一句话都不可相信**。为什么呢？其原因正如政治经济学教授虽然在实际材料的专门的研究方面能够写出极有价值的著作，可是一旦说到政治经济学的一般理论时，他们中间**任何一个人所说的任何一句话都不可相信**一样。因为在现代社会中，政治经济学正像**认识论**一样，是一门**有党性**的科学。总的说来，经济学教授们不过是资产阶级手下的有学问的帮办；而哲学教授们不过是神学家手下的有学问的帮办。

　　无论在哲学上或经济学上，马克思主义者的任务就是要善于汲取和改造这些"帮办"所获得的成就（例如，在研究新的经济现象时，如果不利用这些帮办的著作，就不能前进一步），并且要**善于**消除它们的反动倾向，善于贯彻**自己的**路线，同敌视我们的各种力量和阶级的**整个路线**作斗争。而我们的那些**奴颜婢膝地**追随反动教授哲学的马赫主义者就是不善于做到这一点。卢那察尔斯基代表《论丛》的作者们写道："也许我们错了，但我们是在探索。"其实，不是**你们**在探索，而是别人**在探索你们**，不幸的地方就在这里！不是你们根据你们的即马克思主义的观点（因为你们想当马克思主义者）去探讨资产阶级时髦哲学的每一转变，而是这种时髦哲学在探寻你们，把它的那些适合唯心主义胃口的新花样塞给你们，今天是奥斯特瓦尔德的花样，明天是马赫的花样，后天又是彭加勒的花样。你们所天真地信仰的那些愚蠢的"理论"把戏(例如"唯能论"、"要素"、"嵌入"等等),始终没有超出狭隘的小学派的圈子,但这些把戏的思想倾向和**社会倾向**却立刻被华德分子、新批判主义者、内在论者、洛帕廷分子、实用主义者所抓住,并且**尽着自己应尽的职责**。对经验批判主义和"物理学"唯心主义的迷恋,正像对新康德主义和"生理学"唯心主义的迷恋一样,很快就会消逝,而信仰主义却从每一次这样的迷恋中得到好处,并千方百计地变换自己的花招,以利于哲学唯心主义。

对宗教的态度和对自然科学的态度,最好地说明了资产阶级反动派**确实**为了本阶级的利益而在利用经验批判主义。

我们来看一看前一个问题吧! 卢那察尔斯基在**反对**马克思主义哲学的那部集体著作中谈到了"人类最高潜在力的神化"、"宗教的无神论"①等等,你们以为这是偶然的吗? 如果你们以为这是偶然的,那么只是因为俄国的马赫主义者没有把欧洲的**整个**马赫主义思潮及其对宗教的态度正确地告诉读者。这个思潮对宗教的态度不仅跟马克思、恩格斯、约·狄慈根,甚至跟费尔巴哈的态度毫不相同,而且**根本相反**。例如,彼得楚尔特说经验批判主义"无论与有神论或无神论都不矛盾"(《纯粹经验哲学引论》第1卷第351页),马赫说"宗教的见解是私人的事情"(法译本第434页),而科内利乌斯(他极力赞扬马赫,马赫也极力赞扬他)、卡鲁斯以及一切内在论者则宣传**露骨的信仰主义**、鼓吹露骨的**黑帮思想**。哲学家在这个问题上保守中立,**就是**向信仰主义卑躬屈膝,而马赫和阿芬

---

① 《论丛》第157、159页。这位作者在《国外周报》[101]上曾谈到"宗教意义上的科学社会主义"(第3号第5页),而在《教育》杂志[102]上(1908年第1期164页)又公然写道:"新的宗教在我心中早已成熟了……"

那留斯没有超出而且也不能超出中立态度，这是由他们的认识论的出发点所决定的。

只要你们否定我们通过感觉感知的客观实在，你们就失去了任何反对信仰主义的武器，因为你们已经陷入不可知论或主观主义，而这正是信仰主义所需要的。如果说感性世界就是客观实在，那么其他的任何"实在"或冒牌实在（请回想一下，巴扎罗夫曾相信那些把神说成是"实在概念"的内在论者的"实在论"），就没有立足的余地了。如果说世界是运动着的物质，那么我们可以而且应该从**这个**运动、即**这个**物质的运动的无限错综复杂的表现来对物质进行无止境的研究；在物质之外，在每一个人所熟悉的"物理的"外部世界之外，不可能有任何东西存在。对唯物主义的仇视，对唯物主义者的种种诽谤，所有这一切在文明的民主的欧洲都是司空见惯的，而且直到今天还依然如此。而俄国的马赫主义者在大众面前**把**这一切**掩盖起来**，他们甚至**一次**也没有打算把马赫、阿芬那留斯、彼得楚尔特之流攻击唯物主义的胡言乱语同费尔巴哈、马克思、恩格斯、约·狄慈根**维护**唯物主义的言论简单地对比一下。

但是"掩盖"马赫和阿芬那留斯同信仰主义的关系，是无济于事的。事实是抹杀不掉的。这些反动教授由于华德、新批判主义者、舒佩、舒伯特－索尔登、勒克列尔、实用主义者等等同他们亲吻而遭到的奇耻大辱，是世界上任何办法都不能洗刷干净的。现在列举的这些身为哲学家和教授的人物的影响之大，他们的思想在"有教养的"即资产阶级的人士中间传播之广，他们写的专门著作之多，都比马赫和阿芬那留斯的那个小小的专门学派要胜过十倍。这个小小的学派该为谁服务，就为谁服务；该被怎样利用，就被怎样利用。

卢那察尔斯基说出的可耻言论，并不是什么例外，而是俄国和德国的经验批判主义的产物。我们决不能用作者的"善良意图"、他的话的"特殊含义"来为这些可耻言论辩护。如果他的话里有直接的、普通的、即纯粹信仰主义的含义，那么我们就不会再同作者交谈了，因为，大概没有一个马克思主义者会认为这些言论**不使**阿纳托利·卢那察尔斯基和彼得·司徒卢威**完全**站在一个立场上。如果不是这样（而且的确**还**不是这样），那么这完全是因为我们看到了"特殊"含义，并且**在还有可能**实行同志式的斗争的**时候**同他**进行斗争**。卢那察尔斯基的言论之所以可耻，就是因为他**居然**把这些言论和他的"善良的"意图联系起来了。他的"理论"之所以有害，就是因为这种理论为了实现善良的意图竟采用**这样的**手段或作出**这样的**结论。糟糕的是：所谓"善良的"意图，**至多**也不过是卡尔普、彼得、西多尔的主观的事情而已，至于这类言论的**社会意义**却是绝对肯定的、无可争辩的，并且是任何的声明和解释所不能削弱的。

只有瞎子才看不出，在卢那察尔斯基的"人类最高潜在力的神化"和波格丹诺夫的心理东西对整个物理自然界的"普遍代换"之间有着思想上的血缘关系。这是同一种思想，不过前者主要是用美学观点来表达的，而后者主要是用认识论观点来表达的。"代换说"**默默地**从另一个方面来处理问题，它把"心理的东西"跟人分割开来，用无限扩大了的、抽象的、神化了的、僵死的、"一般心理的东西"来代换**整个物理自然界**，这样就把"人类最高潜在力"神化了。而尤什凯维奇的导入"非理性的知觉流"的"逻各斯"又怎样呢？

一爪落网，全身被缚。我们的马赫主义者全都落到了唯心主义即冲淡了的精巧的信仰主义的网里去了；从他们认为"感觉"不是外部世界的映象而是特殊"要素"的时候起,他们就落网了。如果不承认那种认为人的意识**反映**客观实在的外部世界的唯物主义理论,就必然会主张不属于任何人的感觉,不属于任何人的心理,不属于任何人的精神,不属于任何人的意志。

5. 恩斯特·海克尔和恩斯特·马赫

现在我们来看一看**作为哲学思潮的**马赫主义对自然科学的态度。整个马赫主义始终在**攻击**自然科学的"形而上学",他们用这个名字来称呼**自然科学的唯物主义**,即绝大多数自然科学家对我们意识所反映的外部世界客观实在性的自发的、不自觉的、不定型的、哲学上无意识的信念。可是我们的马赫主义者故意闭口不谈这个**事实**,他们抹杀或搞乱自然科学家的自发唯物主义同早已众所周知的、由马克思和恩格斯证实过千百次的、作为一个派别的**哲学唯物主义**之间的**不可分割的**联系。

拿阿芬那留斯来说吧!早在1876年出版的他的第一部著作《哲学——按照费力最小的原则对世界的思维》中,他就和自然科学的形而上学[①]、即自然科学的唯物主义进行战斗了,并且像他本人在1891年所承认的(但没有"改正"自己的观点!)那样,他是站在认识论唯心主义的立场上进行战斗的。

拿马赫来说吧!从1872年,甚至更早些起,一直到1906年,他始终不渝地在和自然科学的形而上学进行战斗;而且他倒是很老实地承认:跟在他后面的以及和他同行的有"一大批哲学家"(其

----

① 　该书第79、114节及其他各节。

中也包括内在论者),可是只有"**很少的自然科学家**"(《感觉的分析》第 9 页)。在 1906 年,马赫也是很老实地承认:"大多数自然科学家都坚持唯物主义。"(《认识和谬误》第 2 版第 4 页)

再拿彼得楚尔特来说吧!他在 1900 年宣称:"自然科学彻头彻尾地(ganz und gar)浸透着形而上学。""它们的经验还应该加以清洗。"(《纯粹经验哲学引论》第 1 卷第 343 页)我们知道,阿芬那留斯和彼得楚尔特把我们对于通过感觉感知的客观实在的任何承认从经验中"清洗"出去。在 1904 年,彼得楚尔特又说:"现代自然科学家的机械论的世界观,实质上并不比古代印度人的世界观高明";"无论世界是建立在神话里的巨象背上,还是建立在一大堆分子和原子上,只要在认识论上把它们设想成实在的,而不是仅仅用来作比喻的(bloß bildlich)〈概念〉,那么这两种说法完全是一样的"。(第 2 卷第 176 页)

再拿维利来说吧!他算是马赫主义者当中唯一的规矩人,他因为同内在论者有血缘关系而感到可耻。但是,他在 1905 年也说:"……自然科学归根到底在许多方面也是一个我们必须加以摆脱的权威。"(《反对学院智慧》第 158 页)

所有这一切都是**十足的蒙昧主义**,都是最露骨的反动思想。认为原子、分子、电子等等是**物质的客观实在的运动**在我们头脑中的近似正确的反映,同相信世界建立在象背上成了一回事!无怪乎内在论者要**张开双臂**欢迎这类穿着时髦实证论者的小丑服装的**蒙昧主义者**了。**没有一个**内在论者不口沫四溅地咒骂自然科学的"形而上学",咒骂自然科学家的"唯物主义",**这正是因为**自然科学家们**承认**物质(及其粒子)、时间、空间、自然规律等等的客观实在性。早在产生"物理学唯心主义"的那些物理学上的新发现出现以前，勒克列尔就已经根据马赫的理论向"现代自然科学的唯物主义的基本倾向（Grundzug）"（《……实在论》1879 年版第 6 节的标题）进行斗争了，舒伯特–索尔登就已经跟"自然科学的形而上学"（《认识论的基础》1884 年版第 2 章的标题）进行战斗了，雷姆克就已经对自然科学的"唯物主义"这个**"街头的形而上学"**（《哲学和康德主义》1882 年版第 17 页）进行攻击了，等等。

内在论者从所谓自然科学的唯物主义具有"形而上学性"这一**马赫主义的**思想出发，完全合法地作出了**直接的公开的**信仰主义结论。如果自然科学在它的理论中不给我们描绘客观实在，而**只是**给我们提出一些人类经验的比喻、符号、形式等等，那么毫无疑问，人类就完全有权利替另一个领域创造出上帝之类的**同样"实在的概念"**。

自然科学家马赫的哲学对于自然科学，就像基督徒犹大之吻对于耶稣一样[103]。马赫也同样地把自然科学出卖给信仰主义，因为他实质上转到哲学唯心主义方面去了。马赫对自然科学的唯物主义的背弃，在各方面都是一种反动现象。在谈到"物理学唯心主义者"同那些坚持旧哲学观点的**大多数**自然科学家的斗争时，这一点我们已经看得够清楚了。如果我们把著名的自然科学家恩斯特·海克尔和（在反动市侩中间）享有盛名的哲学家恩斯特·马赫作个比较，那么我们就可以看得更加清楚了。

恩·海克尔的《宇宙之谜》这本书在一切文明国家中掀起了一场大风波，这一方面异常突出地说明了现代社会中哲学的**党性**，另一方面也说明了唯物主义同唯心主义和不可知论的斗争的真正社会意义。这本书立即被译成了各种文字，出版了定价特别低廉的版本，发行了**几十万册**。这就很清楚地说明：这本书已经"深入民间"，恩·海克尔一下子赢得了**广大的**读者。这本通俗的小册子成了阶级斗争的武器。世界各国的哲学教授和神学教授们千方百计地诽谤和诋毁海克尔。著名的英国物理学家洛治为了保卫上帝，立刻起来反对海克尔。俄国物理学家赫沃尔桑先生特地赶到德国去，以便在那里出版一本卑鄙的黑帮的小册子来反对海克尔，并使那些最尊贵的市侩先生们确信，决不是整个自然科学现在都持"素朴实在论"的观点①。攻击海克尔的神学家真是不可胜数。御用的哲学教授们用尽一切恶毒的字眼来辱骂海克尔②。看一看这些干枯在僵死的经院哲学上的木乃伊怎样被恩斯特·海克尔的几记耳光打得两眼冒火，双颊发红（也许是生平第一次），这倒是一件大快人心的事情。那些供奉纯粹科学和所谓最抽象的理论的祭司们，简直咆哮如雷。从这些哲学上的死硬派（唯心主义者保尔森、内在论者雷姆克、康德主义者阿迪克斯以及其他一些人，天哪，这种人真是不胜枚举！）的一切咆哮中，可以清楚地听到一个基调：反对自然科学的**"形而上学"**，反对"独断主义"，反对"夸大自然科学的价值和意义"，反对"自然科学的**唯物主义**"。他是一个唯物主义者，抓住他，抓住这个唯物主义者；他欺骗公众，不坦白承认自己是唯物主义者，——这一点特别使得最尊贵的教授先生们狂怒不休。

　　在这整个悲喜剧中③，特别突出的一个情况就是海克尔本人也**否弃唯物主义**，拒绝这一称呼。不仅如此，他非但不反对任何宗

---

①　**奥·丹·赫沃尔桑**《黑格尔、海克尔、科苏特及第十二诫》1906年版，参看第80页。

②　**亨利希·施米特**的小册子《〈宇宙之谜〉所引起的斗争》（1900年波恩版）很好地描写了哲学教授和神学教授们对海克尔的进攻，但是这本小册子现在已经是太陈旧了。

③　悲剧的因素是由于今年（1908年）春天有人企图谋杀海克尔而产生的。当海克尔收到许多封用"狗"、"渎神者"、"猴子"等称呼来骂他的匿名信以后，有一个真正的德国人曾把一块很大的石头扔进海克尔在耶拿的工作室。

教，反而发明了自己的宗教（也是像布尔加柯夫的"无神论的信仰"
或卢那察尔斯基的"宗教的无神论"一类的东西），**在原则上主张宗
教和科学结成联盟**！那么问题究竟在哪里呢？这场风波究竟是由
于什么"致命的误解"而引起的呢？

　　问题在于：尽管恩·海克尔在哲学上是素朴的，他缺乏确定的
党派目的，愿意考虑那些流行的反唯物主义的庸俗偏见，他个人对
宗教有妥协的倾向而且还提出建议，然而这一切都更加突出地显
示了他这本小册子的**总的精神**，显示了自然科学的唯物主义是**根
深蒂固的**，他同**一切**御用的教授哲学和神学是**不可调和的**。尽管
海克尔本人不愿意和市侩们决裂，但是他用这样坚定而素朴的信
念所阐明的见解，跟形形色色流行的哲学唯心主义是**绝对**不可调
和的。所有这些形形色色的唯心主义，从某位哈特曼的最粗陋的
反动理论一直到彼得楚尔特的自以为是最新颖的、进步的和先进
的实证论或马赫的经验批判主义，**都**一致认为：自然科学的唯物主
义就是"形而上学"；承认自然科学的理论和结论反映客观实在，就
是最"素朴的实在论"，如此等等。海克尔这本书的每一页都是给
整个教授哲学和教授神学的这种"传统"学说**一记耳光**。这位自然
科学家无疑地表达了19世纪末和20世纪初绝大多数自然科学家
的虽没有定型然而是最坚定的意见、心情和倾向。他轻而易举地
一下子就揭示了教授哲学所力图向公众和自己隐瞒的事实，即：有
一块变得愈来愈巨大和坚固的磐石，它把哲学唯心主义、实证论、
实在论、经验批判主义和其他丢人学说的无数支派的一片苦心碰
得粉碎。这块磐石就是**自然科学的唯物主义**。"素朴实在论者"
（即全人类）认为我们的感觉是客观实在的外部世界的映象这一信
念，是大批自然科学家的不断加强和日益巩固的信念。

新的哲学派别的创始者和认识论上新"主义"的制造者的勾当失败了,而且是永远地不可挽救地失败了。他们可以用自己"独创的"体系来进行挣扎,可以竭力用有趣的争论——最先说"唉!"的是经验批判主义的博勃钦斯基还是经验一元论的多勃钦斯基[104]——来吸引几个赞赏者,甚至可以像"内在论者"那样来编造浩瀚的"专门"文献。但是,不管自然科学多么摇摆不定,不管自然科学家的唯物主义多么不自觉,不管他们昨天对时髦的"生理学唯心主义"多么神往或今天对时髦的"物理学唯心主义"多么迷恋,自然科学的发展进程却在**扫除一切渺小的体系和狡猾的诡计,把自然科学唯物主义的"形而上学"**一次又一次地推向前进。

现在我们可以从海克尔的著作中举出一个例子来说明以上所讲的话。在《生命的奇迹》中,作者把一元论的认识论和二元论的认识论作了对比。我们把这种对比中最有趣的几点摘录在下面:

一元论的认识论	二元论的认识论
3.认识是生理现象;解剖器官是大脑。	3.认识不是生理现象,而是纯粹精神的过程。
4.人脑中产生认识活动的唯一部分,是大脑皮质的特定部分,即思想皮质层(phronema)。	4.大脑中似乎起着认识器官的作用的那一部分,事实上不过是帮助精神现象出现的一种工具。
5.思想皮质层是极其完善的发电机,它的各组成部分是千百万	5.作为理性**器官**的思想皮质层不是自主的,它同它的组成

个肉体细胞(phronetal 细胞)。正像身体的其他器官一样,大脑的这一部分的(精神的)机能是组成大脑的那些细胞的机能的总结果①。

部分(phronetal 细胞)一起,不过是非物质的精神与外部世界之间的媒介物。人的理性与高等动物的理性和低等动物的本能有本质的不同。

从引自海克尔著作的这段典型的话里,你们可以看到:他没有去分析哲学问题,而且也不善于把唯物主义的认识论跟唯心主义的认识论对立起来。他从自然科学的观点来**嘲笑一切**唯心主义的诡计,更广泛些说,一切专门的哲学诡计,他**根本没有想到**除了**自然科学的唯物主义**以外还可能有其他的认识论。他从唯物主义者的观点来嘲笑哲学家们,但他**不知道**自己是站在唯物主义者的立场上!

哲学家们对这个强有力的唯物主义的无力的愤恨是可以理解的。我们在上面已经引证了"真正的俄国人"洛帕廷的评论。现在再来看看同唯心主义不共戴天的(可不是开玩笑!)最先进的"经验批判主义者"鲁道夫·维利先生的评论:"海克尔的一元论是一种乱七八糟的混合物,它把某些自然科学的定律,例如能量守恒定律等等,同关于实体和自在之物的一些经院哲学的传统混杂在一起。"(《反对学院智慧》第 128 页)

什么东西使得这位最可敬的"最新实证论者"大发雷霆呢?你想,当他一下子明白了他的老师阿芬那留斯的一切伟大学说——例如,大脑不是思想的器官,感觉不是外部世界的映象,物质("实

---

①　我用的是法译本:«Les merveilles de la vie»(《生命的奇迹》。——编者注)巴黎施莱歇尔出版社版第 1 表和第 16 表。

体")或"自在之物"不是客观的实在,等等——从海克尔的观点来看不过是**彻头彻尾的唯心主义的胡说**时,他怎么会不恼怒呢!? 海克尔没有这样说,因为他并没有研究哲学,也不知道什么是**真正的**"经验批判主义"。但是鲁·维利不会不看到:海克尔有 10 万个读者,就意味着有 10 万个人唾弃马赫和阿芬那留斯的**哲学**。鲁·维利**按洛帕廷的方式**先把自己的脸拭了一下。**因为洛帕廷先生与维利先生用来反对一切唯物主义、特别是自然科学的唯物主义的那些论据,在实质上**是完全一样的。在我们马克思主义者看来,洛帕廷先生和维利、彼得楚尔特、马赫先生及其同伙之间的差别,并不大于新教神学家和天主教神学家之间的差别。

　　反对海克尔的"战争"证明:我们的这个观点符合**客观实在**,也就是说,符合现代社会及其阶级思想倾向的阶级本性。

　　还举一个小小的例子。马赫主义者克莱因佩特把卡尔·斯奈德的一本在美国颇为流行的著作《现代自然科学的世界图景》(《Das Weltbild der modernen Naturwissenschaft》1905 年莱比锡版)从英文译成了德文。这部著作明白地通俗地叙述了物理学中以及自然科学的其他门类中的一系列最新发现。于是马赫主义者克莱因佩特只好给斯奈德的著作加了一篇序言,**声明**斯奈德的认识论是"不能令人满意的"(第 V 页)。问题在哪里呢? 问题在于斯奈德一秒钟也没有怀疑过世界图景就是物质运动和**"物质思维"**的图景(上引书第 288 页)。斯奈德在他的下一部著作《世界机器》(Karl Snyder《The World Machine》1907 年伦敦和纽约版)中谈到他写这本书的目的是为了纪念阿布德拉的德谟克利特(约公元前460—前 360),他说:"德谟克利特常常被称为唯物主义的始祖。这个哲学派别目前已不大时髦,可是值得注意的是:我们在对世界的看法上的一切最新进步,事实上都是建立在唯物主义的前提上的。老实说(practically speaking),唯物主义的前提在自然科学的研究中简直是**不可回避的**(unescapable)。"(第140页)

"当然,如果高兴的话,也可以同善良的贝克莱主教一起去梦想:一切都是幻想。但是无论虚无缥缈的唯心主义的各种戏法怎样令人神往,然而在我们之中,尽管对外部世界问题的看法各不相同,却很少有人怀疑到自己的存在。我们根本用不着多探究各种鬼火般的**自我**与**非我**,就可以深信:我们在设想自身的存在时,就已经让一系列现象进入感官的六道大门了。星云说、光媒以太论、原子论以及一切类似的学说,都可以被称为仅仅是方便的'作业假说';但是应该记住:在这些学说没有被驳倒以前,它们同关于您亲爱的读者这个人正在阅读这几行字的假说,是站在多少相同的立足点上的。"(第31—32页)

当这种把自然科学的范畴归结为单纯作业假说的马赫主义者的精心杰作被大洋两岸的自然科学家当做十足的谬论来嘲笑的时候,你们想一想,他的命运是多么悲惨啊! 鲁道夫·维利**在1905年**把德谟克利特当做一个活着的敌人加以攻击,这就最好地说明了**哲学的党性**,并再三地暴露了他在这个党派斗争中的真正立场,这一点还用得着惊奇吗? 维利写道:"当然,德谟克利特没有意识到原子和虚空不过是仅仅起辅助作用(bloße Handlangerdienste)的虚构的概念,它们所以被接受下来,是出于合目的性的考虑,是因为对使用还方便。德谟克利特还没有自由到足以了解这一点的程度;但是我们现代的自然科学家,除了少数人以外,也是这样。古代的德谟克利特的信仰就是我们的自然科学家的信仰。"(上引书第57页)

　　这真毫无办法！他们完全"用新的方式"、"用经验批判主义的方式"证明了空间和原子都是"作业假说"，可是自然科学家们却嘲笑这种**贝克莱主义**，并且跟着海克尔走！我们决不是唯心主义者，这是诬蔑，我们只是（同唯心主义者一起）努力推翻德谟克利特的认识论路线，我们已经努力了两千多年，然而一切都是徒劳无益！现在，我们的领袖恩斯特·马赫只有把他的一生和他的哲学的总结、他的最后的著作《认识和谬误》去献给**威廉·舒佩**，并且在该书中惋惜地指出，大多数自然科学家是唯物主义者，"我们也"**同情**海克尔的"自由思想"（第 14 页）。

　　在这里，这位**追随**黑帮分子威·舒佩而又"**同情**"海克尔的自由思想的反动市侩思想家的原形毕露了。所有那些欧洲的人道的市侩们都是这样的人，他们具有爱好自由的同情心，而在思想上（以及在政治上和经济上）却为威廉·舒佩之流所俘虏①。哲学上的无党性，不过是卑鄙地掩盖起来的向唯心主义和信仰主义的卑躬屈膝而已。

　　最后，请看一看弗兰茨·梅林对海克尔的评论。梅林不仅是一个愿意当马克思主义者的人，而且是一个善于当马克思主义者的人。还在 1899 年底，当《宇宙之谜》一出版，梅林就立即指出："海克尔的著作无论就其缺点或优点来讲，对于帮助澄清我们党内在什么是**历史**唯物主义和什么是历史**唯物主义**这两方面存在的看来有些混乱的观点，是特别有价值的。"②海克尔的缺点是：他还不

---

①　在普列汉诺夫反对马赫主义的意见中，与其说他关心于驳斥马赫，不如说他关心于给布尔什维主义带来派别危害。由于他拙劣地可怜地利用根本的理论分歧，他已经受到孟什维克的马赫主义者所著的两本书[105]的应有的惩罚。

②　**弗·梅林**《宇宙之谜》，载于《新时代》杂志第 18 年卷（1899—1900）第 1 册第418 页。

懂得**历史**唯物主义,因此,他在谈到政治,在谈到"一元论宗教"等等时,发表了许多非常荒谬的言论。"海克尔是唯物主义者和一元论者,但他不是**历史**唯物主义者,而是自然科学的唯物主义者。"(同上)

"谁要想亲自体会一下〈自然科学的唯物主义在解决社会问题上的〉这种无能,谁要想深刻地懂得,自然科学的唯物主义要成为人类伟大解放斗争中的真正战无不胜的武器,必须扩展为历史唯物主义,那就请他读一读海克尔的这本书吧!

但是,海克尔的这本书之所以应该读,还不仅是因为这一点。它的不寻常的缺点是和它的不寻常的优点不可分割地联系着的,也就是说,是和海克尔对本世纪〈19世纪〉自然科学的发展,换言之,对**自然科学的唯物主义的胜利前进**的清楚明白的叙述不可分割地联系着的,这些叙述在本书中所占篇幅大得多,重要得多。"①

---

① **弗·梅林**《宇宙之谜》,载于《新时代》杂志第18年卷(1899—1900)第1册第419页。

结　论

　　马克思主义者应该从以下四个角度来评价经验批判主义。

　　第一，首先必须把这种哲学的理论基础和辩证唯物主义的理论基础加以比较。本书前三章所作的这种比较，从认识论问题的**各方面**揭露了用新的怪论、字眼和花招来掩饰**唯心主义和不可知论**旧错误的经验批判主义的**十足反动性**。只有那些根本不懂得什么是一般哲学唯物主义，什么是马克思和恩格斯的辩证方法的人，才会侈谈经验批判主义和马克思主义的"结合"。

　　第二，必须确定经验批判主义这个哲学专家们的小学派在现代其他哲学学派中的地位。马赫和阿芬那留斯都是从康德开始，可是他们并没有从他走向唯物主义，而是朝着相反的方向走向休谟和贝克莱。阿芬那留斯以为自己全盘地"清洗经验"，其实他只是把康德主义从不可知论中清洗出去。马赫和阿芬那留斯的整个学派愈来愈明确地走向唯心主义，它和最反动的唯心主义学派之一，即所谓内在论派密切结合起来了。

　　第三，必须注意到，马赫主义与现代自然科学的一个门类中的一个学派有着无可怀疑的联系。一般自然科学家以及物理学这一特别门类中的自然科学家，极大多数都始终不渝地站在唯物主义方面。但是也有少数新物理学家，在近年来伟大发现所引起的旧理论的崩溃的影响下，在特别明显地表明我们知识的相对性的新物理学危机的影响下，由于不懂得辩证法，就经过相对主义而陷入了唯心主义。现今流行的物理学唯心主义，就像不久以前流行过的生理学唯心主义一样，是一种反动的并且使人一时迷惑的东西。

第四，在经验批判主义认识论的烦琐语句后面，不能不看到哲学上的党派斗争，这种斗争归根到底表现着现代社会中敌对阶级的倾向和意识形态。最新的哲学像在两千年前一样，也是有党性的。唯物主义和唯心主义按实质来说，是两个斗争着的党派，而这种实质被冒牌学者的新名词或愚蠢的无党性所掩盖。唯心主义不过是信仰主义的一种精巧圆滑的形态，信仰主义全副武装，它拥有庞大的组织，继续不断地影响群众，并利用哲学思想上的最微小的动摇来为自己服务。经验批判主义的客观的、阶级的作用完全是在于替信仰主义者效劳，帮助他们反对一般唯物主义，特别是反对历史唯物主义。

第四章第 1 节的补充①

尼·加·车尔尼雪夫斯基
是从哪一边批判康德主义的？[106]

    在第四章第 1 节里，我们已经详细地说明，唯物主义者过去和现在批判康德的角度是同马赫、阿芬那留斯批判康德的角度完全相反的。我们认为，在这里哪怕是简略地补充说明一下俄国伟大的黑格尔主义者和唯物主义者尼·加·车尔尼雪夫斯基的认识论立场，也是必要的。

    在费尔巴哈的德国学生阿尔布雷希特·劳批判康德之后没有多久，俄国的伟大著作家尼·加·车尔尼雪夫斯基（他也是费尔巴哈的学生）第一次试图公开地表明他对费尔巴哈和康德的态度。早在上一世纪 50 年代，尼·加·车尔尼雪夫斯基就作为费尔巴哈的信徒出现在俄国文坛上了，可是俄国的书报检查机关甚至连费尔巴哈的名字也不许他提到。1888 年，尼·加·车尔尼雪夫斯基在准备付印的《艺术对现实的审美关系》第 3 版序言中，试图直接指出费尔巴哈，可是书报检查机关即使在这一年也不准引证一下

---

    ①   第四章第 1 节见本卷第 200—212 页。——编者注

费尔巴哈！这篇序言直到 1906 年才和读者见面（见《车尔尼雪夫斯基全集》第 10 卷第 2 册第 190 — 197 页）。在这篇《序言》里，尼·加·车尔尼雪夫斯基用了半页篇幅来批判康德和那些在自己的哲学结论中追随康德的自然科学家。

请看尼·加·车尔尼雪夫斯基在 1888 年的精彩论述：

"那些自以为是无所不包的理论的创造者的自然科学家们，事实上仍不过是建立了形而上学体系的古代思想家的学生，而且往往是那些被谢林部分地破坏了而又被黑格尔彻底地破坏了体系的思想家的学生，而且往往是些拙劣的学生。只要提一提下面的事实就够了：大多数企图建立关于人类思想活动规律的广泛理论的自然科学家，都在重复康德关于我们知识的主观性的形而上学理论〈告诉那些把什么都搞乱的俄国马赫主义者：车尔尼雪夫斯基是落后于恩格斯的，因为他在用语上把唯物主义和唯心主义的对立同形而上学思维和辩证思维的对立混淆起来了；但是车尔尼雪夫斯基完全保持恩格斯的水平，因为他不是责备康德的实在论，而是责备康德的不可知论和主观主义，不是责备康德承认"自在之物"，而是责备康德不能够从这个客观的泉源引出我们的知识。〉，都照着康德的话说：我们感性知觉的形式同对象的真实存在的形式没有相似之处〈告诉那些把什么都搞乱的俄国马赫主义者：车尔尼雪夫斯基对康德的批判同阿芬那留斯和马赫以及内在论者对康德的批判完全相反，因为在车尔尼雪夫斯基看来，就像在任何一个唯物主义者看来一样，我们感性知觉的形式和对象的真实的即客观实在的存在的形式有相似之处。〉，因此，真实存在的对象、它们的真实的质以及它们之间的真实的关系，是我们不可认识的〈告诉那些把什么都搞乱的俄国马赫主义者：在车尔尼雪夫斯基看来，就像在任何一个唯物主义者看来一样,对象——用康德的过分矫饰的话来说就是"自在之物"——是**真实**存在的,是我们**完全**可以认识的;不论是它们的存在,或是它们的质,或是它们之间的真实的关系,都是可以认识的。〉,即使它们是可以认识的,它们也不能成为我们思维的对象,因为我们的思维把一切知识材料放到了和真实存在的形式完全不同的形式中;思维规律本身也只有主观的意义〈告诉糊涂人马赫主义者:在车尔尼雪夫斯基看来,就像在任何一个唯物主义者看来一样,思维规律不是只有主观的意义,也就是说,思维规律反映对象的真实存在的形式,和这些形式完全相似,而不是不同。〉;在现实中,根本没有我们以为是因果联系的东西,因为既没有先行的,也没有后继的,既没有全体,也没有部分,等等〈告诉糊涂人马赫主义者:在车尔尼雪夫斯基看来,就像在任何一个唯物主义者看来一样,在现实中,有着我们以为是因果联系的东西,有着自然界的客观的因果性或必然性。〉。当自然科学家不再说诸如此类的形而上学的胡言乱语的时候,他们就能够而且一定会在自然科学的基础上创立出比费尔巴哈提出的概念体系更加精确完备的概念体系〈告诉糊涂人马赫主义者:车尔尼雪夫斯基把**一切**背弃唯物主义而走向唯心主义和不可知论的言论都叫做形而上学的胡言乱语。〉。然而目前对有关所谓人的求知欲的基本问题的科学概念的叙述,仍然是费尔巴哈做得最好。"(第195—196页)车尔尼雪夫斯基所谓人的求知欲的基本问题,用现在的话来说,就是认识论的基本问题。车尔尼雪夫斯基是唯一真正伟大的俄国著作家,他从50年代起直到1888年,始终保持着完整的哲学唯物主义的水平,能够摒弃新康德主义者、实证论者、马赫主义者以及其他糊涂人的无聊的胡言乱语。但是车尔尼雪夫斯基没有上升到,更确切

些说，由于俄国生活的落后，不能够上升到马克思和恩格斯的辩证
唯物主义。

1909 年 5 月由莫斯科环节出版社
印成单行本

译自《列宁全集》俄文第 5 版
第 18 卷第 7—384 页

附　录

弗·伊·涅夫斯基的论文
《辩证唯物主义和僵死反动派的哲学》

（1920 年）

　　无产阶级当前的主要任务"在于改变"世界。看来,要在目前反复琢磨理论领域中那些已经充分证明了的旧真理,是有点不合时宜的,因为实际工作是这样多,变革又必须是这样坚决而深刻,以致几乎没有时间来愉快地作些理论上的研究和探讨。但是这个任务本身的利益,即卡·马克思在关于路·费尔巴哈的提纲第 11 条中讲到的坚决改变世界这个任务的利益,要求一切关心革命成就的共产主义者偶尔也要注意一下这些早已得到证明的并且还没有被任何人驳倒的理论问题。

　　研究这些乍看起来是抽象的哲学问题,即使在无产阶级和资产阶级进行着史无前例的斗争的时代也是必要的,这是因为反动派、垂死的阶级及其自觉的或不自觉的维护者和思想家们在一切生活领域中,包括在科学领域中,不肯立即让位于新的阶级、新的观点和新的形式。

　　他们表面上同新世界妥协了,其实是企图从内部来颠覆它。同时,有些人这样做是完全自觉的,他们以学识渊博、经验丰富、

"不可取代的"专家的面貌进入新的机关和团体,为的是出卖和背叛无产阶级;而另一些人则是不自觉的,他们深信,他们是为新事业服务的,然而他们却使自己的落后的反动观点具有外表上极科学的形式,并且用腐尸的毒液侵蚀正在进行战斗的群众的意识。

疯狂的资产者妄想以新制度最忠诚的拥护者的面貌,钻进我们的营垒;有一些人则不自觉地试图向群众证明:反动的意识形态是无产阶级在同自己的阶级敌人进行斗争时最好的武器。很难讲,这两种情况中哪一种对无产阶级更有害。

有些人企图使无产阶级相信,僵死腐朽的反动派的哲学是科学的最新成就。亚·波格丹诺夫和他的信徒们(他们因为这位多产哲学家写了许多"著作"而欣喜若狂)就是这种人。

列宁同志在《唯物主义和经验批判主义(对一种反动哲学的批判)》一书的结论中说得非常正确:"……在经验批判主义认识论的烦琐语句后面,不能不看到哲学上的党派斗争,这种斗争归根到底表现着现代社会中敌对阶级的倾向和意识形态。最新的哲学像在两千年前一样,也是有党性的。唯物主义和唯心主义按实质来说,是两个斗争着的党派,而这种实质被冒牌学者的新名词或愚蠢的无党性所掩盖。"[①]亚·波格丹诺夫的哲学就是这种用新名词掩盖起来的唯心主义哲学。亚·波格丹诺夫的"著作"非常多,它们或者以单行本出版,或者分别刊载在各种杂志上。

继《自然史观的基本要素》、《从历史观点来看认识》以及著名的《经验一元论》(三卷集)之后,问世的还有这样一些不同凡响的著作:《普遍的组织起来的科学》(《组织形态学》第1、2册)、《关于

---

① 见本卷第375页。——编者注

社会意识的科学》、《意识形态科学简明教程问答》、《社会主义问题》;新旧论文集:《新世界》、《科学的社会主义》(无产阶级的科学任务)、《生动经验的哲学》、《通俗论文集》、《唯物主义、经验批判主义、辩证唯物主义、经验一元论——未来的科学》;在作者参加下由绍·莫·德沃莱茨基重新修订和补充的《经济学简明教程》新版(第10版);《政治经济学初级教程》(政治经济学引论问答);作者尚未编集成书的关于各种问题的文章和小册子(例如发表在《无产阶级文化》杂志上的论文:《组织起来的科学概论》,载于第7—8、9—10、11—12期,关于无产阶级诗歌以及其他问题的论文)。

我们相信,这里所列举的远非这位多产作家的全部著作,不过好在这不是我们的目的。只要翻阅一下上面列举的这些最主要的著作,就足以使我们立即相信,我们所看到的仍然是原来那个唯心主义者、马赫和阿芬那留斯的信徒、马克思和恩格斯的唯物主义的批判者,不同的只是波格丹诺夫同志在《经验一元论》这部书出版后开始更露骨地批判马克思,而且他的哲学也日益变成僵死反动派的哲学。

只要读一读波格丹诺夫的杰作《僵死反动派的……哲学》,不,是《生动经验的哲学》,我们就会确信这是真的。

1905—1910年,波格丹诺夫的反对者以及马克思和恩格斯的正统学生,在同《组织形态学》的作者、创造者争论时是怎样提出问题的呢?那就像马克思和恩格斯当时同资产阶级的唯心主义哲学家斗争时提出争论问题一样。

弗·恩格斯在《路德维希·费尔巴哈》一书中说道:"全部哲学,特别是近代哲学的重大的基本问题,是思维和存在的关系问题。……哲学家依照他们如何回答这个问题而分成了两大阵营。

凡是断定精神对自然界说来是本原的,从而归根到底承认某种创世说的人(而创世说在哲学家那里,例如在黑格尔那里,往往比在基督教那里还要繁杂和荒唐得多),组成唯心主义阵营。凡是认为自然界是本原的,则属于唯物主义的各种学派。

除此之外,唯心主义和唯物主义这两个用语本来没有任何别的意思……"(《路德维希·费尔巴哈》1906年圣彼得堡格·费·李沃维奇出版社俄文版第41页)①

亚·波格丹诺夫在伟大的十月革命以前是怎样回答这个问题的呢?亚·波格丹诺夫在《经验一元论》第1卷中给世界和物体的客观性下了这样的定义:"物理世界的客观性就在于:它不是对我一个人,而是对所有的人说来都是存在的,并且我深信,它对于所有的人,就像对于我一样,具有同样确定的意义。"(《经验一元论》第1卷第25页)接着他又说:"……总之,物理世界是社会地一致起来的、社会地协调起来的经验,一句话,**是社会地组织起来的经验**。"(同上,第36页)

物理世界即自然界(恩格斯认为是"本原"的自然界)的客观性的基础存在于集体经验的范围内。

我们这位哲学家在建立自己的经验一元论体系的时期就是这样看问题的。而他现在怎样看这个问题,他是否放弃了自己的观点,改变了自己的观点?没有,他的观点还是同过去一样。

《生动经验的哲学》第214页上写道:"我们把现实界或经验世界看做是具有全部生动内容、具有构成这种内容的全部努力和阻力的人类集体实践。"

---

① 见《马克思恩格斯文集》第4卷第277—278页。——编者注

从前,在亚·波格丹诺夫看来,整个世界图景应归结为要素-感觉;现在,他还是把那些声名狼藉的要素作为一切基础的基础。

在《经验一元论》这部书中勾画了这样一个公式:要素、人们的心理经验、人们的物理经验和意识。而在《生动经验的哲学》这本书中,这个公式实质上还是同过去一样。

你们在这本书里能找到的还是同样的经验要素,对人们的客观的、物理的经验即社会地组织起来的经验所下的同样的定义。

你们看证据:

"经验要素是体现在认识中的社会活动的产物……"(《生动经验的哲学》第 217 页)"如果别人告诉他:'是的,我们看到和听到的都和你所看到和听到的一样',就是说,**如果他的经验和他们的经验是一致的,是社会地组织起来的,那么他所碰到的是实在的对象,是客观的或物理的现象**。相反地,如果他们认定,他所询问的那些东西对他们来说并不存在,那么这就说明,在这种情况下他的经验只不过是'主观的'经验,只不过是心理的经验——错觉或幻觉。"(第 221 页,黑体是我用的。——弗·涅·)

从引自亚·波格丹诺夫近作的这些言论中已经可以看出,他还是和以前一样站在纯粹的唯心主义立场上,因为他和以前一样固执地认为:物理世界是"社会地组织起来的经验",即人们的经验;也就是说,如果没有"社会地组织起来的经验",就没有这个物理世界。这真是荒唐话,只有经验一元论者才说得出来。因为,既然经验一元论者承认物理世界是人们的"社会地组织起来的经验",那么,在那种社会地组织起来的经验,即那些社会地组织经验的人还根本不存在的时候,经验一元论者又该怎么办?

还有一段引文可以清楚地说明,波格丹诺夫先前的"著作"中的糊涂思想，直到现在还是糊涂思想。

"有一位天文学家发现了一颗新的彗星，他计算出彗星在空间的位置、它运行的轨道、大小，确定了它的形状、构成等等，但是他还没有来得及把这一切发表出来，可见除了他以外，谁也没有看到这颗星，谁也不知道它。因此这颗星暂时只能是他个人的经验，不是社会的经验。但是既已用**科学的**方法来发现、确定、计算和研究了这颗星，而这些科学的方法又是人类为了组织自己的经验而**集体**制定出来的，这就是说，这颗星已经成为**社会地组织起来的**经验，它在一系列客观的物理现象中已占有自己的地位。实际上表明了这一点的事实是：其他每一个观察家将会在同一地点找到第一个观察家所发现的那颗彗星。"（第221页，黑体是亚·波格丹诺夫用的）

不能说亚·波格丹诺夫不懂得他是在同他的要素以及代表着物理客观世界的社会地组织起来的经验一块儿陷入唯心主义的泥坑；波格丹诺夫是懂得这一点的，因为他在自己书中第225页上曾引用已故的普列汉诺夫对这个问题的反对意见，但是尽管他懂得这一点，他还是沉溺于更荒唐的唯心主义的胡言乱语。

亚·波格丹诺夫在书中第226页上说道："物理的经验就是任何人的经验，即整个人类在其发展中的经验。这是具有严格的、确定的、制定的规律性的世界，是具有固定的、准确的相互关系的世界，这是几何学的一切定理以及力学、天文学、物理学等等的一切公式在其中起着作用的秩序井然的世界……　能否把**这个**世界，**这种**经验体系看成是不依赖于人类的呢？能否说这种体系是在人类出现以前就已存在的呢？"（第226页）

亚·波格丹诺夫是怎样回答这个重要问题的呢？在人出现以

前是否有物理世界,譬如说,物体是否像万有引力定律所说的那样互相吸引呢?

"如果把测量、确定度量衡单位、计算等等的'社会实践'抛开,万有引力定律就没有任何用处。因此,如果说这个定律**在人类出现以前**就起作用了,这并不等于说它是**不依赖于人类的**。"(第226页和第227页,黑体是亚·波格丹诺夫用的)

显然,按照这种观点,无论物质,无论自然科学所探究的、我们这些承认"神圣物质"的罪孽深重的唯物主义者(另一位批判唯物主义的巴扎罗夫曾经这样挖苦我们)生存其间的整个世界,都是不存在的。显然,按照这种观点,"物质是能动性的阻力"(第55页),或者,如在另一个地方(第89页)所说的,物质"不是别的,而是集体劳动的努力的阻力";"人把自己的劳动—经验无限展开的场所叫做自然界"(第44页);"在我们看来,宇宙是组织起来的能动性的不尽的洪流"(第240页);"世界的图景就是**要素**的组织形式的连续系列,这些形式在斗争和相互作用中得到发展,它们以往既无开端,将来也无终结"(第241页,这里的黑体是我用的。——弗·涅·)。

这样一来,他又把问题归结为要素,即归结为"体现在认识中的社会活动的产物"!

在《生动经验的哲学》一书的这些"通俗论文"中,亚·波格丹诺夫就是这样阐述自己的唯心主义观点的全部实质的:这里他以经验一元论的观点批判了古代的唯物主义、18世纪的唯物主义,最后还批判了马克思和恩格斯的辩证唯物主义。

原来"马克思的辩证法的基本概念也像黑格尔的一样,没有达到十分明确和完善的地步;正因为这样,对辩证方法的运用是不准确的、含混的,在辩证方法的公式中掺杂着随意的成分,不仅辩证法的范围不确定,就连辩证法的含义有时也被严重歪曲"(第189页)。

所有这一切都是由于科学社会主义的创始人没有考虑到"能动性的阻力",没有考虑到"组织起来的过程",因为,亚·波格丹诺夫说:"如果用我们的方法,我们一开始就能确定辩证法是通过对立倾向的斗争道路的**组织起来的**过程。这和马克思的理解是否一致呢? 显然不完全一致,马克思讲的是**发展**,而不是组织起来的过程。"(第189页)

亚·波格丹诺夫终于说了真话,并且向我们表示,他超过了马克思,胜过了马克思,发展了马克思的学说,清除了马克思的一切过错和谬误。

在亚·波格丹诺夫创立的"组织形态学",即普遍地组织起来的科学中,他就来清除马克思学说即辩证唯物主义的过错。

这种改正马克思的过错和谬误的科学是什么呢?

这是一门关于建设的科学,一门"应当科学地把人类的组织起来的经验系统化"的科学。

可惜,我们在《组织形态学》这两册书中(目前只出了两册,大概还有登载在《无产阶级文化》杂志上的关于组织形态学观点的"通俗"叙述)又看到了波格丹诺夫哲学中那些熟悉的旧货色:复合和要素。

我们看到,第一,"人类在其全部活动中,即在劳动和思维中,把那些由不同种类的**要素**构成的不同的**复合**当做自己的对象"(《组织形态学》第1册第29页)。第二,复合和要素是相关的概念,复合是一种能分解为要素的东西,而要素是一些能联结为复合的东西;阻力和能动性同样也是相关的概念,"阻力也是能动性,不过是从另一个角度来看的能动性,即和另一种能动性对立的能动性",并且正因为世界或宇宙不外是"要素的组织形式的连续系列",是"组织起来的能动性的不尽的洪流"(《生动经验的哲学》第240页和第241页),所以组织形态学包罗一切科学的材料,这是一门"独一无二的科学,它不仅应当直接制定自己的方法,而且也应当研究这些方法,使之统一,因此组织形态学是集科学之大成"(《组织形态学》第1册第38页)。

这门不同凡响的、集一切科学之大成的科学的方法又是怎样的呢?

"为了转入组织形态学这个领域,必须撇开要素的具体生理学的性质,用无关紧要的符号来代替要素,并且用抽象的公式来表示要素的联系。我们要拿这种公式同其他用类似办法得出的公式比较,从而作出**组织形态学的概括**,即提供关于组织的**形式和类型**的概念。"(《组织形态学》第1册第39页)

从下面的阐述可以知道,这些组织形态学的公式是抽象的,空空洞洞的公式是内容很少的,但是它们是万能的,能"运用于无数不同的场合"(第48页)。

的确,我们往下可以看到书中谈了些什么,然而亚·波格丹诺夫认为他的公式是完美无缺的。

因为选择原则可以无限广泛地运用于人类的理论和实践,所以这也就显示出这个原则的组织形态学的性质:选择的机制是普遍的,这种选择有保守的和进步的,"**进步的选择改变复合的结构**"(第64页),"**保守的选择趋向静态的结果,这种结果的典型是稳定的均衡**"(第107页),"**积极的选择使复合的结构改变成更多样的**

要素和更复杂的内部相互关系。**消极的选择使复合的结构改变成更单一的要素和它们的更不复杂的联系**"(第108页)。总之,选择是基本的普遍的机制,可以用它来解释世界上的一切:达尔文主义、马尔萨斯的学说、物质的发展、活的原生质的原始的运动反应、采金的方法以及教派和党派等人类组织。波格丹诺夫从这种基本的普遍的选择机制出发,引申出浸进**规律**。

这里首先提出了"有价值的联系"的概念。这是"我们关于组织起来的组合的思维形式"(《组织形态学》第1册第114页),但是由于在各复合之间不可能经常建立这种有价值的联系,所以作为中介的复合,即这种浸进本身,就成为必要的了。

什么是浸进规律?恐怕只有亚·波格丹诺夫才知道,在他的两册《组织形态学》中,除了抽象的、贫乏的、空洞的公式以外,读者不可能获得任何东西。不过,在这两册书中,除了这些公式以外,还有许许多多新术语,这些术语使得本来就含糊不清的有关形而上学体系的说明更加混乱。

亚·波格丹诺夫最反对资产阶级科学的拙劣的术语,可是他自己却把几十个新术语堆积在一起。在他的学说中,那些只要能被他找到的名称是应有尽有的,这里有交配、接合生殖(生物学上的术语),有浸进、出离、递减、不浸进、系统分解;在他的学说中,所有这些符号、复合和要素的不管什么样的组合,统统都有!

我们现在不是写评论亚·波格丹诺夫著作的文章,我们只是为了《唯物主义和经验批判主义》这本书的出版而撰写一篇短文,因此不可能详尽地陈述我们这位哲学家的全部著作的内容以及他的哲学。

我们的目的是引用两三个基本论点来证明,这种哲学所依据的出发点就是那些唯心主义原则,即要素–感觉和复合,就是否认物质、外部世界,否认整个唯物主义和自然科学所确定的东西,即世界的本原是物质而非精神。

根据亚·波格丹诺夫的全部近作,也很容易说明,他的哲学的唯心主义原则对他的论断是多么有害,这些原则把他的体系变成了空洞的抽象的形式,导致他断言:物理世界是社会地组织起来的经验,物质是能动性的阻力,能动性就是阻力,而阻力也就是能动性,"不浸进就是方向相反的能动性的互相破坏"(《组织形态学》第2册第14页),如此等等。

可是我们没有时间也没有篇幅来谈这些东西。

这里我们只想指出:亚·波格丹诺夫以一种比组织形态学(用了接合生殖、浸进、不浸进以及其他术语和浸进"规律")更简单的形式把这一切形而上学的废话奉送给工人。

例如,在《科学和工人阶级》这篇论文中所讲的全是关于普遍的组织起来的科学和科学的社会化。

什么是社会化,只有天知道。但是实质在于:必须立刻着手建立这门组织形态学,确切些说,也就是着手组织这门组织形态学,因为这种组织形态学本身实质上早就存在了。

资产阶级给无产阶级提供了残缺不全的知识、伪造的科学;资产阶级学者的最科学的理论中反映出社会的阶级结构;资产阶级学者在资本主义阶级社会中创造了科学。波格丹诺夫根据这种正确的论点得出以下的结论:无产阶级面临的任务是创立自己特有的无产阶级科学,并把它社会化。

"在群众中普及科学,这不单纯是科学的民主化,而是真正的**社会化**。"(《科学的社会主义》第31页)

什么是科学的社会主义,确实不清楚,不过从各方面看来,这也就是组织形态学,关于它已经写出了许多形而上学的晦涩而空洞的文章。

问题原来在于,"组织活动从来都是以某些部分或**要素**来构成某些**系统**"(《科学的社会主义》第 79 页)。可见,离开了这些著名的波格丹诺夫的要素,就寸步难行。

"这些要素**究竟**是什么样的呢? 人通过自己的努力组织了些什么呢? 自然界通过自己的进化过程组织了些什么呢? 尽管情况各有不同,但有一个特征还是普遍适用的:组织这些或那些**能动性**,组织这些或那些**阻力**。我们研究一下就会相信:第一,这实际上是一个特征而不是两个特征;第二,这个特征是普遍的,没有例外的。"(《科学的社会主义》第 79 页)

这是对亚·波格丹诺夫的"科学"观点的通俗说明,这些观点否认物质的存在,并且用能量来代替马克思和恩格斯的物质:"物质归结为'能量',即归结为作用、能动性。"(《科学的社会主义》第80 页)

如果问亚·波格丹诺夫:这种物质归结为什么的作用,对什么的作用? 什么是能动性? 这是没有用的。我们别的什么也听不到,只能听到这样一些说法:科学已经分解了原子;能动性是阻力,而阻力也就是能动性;光波是按照某某规律进行干扰的;接合生殖是普遍的事实;一切都重新被归结为经验的要素、复合,即归结为形而上学的胡说。形而上学的胡说打着科学的招牌来破坏或企图破坏读者的信念,这个信念就是:过去和现在物理世界都是在这些"要素"和"复合"之外存在着,第一性的基本的事实不是这些要素和复合,而是波格丹诺夫所不喜欢的因而否定其存在的物质。

于是,能动性被组织起来了,因为"组织性有着这样的精确定义,以致这个概念居然可以普遍运用于存在的一切阶段,而不是仅仅适用于生命的领域",因此得出一个非常重要的结论:

"这些在质和量上极不相同的、彼此相差甚远的宇宙要素,可以从属于同样的组织方法、组织形式。"(《科学的社会主义》第91页)

科学的秘密就在于把许多不同的、不可相比的现象系列联系起来,从中得出预见,而且因为一切宇宙要素都可以从属于同样的组织方法,所以难题也就有了解答——"这种解答是普遍的组织起来的科学的事情"(《科学的社会主义》第92页)。好,既然如此,就必须使工人们通过这些通俗论文来认识"组织形态学"的规律,即类似我们在前面所引用的关于积极选择和消极选择的规律,这是亚·波格丹诺夫在关于组织起来的科学的论文(载于《无产阶级文化》杂志)中所研究的问题。

我们不再详细谈论这些"组织形态学的规律",然而要指出,亚·波格丹诺夫也在这些通俗论文中告诉工人们:辩证唯物主义是不科学的、过时的(例如见《科学的社会主义》第102页)。

我们认为,从亚·波格丹诺夫书中引证的有关"要素"和"复合"、"能动性"和"阻力"等言论,已足以使人相信亚·波格丹诺夫是在重复他的旧错误。

如果再去引证我们在上面列举的亚·波格丹诺夫其他著作中的话,是没有什么意思的,它们的实质都一样,读者从中发现不了什么新东西。

但是必须指出,亚·波格丹诺夫企图证明,普列汉诺夫、伊林、正统派和其他承认物质存在的马克思的追随者误解他,硬给他的要素加上马赫所赋予的那种实质(《生动经验的哲学》第 140 页以及第 202 页和第 224 页)。

不过,很可惜,这一次亚·波格丹诺夫的理由也是不能令人信服的。上面提到的马克思的辩证唯物主义的拥护者说了些什么呢?

尽管他们同亚·波格丹诺夫争论时所用的方式、说法各自不同,但争论的实质却在于他们都向经验一元论者波格丹诺夫问道:在您看来,什么是世界的基础,是物质还是精神? 您的要素是什么?

波格丹诺夫在第 140 页上说:普列汉诺夫、伊林和正统派以为经验的要素不能是别的,只能是感觉,这是错误的。

要知道,这是极大的误解。马赫和经验批判主义者所说的要素当然是具有**感性**性质的,但是他们承认感性世界是真正的现实界,感性世界绝不是由于"自在之物"作用于我们而产生的感觉和表象。物体就是感性的物体,不是别的,所以物体的要素是这样的东西:不管我们是否感觉到,树木实际上有绿色、褐色、灰色,有硬度、气味等等。而且只有当一个人"感觉到"所有这一切的时候,**对他说来**要素也就成为"感觉"。(第 141 页)

亚·波格丹诺夫认为,许多人由于对经验这一名词不了解而糊涂了。他说,到目前为止,经验都是在个体主义的含义上被理解的。

但是,问题在于:在亚·波格丹诺夫看来,不论怎样理解这种经验,物理世界或这些"物体"不是别的,而是人们的社会地组织起来的经验,因而……凡是没有这种社会地组织起来的经验的地方,就没有物体,没有物理的外部世界。所以一切关于个人经验和社会地组织起来的经验、关于能动性和阻力的论断也就是空洞的遁词和唯心主义的胡说。

不用说,在亚·波格丹诺夫的其他著作中还有许许多多极其可笑的"组织形态学的规律"和观点,但是可惜这篇短文已经超出了它的范围,必须赶快同浸进和递减、"要素"和"复合"分手了。只再补充一点,在波格丹诺夫的《关于社会意识的科学》一书中,甚至在《经济学简明教程》一书中,甚至还在《政治经济学初级教程》这本书中,都打上了普遍的"组织形态学的"烙印。同时还不能不指出下列的有趣的情况:无论在哪一本书中,他对于无产阶级专政时代的生产和生产管理制度,以及对于无产阶级专政本身,都只字不提。

虽然亚·波格丹诺夫同志在他的出版于无产阶级专政时代的著作中闭口不谈的东西还多得很,可是,他对"生动经验的哲学",确切些说,对僵死反动派的哲学倒是大谈而特谈。

载于1920年《唯物主义和经验批判主义》俄文第2版

译自《列宁全集》俄文第2、3版第13卷第317—324页

注　释

1　《向报告人提十个问题》是 1908 年 5 月上半月列宁在伦敦写的一份提纲。

　　1908 年 5 月，列宁为撰写《唯物主义和经验批判主义》一书，由日内瓦前往伦敦查阅当代哲学和自然科学文献。在哲学上持马赫主义立场的亚·亚·波格丹诺夫、阿·瓦·卢那察尔斯基等人乘机积极活动起来，他们借口批判"普列汉诺夫学派的唯物主义"来修正马克思主义哲学，企图证明布尔什维主义的哲学是波格丹诺夫发明的经验一元论这个马赫主义的变种，而不是辩证唯物主义。为了宣传他们的观点，波格丹诺夫定于 1908 年 5 月 15 日(28 日)在日内瓦作题为《一个哲学学派的奇遇》的哲学报告。列宁获悉这些情况后，写了这份提纲寄给布尔什维克中央和《无产者报》编辑部的成员约·费·杜勃洛文斯基，供他在波格丹诺夫的哲学报告会上发言使用。

　　杜勃洛文斯基根据列宁的提纲在报告会上尖锐地批判了波格丹诺夫和卢那察尔斯基等人的观点，宣布布尔什维主义与经验一元论毫无共同之处，造神说与辩证唯物主义根本不相容。他在准备发言时略去了列宁提纲中的第 7 个问题，并对第 2、3、10 问题作了部分修改。——1。

2　指恩·马赫的《认识和谬误。研究心理学概要》一书，书前题有"献给威廉·舒佩以表示诚挚的敬意"的字样。该书于 1905 年在莱比锡第一次出版。

　　威廉·舒佩是内在论学派的主要代表。列宁对内在论学派的评论，见本卷第 216—226 页。——2。

3 指《关于马克思主义哲学的论丛》。该书是一本哲学论文集,收载了七篇论文:弗·亚·巴扎罗夫的《现代的神秘主义和实在论》、雅·亚·别尔曼的《论辩证法》、阿·瓦·卢那察尔斯基的《无神论》、帕·索·尤什凯维奇的《从经验符号论观点看现代唯能论》、亚·亚·波格丹诺夫的《偶像之国和马克思主义哲学》、O.И.格尔方德的《狄慈根的哲学和现代实证论》、谢·亚·苏沃洛夫的《社会哲学的基础》。该书由种子出版社于1908年在彼得堡出版。——2。

4 见帕·索·尤什凯维奇的《唯物主义和批判实在论。论马克思主义中的哲学派别》一书中的一章:《亚·波格丹诺夫的经验一元论》。该书由种子出版社于1908年在彼得堡出版。——2。

5 指约·彼得楚尔特的《从实证论观点来看世界问题》一书。——2。

6 关于这个问题,可参看列宁1908年2月12日(25日)给马·高尔基的信(本版全集第45卷第105号文献)。——2。

7 《唯物主义和经验批判主义(对一种反动哲学的批判)》一书是列宁1908年2—10月在日内瓦和伦敦写的,1909年5月由莫斯科环节出版社出版,署名弗拉·伊林。这部著作的手稿和准备材料,至今没有找到。

　　这本书是针对当时俄国知识界出现的一股修正马克思主义哲学的思潮而写的。早在1906年,列宁读了亚·亚·波格丹诺夫的《经验一元论》第3卷以后,就曾写了一封长达三个笔记本的关于哲学问题的信,并打算用《一个普通马克思主义者的哲学札记》为标题把它刊印出来(此信至今没有被发现)。1908年初,俄国马赫主义者出版了一批书,特别是出版了《关于马克思主义哲学的论丛》一书,对辩证唯物主义公开进行修正。列宁读后异常愤慨,决定写一批文章或专门的小册子来批评这些新休谟主义和新贝克莱主义的修正主义者(参看列宁1908年2月12日(25日)给马·高尔基的信和《马克思主义和修正主义》一文,本版全集第45卷第105号文献和第17卷)。尽管列宁当时忙于《无产者报》的出版和党的其他工作,但他仍以巨大精力投入哲学的研究,并着手《唯物主义和经验批判主义》一书的写作。列宁主要是在日内瓦各图书馆从事研究和写作,而为了详细了解当代哲学和自然科学文献,还于1908年5月前往伦敦,在英国博物馆工作了一个月。1908年9月底,《唯物主义和经验批判主义》一书基本完稿,只有《第四章第1节的补充　尼·加·车尔尼雪夫斯基是从哪一边批判康德主义的?》和一条关于埃里希·贝歇尔的《精密自然科学的哲学前提》的脚注(见本卷第376—379、304页)是在以后补写的。《唯物主义和经验批判主义》一书是巨大研究工作的结晶,据查考,书中引用的不同作者的著作达200多种,其中一部分还是散见于各种杂志上的文章。

列宁的姐姐安·伊·乌里扬诺娃-叶利扎罗娃对《唯物主义和经验批判主义》一书的出版起了很大作用。在1905—1907年俄国革命失败后的条件下,要为这部书找到出版人,困难是很大的。由于伊·伊·斯克沃尔佐夫-斯捷潘诺夫从中协助,Л.克鲁姆比尤格尔私人办的环节出版社最终把这部书的出版承接下来。列宁要求尽快签订合同,并迅速出版。他担心姐姐会受牵累,因而主张以他自己的名义签订合同,但合同最后还是以他姐姐的名义签订的。

这部书的手稿迄今下落不明,但据克鲁姆比尤格尔回忆,该书初版对手稿几乎未作改动。该书初版用的署名,是克鲁姆比尤格尔根据作者的授权从他常用的三个笔名(列宁、土林、伊林)中选定的,理由是伊林这个笔名既在书籍市场上广为人知,又易于避开书报检查。该书是在阿·谢·苏沃林印刷厂排印的,列宁的姐姐乌里扬诺娃-叶利扎罗娃担任校对,斯克沃尔佐夫-斯捷潘诺夫也参加了校对。列宁亲自看了这本书的校样,当时他由于《无产者报》变换出版地点,已由日内瓦迁到巴黎。1909年5月,《唯物主义和经验批判主义》一书出版,印数为2 000册。

《唯物主义和经验批判主义》一书出版后,受到马克思主义者的积极评价。1909年10月8日《新时代》杂志刊登了这本书出版的消息。1909年12月斯大林在给《无产者报》编辑部的信中把这本书称做是"一部独特的马克思主义哲学(认识论)原理集成"。1909年6月瓦·瓦·沃罗夫斯基在《敖德萨评论报》上发表的一篇短评中指出,这部著作"对俄国来说具有特别的价值"。至于格·瓦·普列汉诺夫,据弗·菲·哥林说,他"对这本书反应很好,尽管他在书中被狠狠地刺了一下"。

十月革命后,《唯物主义和经验批判主义》一书于1920年在俄国首次再版,印数为3万册。列宁的这部著作后来在全世界传播很广。我国于20世纪30年代初出版了它的第一个中文译本,以后又相继出版了多种中文译本。——5。

8 信仰主义与僧侣主义含义相同。本书使用这个词的由来如下:列宁在1908年10月26日(11月8日)给姐姐安·伊·乌里扬诺娃-叶利扎罗娃的信中写道:"……如果书报检查机关的检查很严格,可以把各处的'僧侣主义'一词都改为'信仰主义',并在注解中加以说明("信仰主义是一种以信仰代替知识或一般地赋予信仰以一定意义的学说")。"(见本版全集第53卷第172号文献)列宁还曾建议用一个专门术语"萨满主义"来代替僧侣主义,但乌里扬诺娃-叶利扎罗娃不赞成,她在1909年1月27日(2月9日)的信中写道:"改'萨满主义'已经晚了。再说这个词难道好一些吗?"(同上书,注275)从《唯物主义和经验批判主义》一书的第1版中可以看到,"僧侣主义"一词大都改成了"信仰主义",但也有些地方没有改。列宁信中所提到的注解加在俄文第1版序言里,以后各版都保留未动。——8。

9 这里说的是在俄国1905—1907年革命失败后俄国社会民主工党内一部分知识分子中产生的一种宗教哲学思潮——造神说。这一思潮的主要代表人物是阿·瓦·卢那察尔斯基、弗·亚·巴扎罗夫等人。造神派主张把马克思主义和宗教调和起来,使科学社会主义带有宗教信仰的性质,鼓吹创立一种"无神的"新宗教,即"劳动宗教"。他们认为马克思主义的整个哲学就是宗教哲学,社会民主运动本身是"新的伟大的宗教力量",无产者应成为"新宗教的代表"。马·高尔基曾一度追随造神派。列宁在《唯物主义和经验批判主义》一书以及1908年2—4月、1913年11—12月间给高尔基的信(见本卷和本版全集第45、46卷)中揭露了造神说的反马克思主义本质。——8。

10 看来是指弗·梅林给马克思和恩格斯发表在《新莱茵报》和《新莱茵报。政治经济评论》上的文章所写的注释(见《马克思和恩格斯在德国革命时代(1848—1850年)》文集1926年俄文版第3—86、287—289、293—307、511—512页)。梅林在1902年(即过50多年以后)注释马克思和恩格斯的这些文章时,指出其中的一些论点没有得到历史的证实。例如他说:"1850年2月,马克思和恩格斯曾预料巴黎无产阶级会举行起义,或者反动的东方大国会侵犯法国的首都,1850年4月,他们曾预料新的商业危机会到来,这两次他们都大错特错了。"——8。

11 指弗·伊·涅夫斯基的《辩证唯物主义和僵死反动派的哲学》一文(见本卷《附录》)。这篇文章是涅夫斯基受列宁委托而写的,曾作为附录载入《唯物主义和经验批判主义》一书第2版(1920年)。《列宁全集》俄文第2、3版第13卷《附录》也收载了此文,但《列宁全集》俄文第4版和第5版均未收载。涅夫斯基当时是斯维尔德洛夫共产主义大学校长。——11。

12 "无产阶级文化"是亚·亚·波格丹诺夫早在1909年提出的一种错误理论,基本主张是无产阶级必须创造一种和旧文化完全对立的"自己的"文化,首先是"自己的"哲学。这一理论,波格丹诺夫及其拥护者曾在意大利的卡普里岛(1909年)和博洛尼亚(1910—1911年)为俄国工人开办的学校里加以散布。十月社会主义革命胜利后,波格丹诺夫及其拥护者继续鼓吹这种观点,并通过无产阶级文化协会的活动加以贯彻。他们否认以往的文化遗产的意义,企图通过脱离实际生活的"实验室的道路"来创造"纯粹无产阶级的"文化。波格丹诺夫口头上承认马克思主义,实际上鼓吹马赫主义这种主观唯心主义哲学。列宁在《关于无产阶级文化》(见本版全集第39卷)等著作中批判了无产阶级文化派的错误。——11。

13 实证论是19世纪30年代产生于法国的哲学流派,是对18世纪法国唯物主义和无神论的反动。实证论者自命为"科学的哲学家",只承认"实证的"、"确实的"事实,实际是只承认主观经验,认为科学只是主观经验的描写。实证论的创始人奥·孔德把实证论等同于科学的思维,而科学思维的任务,在他看来,就是描述和简化经验材料的联系。孔德反对神学,但同时又认为必须有"新的宗教"。他把所有承认客观现实的存在和可知性的理论都宣布为"形而上学",企图证明实证论既"高于"唯物主义也"高于"唯心主义。实证论在英国传播甚广,其主要代表人物是约·斯·穆勒和赫·斯宾塞。穆勒的著作突出地表现了实证论哲学的经验主义,表现了这一哲学拒绝对现实作哲学的解释。斯宾塞用大量自然科学材料来论证实证论。他认为进化是万物的最高法则,但他形而上学地理解进化,否认自然和社会中质的飞跃的可能性,认为进化的目标是确立普遍的"力量均衡"。在社会学方面斯宾塞主张"社会有机体论",宣称各个社会集团类似生物机体的不同器官,各自担任严格规定的职能,而为社会的不平等作辩护。在19世纪下半叶,实证论在欧洲其他国家和美洲也相当流行。

恩·马赫和理·阿芬那留斯的经验批判主义是实证论的进一步发展。马赫主义者同早期实证论者有所不同的是更露骨地宣扬主观唯心主义。他们的共同点是反对唯物主义,主张一种"摆脱了形而上学"(即摆脱了唯物主义)的"纯粹经验"的哲学。

20世纪20年代产生的新实证论是实证论发展的新阶段。新实证论宣称哲学的基本问题是"妄命题",而哲学科学的任务只是对科学语言作"句法的"和"语义的"分析。——13。

14　新康德主义是在复活康德哲学的口号下宣扬主观唯心主义的资产阶级哲学流派,19世纪中叶产生于德国。创始人是奥·李普曼和弗·阿·朗格等人。1865年李普曼出版了《康德及其追随者》一书。该书每一章都以"回到康德那里去!"的口号结束。他还提出要纠正康德承认"自在之物"这一"根本错误"。朗格则企图用生理学来论证不可知论。新康德主义后来形成两大学派:马堡学派(赫·柯亨、保·格·纳托尔普等)和弗赖堡学派(威·文德尔班、亨·李凯尔特等)。前者企图利用自然科学的成就,特别是利用数学方法向物理学的渗透,来论证唯心主义;后者则把社会科学与自然科学对立起来,宣称历史现象有严格的独特性,不受任何规律性的支配。两个学派都用科学的逻辑根据问题来取代哲学的基本问题。新康德主义者从右边批判康德,宣布"自在之物"是认识所趋向的"极限概念"。他们否认物质世界的客观存在,认为认识的对象并不是自然界和社会的规律性,而仅仅是意识的现象。新康德主义的不可知论不是"羞羞答答的唯物主义",而是唯心主义的变种,断言科学没有力量认识和改变现实。新康德主义者公开反对马克思主义,用"伦理社会主义"对抗马克思主义。他们依据自己的认识论,宣布社会主义是人类竭力追求但不可能达到的"道德理想"。新康德主义曾被爱·伯恩施坦、康·施米特等人利用来修正马克思主义。俄国的合法马克思主义者企图把新康德主义同马克思主义结合起来。格·瓦·普列汉诺夫、保·拉法格和弗·梅林都批判对马克思主义所作的新康德主义的修正。列宁揭露了新康德主义的实质并指出了它同其他资产阶级哲学流派(内在论者、马赫主义、实用主义等等)的联系。——25。

15 《新时代》杂志(«Die Neue Zeit»)是德国社会民主党的理论刊物,1883—1923年在斯图加特出版。1890年10月前为月刊,后改为周刊。1917年10月以前编辑为卡·考茨基,以后为亨·库诺。1885—1895年间,杂志发表过马克思和恩格斯的一些文章。恩格斯经常关心编辑部的工作,帮助它端正办刊方向。为杂志撰过稿的还有威·李卜克内西、保·拉法格、格·瓦·普列汉诺夫、罗·卢森堡、弗·梅林等国际工人运动活动家。《新时代》杂志在介绍马克思主义基本理论、宣传俄国1905—1907年革命等方面做了有益的工作。随着考茨基转到机会主义立场,1910年以后,《新时代》杂志成了中派分子的刊物。第一次世界大战期间,杂志持中派立场,实际上支持社会沙文主义者。——25。

16 百科全书派是18世纪法国的一批启蒙思想家,因出版《百科全书》(全称是《百科全书或科学、艺术和工艺详解词典》,共35卷,1751—1780年出版)而得名。德·狄德罗是该派的组织者和领导者,让·勒·达兰贝尔是狄德罗的最亲密的助手。保·昂·迪·霍尔巴赫、克·阿·爱尔维修、伏尔泰等积极参加了《百科全书》的出版工作。让·雅·卢梭参与了头几卷的编纂。《百科全书》的撰稿人包括各个知识领域的专家,其中有博物学家乔·路·勒·布丰和路·让·玛·多邦通,经济学家安·罗·雅·杜尔哥和弗·魁奈,工程师布朗热,医生保·约·巴尔泰斯,林学家勒鲁瓦,诗人和哲学家让·弗·圣朗贝尔等。这些人尽管在学术上和政治上持有不同的观点,但都坚决反对封建主义、教会、经院哲学以及封建等级制度,而积极反对唯心主义哲学的唯物主义者在他们中间起着主导作用。他们是革命资产阶级的思想家,为18世纪末法国资产阶级革命作了思想准备。恩格斯指出:"法国的唯物主义者并不是只批判宗教信仰问题;他们批判了当时的每一个科学传统或政治体制;为了证明他们的学说可以普遍应用,他们选择了最简便的方法:在他们由以得名的巨著《百科全书》中,他们大胆地把这一学说应用于所有的知识对象。这样,唯物主义就以其两种形式中的这种或那种形式——公开的唯物主义或自然神论,成为法国一切有教养的青年信奉的教义。"(见《马克思恩格斯文集》第3卷第514页)——27。

17 《新经院哲学评论》杂志(《Revue Néo-Scolastique》)是一种神学哲学刊物,1894年由比利时天主教的高等哲学学院在卢万创办,首任编辑是枢机主教德·约·梅西耶。1946年起改名为《卢万哲学评论》。——42。

18 《斗争》杂志(《Der Kampf»)是奥地利社会民主党的机关刊物(月刊),1907—1934年在维也纳出版。该杂志持机会主义的中派立场。担任过该杂志编辑的有:奥·鲍威尔、阿·布劳恩、卡·伦纳、弗·阿德勒等。——47。

19 《国际社会主义评论》杂志(《The International Socialist Review»)是美国社会党人的刊物(月刊),在芝加哥出版。——47。

20 《科学的哲学季刊》(《Vierteljahrsschrift für wissenschaftliche Philosophie»)是经验批判主义者(马赫主义者)的杂志,1876—1916年在莱比锡出版(1902年起改名为《科学的哲学和社会学季刊》)。理·阿芬那留斯是该杂志的创办者和编辑。1896年阿芬那留斯逝世后,由恩·马赫协助出版。杂志的撰稿人有威·冯特、阿·黎尔、威·舒佩等。

列宁对该杂志的评价,见本卷第331页。——51。

21 斯宾诺莎主义是 17 世纪荷兰唯物主义哲学家巴·斯宾诺莎的理论体系。斯宾诺莎认为，世上万物都是统一的无所不包的实体的表现（样态）。这种实体在时间上是永恒的，在空间上是无限的。它是自身原因，等同于"神或自然界"。实体的本质通过无数的质即属性表现出来，其中最重要的属性是广延性和思维。因果性是自然界各个现象相互联系的形式，是各个物体的直接相互作用，而各个物体的始因是实体。实体的一切样态，包括人在内，其活动完全是必然的。由于思维是普遍实体的属性之一，因此观念的联系和秩序同事物的联系和秩序在原则上是相同的，人认识世界的可能性是无限的。他认为认识有三种形式，即感性认识、知性认识和理性直觉认识，其中最可靠的是理性直觉认识。他还认为人的自由就在于对自然界的必然性和自己心灵的激情的认识。

斯宾诺莎主义不仅是唯物主义的也是无神论的一种形式。但是它把自然界等同于神，从而对神学作出了让步。它的唯物主义带有机械论的性质。斯宾诺莎主义的局限性是由当时的知识水平和荷兰资产阶级的局限性所决定的。后来，围绕着斯宾诺莎的哲学遗产展开了激烈的思想斗争，这一斗争延续到今天。唯心主义哲学力图歪曲斯宾诺莎主义的唯物主义实质。——56。

22 《哲学研究》杂志(《Philosophische Studien》)是德国唯心主义派别的刊物，主要研究心理学问题。1881—1903 年由威·麦·冯特在莱比锡出版。1905 年起改名为《心理学研究》杂志。——56。

23 彼特鲁什卡是俄国作家尼·瓦·果戈理的小说《死魂灵》中的主角乞乞科夫的跟丁。他爱看书，但不想了解书的内容，只对字母总会拼出字来感兴趣。——56。

24 出自俄国作家伊·安·克雷洛夫的寓言《山雀》。寓言说，山雀飞到海边，扬言要把大海烧干。山雀的吹牛，惹得满城风雨；大家纷纷来到海边，眼巴巴地看大海怎样燃烧起来。但是结果什么也没有发生。——59。

25　《思想》杂志(《Mind》)是英国的唯心主义派别的刊物(月刊),研究哲学
　　　和心理学问题,1876年起先后在伦敦和爱丁堡出版。该杂志的第一任
　　　编辑是罗伯逊教授。——66。

26　从列宁1908年12月6日(19日)给安·伊·乌里扬诺娃-叶利扎罗娃
　　　的信里可以看出,此处在手稿中原为"卢那察尔斯基甚至'设想出了'一
　　　个神",为了应付书报检查,根据列宁的意见而改得缓和了一些(见本版
　　　全集第53卷第176号文献)。——74。

27　第二纪是地质年表里的中生代的旧称。第二纪前面是初始纪,现称古
　　　生代;后面是第三纪、第四纪,这两个术语现仍使用。——79。

28　出自俄国作家伊·安·克雷洛夫的寓言《小老鼠和大老鼠》。寓言说,
　　　有一天小老鼠听说狮子把猫逮住了,就兴高采烈地跑去告诉大老鼠。
　　　大老鼠说:"你先别忙高兴,免得一场空欢喜! 要是它们两个真动起爪
　　　子来,狮子肯定活不了。要知道:没有比猫更凶的野兽了!"——83。

29　指俄国作家伊·谢·屠格涅夫在他的散文诗《处世之道》(1878年)里
　　　刻画的那个老奸巨猾之徒。此人的处世哲学是:如果你想加害对方,那
　　　你就"斥责对方具有你感到自己身上存在的那种缺点或恶行。你要显
　　　得义愤填膺……并且痛加斥责"。——85。

30　《系统哲学文库》(《Archiv für systematische Philosophie》)是德国的唯
　　　心主义派别的杂志《哲学文库》(见注68)的两个独立的分刊之一,
　　　1895—1931年在柏林出版,第一任编辑是保·格·纳托尔普。1925
　　　年起改名为《系统哲学和社会学文库》。该杂志用德文、法文、英文和意
　　　大利文刊载各国哲学思想代表人物的文章。——92。

31　《康德研究》杂志(《Kantstudien》)是德国新康德主义者的刊物,由汉·
　　　费英格创办,1897—1944年先后在汉堡、柏林、科隆出版(有间断),
　　　1954年复刊。解释和研究康德哲学著作的文章在该杂志上占有大量
　　　篇幅。新康德主义者和其他唯心主义派别的代表人物都给这个杂志撰
　　　稿。——92。

32　《自然》杂志即《自然。每周科学画报》(《Nature. A Weekly Illustrated Journal of Science》)，是英国的一家自然科学刊物，1869 年起在伦敦出版。——93。

33　根据列宁书信可以证明，手稿上是"**较诚实的论敌**"。在《唯物主义和经验批判主义》第 1 版准备付印时，安·伊·乌里扬诺娃-叶利扎罗娃把这几个字改做"**较有原则的论敌**"。列宁不赞成这样改，他在 1909 年 2 月 27 日(3 月 12 日)写信给姐姐说："凡是斥责波格丹诺夫、**卢那察尔斯基**一伙的地方，**请丝毫**也不要缓和。缓和是不行的。很遗憾，你把切尔诺夫同他们比起来是一个'较诚实的'论敌这句话勾掉了。这样语气就变了，同我的谴责的整个精神不符。关键问题在于：我们的马赫主义者都是马克思主义哲学方面的**不诚实的**、卑怯的敌人。"(见本版全集第 53 卷第 184 号文献)——95。

34　伏罗希洛夫是俄国作家伊·谢·屠格涅夫的长篇小说《烟》中的人物，是自诩渊博的书呆子和空谈家的典型。列宁在《土地问题和"马克思的批评家"》一文里用这个形象来嘲笑维·米·切尔诺夫(见本版全集第 5 卷第 129—130 页)。——98。

35　茜素是一种红色有机染料，原先是从茜草根中提取的。1868 年，德国化学家卡·格雷贝和卡·泰·李卜曼用化学方法取得了茜素。1869 年 1 月 11 日，他们在德国化学学会会议上宣读了人工合成茜素的报告。人工合成茜素的原料是蒽醌。蒽醌由蒽经硝酸、铬酸或空气氧化而成。蒽含于煤焦油中，在 270℃—400℃ 的温度下可以分解出来。——99。

36　《短篇哲学著作集》是约·狄慈根的一个文集，1903 年由狄茨出版社在斯图加特出版。文集收入狄慈根 1870—1878 年发表在德国《人民国家报》和《前进报》上的 7 篇文章以及他在 1887 年出版的一本小册子《一个社会主义者在认识论领域中的漫游》。

　　列宁在《短篇哲学著作集》一书上作了许多批注，其中很大一部分是在写作《唯物主义和经验批判主义》期间作的(见本版全集第 55 卷)。

——120。

37 怀疑论是对客观世界和客观真理是否存在和能否认识表示怀疑的唯心主义哲学派别。怀疑论作为一个独立的哲学流派产生于公元前4—前3世纪古希腊奴隶制发生危机的时代，创始人是皮浪，最著名的代表是埃奈西德穆和塞克斯都·恩披里柯。古代怀疑论者从感觉论的前提出发，得出不可知论的结论。他们把感觉的主观性绝对化，认为人不能超出他自己的感觉范围，不能确定哪一种感觉是真的。他们宣称，对每一事物都可以有两种互相排斥的意见，即肯定和否定，因而我们关于事物的知识是不可靠的。他们要人们拒绝认识，对事物漠不关心，说这样就可以从怀疑中解脱出来，达到心灵恬静即"无感"的境界。

在文艺复兴时代，法国哲学家米·蒙台涅、皮·沙朗和皮·培尔曾利用怀疑论来反对中世纪的经院哲学和教会。照马克思的说法，培尔"用怀疑论摧毁了形而上学，从而为在法国接受唯物主义和合乎健全理智的哲学作了准备"，并宣告"**无神论社会**的来临"（见《马克思恩格斯文集》第1卷第330页）。相反，法国哲学家和数学家布·帕斯卡却用怀疑论反对理性认识，维护基督教。

18世纪，怀疑论在大卫·休谟和伊·康德的不可知论中得到复活，戈·恩·舒尔采则试图使古代怀疑论现代化。新怀疑论十分明确地声称达到科学认识是不可能的。马赫主义者、新康德主义者和19世纪中至20世纪初的其他唯心主义哲学流派都利用怀疑论的论据。——131。

38 伊壁鸠鲁主义是公元前4—前3世纪古希腊唯物主义哲学家伊壁鸠鲁及其门徒的学说。伊壁鸠鲁把哲学分为物理学、准则学（关于认识的学说）和伦理学。物理学的出发点是承认世界的物质统一性。伊壁鸠鲁发展了德谟克利特的原子说，认为自然界中只存在原子和虚空。原子不仅在大小和形状上有差异，而且在重量上也不相同。原子由于自身的重量而产生运动。原子在虚空中的运动形式是直线下降，但由于自身内部的原因而发生偏斜，因而发生原子的互相碰撞和粘附，这就是物质形成的开端。伊壁鸠鲁曾提出灵魂物质性的学说，认为灵魂是"散布在整个机体上的极薄的物体"。

伊壁鸠鲁在认识论上是唯物主义感觉论者。他继承和发展了德谟克利特的影像说,认为发自物体的极其细微的影像通过感觉器官而进入人的心灵,"一切感官都是真理的报道者";"概念依赖于感性知觉",是感觉多次重复的结果。他还认为感性知觉本身就是真理的标准,而谬误的根源则在于个别感觉的偶然性,或者过于匆忙地下判断。

伊壁鸠鲁认为哲学的目的是追求人的幸福,使人摆脱痛苦,得到快乐。但所谓快乐并不是指"放荡者的快乐或肉体享受的快乐",而是指"身体的无痛苦和灵魂的无纷扰"。他用原子论唯物主义的原理证明,人不应当对神和死亡恐惧。这种思想带有无神论的性质。——131。

39 这里说的是上帝创造世界的神话,见圣经《旧约全书。创世记》第1—2章。——132。

40 指马克思的《关于费尔巴哈的提纲》(1845年),恩格斯的《路德维希·费尔巴哈和德国古典哲学的终结》(1888年)和《〈社会主义从空想到科学的发展〉英文版导言》(1892年)(见《马克思恩格斯文集》第1卷第499—502页,第4卷第261—313页,第3卷第499—522页)。——139。

41 指英国庸俗经济学家纳·威·西尼耳为反对缩短工作日而编造的"理论"。他在《关于工厂法对棉纺织业的影响的书信》(1837年伦敦版)这本小册子中声称,工厂的全部纯利润是由最后一小时提供的;劳动时间每天缩短1小时,纯利润就会消失。马克思在《资本论》中批判了西尼耳的这种谬论(见《马克思恩格斯文集》第5卷第258—265页)。——140。

42 指弗·亚·巴扎罗夫在《现代的神秘主义和实在论》一文中提出的论点:"马赫、阿芬那留斯和其他许多人用来作为认识论基础的'费力最小'原则……无疑是认识论中的'马克思主义'倾向。在这点上,完全不是马克思主义者的马赫和阿芬那留斯比真正的马克思主义者格·瓦·普列汉诺夫的获生的跳跃的认识论更靠近马克思。"(见《关于马克思主义哲学的论丛》1908 年俄文版第 69 页）——143。

43　《哲学评论》杂志（《Revue de Philosophie»）是法国的唯心主义刊物,由佩奥布创办,1900—1939 年在巴黎出版。——152。

44　康康舞是 19 世纪 30 年代出现在法国巴黎的大众舞会上的一种轻快低俗的舞蹈,后来流行于咖啡馆舞厅。20 世纪初该舞曲的明快节奏被搬上了某些歌剧。——156。

45　《自然哲学年鉴》（《Annalen der Naturphilosophie»）是德国的实证论派别的杂志,1901—1921 年由威·弗·奥斯特瓦尔德在莱比锡出版,撰稿人中有恩·马赫、保·福尔克曼、哈·赫夫丁等。——169。

46　契玛拉是希腊神话中的一只狮头、羊身、蛇尾的怪兽。它口喷烈焰,形状丑陋可怕,经常从山洞里出来攫食人兽,烧毁庄稼,后为希腊英雄柏勒洛丰杀死。契玛拉常被人们用来比喻奇怪的、非现实的东西,或荒诞不经、不切实际的幻想。——171。

47　这里是借用法国作家让·巴·莫里哀的喜剧《不得已的医生》中的一句台词。在该剧中,一个樵夫冒充医生给财主女儿治病,竟把心脏和肝脏的位置说颠倒了。在事情败露之后,他又说什么"以前确是心在左面,肝在右面,不过我们把这一切都改了"。——171。

48　为了显示自己了不起一语出自俄国作家伊·谢·屠格涅夫的长篇小说《父与子》。小说主人公——俄国 19 世纪 60 年代的民主主义知识分子巴扎罗夫痛恨贵族的风尚和习俗。他戳穿了贵族富媚阿金佐娃夫人的虚伪做作,指出她对她根本瞧不起的贵族姨妈——一个地位很高的贵族老处女——礼数周到,殷勤备至,只是要抬高自己的身价,"为了显示自己了不起"。——173。

49　《自然科学》杂志（«Natural Science»）是一种评述科学新进展的刊物（月刊）,1892—1899 年在伦敦出版。——188。

50　《哲学评论》杂志（«The Philosophical Review»）是美国唯心主义派别的

刊物(双月刊),由舒尔曼创办,1892 年起出版。——189。

51　在《唯物主义和经验批判主义》第 1 版里,此处印的是:"引起的不仅是
微笑。"列宁在 1909 年 3 月 8 日(21 日)给姐姐安·伊·乌里扬诺娃-叶
利扎罗娃的信中指出此处应为:引起的"不是微笑,而是憎恶",并要求
务必把这一点列入勘误表(见本版全集第 53 卷第 185 号文献)。此书
第 1 版所附的《重要勘误表》包括了这一更正。——193。

52　社会学中的主观方法是一种反科学的唯心主义的历史研究方法。这种
方法否定社会发展的客观规律性,把历史归结为"杰出人物"的任意活
动。19 世纪 30—40 年代,社会学中的主观主义学派的代表人物是德
国青年黑格尔派的布·鲍威尔、大·施特劳斯、麦·施蒂纳等人。他们
把人民说成是"没有批判能力的群氓",只能盲目追随"有批判头脑的个
人"。马克思和恩格斯在《神圣家族》《德意志意识形态》等著作中深刻
而全面地批判了青年黑格尔派的观点。在 19 世纪下半叶的俄国,社会
学中的主观方法的代表是彼·拉·拉甫罗夫和自由主义民粹派尼·
康·米海洛夫斯基等人。列宁在《什么是"人民之友"以及他们如何攻
击社会民主党人?》(见本版全集第 1 卷)一文中批判了民粹派的主观社
会学。——197。

53　立宪民主党人是俄国自由主义君主派资产阶级的主要政党立宪民主党
的成员。立宪民主党(正式名称为人民自由党)于 1905 年 10 月成立。
中央委员中多数是资产阶级知识分子、地方自治人士和自由派地主。
主要活动家有帕·尼·米留可夫、谢·安·穆罗姆采夫、瓦·阿·马克
拉柯夫、安·伊·盛加略夫、彼·伯·司徒卢威、约·弗·盖森等。立
宪民主党提出一条与革命道路相对抗的和平的宪政发展道路,主张俄
国实行立宪君主制和资产阶级的自由。在土地问题上,主张将国家、皇
室、皇族和寺院的土地分给无地和少地的农民;私有土地部分地转让,
并且按"公平"价格给予补偿;解决土地问题的土地委员会由同等数量
的地主和农民组成,并由官员充当他们之间的调解人。1906 年春,曾
同政府进行参加内阁的秘密谈判,后来在国家杜马中自命为"负责任的
反对派"。第一次世界大战期间,支持沙皇政府的掠夺政策,曾同十月

党等反动政党组成"进步同盟",要求成立责任内阁,即为资产阶级和地
主所信任的政府,力图阻止革命并把战争进行到最后胜利。二月革命
后,立宪民主党在资产阶级临时政府中居于领导地位,竭力阻挠土地问
题、民族问题等基本问题的解决,并奉行继续帝国主义战争的政策。七
月事变后,支持科尔尼洛夫叛乱,阴谋建立军事独裁。十月革命胜利
后,苏维埃政府于1917年11月28日(12月11日)宣布立宪民主党为
"人民公敌的党"。该党随之转入地下,继续进行反革命活动,并参与白
卫将军的武装叛乱。国内战争结束后,该党上层分子大多数逃亡国外。
1921年5月,该党在巴黎召开代表大会时分裂,作为统一的党不复存
在。——205。

54 指19世纪70年代后半期在德国社会民主党内形成的机会主义思潮,
其主要代表是卡·赫希柏格、爱·伯恩施坦和卡·奥·施拉姆,他们都
受杜林思想的影响。伯恩施坦和路·菲勒克、约·莫斯特等人一起在
德国社会民主党的队伍中积极散布欧·杜林的折中主义观点。赫希柏
格号召把社会主义变成为以"正义感"为基础的"全人类的"运动,既包
括被压迫者,也包括"上层阶级"的代表。菲勒克在柏林倡议建立了"摩
尔俱乐部",在该俱乐部中杜林思想占支配地位,其宗旨是吸引"有教养
的人"接受"社会主义",争取工人同资产阶级实行阶级合作。在1878
年反社会党人非常法实施后,"摩尔俱乐部"的领导人转移到了苏黎世。
在苏黎世创办德国社会民主党中央机关报的问题上,特别明显地表现
了赫希柏格集团的机会主义性质。他们认为报纸不应贯彻执行党的政
策,而只应进行社会主义理想的抽象宣传。

　　1879年7月,赫希柏格编的《社会科学和社会政治年鉴》杂志刊登
了《德国社会主义运动的回顾。评论箴言》一文,作者是赫希柏格、施拉
姆和伯恩施坦("三个苏黎世人")。他们在文章中指责党由于攻击资产
阶级而招来了非常法,要求党同资产阶级结成联盟并服从资产阶级,认
为工人阶级不能靠自己的力量解放自己。马克思和恩格斯发表了著名
的《通告信》,对他们进行了严厉批评(见《马克思恩格斯文集》第3卷第
477—485页)。1880年8月,德国社会民主党在瑞士召开第一次秘密
代表会议,决定撤销"三个苏黎世人"担任的党报编辑职务。赫希柏格

和施拉姆后来退出了工人运动。伯恩施坦则暂时停止宣传机会主义，并成为德国社会民主党的领袖之一。1895年恩格斯逝世后不久，伯恩施坦便公开修正马克思主义。他提出的"运动就是一切，最终目的算不了什么"这一机会主义口号，实际上是1879年那篇文章的基本论点的进一步发展。——210。

55　《社会主义者报》(《Le Socialiste》)是法国报纸(周报)，1885年由茹·盖得在巴黎创办。最初是法国工人党的机关报。1902—1905年是法兰西社会党的机关报，1905年起成为法国社会党的机关报。该报刊载过马克思和恩格斯的一些著作摘录，19世纪末—20世纪初发表过法国和国际工人运动的著名活动家(保·拉法格、威·李卜克内西、克·蔡特金、格·瓦·普列汉诺夫等人)的文章和书信。1915年停刊。——211。

56　指恩格斯的《路德维希·费尔巴哈和德国古典哲学的终结》(1888年)和《〈社会主义从空想到科学的发展〉英文版导言》(1892年)(见《马克思恩格斯文集》第4卷第261—313页，第3卷第499—522页)。——213。

57　《内在论哲学杂志》(《Zeitschrift für immanente Philosophie》)是德国的哲学刊物，1895—1900年在柏林出版。该杂志的编辑是M.考夫曼。积极参加该杂志工作的有威·舒佩和理·舒伯特-索尔登。——219。

58　《哲学年鉴》(《L' Année Philosophique》)是法国"新批判主义者"的机关刊物，1890—1913年在巴黎出版，编辑是弗·毕雍。——220。

59　这里是借用俄国作家米·叶·萨尔蒂科夫-谢德林嘲讽自由派人士的话。宪法是俄国自由派挂在嘴边的一句高调。姜汁鲟鱼是俄国上层社会享用的一种名贵菜肴。萨尔蒂科夫-谢德林在《文明人》这部作品中刻画一个自由派人士，说他不知要宪法好，还是要姜汁鲟鱼好。——220。

60　秘密检查室是沙皇政府的秘密邮检机构，设于邮政机关内，专司暗中检查"可疑分子"的信件。沙皇政府大臣会议主席彼·阿·斯托雷平曾在一个声明中公然否认这一机构的存在。——229。

61 诺兹德列夫是俄国作家尼·瓦·果戈理的小说《死魂灵》中的一个惯于信口开河、吹牛撒谎的无赖地主。当他的谎言被当面揭穿时,他也满不在乎,我行我素。——233。

62 《哲学评论》杂志即《法国和外国哲学评论》杂志(«Revue philosophique de la France et de l'étranger»),是法国心理学家泰·阿·里博创办的刊物,1876年起在巴黎出版。——233。

63 《一元论者》杂志(«The Monist»)是美国的唯心主义派别的哲学刊物,1890—1936年在芝加哥出版。——234。

64 《公开论坛》杂志(«The Open Court»)是宗教刊物,1887—1936年在芝加哥出版。——234。

65 耶稣会士即耶稣会的会员。耶稣会是天主教修会之一,是天主教内反对宗教改革运动的主要集团。1534年由西班牙人依纳爵·罗耀拉创立于巴黎,1540年获罗马教皇保罗三世批准。——240。

66 可怕的报复是俄国作家尼·瓦·果戈理的一篇小说的篇名。小说中说的是哥萨克英雄丹尼洛·布鲁尔巴施阴魂报仇的故事。"可怕的报复"一语后来被人们广泛使用,但多带有讽刺和戏谑意味。——241。

67 格·瓦·普列汉诺夫的"象形文字"的错误说法是他在1892年为恩格斯的《路德维希·费尔巴哈和德国古典哲学的终结》一书俄译本写的注释中提出的。他在注释中说:"我们的感觉是把现实界发生的事情告诉我们的特种象形文字。象形文字不同于它们所传达的那些事件。但是,它们能够**完全正确地**传达事件本身以及它们之间的关系(而且后者是主要的)。"(见《普列汉诺夫哲学著作选集》1961年三联书店版第1卷第560页)1905年,普列汉诺夫给恩格斯这部著作俄译本第2版加注时承认自己在给第1版加的注释中有一些表达"不完全确切"的地方

（同上书,第 586 页）。——243。

68　《哲学文库》(《Archiv für Philosophie》)是德国唯心主义派别的哲学杂
志,新康德主义者和马赫主义者的刊物。1895—1931 年以两个分刊同
时在柏林出版:一个是路·施泰因编辑的《哲学史文库》;另一个是保·
格·纳托尔普编辑的《系统哲学文库》。1925 年起该杂志改名为《哲学
和社会学文库》。——247。

69　此处是借用俄国作家伊·安·克雷洛夫的寓言《公鸡和珍珠》。寓言
说,一只公鸡在粪堆上发现一颗珍珠,但它不知道珍珠的价值,却说这
玩意儿还不如麦粒能填肚子。——254。

70　指帕·格·达乌盖给约·狄慈根的《哲学的成果》俄译本第 2 版所写的
一篇后记,标题为《格·普列汉诺夫和约·狄慈根》。——260。

71　伊万、西多尔、帕维尔以及第 362 页上的卡尔普、彼得都是泛指某人,意
思和汉语中的张三、李四相同。——261。

72　1895 年,德国物理学家威·孔·伦琴发现了一种能穿透普通光不能透
过的介质的短波电磁辐射,即 X 射线(也称伦琴射线)。
　　　1896 年,法国物理学家安·昂·柏克勒尔在研究不同荧光物体对
照相底片的作用时,发现铀盐能在黑暗中对照相底片发生作用。柏克
勒尔的进一步实验证明,这种作用是由一种不同于伦琴射线的新的辐
射引起的。这种射线被称为柏克勒尔射线。铀的放射性的发现是科学
实验中认识放射性的开端。
　　　1898 年,出生于波兰而在法国工作的物理学家居里夫人和她的丈
夫法国物理学家比·居里发现了钋和镭这两种天然放射性元素,其中
镭的射线比铀强 200 多万倍。
　　　X 射线、柏克勒尔射线和镭的发现奠定了原子物理学发展的基础。
——262。

73　这一发现是英国物理学家詹·克·麦克斯韦作出的。麦克斯韦在迈·
法拉第工作的基础上,总结了 19 世纪中叶以前对电磁现象的研究成

果,建立了电磁场的理论。依据这一理论,电磁场的变化是以光速传播的。1865年,麦克斯韦根据自己的研究,得出光的本质是电磁波的结论。1887年,德国物理学家亨·鲁·赫兹用实验证明了电磁波的存在,从而证实了麦克斯韦关于光是电磁波的结论。——263。

74 英国物理学家欧·卢瑟福和化学家弗·索迪在研究放射性的基础上于1902年秋提出了放射性元素的嬗变理论。按照这一理论,放射性原子是不稳定的,它们自发地放射出射线和能量,而衰变成另一种放射性原子,直至成为稳定的原子。英国化学家威·拉姆赛在1895年从钇铀矿中分离出氦,1903年又证明氦这种最轻的惰性气体是在镭的放射性衰变中不断放出的。1908年卢瑟福通过实验测出镭以及其他放射性元素放射出的α粒子有两个正电荷,是双重电离的氦原子。——263。

75 以太最早是古希腊哲学家设想的一种介质,是构成宇宙和天体的最高元素。17世纪,克·惠更斯在阐述光的波动说时又重新提出。当时认为,光是一种机械的弹性波,但由于光可以通过真空传播,所以必须假设存在着一种尚未经实验发现的介质,这种介质可借以传播光波,这就是以太。以太这一概念直到19世纪仍为人们所接受。到了20世纪初,随着相对论的建立和对场的进一步研究,以太成为过时的概念而不为采用。——263。

76 列宁在这里援引的法国物理学家昂·彭加勒对质量概念的论述是符合当时物理学发展水平的。随着电子的发现而来的电子理论的发展,使解释电子质量的性质有了可能。英国物理学家约·约·汤姆生曾提出一个假说,根据这个假说,电子自身的质量是由其电磁场的能量决定的(即电子的惯性有赖于场的惯性);于是引进了电子的电磁质量这一概念,这种质量依赖于电子运动的速度;而电子的力学质量,就像任何其他粒子的力学质量一样,被认为是不变的。研究电子电磁质量对速度依赖关系的实验本来应该发现力学质量的存在,但是瓦·考夫曼在1901—1902年进行的这种实验却意外地证明,电子的整个质量具有电磁的性质。由此得出了电子的力学质量消失的结论,而在以前力学质量被视为物质的不可分离的属性。这就成了种种所谓"物质在消失"的哲学思辨的根据。物理学的进一步发展（相对论）证明，力学质量也依赖于运动的速度，不能把电子的质量完全归结为电磁质量。——265。

77　《心理学年鉴》(«L'Année Psychologique»)是法国的一种心理学刊物，1895 年起在巴黎出版。它的出版者起初是阿·比纳，后来是昂·皮埃龙。——271。

78　这里说的是当时的原子结构概念，带有推测的性质。随着物理学的进步，以后人们对原子结构的认识有了很大的发展。1911 年，英国物理学家欧·卢瑟福根据用 α 粒子射击重金属箔的实验的结果，首次提出原子行星模型。按照这一模型，原子质量的大部分集中在一个带有正电荷的原子核中；每个原子有若干电子，其数量与其原子序数相等，这些电子沿圆形或椭圆形的轨道绕原子核运动，就像行星绕太阳运动那样。1913 年，丹麦物理学家尼·玻尔根据原子行星模型用经典运动规律和德国物理学家麦·卡·恩·路·普朗克的量子概念阐明了原子结构，提出了玻尔理论。按照这一理论，电子是循着许多分立的圆形轨道绕原子核运动的，在不同轨道上的电子各有确定的能量；当电子从外层轨道跳向内层轨道时便发射光子。后来电子沿轨道运动的概念被证明是不正确的，而为量子力学的几率分布概念所代替。依照这一概念，原子中的各个电子都处在各自的一定能量状态中；电子的能量愈大，它与核的平均距离就愈远；原子中的各个电子按其能量大小分布在不同距离的几个"壳层"中，而每一"壳层"容纳的电子数量是有限的。原子核则由核子（带正电的质子和不带电的中子）组成。根据现在的理解，正电子是电子的反粒子。它带的电量与电子相同，但符号相反。它的质量也与电子相同。正电子与电子相逢就发生湮灭而一起转变为两个光子。因此，在通常情况下正电子不能经久存在。正电子是英国物理学家保·狄拉克于 1928 年在理论上预言，而为美国物理学家卡·安德逊于 1932 年在宇宙射线实验中发现的。——272。

79　《科学总评》杂志即《理论科学和实用科学总评》杂志(«Revue générale des sciences pures et appliquées»)，是法国的自然科学刊物（双周刊），1890 年起在巴黎出版。创办者是路·奥利维耶。——273。

80 这里是指力学质量。在经典物理学中,它被认为是物质的永恒不变的特性。关于质量概念的变化,参看注76。——273。

81 指经济派分子弗·彼·阿基莫夫在俄国社会民主工党第二次代表大会第9次会议(1903年7月22日(8月4日))上的发言。阿基莫夫在发言中批评《火星报》编辑部提出的党纲草案说:在讲党的任务的段落里"党和无产阶级这两个概念是完全分离和对立的,前者是积极活动的主体,后者则是党施加影响的消极人群。因此在草案的句子中党一词总是以主语出现,而无产阶级一词则以补语出现。"(见《俄国社会民主工党第二次代表大会。记录》1959年俄文版第127页)阿基莫夫认为,这就表现出了一种使党脱离无产阶级利益的倾向。——283。

82 新活力论是生物学中的一个唯心主义流派,产生于19世纪末,代表人物有汉·杜里舒、雅·冯·克斯屈尔、威·鲁等。新活力论者反对达尔文主义,复活活力论的反科学观点,企图用非物质的因素("活力"、"隐德来希"等)的作用来解释生命现象和生物机体的合目的性,从而把生物界和非生物界截然分割开来。——289。

83 这里是借用亚·谢·格里鲍耶陀夫的喜剧《智慧的痛苦》中的话。在该剧中,追求功名利禄的小官吏莫尔恰林建议有进步思想的贵族青年恰茨基留在莫斯科,谋一个官职,以此作为营私和享乐的手段。恰茨基回答说:"当我工作时,就把行乐的事收起;当我嬉戏时,就一心嬉戏;很多人爱把这二者混为一谈,我可不是这样的人。"——300。

84 一方面不能不承认,另一方面必须承认是俄国作家米·叶·萨尔蒂科夫-谢德林嘲笑自由派在政治上的无原则态度的讽刺性用语,见于他的作品《外省人旅京日记》和《葬礼》。——310。

85 《哲学和心理学问题》杂志(《Вопросы Философии и Психологии》)是俄国唯心主义派别的刊物,1889年11月—1918年4月在莫斯科出版。该杂志由尼·雅·格罗特教授创办;1894年起由莫斯科心理学会出版,列·米·洛帕廷任编辑。该杂志刊载哲学、心理学、逻辑学、伦理

学、美学方面的文章及其他材料。在 90 年代,合法马克思主义者彼·
伯·司徒卢威和谢·尼·布尔加柯夫参加过该杂志的工作;在斯托雷
平年代,亚·亚·波格丹诺夫及其他马赫主义者也为该杂志撰过稿。
——313。

86 俄罗斯人民同盟是俄国黑帮组织,于 1905 年 10 月在彼得堡成立。该
组织联合城市小资产阶级的代表、地主、部分知识界和宗教界人士、城
市无业游民、一部分富农以及某些工人和农民,创始人为亚·伊·杜勃
洛文、弗·安·格林格穆特、弗·米·普利什凯维奇等。1905 年 12 月
23 日(1906 年 1 月 5 日),沙皇尼古拉二世接见同盟代表团,接受了同
盟成员的称号和徽章。同盟纲领以维护俄国的统一和不可分、保持专
制制度、沙皇和人民通过咨议性的国民代表会议取得一致、大国沙文主
义、反犹太主义等为基本内容,同时也包含一些蛊惑性的条文,如批评
官僚制、保持村社土地所有制、各等级权利平等、国家为工人提供保险
等。同盟的中央机构是由 12 人组成的总委员会,设在彼得堡。全国各
城市、村镇所设的同盟分部在 1905—1907 年间达 900 个。同盟的主要
机关报是《俄国旗帜报》。同盟通过宣传鼓动几次掀起俄国反犹太人大
暴行的浪潮,同时也进行个人恐怖活动。它刺杀了第一届国家杜马代
表米·雅·赫尔岑施坦、格·波·约洛斯,并两次对谢·尤·维特行
刺。第二届国家杜马解散后,同盟于 1908—1910 年分裂为米迦勒天使
长同盟、俄罗斯人民同盟、彼得堡全俄杜勃洛文俄罗斯人民同盟等几个
互相敌对的组织。1917 年二月革命后同其他黑帮组织一起被取缔。
——313。

87 老年黑格尔派又称右翼黑格尔派,是 19 世纪 30—40 年代黑格尔学派
解体后形成的派别之一,代表人物是格·安·加布勒、海·欣里克斯、
卡·罗生克兰茨等。老年黑格尔派在哲学上承袭了黑格尔的唯心主义
体系,抛弃了他的辩证法,利用他关于宗教和哲学同一的论点,把黑格
尔哲学解释为神学的唯理论形式;在政治上拥护封建等级制度,把普鲁
士王国看做是"世界理性"的体现,反对资产阶级提出的关于信仰自由
和政教分立的民主要求。——324。

88　《俄国财富》杂志(《Русское Богатство》)是俄国科学、文学和政治刊物。1876 年创办于莫斯科,同年年中迁至彼得堡。1879 年以前为旬刊,以后为月刊。1879 年起成为自由主义民粹派的刊物。1892 年以后由尼·康·米海洛夫斯基和弗·加·柯罗连科领导,成为自由主义民粹派的中心,在其周围聚集了一批政论家,他们后来成为社会革命党、人民社会党和历届国家杜马中的劳动派的著名成员。在 1893 以后的几年中,曾同马克思主义者展开理论上的争论。为该杂志撰稿的也有一些现实主义作家。1906 年成为人民社会党的机关刊物。1914 年至 1917 年 3 月以《俄国纪事》为刊名出版。1918 年被查封。——328。

89　弗·布莱是理·阿芬那留斯的学生,他在文章里多处使用了阿芬那留斯的术语——E 价值。该术语出自阿芬那留斯的《纯粹经验批判》,在该书第 1 卷第 15 页上写道:"任何能够加以描述的价值,如果被假定为我们周围环境的组成部分,我们简单地称之为 R。""任何能够加以描述的价值,如果被看做别人的陈述的内容,我们就简单地称它为 E。"E 是德文 Erfahrung(经验)一词的第一个字母,也是德文 Erkenntnis(认识)一词的第一个字母。——330。

90　这句话出自俄国作家伊·谢·屠格涅夫的长篇小说《处女地》。小说中人物巴克林劝那位"不愿同敌人来往"因而不想去大贵族西皮雅京家做家庭教师的涅日达诺夫说:"说到敌人,我请你记住歌德的诗句:谁要了解诗人,就得深入诗人的国家…… 而我要说:谁要了解**敌人**,就得深入**敌巢**。躲避自己的敌人,不知道他们的习惯和生活方式,这是多么荒谬!"——331。

91　大学公社是英国基督教圣公会牧师塞·奥·巴尼特创办的社会服务组织,吸收大学毕业生参加。1884 年在伦敦贫民区东区成立,英国其他城市和美、日、法等国后来也成立了这种组织。——336。

92　救世军是基督教新教的一个社会活动组织,1865 年由传教士威·蒲斯在伦敦创立。1878 年仿照军队编制,教徒称"军兵",教士称"军官",1880 年正式定名为"救世军"。该组织着重在下层群众中开展慈善事业,吸收教徒,因此也被视为教派。总部设在伦敦,其组织遍布 80 多个国家。——336。

93　马尔萨斯主义是指英国资产阶级经济学家托·马尔萨斯提出的人口理论。马尔萨斯在 1798 年出版的《人口原理。人口对社会未来进步的影响》一书中认为,在正常情况下,人口以几何级数率(1、2、4、8、16……)增长,而生活资料则以算术级数率(1、2、3、4、5……)增长,人口的增长超过生活资料的增长是一条"永恒的自然规律"。他用这一观点来解释资本主义制度下劳动人民遭受失业、贫困的原因,认为只有通过战争、瘟疫、贫困和罪恶等来抑制人口的增长,人口与生活资料的数量才能相适应。——344。

94　能量守恒和转化定律是自然科学中关于物质运动的最重要的普遍定律之一。早在 17 世纪,法国数学家和物理学家勒·笛卡儿就提出过物质不灭、运动的量守恒的思想。18 世纪俄国科学家米·瓦·罗蒙诺索夫也提出过物质和运动守恒的观念。至 19 世纪 40 年代,经德国医生罗·迈尔、英国物理学家詹·焦耳、德国物理学家海·亥姆霍兹等人的研究和论证,这一定律才被确定下来。多数物理学家起初对新的定律持批判态度,但它的正确性很快就在所有自然科学领域得到证实。恩格斯认为能量守恒和转化定律的发现是 19 世纪自然科学的最重大成就之一。由于这一发现,"自然界中一切运动的统一,现在已经不再是一个哲学的论断,而是一个自然科学的事实了"(见《马克思恩格斯文集》第 9 卷第 457 页)。

　　唯能论者威·弗·奥斯特瓦尔德认为能量守恒和转化定律是自然界唯一的普遍规律,企图以此来否认物质的客观实在性,证明能量离开物质而存在,并把自然界、社会和思维的一切现象都归结于能量。俄国马赫主义者亚·亚·波格丹诺夫、谢·亚·苏沃洛夫等拥护唯能论的观点。列宁把唯能论作为物理学唯心主义的表现之一而给予严厉批判。——348。

95　看来列宁是指恩格斯的《社会主义从空想到科学的发展》一书中的这段话:"这两个伟大的发现——唯物主义历史观和通过剩余价值揭开资本

主义生产的秘密,都应当归功于**马克思**。由于这两个发现,社会主义变成了科学,现在首先要做的是对这门科学的一切细节和联系作进一步的探讨。"(见《马克思恩格斯文集》第 3 卷第 545—546 页)——349。

96 在列宁引用的卡·格律恩的书中,马克思给路德维希·费尔巴哈的这封信是 1843 年 10 月 20 日写的。实际上,这封信写于 1843 年 10 月 3 日(见《马克思恩格斯文集》第 10 卷第 10—12 页)。——352。

97 《德法年鉴》杂志(«Deutsch-Französische Jahrbücher»)是马克思和阿·卢格合编的德文刊物,1844 年在巴黎出版。由于马克思和资产阶级激进派卢格之间有原则性的意见分歧,杂志只出了第 1—2 期合刊。这一期《德法年鉴》载有马克思的《论犹太人问题》和《〈黑格尔法哲学批判〉导言》,恩格斯的《国民经济学批判大纲》和《英国状况。评托马斯·卡莱尔的〈过去和现在〉》(见《马克思恩格斯文集》第 1 卷;《马克思恩格斯全集》第 1 版第 1 卷)。这些文章标志着马克思和恩格斯完成了从唯心主义向唯物主义、从革命民主主义向共产主义的转变。——352。

98 指恩格斯的《反杜林论》(1878 年)、《路德维希·费尔巴哈和德国古典哲学的终结》(1888 年)和《〈社会主义从空想到科学的发展〉英文版导言》(1892 年)(见《马克思恩格斯文集》第 9 卷第 3—398 页,第 4 卷第 261—313 页,第 3 卷第 499—522 页)。——354。

99 转向黑格尔是 19 世纪下半叶英国、美国和斯堪的纳维亚国家资产阶级哲学发展中的一个突出趋向。在英国,这种趋向是从 1865 年詹·哈·斯特林的《黑格尔的秘密》一书问世开始的。在垄断前资本主义转变为帝国主义时期,经验论哲学(耶·边沁、约·斯·穆勒、赫·斯宾塞)及其伦理个人主义的原则已经不符合英国资产阶级保守派的利益。黑格尔的绝对唯心主义具有从理论上论证宗教的广泛可能,因而引起了英国资产阶级思想家们的注意。于是一个称为"英国黑格尔派"的派别便应运而起,其代表人物是托·格林、爱·凯尔德和约·凯尔德兄弟、弗·布拉德莱等。他们极力反对唯物主义和自然科学,特别是反对达尔文主义。"英国黑格尔派"利用黑格尔学说的保守方面,特别是它的绝对精神的概念,而在乔治·贝克莱、大卫·休谟的主观唯心主义传统的影响下,抛弃黑格尔的唯理论和发展思想。黑格尔辩证法的要素仅仅被他们用来为不可知论进行诡辩式的辩护。例如布拉德莱从人的思维的矛盾性质得出结论说,思维只在现象领域运动,因为存在的真正本质是不矛盾的、和谐的、绝对的。在社会学领域,"英国黑格尔派"论证建立强有力的中央集权国家的必要性,认为公民的利益要完全服从于这个国家。

在美国,黑格尔主义的宣传是从圣路易斯城开始的。亨·孔·布劳克梅耳和威·托·哈里斯在这里创办的哲学协会出版了美国第一种哲学杂志——《思辨哲学杂志》(1867—1893 年),其目的是创立一种"真正美国式的思辨哲学"。

在斯堪的纳维亚国家,黑格尔哲学的影响在 19 世纪下半叶也增强了。瑞典哲学家约·雅·波列留斯试图复活黑格尔主义,把它同占统治地位的主观唯心主义哲学(克·雅·博斯特隆、西·里宾格等)对立起来。挪威的黑格尔右派马·雅·蒙拉德、格·威·林格等用神秘主义精神解释黑格尔哲学,而背离它的唯理论,并企图使科学服从于宗教。——354。

100 实用主义是帝国主义时代资产阶级哲学(主要是美国哲学)的一个主观唯心主义派别,19 世纪 70 年代末产生于美国,取代了曾占统治地位的宗教哲学。实用主义的主要论点是查·皮尔斯在 1878 年提出的。19世纪末至 20 世纪初,通过威·詹姆斯和斐·席勒的著作,实用主义形成了独立的哲学流派;约·杜威的工具主义是实用主义的进一步发展。

实用主义者认为哲学的中心问题是获得符合真理的知识,但是他们却完全歪曲了真理的概念。皮尔斯把认识看做是获得信念的纯粹心理过程。詹姆斯则拿"有用"、成功、有利等概念来取代作为现实在意识中的正确反映的真理概念。在他看来,任何概念,包括宗教概念在内,是不是真理,就看它们是否有用。杜威走得更远,他宣布所有科学理论、道德原则、社会设施都只是个人达到自己目的的"工具"。实用主义者认为知识的"真理性"(即有用性)的标准是经验。他们所谓的经验并不是人的社会实践,而是个人体验。他们把这种经验看做是唯一的实在,而宣布物质和精神这两个概念已经"陈旧"。实用主义者像马赫主义者一样,企图创立哲学中的"第三条路线",超越唯物主义和唯心主义,而实际上坚持的还是唯心主义。实用主义用"多元论"的观点来反对唯物主义一元论,认为宇宙中没有任何内部联系和规律性,而是像一种可以由个人按自己的方式、根据自己的个人体验来拼装的镶嵌画。根据当前需要,实用主义认为可以对同一事实作出不同的甚至矛盾的解释;它宣称不需要任何彻底性,只要对一个人有利,他既可以是决定论者,也可以是非决定论者,既可以承认神的存在,也可以否认神的存在。

　　实用主义曾经在美国广泛传播,几乎成了美国的官方哲学。从20世纪40年代开始,实用主义作为统一的独立的哲学派别在美国的地位开始下降,但它的基本精神仍起作用。实用主义在英国、意大利、德国、法国等国也在不同时期有过支持者。——358。

101　《国外周报》(《Gazette Etrangère》)是俄国侨民报纸,1908年3月16日—4月13日在日内瓦出版,共出了4号。报纸主要报道侨民的生活,也刊登有关俄国国内和国外事件的材料。该报第2号曾刊登1908年3月18日列宁在日内瓦国际大会上作的报告《公社的教训》。该报也刊登过亚·亚·波格丹诺夫、阿·瓦·卢那察尔斯基等人宣传"造神说"和马赫主义的文章。

　　列宁的引语摘自卢那察尔斯基的《简论现代俄国文学》(载于《国外周报》第2、3号)。——360。

102　《教育》杂志(《Образование》)是俄国一种合法的文学、科普和社会政治性刊物(月刊),1892—1909年在彼得堡出版。初期由瓦·德·西波夫斯基和瓦·瓦·西波夫斯基主编,从1896年起由亚·雅·奥斯特罗戈尔斯基负责编辑。在1902—1908年间,该杂志刊载过社会民主党人的文章。1906年第2期发表了列宁的《土地问题和"马克思的批评家"》这一著作的第5—9章(见本版全集第5卷)。——360。

103　犹大之吻出自圣经《马太福音》第26章。犹大是耶稣的十二门徒之一,出卖耶稣的叛徒。他按照事先的约定,当着犹太教大祭司派来捉拿耶稣的兵丁亲吻耶稣,装做请安,于是那些兵丁就认出并逮捕了耶稣。后来，犹大之吻便成为虚伪的亲热的代用语。——365。

104　博勃钦斯基和多勃钦斯基是俄国作家尼·瓦·果戈理的讽刺喜剧《钦
　　　　差大臣》中的两个愚蠢的地主，他们不但姓氏只差一个字母，而且外貌
　　　　和性格也都相近。两人都爱传播"新闻"，播弄是非。一次，他们听说钦
　　　　差大臣要来本县私访，于是四处奔走打听。他们自作聪明地把一位青
　　　　年旅客断定为钦差大臣，并抢先向县长禀报。博勃钦斯基说他一悟出
　　　　这个青年是钦差大臣，就对多勃钦斯基说了一声"唉!"，后者则反驳说，
　　　　是自己先说的"唉!"。后来人们就用"谁先说'唉'"来比喻无谓的争论。
　　　　——368。

105　指1908年出版的尼·瓦连廷诺夫的《马克思主义的哲学体系》和帕·
　　　　索·尤什凯维奇的《唯物主义和批判实在论》。——372。

106　《第四章第1节的补充。尼·加·车尔尼雪夫斯基是从哪一边批判康
　　　　德主义的?》的手稿，是列宁在1909年3月下半月寄给安·伊·乌里扬
　　　　诺娃-叶利扎罗娃的，当时《唯物主义和经验批判主义》一书已付印。列
　　　　宁在1909年3月10日或11日(23日或24日)给她的信里说:"寄上补
　　　　充一则。不必因它而耽误出版。不过，要是时间来得及，可用另一种字
　　　　体(如用八点铅字)印在卷末，放在结论后面。我认为把车尔尼雪夫斯
　　　　基同马赫主义者对照一下是极为重要的。"(见本版全集第53卷第186
　　　　号文献)——376。

人 名 索 引

A

阿德勒,弗里德里希(弗里茨)(Adler,Friedrich (Fritz) 1879—1960)——奥地利社会民主党右翼领袖之一,"奥地利马克思主义"理论家,第二半国际和社会主义工人国际的组织者和领袖之一;维·阿德勒的儿子。1907—1911年任苏黎世大学理论物理学讲师。1910—1911年任瑞士社会民主党机关报《民权报》编辑,1911年起任奥地利社会民主党书记。在哲学上是经验批判主义的信徒,主张以马赫主义哲学"补充"马克思主义。第一次世界大战期间主张社会民主党对帝国主义战争保持"中立"和促使战争早日结束。1914年8月辞去书记职务。1916年10月21日因枪杀奥匈帝国首相卡·施图尔克伯爵被捕。1918年11月获释后重新担任党的书记,走上改良主义道路。1919年当选为全国工人代表苏维埃执行委员会主席。1923—1939年任社会主义工人国际书记。——47、52、58、94、116、229、325。

阿迪克斯,埃里希(Adickes,Erich 1866—1928)——德国哲学家,新康德主义者。先后在基尔(1898年起)、明斯特(1902年起)、蒂宾根(1904年起)任大学教授。反对唯物主义,否认物质的客观存在和科学地认识客观世界的可能性。曾出版康德的著作目录索引和《康德遗稿》(1911—1914年,共三卷)。主要著作有《康德的分类学是体系形成的因素》(1887)、《康德反对海克尔》(1901)、《自然科学家康德》(1924—1925)等。——366。

阿芬那留斯,理查(Avenarius,Richard 1843—1896)——德国哲学家,主观唯心主义者,经验批判主义创始人之一。1877年起任苏黎世大学教授。否认物质世界的客观存在,认为"只有感觉才能被设想为存在着的东西",杜撰所谓"原则同格"论、"潜在中心项"、"嵌入说"等。主要著作有《哲学——

按照费力最小的原则对世界的思维》(1876)、《纯粹经验批判》(1888—
1890)、《人的世界概念》(1891)等。1877 年起出版《科学的哲学季刊》。
——13、18、20、31、33、35、41——44、45、46、47、49—50、51、53—55、56—58、
60—61、62—78、81—92、110—111、113、115、126、128、137、146—147、
149—153、154—156、161、163、165、167、170、173、193、194、196、200—
201、203、206、207、211、212、213、214—215、216—219、220、222、224、226—
227、228、232、233、235、250、254、261、328、329、331—333、344、355、357—
358、360—361、363、364、369—370、374、376、377、383。

阿基莫夫（马赫诺韦茨），弗拉基米尔·彼得罗维奇（Акимов（Махновец），
Владимир Петрович 1872—1921）——俄国社会民主党人，经济派代表人
物。19 世纪 90 年代中期加入彼得堡民意社，1897 年被捕，1898 年流放叶
尼塞斯克省，同年 9 月逃往国外，成为国外俄国社会民主党人联合会领导
人之一；为经济主义思想辩护，反对劳动解放社，后又反对《火星报》。1903
年代表联合会出席俄国社会民主工党第二次代表大会，是反火星派分子，
会后成为孟什维克极右翼代表。1905—1907 年革命期间支持主张建立
"全俄工人阶级组织"（社会民主党仅是该组织中的一种思想派别）的取消
主义思想。作为有发言权的代表参加了俄国社会民主工党第四次（统一）
代表大会的工作，维护孟什维克的机会主义策略，呼吁同立宪民主党人联
合。斯托雷平反动时期脱党。——283。

阿克雪里罗得，柳博芙·伊萨科夫娜（正统派）（Аксельрод，Любовь Исааковна
（Ортодокс）1868—1946）——俄国哲学家和文艺学家，社会民主主义运动
参加者。1887—1906 年先后侨居法国和瑞士；曾加入国外俄国社会民主
党人联合会。1903 年俄国社会民主工党第二次代表大会后，起初加入布
尔什维克，后转向孟什维克。在著作中批判经济主义、新康德主义和经验
批判主义，同时又赞同普列汉诺夫的孟什维主义观点，重复他在哲学上的
错误，反对列宁的哲学观点。第一次世界大战期间持社会沙文主义立场。
1917 年初是孟什维克中央委员会委员，后为普列汉诺夫统一派分子。
1918 年起不再积极参加政治活动，在一些高等院校从事教学工作。20 年
代是用机械论修正马克思主义哲学的代表人物之一。晚年从事艺术社会
学的研究。主要著作有《哲学论文集》(1906)、《哲学家卡尔·马克思》

(1924)、《黑格尔的唯心主义辩证法和马克思的唯物主义辩证法》(1934)
等。——109、337、393、394。

阿塞扎,J.(Assézat,J.)——28、30。

埃奈西德穆(克诺索斯的)(Aenesidemus of Knossos 公元前 1 世纪)——古
希腊晚期怀疑论代表人物之一。——73、142、191、201、203。

艾瓦德,奥斯卡尔(**弗里德兰德,奥斯卡尔**)(Ewald, Oskar (Friedländer,
Oskar) 生于 1881 年)——奥地利新康德主义哲学家,1909 年起在维也纳
任哲学讲师。主要著作有《经验批判主义的创始人理查·阿芬那留斯》
(1905)、《康德方法论的基本特征》(1906)、《精神的复活》(1920)等。——
55、68—69、88、92。

奥斯特瓦尔德,威廉·弗里德里希(Ostwald, Wilhelm Friedrich 1853—
1932)——德国自然科学家,唯心主义哲学家,唯能论的创始人。1882—
1887 年任里加综合技术学校教授,1887—1906 年任莱比锡大学物理化学
教授。在化学的各个领域都有著述,主要是研究电离理论。所提出的唯能
论是物理学唯心主义的一个变种,认为能是最普遍的概念,试图离开物质
来设想运动和能。主要著作有《能量及其转化》(1888)、《战胜科学唯物主
义》(1895)、《自然哲学讲演录》(1902)等。1901 年起出版《自然哲学年
鉴》。——44—45、54、172、235、242、266、281、282—286、301、311、348、
358、359。

B

巴克斯,厄内斯特·贝尔福特(Bax, Ernest Belfort 1854—1926)——英国社
会党人,历史学家和哲学家。从 19 世纪 80 年代初开始积极参加各种社会
主义组织的活动。1911 年英国社会党成立后,是该党的领导人之一。第
一次世界大战期间持社会沙文主义立场,1916 年被开除出党。宣传过马
克思主义,同时也犯过唯心主义性质的错误,夸大"心理因素"在历史上的
作用,用马赫主义观点解释经验等。主要著作有《社会主义信仰》(1886)、
《实在问题》(1892)、《实在的根源》(1907)等。——152。

巴扎罗夫,弗·(**鲁德涅夫,弗拉基米尔·亚历山德罗维奇**)(Базаров, В.
(Руднев, Владимир Александрович)1874—1939)——俄国哲学家和经济

学家。1896 年参加社会民主主义运动。1904—1907 年是布尔什维克,曾
为布尔什维克报刊撰稿。1907—1910 年斯托雷平反动时期背弃布尔什维
主义,宣传造神说和经验批判主义,是用马赫主义修正马克思主义的主要
代表人物之一。1917 年是孟什维克国际主义者,半孟什维克的《新生活
报》的编辑之一;反对十月革命。1921 年起在国家计划委员会工作。和
伊·伊·斯克沃尔佐夫-斯捷潘诺夫合译了《资本论》(第1—3 卷,1907—
1909 年)及马克思的其他一些著作。晚年从事文艺和哲学著作的翻译工
作。其经济学著作涉及经济平衡表问题。哲学著作追随马赫主义,主要著
作有《无政府主义的共产主义和马克思主义》(1906)、《两条战线》(1910)
等。——7、13、14、17、69、78—82、83、95、105、108—117、142—143、173、
189—190、204、220、221、224、227、243、249、296、338—339、346、347、
361、387。

保尔森,弗里德里希(Paulsen,Friedrich 1846—1908)——德国新康德主义哲
学家,教育家。1878 年起任柏林大学哲学和教育学教授。在哲学上受叔
本华的影响,维护宗教。主要著作有《伦理学体系》(1899)、《战斗的哲学》
(1901)等。——366。

鲍曼,尤利乌斯(Baumann,Julius 1837—1916)——德国格丁根大学哲学教
授(1869 年起),把主观唯心主义和唯物主义成分结合起来的折中主义者。
在认识论上是现象论者,认为人认识的是自己的表象,而不是本来的事物;
认为思维形式和直观形式是先验的,但又承认现实中有某种东西与它们相
一致。主要著作有《哲学是世界的定向》(1872)、《哲学要素》(1891)、《道
德、法和神学的现实科学基础》(1898)。——198。

贝克莱,乔治(Berkeley,George 1685—1753)——英国哲学家,主观唯心主义
者,英国教会主教。否认物质即"有形实体"的客观存在,认为物是"感觉的
组合"。力图回避只承认自我才是真实存在的唯我论,认为存在着一种宇
宙神灵,它规定自然界的规律以及人对这种规律的认识的规则和界限。贝
克莱哲学是经验批判主义和其他一些资产阶级哲学派别的理论来源之一。
主要著作有《视觉新论》(1709)、《人类知识原理》(1710)、《希勒斯和斐洛诺
斯的三篇对话》(1713)等。——14—25、27—28、30—31、35、37、38、41、
45、46、59、62、64、65、80、82、89、102、106、112、117、121、126、189、198、200、

202、203、205、206、208、209、214、215、219、222、232、233、234、247、259、311、325、371、374。

贝拉，昂利(Pellat，Henri 1850—1909)——法国物理学家，教授，因电学方面的著作而闻名。主要著作是《电学教程》(1901—1908)。——272。

贝歇尔，埃里希(Becher，Erich 1882—1929)——德国哲学家。1909年起在明斯特任大学教授，1916年起在慕尼黑任大学教授。在博士论文《精密自然科学的哲学前提》(1907)和其他早期著作中，以不彻底的唯物主义立场批判恩·马赫和威·奥斯特瓦尔德的主观唯心主义观点。后来转到唯心主义立场，维护活力论。主要著作有《大脑和灵魂》(1911)、《世界的结构、规律和发展》(1915)、《哲学引论》(1926)。——198、304。

倍倍尔，奥古斯特(Bebel，August 1840—1913)——德国工人运动和国际工人运动活动家，德国社会民主党和第二国际的创建人和领袖之一，马克思和恩格斯的朋友和战友；旋工出身。19世纪60年代前半期开始参加政治活动，1867年当选为德国工人协会联合会主席，1868年该联合会加入第一国际。1869年与威·李卜克内西共同创建了德国社会民主工党(爱森纳赫派)，该党于1875年与拉萨尔派合并为德国社会主义工人党，后又改名为德国社会民主党。多次当选国会议员，利用国会讲坛揭露帝国政府反动的内外政策。1870—1871年普法战争期间持国际主义立场，在国会中投票反对军事拨款，支持巴黎公社，为此曾被捕和被控叛国，断断续续在狱中度过近六年时间。在反社会党人非常法施行时期，领导了党的地下活动和议会活动。90年代和20世纪初同党内的改良主义和修正主义进行斗争，反对伯恩施坦及其拥护者对马克思主义理论的歪曲和庸俗化。是出色的政论家和演说家，对德国和欧洲工人运动的发展有很大影响。马克思和恩格斯高度评价了他的活动。——221。

本特利，J.麦迪逊(Bentley，J.Madison 1870—1955)——美国心理学家和哲学家。1912年起任康奈尔大学教授。——189。

比德曼，阿洛伊斯·埃曼努埃尔(Biedermann，Alois Emanuel 1819—1885)——瑞士基督教新教牧师，1850年起任苏黎世大学神学教授。受黑格尔宗教哲学影响，竭力为基督教寻找论据，认为基督教是"无限精神"和"有限精神"，即神和人之间的联系。主要著作有《我们的青年黑格尔派的世界观……》(1849)、《基督教教义学》(1869)。——221。

比斯利,爱德华·斯宾塞(Beesly, Edward Spencer 1831—1915)——英国历史学家和实证论哲学家。1859—1893年任伦敦大学历史学教授。在英国宣传法国实证论哲学家奥·孔德的思想,并把孔德的著作译成英文。曾任1864年9月28日国际工人协会(第一国际)成立大会的主席。1893年起编辑《实证论者评论》杂志。——353。

彼得楚尔特,约瑟夫(Petzoldt, Joseph 1862—1929)——德国哲学家,主观唯心主义者,恩·马赫和理·阿芬那留斯的门徒。否认唯物主义这一哲学派别,企图用先验的"一义规定性"原则来偷换因果性,反对科学社会主义。主要著作有《纯粹经验哲学引论》(1900—1904)、《从实证论观点来看世界问题》(1906)等。——2、18、35、50、57、61、71、73—76、77、78、82、91、128—129、137、149、154、165—168、176、178—179、193—194、196、212、215、217—218、222、224、229—230、232—233、261、333—336、360、361、364、367、370。

俾斯麦,奥托·爱德华·莱奥波德(Bismarck, Otto Eduard Leopold 1815—1898)——普鲁士和德国国务活动家和外交家。普鲁士容克的代表。曾任驻彼得堡大使(1859—1862)和驻巴黎大使(1862),普鲁士首相(1862—1872、1873—1890),北德意志联邦首相(1867—1871)和德意志帝国首相(1871—1890)。1870年发动普法战争,1871年支持法国资产阶级镇压巴黎公社。主张在普鲁士领导下"自上而下"统一德国。曾采取一系列内政措施,捍卫容克和大资产阶级的联盟。1878年颁布反社会党人非常法。由于内外政策遭受挫折,于1890年3月去职。——141。

毕尔生,卡尔(Pearson, Karl 1857—1936)——英国数学家、生物学家和唯心主义哲学家。1884年起任伦敦大学教授。维护反动的优生学理论——人类社会中的"自然选择论"。在哲学上是马赫主义者,否认自然规律的客观性,反对唯物主义世界观。主要哲学著作是《科学入门》。——46、89—90、93—94、147、149、164、188—189、190、215、222、233、272、281、293、298、317、320、358。

毕希纳,弗里德里希·卡尔·克里斯蒂安·路德维希(Büchner, Friedrich Karl Christian Ludwig 1824—1899)——德国生理学家和哲学家,庸俗唯物主义代表人物,资产阶级改良主义者;职业是医生。1852年起任蒂宾根大学法医学讲师。认为自然科学是世界观的基础,但不重视辩证法,力图复活机械论的自然观和社会观。主要著作有《力和物质》(1855)、《人及其在自然界中的地位》(1869)、《达尔文主义和社会主义》(1894)等。——41、250—252、254、279、314、345、346、348、353。

毕雍,弗朗索瓦(Pillon,François 1830—1914)——法国新康德主义哲学家,法国最著名的新康德主义代表、新批判主义者沙·雷努维埃的学生。1890年起主编《哲学年鉴》,并在该年鉴上发表过一些文章。——27、220、241。

别尔曼,雅柯夫·亚历山德罗维奇(Берман, Яков Александрович 1868—1933)——俄国社会民主党人,法学家和哲学家。19世纪80年代末参加社会民主主义组织的工作。1905—1907年革命期间,起初追随孟什维克,后来转向布尔什维克。哲学观点是形而上学唯物主义和实用主义的混合物。著有《论辩证法》(1908,收入《关于马克思主义哲学的论丛》)、《从现代认识论来看辩证法》(1908)、《实用主义的实质》(1911)等。十月革命后加入俄共(布),在高等院校任教,曾任斯维尔德洛夫共产主义大学教授。——7、95、196、323、346。

别尔托夫——见普列汉诺夫,格奥尔吉·瓦连廷诺维奇。

波格丹诺夫,亚·(马林诺夫斯基,亚历山大·亚历山德罗维奇)(Богданов, А.(Малиновский, Александр Александрович)1873—1928)——俄国社会民主党人,哲学家,社会学家,经济学家;职业是医生。19世纪90年代参加社会民主主义小组。1903年成为布尔什维克。在党的第三、第四和第五次代表大会上被选入中央委员会。曾参加布尔什维克机关报《前进报》和《无产者报》编辑部,是布尔什维克《新生活报》的编辑。在对待布尔什维克参加第三届国家杜马的问题上持抵制派立场。1908年是反对布尔什维克在合法组织里工作的最高纲领派的领袖。斯托雷平反动时期和新的革命高涨年代背离布尔什维主义,领导召回派,是"前进"集团的领袖。在哲学上宣扬经验一元论。1909年6月因进行派别活动被开除出党。第一次世界大战期间持国际主义立场。十月革命后是共产主义科学院院士,在莫斯科大学讲授经济学。1918年是无产阶级文化派的思想家。1921年起从事老年医学和血液学的研究。1926年起任由他创建的输血研究所所长。

主要著作有《经济学简明教程》(1897)、《经验一元论》(第 1—3 卷,1904—1906)、《生动经验的哲学》(1913)、《关于社会意识的科学》(1914)、《普遍的组织起来的科学(组织形态学)》(1913—1922)。——2、7、11、13、14、18、19、42、44—45、52—54、61、86—87、91、93、95、109、121、122—127、131—135、136、138、144、148、152、156、171—172、191—192、194、204、220、228、231、233、234、235—242、249、250、274、276、281—283、285—286、288、291、295、296、300、302、315、317、318、337—344、346、347、351、352、358、362、382—395。

波义耳,罗伯特(Boyle,Robert 1627—1691)——英国化学家和物理学家,1680—1691 年任伦敦皇家学会会长。制定了化学的实验方法,提出了化学元素的第一个科学定义,尝试从理论上确定化学的对象和任务,并把机械原子论观念运用于化学。1662 年发现气体体积与压力成反比的定律,后被称为波义耳—马略特定律。哲学观点是机械唯物主义成分同神学的结合。主要著作是《怀疑的化学家》(1661)。——135。

波英廷,约翰·亨利(Poynting,John Henry 1852—1914)——英国物理学家。1880 年起任伯明翰大学教授,1888 年起是伦敦皇家学会会员。主要著作是《论电磁场中能的转移》(1884)。——287、293。

玻耳兹曼,路德维希(Boltzmann,Ludwig 1844—1906)——奥地利物理学家,1885 年起是维也纳科学院院士。1869 年起先后在格拉茨、慕尼黑、莱比锡、维也纳任大学教授。对气体分子运动论有一定贡献,在热力学和统计物理学方面有一定成就。晚年讲授自然哲学。在哲学上持机械唯物主义立场,批判马赫主义者的主观唯心主义和威·奥斯特瓦尔德的唯能论。主要著作有《气体理论讲义》(1896—1898)、《力学原理讲义》(1897)等。——94、276、300—304、312。

伯倍尔,约瑟夫(Popper,Josef 1838—1921)——奥地利工程师,实证论者,小资产阶级"官僚"社会主义的代表。写有《生的权利和死的义务》(1878)等书。——336。

柏克勒尔,安托万·昂利(Becquerel,Antoine-Henri 1852—1908)——法国物理学家,1889 年起为法兰西科学院院士。在光学、电学、磁学、光化学、电化学、气象学等方面写有许多科学著作。1896 年发现铀的放射现象。

——262。

柏克勒尔，让（Becquerel，Jean 1878—1953）——法国物理学家，安·昂·柏克勒尔的儿子。1946年起为法兰西科学院院士。对物理学的一些领域进行过研究。同荷兰物理学家 H.卡麦林-昂内斯一起研究了在液态空气和液氢的温度下各种不同的物质在磁场中所发生的现象。——298。

柏拉图（**阿里斯托克**）（Platon（Aristocles）　约公元前427—前347）——古希腊哲学家，古代哲学中客观唯心主义派别的创始人，奴隶主贵族的思想家。柏拉图的哲学，特别是他的宗教伦理学和关于"理想国"的学说，反映了奴隶主贵族的利益。他认为，可感觉的实物不是客观地存在的，它只是理念世界的影子和反映。柏拉图的神秘主义认识论是建立在信仰灵魂不死和灵魂可以独立于肉体的基础之上的。他断言，只有通过对灵魂在理念王国中观察到的东西的回忆，才能认识真理。柏拉图毕生从事著述，作品均未散失，大部分是用对话的形式写成的。在早期对话著作中有《会饮篇》、《斐多篇》、《泰阿泰德篇》、《国家篇》等，在晚期对话著作中有《智者篇》、《政治家篇》、《法律篇》等。——81、130。

博林，威廉·安德列亚斯（Bolin，Wilhelm Andreas 1835—1924）——芬兰历史学家，唯物主义哲学家，路·费尔巴哈的追随者。1869年起任赫尔辛福斯大学教授。与弗·约德尔一起编辑了《费尔巴哈全集》第2版。主要著作有《路德维希·费尔巴哈，他的影响和他的同时代人》（1891）、《斯宾诺莎》（1894）等。——81、208。

布尔加柯夫，谢尔盖·尼古拉耶维奇（Булгаков，Сергей Николаевич 1871—1944）——俄国经济学家、哲学家和神学家。19世纪90年代是合法马克思主义者，后来成了"马克思的批评家"。修正马克思关于土地问题的学说，企图证明小农经济稳固并优于资本主义大经济，用土地肥力递减规律来解释人民群众的贫困化；还试图把马克思主义同康德的批判认识论结合起来。后来转向宗教哲学和基督教。1901—1906年和1906—1918年先后在基辅大学和莫斯科大学任政治经济学教授。1905—1907年革命失败后追随立宪民主党，为《路标》文集撰稿。1918年起是正教司祭。1923年侨居国外。1925年起在巴黎的俄国神学院任教授。主要著作有《论资本主义生产条件下的市场》（1897）、《资本主义和农业》（1900）、《经济哲学》

(1912)等。——367。

布莱,弗兰茨(Blei,Franz 1871—1942)——德国作家、批评家和翻译家,在哲
学上是阿芬那留斯的追随者。写过一些政治经济学方面的文章,用马赫主
义批评马克思主义。——328—333、336。

布吕纳蒂埃尔,斐迪南(Brunetière,Ferdinand 1849—1906)——法国评论家、
历史学家和文艺学家。企图把自然科学的方法首先是达尔文的进化论运
用于文学史。政治上持保守派观点,后转向公开的反动立场,想恢复天主
教会的权力。主要著作有《法国文学史评论》(1880—1907)、《历史和文
学》(1884—1886)等。——319。

C

车尔尼雪夫斯基,尼古拉·加甫里洛维奇(Чернышевский, Николай Гаврилович
1828—1889)——俄国革命民主主义者和空想社会主义者,作家,文学评
论家,经济学家,哲学家;俄国社会民主主义先驱之一,俄国 19 世纪 60 年
代革命运动的领袖。1853 年开始为《祖国纪事》和《同时代人》等杂志撰
稿,1856—1862 年是《同时代人》杂志的领导人之一,发扬别林斯基的民主
主义批判传统,宣传农民革命思想,是土地和自由社的思想鼓舞者。因揭
露 1861 年农民改革的骗局,号召人民起义,于 1862 年被沙皇政府逮捕,入
狱两年,后被送到西伯利亚服苦役。1883 年解除流放,1889 年被允许回家
乡居住。著述很多,涉及哲学、经济学、教育学、美学、伦理学等领域。在哲
学上批判了贝克莱、康德、黑格尔等人的唯心主义观点,力图以唯物主义精
神改造黑格尔的辩证法。对资本主义作了深刻的批判,认为社会主义是由
整个人类发展进程所决定的,但作为空想社会主义者,又认为俄国有可能
通过农民村社过渡到社会主义。所著长篇小说《怎么办?》(1863)和《序幕》
(约 1867—1869)表达了社会主义理想,产生了巨大的革命影响。——
376—378。

D

达尔文,查理·罗伯特(Darwin,Charles Robert 1809—1882)——英国博物
学家,进化论的奠基人。1859 年出版《物种起源》一书,提出以自然选择为

基础的生物进化学说,认为变异性和遗传性是有机体所特有的,那些在生存斗争中对动植物有利的变异积累起来和遗传下去,就会引起新的动植物形态的出现。随后又发表《动物和植物在家养下的变异》(1868)、《人类起源和性的选择》(1871)等著作,进一步充实了进化学说。恩格斯把达尔文学说同能量守恒和转换定律、细胞学说并列为19世纪自然科学三大发现。——261,344。

达兰贝尔,让·勒龙德(D'Alembert,Jean Le Rond 1717—1783)——法国数学家和启蒙运动哲学家。1741年起为法兰西科学院院士,1751年起与狄德罗共同编纂《百科全书,或科学、艺术和工艺详解辞典》,为该百科全书写了序言——《科学的起源和发展概论》(1751),并主编数学和物理学部分。1757年由于反动派的迫害,退出《百科全书》的出版工作。在数学上主要研究微分方程理论。在哲学上是不彻底的唯物主义者,承认物质物体是客观存在的,但怀疑认识物体本质的可能性,认为意识是人所具有的一种特殊的非物质的实体。主要哲学著作是《哲学原理》(1759)。——28—30。

达乌盖,帕维尔·格奥尔吉耶维奇(Дауге,Павел Георгиевич 1869—1946)——拉脱维亚社会民主工党创建人之一,历史学家,政论家,医学博士。19世纪80年代末开始参加俄国革命运动,俄国社会民主工党第二次代表大会后为布尔什维克。1907—1912年从事出版工作。达乌盖出版社出版了列宁作序的《约·菲·贝克尔、约·狄慈根、弗·恩格斯、卡·马克思等致弗·阿·左尔格等书信集》的俄译本和约·狄慈根的主要著作等。十月革命后任拉脱维亚教育人民委员、卫生人民委员部部务委员、全苏老布尔什维克协会主席团团委员等职。主要著作有《约·狄慈根》(1934)和《拉脱维亚1905—1907年革命》(1949)等。还将马克思的《政治经济学批判》、恩格斯的《反杜林论》和《路德维希·费尔巴哈和德国古典哲学的终结》以及约·狄慈根的一些著作译成拉脱维亚文。——259—261。

德拉克鲁瓦,昂利(Delacroix,Henri 1873—1937)——法国唯心主义心理学家和神秘主义者,昂·柏格森直觉论的信徒,1909年起任索邦教授。主要著作有《神秘主义的历史和神秘主义心理学概论:伟大的基督教神秘主义者》(1908)、《语言和思维》(1924)等。——215。

德谟克利特(Democritus 约公元前460—前370)——古希腊唯物主义哲学

家,原子论创始人之一。认为世界是由不变的、质量相同的原子和原子在其中运动着的虚空组成的;物体的多样性可以用形态和大小不同的原子的排列次序和状态来说明;宇宙是无限的,万物都服从严格的必然性;反对唯心主义,批驳了关于非物质的灵魂的学说,认为灵魂也是物质的。他的哲学观点对唯物主义世界观的发展有很大影响。在哲学、逻辑学、宇宙学、物理学等方面有大量著作,但没有保留下来,我们看到的只是一些残篇。
——130、370、371、372。

狄慈根,欧根(Dietzgen,Eugen 1862—1930)——约·狄慈根的儿子,《狄慈根全集》的出版人。把自己的哲学观点称做"自然一元论",在这种理论中唯物主义和唯心主义似乎可以调和起来。把约·狄慈根的哲学观点的弱点绝对化,认为必须以此来"补充"马克思主义,结果既否定唯物主义,又否定辩证法。晚年公开反对共产主义。主要著作有为约·狄慈根著作的各种版本所写的序言以及《唯物主义还是唯心主义?》(1921)、《进化的唯物主义和马克思主义》(1929)、《打倒阶级战争》(1929)等。——119、259、261。

狄慈根,约瑟夫(Dietzgen,Joseph 1828—1888)——德国社会民主党人,哲学家,制革工人。曾参加1848年革命,革命失败后流亡国外。漂泊美国和欧洲20年,一面做工,一面从事哲学研究。1869年回到德国,结识了前来德国访友的马克思,积极参加德国社会民主党的工作。1884年再度去美国,曾主编北美社会主义工人党机关报《社会主义者报》。在哲学上独立地得出了辩证唯物主义的结论,尖锐地批判了哲学唯心主义和庸俗唯物主义,捍卫了认识论中的唯物主义反映论,同时也夸大人类知识的相对性,把物质和意识混为一谈。主要著作有《人脑活动的实质》(1869)、《一个社会主义者在认识论领域中的漫游》(1887)、《哲学的成果》(1887)等。1919年在斯图加特出版了《狄慈根全集》(共三卷)。——13、115、116、117、119—120、121、135—136、140、160—161、165、178、218、250、254、255—261、273、278—279、297、346、355—357、358、360、361。

狄德罗,德尼(Diderot,Denis 1713—1784)——法国唯物主义哲学家和无神论者,作家和艺术理论家,18世纪法国资产阶级启蒙运动的著名代表人物。在他倡导和主持下,出版了《百科全书,或科学、艺术和工艺详解辞典》(1751—1780)。作为百科全书派的领袖,团结了一批法国的先进思想家,对18世纪末法国资产阶级革命的思想准备起了重要作用。他的唯物主义是形而上学的,但有一些深刻的辩证思想。尖锐地批判了唯心主义、不可知论和封建贵族道德,在文学艺术中坚持现实主义。其政治观点反映了革命的法国资产阶级的利益,要求以代议制代替君主制。主要著作有《哲学思想》(1746)、《对自然的解释》(1754)、《达兰贝尔和狄德罗的谈话》(1769)、《拉摩的侄子》(1805)等。——27—30、31、39、41、112、126。

狄克逊,爱德华·特拉弗斯(Dixon, Edward Travers)——英国学者,著有《论推理》(1891)、《几何学原理》(1891)。——93。

狄奈-德涅斯,约瑟夫(Diner-Dénes, Josef 1857—1937)——匈牙利政论家,社会学家和艺术学家,社会民主党人。主要著作《过去和未来》(1896)、《卡尔·马克思。一个人及其天才》(1933)等。——262—263。

笛卡儿,勒奈(Descartes, René 1596—1650)——法国科学家和哲学家。在哲学上是"二元论"者,认为物质和精神是两个独立并存的实体。在宇宙论、天体演化论、物理学、生理学等方面是唯物主义者,在心理学、认识论等方面是唯心主义者。主要著作有《方法论》(1637)、《关于第一哲学的沉思》(1641)、《哲学原理》(1644)等。——29、311。

杜恒,皮埃尔·莫里斯·玛丽(Duhem, Pierre-Maurice-Marie 1861—1916)——法国理论物理学家、哲学家和自然科学史家。写有一些物理学史方面的著作,在认识论上是马赫主义者。——46、269、293、317、323—326、358。

杜林,欧根·卡尔(Dühring, Eugen Karl 1833—1921)——德国哲学家和经济学家。毕业于柏林大学,当过见习法官,1863—1877年为柏林大学非公聘讲师。70年代起以"社会主义改革家"自居,反对马克思主义,企图创立新的理论体系。在哲学上把唯心主义、庸俗唯物主义和实证论混合在一起;在政治经济学方面反对马克思的劳动价值学说和剩余价值学说;在社会主义理论方面以资产阶级改良主义精神阐述自己的社会主义体系,反对科学社会主义。他的思想得到部分德国社会民主党人的支持。恩格斯在《反杜林论》一书中系统地批判了他的观点。主要著作有《国民经济学和社会主义批判史》(1871)、《国民经济学和社会经济学教程》(1873)、《哲学教程》(1875)等。——34—35、72、132、133、135、177、179、180、181—182、

德国唯物主义哲学家和无神论者,德国古典哲学代表人物之一,
德国资产阶级最激进的民主主义阶层的思想家。1828年起在埃朗根大学
任教。在自己的第一部著作《关于死和不死的思想》(1830)中反对基督教
关于灵魂不死的教义;该书被没收,本人遭迫害,并被学校解聘。1836年
移居布鲁克贝格村(图林根),在农村生活了近25年。在从事哲学活动的
初期是唯心主义者,属于青年黑格尔派。到30年代末摆脱了唯心主义;在
《黑格尔哲学批判》(1839)和《基督教的本质》(1841)这两部著作中,割断了
与黑格尔主义的联系,转向唯物主义立场。主要功绩是在唯心主义长期统
治德国哲学之后,恢复了唯物主义的权威。肯定自然界是客观存在的,不
以人的意识为转移;人是自然的产物,人能认识物质世界和客观规律。费
尔巴哈的唯物主义是马克思主义哲学的理论来源之一。但他的唯物主义
是形而上学的和直观的,是以人本主义的形式出现的,历史观仍然是唯心
主义的;把人仅仅看做是一种脱离历史和社会关系而存在的生物,不了解
实践在认识和社会发展过程中的作用。晚年关心社会主义文献,读过马克

思的《资本论》，并于1870年加入德国社会民主党。在马克思《关于费尔巴
哈的提纲》和恩格斯《路德维希·费尔巴哈和德国古典哲学的终结》中对费
尔巴哈的哲学作了全面的分析。——13、41、46、80—81、82、83、84、96、
98、101、103、115、117—118、121、130—131、138、139、143—144、156—
158、162、163、165、171、179、181、207—208、211、213、214、242、246、247、
251、254、318、345、352—353、355、360、361、376—377、378、381。

费尔伏恩，麦克斯（Verworn，Max 1863—1921）——德国生理学家和生物学
　　家，1895年起先后在耶拿、格丁根和波恩任大学教授；主要研究普通生理
　　学问题，曾出版《普通生理学杂志》，写有一些专著。其哲学观点是折中主
　　义的，接近马赫主义，维护"条件论"。——232。

费舍，库诺（Fischer，Kuno 1824—1907）——德国哲学史家，黑格尔主义者，
　　1856年起先后在耶拿和海德堡任大学教授。主要著作是多卷本的《近代
　　哲学史》（1854—1877）。书中有大量史料，介绍了培根、笛卡儿、斯宾诺
　　莎、莱布尼茨、康德、费希特、谢林、黑格尔等哲学家的哲学体系。——203。

费希纳，古斯塔夫·泰奥多尔（Fechner，Gustav Theodor 1801—1887）——德
　　国自然科学家，唯心主义哲学家，1834年起任莱比锡大学物理学教授。对
　　实验心理学有贡献，有关研究感觉的著作最为著名。在哲学上受谢林的影
　　响，试图把唯心主义和宗教同自己的科学发现的自发唯物主义性质调和起
　　来。主要著作是《心理物理学原理》（1860）。——353。

费希特，约翰·哥特利布（Fichte，Johann Gottlieb 1762—1814）——德国古典
　　哲学代表人物之一，主观唯心主义者。1794年起先后任耶拿大学、柏林大
　　学、埃朗根大学教授。从"右"的方面批判康德主义的唯物主义因素，否认
　　"自在之物"的客观存在，宣称人的"自我"是唯一的实在、万能的创造力。
　　"自我"不仅是理性，而且也是意志和行动。"自我"设定"非我"，二者又综
　　合为绝对的自我。主要著作有《知识学》（1794）、《论学者的使命》（1794）、
　　《人的使命》（1800）等。——27、64、67、68、73、78、93、142、143、146、151、
　　155、201、202—203、205、208、218、222、238、311。

冯特，威廉·麦克斯（Wundt，Wilhelm Max 1832—1920）——德国哲学家和
　　心理学家，实验心理学奠基人之一。1864年起在海德堡任大学生理学教
　　授，1874年起在苏黎世任哲学教授，1875年起在莱比锡任哲学教授。是唯

心主义者、信仰主义者和唯意志论者。受康德和莱布尼茨的影响,也受新康德主义和实证论的影响。认为心理学是哲学的基本学科,坚持二元论的心理生理平行论,企图根据社会心理学来解释个人的活动,认为历史发展的规律是不能认识的。主要著作有《生理心理学原理》(1873—1874)、《哲学体系》(1889)、《心理学概论》(1896)等。——56—57、60、61、71、88、89、90、151、154、155、162、176、199、214、223。

弗兰克,阿道夫(Franck, Adolphe 1809—1893)——法国唯心主义哲学家,和其他哲学家合编了一部哲学辞典,著有《共产主义面临历史的裁判》(1849)。——131。

弗兰克,菲力浦(Frank, Philipp 1884—1966)——现代新实证论哲学家和物理学家。1912—1938年在布拉格任教授,1938年移居美国。主要著作有《机械论物理学的终结》(1935)、《在物理学和哲学之间》(1941)、《科学哲学》(1957)。——169。

弗雷泽,亚历山大·坎贝尔(Fraser, Alexander Campbell 1819—1914)——英国哲学家,爱丁堡大学逻辑学教授,贝克莱的信徒和贝克莱著作的出版人。写有《有神论的哲学》(1895—1897)等著作。——15、21—25。

弗里茨——见阿德勒,弗里德里希。

弗里德兰德,奥·——见艾瓦德,奥斯卡尔。

福贝尔,约翰·威廉(Vaubel, Johann Wilhelm 1864—1957)——德国有机化学家。1898年起在达姆施塔特高等技术学校先后任讲师和教授。——303。

福尔克曼,保尔(Volkmann, Paul 1856—约1938)——德国理论物理学教授,在哲学上是折中主义者,反对唯物主义,维护新教教会;是法伊欣格尔的"虚构主义"的信徒。写过一些自然科学认识论方面的著作,如《自然科学的认识论原理》。——170。

福格特,卡尔(Vogt, Karl 1817—1895)——德国自然科学家,庸俗唯物主义主要代表之一,小资产阶级民主主义者。曾参加德国1848—1849年革命,是法兰克福国民议会议员。革命失败后流亡瑞士。反对科学社会主义,发表诽谤马克思和恩格斯的声明。马克思在《福格特先生》一文中揭露了他堕落为路易·波拿巴雇用的密探。写过一些动物学、地质学和生理学方面的著作。——41、250、345。

G

格尔方德,O. И.(Гельфонд, О. И. 1863—1942)——19 世纪 80 年代末起参加革命运动,十月革命后当医生。哲学观点是唯物主义和不可知论的杂烩。写过一些医学著作和几篇哲学论文:《狄慈根的哲学和现代实证论》(1908,收入《关于马克思主义哲学的论丛》)、《论经验批判主义的认识论》(1908)等。——7、160、161、255、346。

格拉斯曼,赫尔曼·君特(Grassmann, Hermann Günther 1809—1877)——德国数学家、物理学家和语文学家。1844 年第一次系统地创立了欧几里得多维空间学说。在物理学领域,写有声学、色的混合和电磁学方面的著作。在哲学观点上接近唯物主义。1875 年曾为《黎俱吠陀》(印度古代文献)编写了一部全解词典。——175。

格律恩,卡尔(Grün, Karl 1817—1887)——德国政论家,19 世纪 40 年代中期是"真正的社会主义"的主要代表之一。大学时代接近青年黑格尔派,1842—1843 年主编资产阶级激进派的《曼海姆晚报》,1848—1849 年革命时期为小资产阶级民主派,普鲁士国民议会议员。1851 年起流亡比利时,1861 年回到德国。他的"真正的社会主义"是一种空想学说,根据这种学说,在靠教育、博爱等等建立起来的未来社会中,"真正的"人的本质、"真正的人道主义"才会实现。他把费尔巴哈哲学的唯心主义方面同蒲鲁东的无政府主义思想结合了起来。马克思和恩格斯批判了"真正的社会主义",认为这是德国小市民利益的表现。主要著作有《法兰西和比利时的社会运动》(1845)、《费尔巴哈和社会主义者》(1845)、《现代哲学》(1876)等。1874 年出版了费尔巴哈的两卷遗著。——81、208、352—353。

果戈理,尼古拉·瓦西里耶维奇(Гоголь, Николай Васильевич 1809—1852)——俄国作家,俄国批判现实主义文学的奠基人之一。在《钦差大臣》(1836)、《死魂灵》(1842)等作品中展现了一幅农奴制俄国地主和官吏生活与习俗的丑恶画面。抨击专制农奴制的腐朽,同情人民群众的悲惨命运,以色彩鲜明的讽刺笔调描绘庸俗、残暴和欺诈的世界。但是他的民主主义是不彻底的,幻想通过人道主义、通过道德的改进来改造社会,后期更

陷入博爱主义和宗教神秘主义。1847 年发表《与友人书信选》,宣扬君主
制度,为俄国专制制度辩护,这本书在别林斯基《给果戈理的信》中受到严
厉的批判。——56、258。

H

哈特曼,爱德华(Hartmann,Eduard 1842—1906)——德国唯心主义哲学家,
神秘主义者,叔本华的信徒。把"无意识"这个概念作为自己哲学体系的基
础,认为物质和精神是无意识的统一本质的低级和高级表现形式。认为世
界进程是通过逻辑因素和非逻辑因素的斗争而发展的,在斗争过程中,世
界理性日益摆脱非理性意志的统治。反对科学社会主义理论。主要著作
有《无意识的哲学》(1869)、《悲观主义的历史和论证》(1880)、《哲学体系概
论》(1906—1909)等。——60、299—300、307、367。

海费尔德,维克多(Heyfelder,Victor 生于 1871 年)——245。

海克尔,恩斯特(Haeckel,Ernst 1834—1919)——德国自然科学家,著名生
物学家,达尔文主义者。1862—1909 年任耶拿大学教授。促进了达尔文
学说的发展和传播,提出了关于生物界的起源和历史发展规律的学说。
1866 年提出并论证了生物发生律。反对自然科学中的唯心主义,积极同
神秘主义和僧侣主义作斗争。1906 年建立一元论者协会,其宗旨是反对
宗教宇宙观。作为非自觉的唯物主义者,试图把自己的自然科学的唯物主
义同占统治地位的唯心主义世界观调和起来,宣传社会达尔文主义。主要
著作有《机体形态学总论》(1866)、《自然创造史》(1868)、《宇宙之谜》
(1899)等。——39、93、178、235、261、287、314、363、365—370、372—373。

海姆,鲁道夫(Haym,Rudolf 1821—1901)——德国哲学史家和文学史家,
1860 年起在哈雷任大学教授。主要著作有《费尔巴哈和哲学》(1847)、《黑
格尔和他的时代》(1857)、《浪漫主义学派》(1870)等。——80、156。

海因策,麦克斯(Heinze,Max 1835—1909)——德国哲学史家,莱比锡大学
哲学教授(1875 年起)。曾修订并出版弗·宇伯威格的《哲学史概论》(5—
9 版)。主要著作有《希腊哲学中的逻各斯学说》(1872)、《恩斯特·普拉特
纳是康德的反对者》(1880)等。——199。

亥姆霍兹,海尔曼·路德维希·斐迪南(Helmholtz,Hermann Ludwig Ferdinand

1821—1894)——德国自然科学家。1849年起先后在柯尼斯堡大学、波恩大学、海德堡大学任生理学教授,1871年起任柏林大学物理学教授,1888年起任柏林国立物理技术学院院长。在物理学和生理学的各个领域都写有一些有重大价值的著作。在哲学上是自发的、不彻底的唯物主义者。承认客观存在,重视经验知识,把感觉和表象的形成看成是客观实在作用于人的感觉器官的结果,但同时又倾向康德主义,提出象形文字论,按照这种理论,感觉只是记号,而不是事物的模写。主要著作有《论力的守恒》(1847)、《生理光学》(1856—1867)、《理论物理学讲义》(1898—1903)等。——243—249、269、270、276、304。

赫林,艾瓦德(Hering, Ewald 1834—1918)——德国生理学家,1895年起先后在维也纳、布拉格、莱比锡任大学教授。以感觉器官生理学方面的著作而享有盛名。在哲学上倾向唯心主义,赞同二元论的心理生理平行论。主要著作有《论记忆是有机物质的普遍机能》(1870)、《论光觉学说》(1905)等。——191。

赫尼格斯瓦尔德,理查(Hönigswald, Richard 1875—1947)——德国新康德主义哲学家,阿·黎尔的"批判实在论"的信徒。先后在布雷斯劳(1916年起)和慕尼黑(1930年起)任大学教授,1933年移居美国。主要著作有《马赫哲学批判》(1903)、《休谟关于外部世界的实在性的学说》(1904)、《认识论史》(1933)等。——14、92—93、175—176。

赫沃尔桑,奥列斯特·丹尼洛维奇(Хвольсон, Орест Данилович 1852—1934)——俄国物理学家。1891年起任彼得堡大学教授,1920年当选为科学院名誉院士。在哲学上倾向唯心主义。著有《热力学讲义》(1915)、《物理学教程》(1892—1915)等。——366。

赫胥黎,托马斯·亨利(Huxley, Thomas Henry 1825—1895)——英国博物学家,达尔文的好友和达尔文学说的普及者。1871—1880年任英国皇家学会秘书,1883—1885年任会长。在动物学、古生物学、人类学和比较解剖学等方面进行了研究,证明人和高级猿猴形态相近。在哲学上是自发的"羞羞答答的"(恩格斯语)唯物主义者,但却否认唯物主义,自称是不可知论者(第一次把不可知论这个术语用于哲学)。主要著作有《人类在自然界的地位》(1863)、《休谟》(1879)、《进化论与伦理学》(1893)等。——27、89、

107、215—216、246、353、355。

赫兹,亨利希·鲁道夫(Hertz,Heinrich Rudolf 1857—1894)——德国物理学家,1889 年起任波恩大学教授。1886—1889 年经过实验证明了电磁波的存在,并研究了电磁波的特性,证明电磁波和光波的基本特性相同。在哲学上是自发的、不彻底的唯物主义者。主要著作有《电力传播研究》(1892)、《力学原理》(1894)等。—— 231、247、276、297 — 298、311、312、313。

黑格尔,乔治·威廉·弗里德里希(Hegel,Georg Wilhelm Friedrich 1770—1831)——德国哲学家,客观唯心主义者,德国古典哲学的主要代表。1801—1807 年任耶拿大学哲学讲师和教授。1808—1816 年任纽伦堡中学校长。1816—1817 年任海德堡大学哲学教授。1818 年起任柏林大学哲学教授。黑格尔哲学是 18 世纪末至 19 世纪初德国唯心主义哲学的最高发展。他根据唯心主义的思维与存在同一的基本原则,建立了客观唯心主义的哲学体系,并创立了唯心主义辩证法的理论。认为在自然界和人类出现以前存在着绝对精神,客观世界是绝对精神、绝对观念的产物;绝对精神在其发展中经历了逻辑阶段、自然阶段和精神阶段,最终回复到了它自身;整个自然的、历史的和精神的世界都处于不断的运动、变化和发展中,矛盾是运动、变化的核心。黑格尔哲学的特点是辩证方法同形而上学体系之间的深刻矛盾。他的唯心主义辩证法是马克思主义哲学的理论来源之一。在社会政治观点上是保守的,是立宪君主制的维护者。主要著作有《精神现象学》(1807)、《逻辑学》(1812—1816)、《哲学全书》(1817)、《法哲学原理》(1821)、《哲学史讲演录》(1833 — 1836)、《历史哲学讲演录》(1837)、《美学讲演录》(1836—1838) 等。——68、80、93、97、98、127、138、193、196、198、236、237、238、242、254、260 — 261、324、353、354、377、384、387。

华德,詹姆斯(Ward,James 1843 — 1925)——英国心理学家,唯心主义哲学家和神秘主义者,1897 年起任剑桥大学教授。企图利用物理学的发现来反对唯物主义,维护宗教。主要著作有《自然主义和不可知论》(1889)等。——89、176、215—216、287、290 — 296、299、303、307、313、358、360、361。

霍尔巴赫,保尔·昂利·迪特里希(Holbach,Paul-Henri Dietrich 1723 —

1789)——法国唯物主义哲学家,无神论者,18 世纪法国资产阶级启蒙运动思想家之一。曾参加《百科全书,或科学、艺术和工艺详解辞典》(1751—1780)的编纂工作,对宗教和唯心主义进行过尖锐的批判。在他的著作中完整地阐述了当时法国的形而上学唯物主义。摒弃神学创世说,认为物质和运动是永恒的,但对运动本身的理解有局限性,认为运动是空间里的简单的位移。在认识论上发展了唯物主义的感觉论,反对不可知论和唯心主义的天赋观念学说。在社会观上从抽象的人性观出发,同意唯心主义的社会契约论。主要著作有《袖珍神学,或基督教简明词典》(1768)、《自然体系,或物质世界和精神世界的规律》(1770) 等。——250。

J

基尔霍夫,古斯塔夫·罗伯特(Kirchhoff,Gustav Robert 1824—1887)——德国物理学家。1854 年起任海德堡大学教授,1875 年起任柏林大学教授,1874 年起是柏林科学院院士。在电动力学和物理学其他学科方面的研究对科学的发展具有重要意义。1859 年与德国化学家罗·本生共同奠定了光谱分析的基础。在哲学上是自然科学唯物主义的代表。主要著作有《数学物理学讲演录》(四卷本,1874—1894)。——175、269、276、291。

君特,齐格蒙德(Günther,Siegmund 1848—1923)——德国数学家、地理学家和自然科学史家。1886—1920 年任慕尼黑高等技术学校教授。主要著作有《地球物理学和自然地理学教科书》(1884—1886)、《19 世纪无机自然科学史》(1901)等。——301。

K

卡鲁斯,保尔(Carus,Paul 1852—1919)——美国哲学家,主观唯心主义者和神秘主义者。1887 年起出版《公开论坛》杂志,1890 年起出版《一元论者》杂志。他的哲学“一元论”力图调和宗教与科学,宣传佛教。主要著作有《人的灵魂》(1891)、《佛经》(1894)、《数学原理》(1908)等。——234—235、241、286、360。

卡斯坦宁,弗里德里希(Carstanjen,Friedrich)——瑞士哲学家,1896 年起任苏黎世大学哲学教授,马赫主义者,阿芬那留斯的学生。1896 年阿芬那留斯去世后,编辑出版《科学的哲学季刊》杂志。主要著作有《理查·阿芬那留斯对纯粹的一般认识论的生物力学论证。纯粹经验批判引论》(1894)、《经验批判主义——兼答威·冯特的论文》(1898)等。—— 61、149、154—156。

开尔文——见汤姆生,威廉。

康德,伊曼努尔(Kant, Immanuel 1724—1804)——德国哲学家,德国古典唯心主义哲学奠基人。1755—1770年任柯尼斯堡大学讲师,1770—1796年任该校教授。1770年以前致力于研究自然科学,发表了《自然通史和天体论》(1755)一书,提出了关于太阳系起源的星云说。1770年以后致力于"批判地"研究人的认识以及这种认识的方式和界限,发表了《纯粹理性批判》(1781)、《实践理性批判》(1788)、《判断力批判》(1790),分别阐述他的认识论、伦理学、美学等观点。康德哲学的基本特点是调和唯物主义和唯心主义。它承认在意识之外独立存在的物,即"自在之物",认为"自在之物"是感觉的源泉,但又认为"自在之物"是不可知的,是超乎经验之外的,是人的认识能力所不可能达到的"彼岸的"东西,人只能认识自己头脑里固有的先验的东西。—— 18、25、78、81、92、96、97、98、99—100、109、115、117、120、127、128、137、139、142、158、162、164、167、168、169、170、172、173、176、182、183、188、189、198、200—211、212、214、219、222、230、232、234、242、245、249、253、259、318、353、374、376、377、378。

考茨基,卡尔(Kautsky, Karl 1854—1938)——德国社会民主党和第二国际的领袖和主要理论家之一。1875年加入奥地利社会民主党,1877年加入德国社会民主党。1881年与马克思和恩格斯相识后,在他们的影响下逐渐转向马克思主义。从19世纪80年代到20世纪初写过一些宣传和解释马克思主义的著作:《卡尔·马克思的经济学说》(1887)、《土地问题》(1899)等。但在这个时期已表现出向机会主义方面摇摆,在批判伯恩施坦时作了很多让步。1883—1917年任德国社会民主党理论刊物《新时代》杂志主编。曾参与起草1891年德国社会民主党纲领(爱尔福特纲领)。1910年以后逐渐转到机会主义立场,成为中派领袖。第一次世界大战前夕提出超帝国主义论,大战期间打着中派旗号支持帝国主义战争。1917年参与建立德国独立社会民主党,1922年拥护该党右翼与德国社会民主党合并。

1918年后发表《无产阶级专政》等书,攻击俄国十月革命,反对无产阶级专政。——98、211、261。

柯亨,赫尔曼(Cohen,Hermann 1842—1918)——德国唯心主义哲学家,数学家,新康德主义马堡学派创始人。从康德向右转,达到了极端的主观唯心主义。否定康德的"自在之物";认为"自在之物"以及空间、时间都是"纯粹"思维的产物。在他的思想影响下形成所谓"伦理社会主义",其代表人物(爱·伯恩施坦、卡·福伦德等)用新康德主义来修正马克思主义。主要著作有《康德的纯粹经验理论》(1871)、《哲学体系》(1902—1912)、《宗教与道德》(1907)等。——97、296—297、299、307、313、322。

科尔尼,玛丽·阿尔弗勒德(Cornu,Marie-Alfred 1841—1902)——法国物理学家,1878年起为法兰西科学院院士。写有大量光学、晶体物理学和摄谱仪学著作。在哲学上是自然科学的唯物主义者。——311。

科内利乌斯,汉斯(Cornelius,Hans 1863—1947)——德国哲学家,主观唯心主义者。1903年起在慕尼黑、1910年起在美因河畔法兰克福任大学教授。力图用内在论者的哲学和威·詹姆斯的实用主义来补充马赫主义,在马赫主义和新实证论之间起了中介人的作用。主要著作有《哲学引论》(1903)、《先验的分类学》(1916)等。——227、228、229、230、232、241、360。

科特利亚尔,Г. А.(Котляр,Г. А.)——马赫《感觉的分析》俄译本译者。——36。

科韦拉尔特——见万科韦拉尔特,扬·弗朗斯。

克莱因佩特,汉斯(Kleinpeter,Hans 1869—1916)——奥地利哲学家,主观唯心主义者,马赫主义传播者。企图用折中主义的办法使马赫主义和自然科学"平行不悖"。主要著作有《现代自然科学的认识论》(1905)等。——92、198、214、230—232、234、235、241、247—249、270、297、370。

克利福德,威廉·金登(Clifford,William Kingdon 1845—1879)——英国数学家,1871年起任伦敦大学数学教授。在哲学上是主观唯心主义者。——233—234。

孔德,奥古斯特(Comte,Auguste 1798—1857)——法国哲学家和社会学家,实证论创始人。宣称拥护实证知识,认为科学的任务是描写经验的材料。把历史唯心地理解为观念发展的结果,提出社会发展三阶段论:神学阶段、形而上学阶段和实证阶段。宣称科学—工业阶段,即资本主义,似乎完成了全部社会的发展。主张阶级调和,把资本家和工人阶级利益的协调看成是社会的理想。主要著作有《实证哲学教程》(1830—1842)、《实证政治体系》(1851—1854)。——212、213、353。

孔狄亚克,埃蒂耶纳·博诺(Condillac, Étienne-Bonnot 1715—1780)——法国感觉论哲学家,自然神论者,天主教神父。发展了洛克的唯物主义感觉论,批判了唯心主义的天赋观念论。他的感觉论是 18 世纪法国唯物主义的理论来源之一。主要著作有《人类知识起源论》(1746)、《论感觉》(1754)等。——28。

库格曼,路德维希(Kugelmann, Ludwig 1828—1902)——德国社会民主主义者,医生,马克思和恩格斯的朋友。曾参加德国 1848—1849 年革命。1865年起为第一国际会员,是国际洛桑代表大会(1867)和海牙代表大会(1872)的代表。曾协助马克思出版和传播《资本论》。1862—1874 年间经常和马克思通信,反映德国情况。马克思给库格曼的信 1902 年第一次发表于德国《新时代》杂志,1907 年被译成俄文出版,并附有列宁的序言。——136、258、344、353。

L

拉波波特,沙尔(Rappoport, Charles 1865—1941)——法国社会党人,在哲学上是康德主义者。因主张修正马克思主义哲学,受到保·拉法格的批评。写有许多哲学和社会学方面的著作。——209、210。

拉法格,保尔(Lafargue, Paul 1842—1911)——法国工人运动和国际工人运动活动家,法国工人党和第二国际创建人之一,马克思主义的理论家和宣传家;马克思的女儿劳拉的丈夫。1865 年初加入第一国际巴黎支部,1866年 2 月当选为国际总委员会委员。在马克思和恩格斯直接教诲下逐渐接受科学社会主义。巴黎公社时期曾组织波尔多工人声援公社的斗争,并前往巴黎会见公社领导人。公社失败后流亡西班牙,在反对巴枯宁主义者的斗争中起了重要作用。1872 年 10 月迁居伦敦,为创建法国独立的工人政党做了大量工作。1880 年和盖得一起在马克思和恩格斯指导下起草了法国工人党纲领,任工人党机关报《平等报》编辑。1882 年回到巴黎,和盖得一起领导工人党,同可能派进行了坚决的斗争。1889年积极参加创建第二国际的活动。1891年当选为众议员。19世纪末20世纪初反对伯恩施坦修正主义,谴责米勒兰加入资产阶级内阁的行为。1905年统一的法国社会党成立后为党的领袖之一。——209—211、261。

拉赫美托夫,恩·(**布柳姆,O. B.**)(Рахметов, H.(Блюм,O. B.)生于1886年)——俄国社会民主党人,孟什维克。曾从事哲学题材的著述活动,参加拉脱维亚边疆区社会民主党编辑委员会,为《劳动呼声报》撰稿。1909年7月起为里加保安局密探。1917年被揭发,判处监禁,后被驱逐出境。——2、241。

拉摩,约瑟夫(Larmor, Joseph 1857—1942)——英国物理学家和数学家。1880—1885年在格拉斯哥任大学教授,1885—1903年任剑桥大学教授。在电子理论方面的著作有重大意义。——269、276。

拉姆赛,威廉(Ramsay, William 1852—1916)——英国化学家和物理学家。1880年起任布里斯托尔大学教授,1887年起任伦敦大学教授,是彼得堡科学院名誉院士。先后发现氩(与约·雷利合作)、氦、氖、氙、氪(与莫·特拉弗斯合作)等元素,并确定了它们在元素周期表中的位置。曾发明从煤层中直接取得煤气的方法。主要著作有《化学体系》(1891)、《大气中的各种气体》(1896)、《现代化学》(1901)、《传记性的和化学的论文集》(1908)等。——327。

拉斯,恩斯特(Laas, Ernst 1837—1885)——德国实证论哲学家,1872年起在斯特拉斯堡任大学教授。与阿芬那留斯同时论证主体和客体有不可分割的联系(即"原则同格"),把客体看做是个人意识或一般意识的内容。主要著作有《康德的经验类比》(1876)、《唯心主义和实证论》(1879—1884)。——97、214、219。

拉瓦锡,安东·洛朗(Lavoisier, Antoine-Laurent 1743—1794)——法国化学家。1772年起为法兰西科学院院士,1785年起任院长。和罗蒙诺索夫同时确立了化学变化中质量守恒原理。说明了燃烧过程,驳倒了燃素说。与其他化学家一起提出了新的化学命名法。在哲学上拥护法国启蒙运动者的唯物主义观点。主要著作有《化学基本教程》(1789)等。——264。

莱尔,雷金纳德·约翰(Ryle, Reginald John 1854—1922)——英国自然科学

家。曾在 1892 年《自然科学》杂志第 6 期上发表《劳埃德·摩根教授论〈科学入门〉》一文,为卡·毕尔生的唯心主义观点辩护。——189。

莱维,阿尔伯(Lévy, Albert)——法国哲学教授,主要著作有《费尔巴哈的哲学及其对德国著作界的影响》(1904)、《施蒂纳和尼采》(1904)等。——103—104。

莱伊,阿贝尔(Rey, Abel 1873—1940)——法国实证论哲学家,1919 年起任巴黎大学(索邦)教授。在自然科学上是不彻底的自发的唯物主义者;在认识论上持马赫主义立场。主要著作有《现代物理学家的物理学理论》(1907)、《现代哲学》(1908)等。——265—270、273、276—278、299、306—313、319—323、325。

朗格,弗里德里希·阿尔伯特(Lange, Friedrich Albert 1828—1875)——德国哲学家和经济学家,新康德主义创始人之一。1870 年起任苏黎世大学教授,1872 年起任马堡大学教授。拥护生理学唯心主义,歪曲唯物主义,认为唯物主义作为研究自然界的方法是有效的,作为一种哲学理论是站不住脚的,并必然导致唯心主义。企图用把"自在之物"变成主观概念的办法排除康德的二元论。在以资产阶级自由派观点所写的著作中,歪曲工人运动的实质,站在社会达尔文主义立场上,把生物学规律搬用于人类社会,拥护马尔萨斯的人口过剩律,把资本主义看做是人类社会"自然的和永恒的"制度。主要著作有《工人问题及其在目前和将来的意义》(1865)、《唯物主义史及当代对唯物主义意义的批判》(1866)等。——97、209、214、219、296、318、319、322、342、343、344、353。

朗之万,保尔(Langevin, Paul 1872—1946)——法国物理学家。1909 年起任法兰西学院教授,1934 年起为法兰西科学院院士。研究气体的电离作用、磁学和声学。1905 年最早试用统计学方法研究物质属性,积极参加量子理论、特别是相对论的研究。在哲学上是彻底的唯物主义者,反对对现代物理学的成就作唯心主义解释。1944 年加入法国共产党。——273、276。

劳,阿尔布雷希特(Rau, Albrecht 1843—1920)——德国哲学家和自然科学家,费尔巴哈的追随者。主要著作有《路德维希·费尔巴哈的哲学,现代自然科学和哲学批判》(1882)、《感觉和思维》(1896)、《人的理性的本质》(1900)等。——208—209、246、376。

勒克列尔,安东(Leclair,Anton 1848—1919)——奥地利哲学家,主观唯心主义者,内在论学派代表;维护信仰主义,反对唯物主义。主要著作有《从贝克莱和康德对认识的批判来看现代自然科学的实在论》(1879)、《一元论的认识论概论》(1882)等。——65、185、206、216、218、220、222—223、224、240、241、245、247、252、253、254、260、361、365。

勒鲁瓦,爱德华(Le Roy,Edouard 1870—1954)——法国唯心主义哲学家,昂·柏格森直觉主义的信徒,实用主义者和新实证论者。1909年起在圣路易任数学教授,1921年起在法兰西学院任哲学教授。试图实现哲学、自然科学和宗教的"有机综合"。主要著作有《新实证论》(1900—1901)、《上帝问题》(1929)、《直觉思维》(1929—1930)等。——305、306。

雷姆克,约翰奈斯(Rehmke,Johannes 1848—1930)——德国唯心主义哲学家,内在论学派代表之一,1885年起在格赖夫斯瓦尔德任大学教授。反对辩证唯物主义和自然科学唯物主义,维护宗教,把神说成是一种"实在概念"。主要著作有《普通心理学教科书》(1894)、《哲学是一门基本科学》(1910)、《逻辑学或哲学是认识论》(1918)等。——65、185、206、216—217、218、221、222、238、291、318、365、366。

雷努维埃,沙尔·贝尔纳(Renouvier,Charles Bernard 1815—1903)——法国哲学家,唯心主义者和折中主义者,新批判主义哲学学派的主要代表。1890年起参加《哲学年鉴》杂志的工作。理论哲学是休谟的现象论和康德的先验论的结合。主要著作有《现代哲学概论》(1842)、《古代哲学概论》(1844)、《人格主义》(1903)等。——27、215、219、220、221、241。

黎尔,阿洛伊斯(Riehl,Alois 1844—1924)——德国新康德主义哲学家,1873年起先后在格拉茨、弗赖堡、基尔、哈雷和柏林任教授;试图对康德学说作"实在论的"解释以适应现代自然科学。主要著作是《哲学的批判主义及其对实证科学的意义》(1876—1887)。——97、151、214、219。

李卜克内西,威廉(Liebknecht,Wilhelm 1826—1900)——德国工人运动和国际工人运动活动家,德国社会民主党的创建人和领袖之一,马克思和恩格斯的朋友和战友。积极参加德国1848年革命,革命失败后流亡国外,在国外结识马克思和恩格斯,接受了科学共产主义思想。1850年加入共产主义者同盟。1862年回国。第一国际成立后,成为国际的革命思想的热心宣传者和国际的德国支部的组织者之一。1868 年起任《民主周报》编辑。1869 年与倍倍尔共同创建了德国社会民主工党（爱森纳赫派），任党的中央机关报《人民国家报》编辑。1875 年积极促成爱森纳赫派和拉萨尔派的合并。在反社会党人非常法施行期间与倍倍尔一起领导党的地下工作和斗争。1890 年起任党的中央机关报《前进报》主编，直至逝世。1867—1870 年为北德意志联邦国会议员，1874 年起多次被选为德意志帝国国会议员，利用议会讲坛揭露普鲁士容克反动的内外政策。因革命活动屡遭监禁。是第二国际的组织者之一。——110。

李凯尔，阿瑟·威廉（Rücker, Arthur William 1848—1915）——英国物理学家，1901—1908 年任伦敦大学校长。主要从事地球物理学、电学和磁学理论方面的研究。在哲学上是自发的唯物主义者。—— 287 — 290、291、293。

里希，奥古斯托（Righi, Augusto 1850—1921）——意大利物理学家，1873 年起在博洛尼亚技术学院任教授；因其电学和磁学著作而闻名。在哲学观点上是自发的唯物主义者。主要著作有《现代的物理现象理论》（1904）、《关于物质构造的新见解》（1907）等。——271、273、275、276。

列宁，弗拉基米尔·伊里奇（乌里扬诺夫，弗拉基米尔·伊里奇；列宁，尼·；伊林，弗·）（Ленин, Владимир Ильич（Ульянов, Владимир Ильич, Ленин, Н., Ильин, В.）1870—1924）——2、8、11、13、42、55、66、73、75、98、103、105、127、130、137、158、205、219、224、241、244、260、261、278、301、303、313、369、382、394。

列谢维奇，弗拉基米尔·维克多罗维奇（Лесевич, Владимир Викторович 1837—1905）——俄国实证论哲学家。19 世纪 80—90 年代追随自由主义民粹派，曾为《俄国财富》杂志撰稿。认为必须在新康德主义认识论特别是经验批判主义认识论的基础上改革旧实证论，把经验批判主义看做哲学思想发展的顶峰。主要著作均收入《列谢维奇文集》（三卷本，1915 年）。——50、197、215、217、333。

卢那察尔斯基，阿纳托利·瓦西里耶维奇（Луначарский, Анатолий Васильевич 1875—1933）——19 世纪 90 年代初参加俄国社会民主主义运动。俄国社会民主工党第二次代表大会后是布尔什维克。曾先后参加布尔什

维克的《前进报》、《无产者报》和《新生活报》编辑部。代表《前进报》编辑部
出席了党的第三次代表大会,受列宁委托,在会上作了关于武装起义问题
的报告。党的第四次(统一)代表大会和第五次(伦敦)代表大会的参加者,
布尔什维克出席第二国际斯图加特代表大会(1907)和哥本哈根代表大会
(1910)的代表。斯托雷平反动时期脱离布尔什维克,参加"前进"集团;在
哲学上宣扬造神说和马赫主义。第一次世界大战期间持国际主义立场。
1917年二月革命后参加区联派,在俄国社会民主工党(布)第六次代表大
会上随区联派集体加入布尔什维克党。十月革命后到1929年任教育人民
委员,以后任苏联中央执行委员会学术委员会主席。1930年起为苏联科
学院院士。在艺术和文学方面著述很多。——7—8、74、76、192、193、
194、296、346、359、360、362、367。

路加,埃米尔(Lucka,Emil 1877—1941)——奥地利作家和康德主义哲学家。
主要著作有《幻想》(1908)、《灵魂的界限》(1914)等。——92、170、
198—199。

罗狄埃,乔治(Rodier,Georges 1848—1910)——巴黎的古代哲学史教授。
——233。

洛克,约翰(Locke,John 1632—1704)——英国唯物主义经验论哲学家。提
出了基本上是唯物主义的感觉认识论,认为经验是知识的唯一来源,感觉
是外部世界作用于感官的结果。批判了勒·笛卡儿的天赋观念学说,证明
一切知识和观念都是后天获得的,但又认为除来自外界的感觉外,还有心
灵本身活动所产生的内部经验(反省),因此在认识论上是二元论者。他的
哲学观点不仅被唯物主义者,而且被唯心主义者所利用,列宁说:"贝克莱
和狄德罗都渊源于洛克。"(见本卷第126页)主要著作有《人类理智论》
(1690)等。——21、126。

洛仑茨,亨德里克·安东(Lorentz,Hendrik Antoon 1853—1928)——荷兰物
理学家,1878年起任莱顿大学教授,1923年起在哈勒姆(莱顿市附近)任研
究所所长。创立了物质的电子理论,阐明了一系列极重要的电学和光学现
象(特别是塞曼效应),并预测了新的现象;研究了对建立相对论有重要意
义的运动介质的电动力学。在哲学观点上是唯物主义者,反对物理学中的
各种唯心主义表现。主要著作有《麦克斯韦的电磁论及其在运动体上的应

用》(1892)、《电子论及其在光和热辐射现象上的应用》(1909)等。——
269、276。

洛帕廷,列夫·米哈伊洛维奇(Лопатин, Лев Михайлович 1855—1920)——
俄国唯心主义哲学家,莫斯科大学教授,莫斯科心理学学会主席,1894 年起
任《哲学和心理学问题》杂志编辑。在哲学观点上追随神秘主义者弗·
谢·索洛维约夫,鼓吹唯灵论,认为论证"灵魂不死"是哲学的迫切问题之
一,力图说明灵魂是具有意志自由的创造本原。主要著作有《哲学的重要
任务》(1886—1891)、《近代哲学史》(1905—1908)、《哲学评述和言论集》
(1911)。——313—314、315、317、360、369—370。

洛治,奥利弗·约瑟夫(Lodge, Oliver Joseph 1851—1940)——英国物理学
家,1879 年起在伦敦任大学教授,1881 年起在利物浦任大学教授,1900—
1919 年任伯明翰大学校长;写有许多物理学著作。在哲学观点上是唯心
主义者和神秘主义者,反对唯物主义,试图利用自然科学的发现来维护宗
教。主要著作有《现代对电学的认识》(1889)、《生命和物质》(1905)、《精神
世界的实在性》(1930)等。——93、273、295、366。

M

马尔萨斯,托马斯·罗伯特(Malthus, Thomas Robert 1766—1834)——英国
经济学家,英国资产阶级庸俗政治经济学的创始人之一,人口论的主要代
表。毕业于剑桥大学耶稣学院,1797 年成为牧师。1805—1834 年任东印
度公司创办的海利贝里学院历史和经济学教授。在对他人理论进行加工
的基础上,于 1798 年匿名发表《人口原理》一书。认为人口按几何级数增
长,而生活资料按算术级数增长,因而造成人口绝对过剩,而贫穷和罪恶抑
制人口增长,使生活资料与人口恢复平衡。把资本主义制度下劳动人民失
业、贫困、饥饿和其他灾难都归之于自然规律的作用,为资本主义辩护,受
到统治阶级的推崇。主要著作还有《政治经济学原理的实际应用》(1820)。
——344、390。

马赫,恩斯特(Mach, Ernst 1838—1916)——奥地利物理学家和哲学家,主观
唯心主义者,经验批判主义创始人之一。1864 年起先后在格拉茨和布拉
格任大学数学和物理学教授,1895—1901 年任维也纳大学哲学教授。在

认识论上复活贝克莱和休谟的观点,认为物体是"感觉的复合",感觉是"世界的真正要素"。主要哲学著作有《力学发展的历史评述》(1883)、《感觉的分析》(1886)、《认识和谬误》(1905)等。——2、13—14、18、19、27、31、33—34、35—42、45、46、47—48、49—50、51、52—55、57—61、63、64、67、68、70、72、73、74、76、83—85、88、90、91、92、93、94、101、104、106—107、109、110、112、113、115、126、128、129—130、137、139—141、142、143、147、149、151、152、153、161—164、167、170、173—176、177、179、182—187、188、189、190、191、192、193、196—199、200、201、206、207、211、212、213、214、215、216、217、218、219、220、222、223、224、225、226—227、228、229、230、231—234、235、240、241、242、247、248、249、250、252、253、254、258—259、260、261、266、268、269、270、281、285、293、296、297、298、302、304、307、309、310、311、312、315、317、318、320、323、325、326、332、333、336、344、355、357—358、359、360、361、363、364、365、367、370、372、374、376、377、383、394。

马克思,卡尔(Marx,Karl 1818—1883)——科学共产主义的创始人,世界无产阶级的领袖和导师。——7、8、34、41、46、47、49、60、80、96、101、102—104、117、136、138、139、140、143、144、145、149、162、163、165、173、177、190、195、196、204、208、210、211、212、225、250、251、252、254、255、258—259、260、261、266、275、276、282、311、322、323、328、329、330、331、332—333、337、338、339、340、342、343—344、345、346、349—350、352—354、355、358、360、361、363、374、379、381、383、387、388、392、393、394。

麦克斯韦,詹姆斯·克拉克(Maxwell,James Clerk 1831—1879)——英国物理学家,1856年起任阿伯丁大学教授,1860年起任伦敦大学教授,1871年起任剑桥大学教授。以光学、气体力学,尤其是电学方面的理论研究而闻名。总结迈·法拉第研究电磁现象的实验时,创立了电磁场理论和光电磁理论。在哲学上是机械的、不彻底的唯物主义者。主要著作有《热学论》(1871)、《电学和磁学论》(1873)、《物质和运动》(1876)等。——269、276、311、312。

梅林,弗兰茨(Mehring,Franz 1846—1919)——德国工人运动活动家,德国社会民主党左翼领袖和理论家之一,历史学家和政论家,德国共产党创建

人之一。19 世纪 60 年代末起是资产阶级民主主义政论家,1877—1882 年
持资产阶级自由主义立场,后向左转化,逐渐接受马克思主义。曾任民主
主义报纸《人民报》主编。1891 年加入德国社会民主党,担任党的理论刊
物《新时代》杂志撰稿人和编辑,1902—1907 年任《莱比锡人民报》主编,反
对第二国际的机会主义和修正主义,批判考茨基主义。第一次世界大战爆
发后坚决谴责帝国主义战争和社会沙文主义者的背叛政策;是国际派(后
改称斯巴达克派和斯巴达克联盟)的组织者和领导人之一。1918 年参加
建立德国共产党的准备工作。欢迎俄国十月革命,撰文驳斥对十月革命的
攻击,维护苏维埃政权。在研究德国中世纪史、德国社会民主党史和马克
思主义史方面作出重大贡献,在整理出版马克思、恩格斯和拉萨尔的遗著
方面也做了大量工作。主要著作有《莱辛传奇》(1893)、《德国社会民主党
史》(1897—1898)、《马克思传》(1918)等。—— 8、261、372、373。

门格尔,安东(Menger, Anton 1841—1906)——奥地利法学家,所谓"法律社
会主义"的代表,1877 年起任维也纳大学教授。主要著作有《十足劳动收
入权的历史探讨》(1886)、《民法与没有财产的阶级》(1890)等。—— 336。

弥勒,约翰奈斯·彼得(Müller, Johannes Peter 1801—1858)——德国自然科
学家,1830 年起任波恩大学教授,1833 年起任柏林大学教授。1834 年创
办《解剖学、生理学和科学医学文库》杂志,创立生理学家学派。从事中枢
神经系统和感觉器官的研究,提出感官殊能律,把感觉看做是人的感官的
内在能的表现结果,按照康德主义得出外部世界不可认识的结论。写有生
理学、比较解剖学、胚胎学和组织学方面的著作。主要著作有《人和动物的
视觉比较生理学》(1826)、《生理学原理》(1833—1840)等。—— 318。

米海洛夫斯基,尼古拉·康斯坦丁诺维奇(Михайловский, Николай Констан-
тинович 1842—1904)——俄国自由主义民粹派理论家,政论家,文艺批评
家,实证论哲学家,社会学主观学派代表人物。1860 年开始写作活动。
1868 年起为《祖国纪事》杂志撰稿,后任编辑。1879 年与民意党接近。
1882 年以后写了一系列谈"英雄"与"群氓"问题的文章,建立了完整的"英
雄"与"群氓"的理论体系。1884 年《祖国纪事》杂志被查封后,给《北方通
报》、《俄国思想》、《俄罗斯新闻》等报刊撰稿。1892 年起任《俄国财富》杂
志编辑,在该杂志上与俄国马克思主义者进行激烈论战。—— 212、

213、342。

缅施科夫，米哈伊尔·奥西波维奇（Меньшиков，Михаил Осипович 1859—
1919）——俄国政论家，黑帮报纸《新时报》撰稿人。十月革命后反对苏维
埃政权，1919年被枪决。——68、130、220、221。

摩根，康韦·劳埃德（Morgan，Conwy Lloyd 1852—1936）——英国生物学
家，心理学家和哲学家，1884年起任布里斯托尔大学教授。早期持唯物主
义立场，后来成为现代英国资产阶级哲学中的一个唯心主义派别——倏忽
进化学派的代表人物，认为世界上有某种"内在力量"（上帝）在起作用。主
要著作有《动物的生命和智慧》（1890—1891）、《比较心理学绪论》（1895）、
《倏忽进化》（1923）等。——39、188—189。

摩莱肖特，雅科布（Moleschott，Jakob 1822—1893）——荷兰生理学家和哲学
家，庸俗唯物主义的代表人物。先后在苏黎世大学、都灵大学、罗马大学任
生理学教授。主要哲学著作是《生命的循环》（1852）。——41、250、345。

穆勒，约翰·斯图亚特（Mill，John Stuart 1806—1873）——英国哲学家，经济
学家，逻辑学家，实证论代表人物。哲学观点接近休谟的经验论和孔德的
实证论，否认物质世界的客观存在，认为感觉是唯一的实在，物质是感觉的
恒久可能性。对逻辑学中的归纳法的研究有一定贡献。在经济学上追随
古典学派，用生产费用论代替劳动价值论，比李嘉图倒退一步。企图用节
欲论来解释资本家的利润。主张通过分配关系的改革实现社会改良。主
要著作有《推论和归纳的逻辑体系》（1843）、《政治经济学原理》（1848）、
《汉密尔顿爵士哲学探讨》（1865）等。——107、147、282、309。

N

拿破仑第一（波拿巴）（Napoléon I（Bonaparte）1769—1821）——法国皇帝，
资产阶级军事家和政治家。法国资产阶级革命时期参加革命军。1799年
发动雾月政变，自任第一执政，实行军事独裁统治。1804年称帝，建立法
兰西第一帝国，颁布《拿破仑法典》，巩固资本主义制度。多次粉碎反法同
盟，沉重打击了欧洲封建反动势力。但对外战争逐渐变为同英俄争霸和掠
夺、奴役别国的侵略战争。1814年欧洲反法联军攻陷巴黎后，被流放厄尔
巴岛。1815年重返巴黎，再登皇位。滑铁卢之役战败后，被流放大西洋圣

赫勒拿岛。——132、133、138、144、187。

涅夫斯基,弗拉基米尔·伊万诺维奇(**克里沃博科夫,费奥多西·伊万诺维奇**)(Невский,Владимир Иванович(Кривобоков,Феодосий Иванович)1876—1937)——1897 年参加俄国社会民主主义运动,布尔什维克。曾在顿河畔罗斯托夫、莫斯科、彼得堡、沃罗涅日和哈尔科夫等城市做党的工作。积极参加 1905—1907 年革命,屡遭沙皇政府迫害。1913 年被增补为候补中央委员。1917 年二月革命后是党的彼得堡委员会军事组织和中央委员会全俄军事组织局的组织者和领导人之一。积极参加十月武装起义,任彼得格勒军事革命委员会委员。十月革命后担任苏维埃和党的负责工作以及科研教学工作,历任副交通人民委员、交通人民委员、全俄中央执行委员会主席团委员和副主席、斯维尔德洛夫共产主义大学校长、党史委员会副主任、国立列宁图书馆馆长等职。写有一些哲学著作和历史著作。——11、381、385、387。

牛顿,伊萨克(Newton,Isaac 1642—1727)——英国物理学家、天文学家和数学家,剑桥大学教授。1672 年被选为伦敦皇家学会会员,1703 年起任皇家学会会长。确立了经典力学的基本定律,发现了万有引力定律和光的色散,与哥·莱布尼茨并称为微积分的创始人。在哲学观点上是自发的唯物主义者。提出一切行星都在某种外来的"第一推动力"作用下由静止开始运动的说法。牛顿的观点对机械唯物主义的形成有很大影响。主要著作有《自然哲学的数学原理》(1687)、《光学》(1704)等。——183、265、319。

诺克斯,霍华德(Knox,Howard 生于 1868 年)——英国实用主义哲学家。著有《威廉·詹姆斯的哲学》(1914)、《争取自由的意志》(1928)、《真理的演进》(1930)等书。——233。

P

彭加勒,昂利(Poincaré,Henri 1854—1912)——法国数学家和物理学家,1886 年起任巴黎大学教授,1887 年起为法兰西科学院院士。在研究微分方程理论、数学物理、天体力学等方面有贡献;和爱因斯坦同时奠定了相对论的基础。在哲学上接近马赫主义,否认物质的客观存在和自然界的客观规律性,认为自然规律是人们为了"方便"而创造的符号、记号;科学理论的价值不取决于它是否正确而深刻地反映客观实在，而取决于它应用起来是否方便和适宜。主要哲学著作有《科学和假说》(1902)、《科学的价值》(1905)、《科学和方法》(1909)等。——22、46、168—169、187、264—265、268、269、276、287、291、293、296、304—306、310—311、312、317、320、323、325、358、359。

彭加勒，律西安·安托万(Poincaré, Lucien-Antoine 1862—1920)——法国物理学家，教授。研究电学理论，主要著作为《现代物理学》(1906)。——311。

皮浪(Pyrrhon 约公元前360—前270)——古希腊哲学家，古代怀疑论创始人。认为客观真理是不可认识的，宣扬逃避和漠视实际生活。——142、210。

普利什凯维奇，弗拉基米尔·米特罗范诺维奇(Пуришкевич, Владимир Митрофанович 1870—1920)——俄国大地主，黑帮反动分子，君主派。1900年起在内务部任职，1904年为维·康·普列韦的内务部特别行动处官员。1905年参与创建黑帮组织"俄罗斯人民同盟"，1907年退出同盟并成立了新的黑帮组织"米迦勒天使长同盟"。第二届、第三届和第四届国家杜马代表，因在杜马中发表歧视异族和反犹太人的演说而臭名远扬。第一次世界大战期间鼓吹把战争进行到"最后胜利"。1917年二月革命后主张恢复君主制。十月革命后竭力反对苏维埃政权，是1917年11月初被揭露的军官反革命阴谋的策划者。——205。

普列汉诺夫，格奥尔吉·瓦连廷诺维奇(列尔托夫)(Плеханов, Георгий Валентинович(Бельтов) 1856—1918)——俄国早期的马克思主义理论家，后来成为孟什维克和第二国际机会主义领袖之一。19世纪70年代参加民粹主义运动，是土地和自由社成员及土地平分社领导人之一。1880年侨居瑞士，逐步同民粹主义决裂。1883年在日内瓦创建俄国第一个马克思主义团体——劳动解放社。翻译和介绍了马克思和恩格斯的许多著作，对马克思主义在俄国的传播起了重要作用；写过不少优秀的马克思主义著作，批判民粹主义、合法马克思主义、经济主义、伯恩施坦主义、马赫主义。20世纪初是《火星报》和《曙光》杂志编辑部成员。曾参与制定俄国社会民主工党纲领草案和参加党的第二次代表大会的筹备工作。在代表大会上是劳动解放社的代表,属火星派多数派,参加了大会常务委员会,会后逐渐转向孟什维克。1905—1907年革命时期反对列宁的民主革命的策略,后来在孟什维克和布尔什维克之间摇摆。在俄国社会民主工党第四次(统一)代表大会上作了关于土地问题的报告,维护马斯洛夫的孟什维克方案;在国家杜马问题上坚持极右立场,呼吁支持立宪民主党人的杜马。斯托雷平反动时期和新的革命高涨年代反对取消主义,领导孟什维克护党派。第一次世界大战期间持社会沙文主义立场。1917年二月革命后支持资产阶级临时政府。对十月革命持否定态度,但拒绝支持反革命。最重要的理论著作有《社会主义与政治斗争》(1883)、《我们的意见分歧》(1885)、《论一元论历史观之发展》(1895)、《唯物主义史论丛》(1896)、《论个人在历史上的作用》(1898)、《没有地址的信》(1899—1900),等等。——13、14、17、52、78、79、80、83、95、96、97、98、102、103、108、109—110、114、121、122、123、142—143、148、153—154、155、156、204、243、249、250、261、263、372、386、393、394。

Q

齐亨,泰奥多尔(Ziehen,Theodor 1862—1950)——德国唯心主义哲学家,生理学家和精神病学家。1892年起先后在耶拿、乌得勒支和哈雷任精神病学教授,1904年起在柏林任精神病学教授,1917年起在哈雷任哲学教授;是经验批判主义和内在论哲学的信徒。主要著作有《心理生理学的认识论》(1898)、《心理学原理》(1915)、《美学讲演录》(1923—1925)等。——232、241。

切尔诺夫,维克多·米哈伊洛维奇(Чернов,Виктор Михайлович 1873—1952)——俄国社会革命党领袖和理论家之一。1902—1905年任社会革命党中央机关报《革命俄国报》编辑。曾撰文反对马克思主义,企图证明马克思的理论不适用于农业。第一次世界大战期间持社会沙文主义立场,曾参加齐美尔瓦尔德代表会议和昆塔尔代表会议。1917年5—8月任临时政府农业部长,对夺取地主土地的农民实行残酷镇压。敌视十月革命。1918年1月任立宪会议主席;曾领导萨马拉的反革命立宪会议委员会,参与策划反苏维埃叛乱。1920年流亡国外,继续反对苏维埃政权。在他的理论著作中,主观唯心主义和折中主义同修正主义和民粹派的空想混合在一起;企图以资产阶级改良主义的"结构社会主义"对抗科学社会主义。——13、95——99、101——102、105、110、115、128——129、134、137、191、197、212、220、224、328。

S

塞克斯都·恩披里柯(Sextus Empiricus 2世纪下半叶)——古希腊哲学家和医生,古代怀疑论的著名代表。否定认识真理的可能性,反对任何"独断的"判断和道德原则,断言人不应该有任何信念,把信念看做是谋取幸福的主要障碍。留传下来的著作有《皮浪的基本原理》和《反对数学家》,其中有丰富的哲学史料。——142。

塞曼,彼得(Zeeman,Pieter 1865——1943)——荷兰物理学家。1900年起任阿姆斯特丹大学教授。1896年发现光谱线在外界磁场影响下发生分裂的现象(所谓塞曼效应或塞曼现象),对于电子理论的论证和发展起了重要作用。——303。

施达克,卡尔·尼古拉(Starcke,Carl Nikolai 1858——1926)——丹麦哲学家和社会学家,1916年起在哥本哈根任教授。是《路德维希·费尔巴哈》(1885)一书的作者,恩格斯在《路德维希·费尔巴哈和德国古典哲学的终结》一书中对该书进行了评述。——213——214。

施米特,亨利希(Schmidt,Heinrich 1874——1935)——德国生物学家,恩斯特·海克尔的学生和追随者,耶拿海克尔档案馆馆长。维护海克尔,反击反动哲学家和神学家对海克尔的攻击,为此写有《〈宇宙之谜〉所引起的斗争》(1900)、《海克尔的基本生物发生律及其反对者》(1902)、《一元论和基督教》(1906)等。——366。

施什金,尼古拉·伊万诺维奇(Шишкин,Николай Иванович 1840——1906)——俄国数学家和物理学家,莫斯科心理学学会会员,《哲学和心理学问题》杂志撰稿人。维护自然科学中的经验批判主义观点。——313——316。

施韦格勒,阿尔伯特(Schwegler,Albert 1819——1857)——德国神学家、哲学家、语文学家和历史学家。曾将亚里士多德的《形而上学》译成德文,主编

1843—1848 年在斯图加特和蒂宾根出版的《现代年鉴》。著有《哲学史纲要》(1847)等。——131。

叔本华,阿尔图尔(Schopenhauer, Arthur 1788—1860)——德国主观唯心主义哲学家。认为外部世界是表象的世界,是由主体的内在本质所产生的意识的现象;是不可知的。宣扬唯意志论,认为世界意志就是世界的本质。承认世界是受盲目的、非理性的、荒唐的意志所统治的。他的唯意志论对帝国主义时代资产阶级哲学的发展有重大影响。主要著作有《世界是意志和表象》(1819)等。——198、214、238。

舒伯特-索尔登,理查(Schubert-Soldern, Richard 1852—1935)——德国哲学教授,内在论哲学代表;曾参加德国《内在论哲学杂志》的出版工作。主要著作有《论客体和主体的超验性》(1882)、《认识论的基础》(1884)、《人类的幸福和社会问题》(1896)等。——65、72、83、185、217、218—219、221、222、224—225、226、241、260—261、339、341、361、365。

舒尔采,戈特利布·恩斯特(Schulze, Gotlieb Ernst 1761—1833)——德国唯心主义哲学家,大卫·休谟的追随者,教授。否认康德的自在之物,认为这是向唯物主义的让步,否认客观认识的可能性,把认识局限于感觉经验,企图恢复古希腊怀疑论,并使之现代化。由于他的一部主要哲学著作以古希腊怀疑论哲学家埃奈西德穆为名,所以在哲学史上被称为舒尔采-埃奈西德穆。主要著作有《哲学科学概论》(1788—1790)、《埃奈西德穆或关于耶拿的赖因霍尔德教授先生提出的基础哲学的原理》(1792)、《理论哲学批判》(1801)等。——142、143、191、201—203、205。

舒佩,威廉(Schuppe, Wilhelm 1836—1913)——德国哲学家,主观唯心主义者,内在论学派首脑。1873 年起任格赖夫斯瓦尔德大学教授。认为世界不能离开意识而存在,存在和意识是同一的。这种观点必然导致唯我论。主要著作有《认识论的逻辑》(1878)、《内在论哲学》(1897)、《唯我论》(1898)等。——2、65、68、69、74、83、111、185、216、217—219、221、222、223—224、227、232、233、238、240、253、254、338—339、361、372。

司徒卢威,彼得·伯恩哈多维奇(Струве, Петр Бернгардович 1870—1944)——俄国经济学家,哲学家,政论家,合法马克思主义主要代表人物,立宪民主党领袖之一。19 世纪 90 年代编辑合法马克思主义者的《新言

论》杂志和《开端》杂志。1896 年参加第二国际第四次代表大会。1898 年
参加起草《俄国社会民主工党宣言》。在 1894 年发表的第一部著作《俄国
经济发展问题的评述》中，在批判民粹主义的同时，对马克思的经济学说和
哲学学说提出"补充"和"批评"。20 世纪初同马克思主义和社会民主主义
彻底决裂，转到自由派营垒。1902 年起编辑自由派资产阶级刊物《解放》
杂志，1903 年起是解放社的领袖之一。1905 年起是立宪民主党中央委员，
领导该党右翼。1907 年当选为第二届国家杜马代表。第一次世界大战爆
发后鼓吹俄国的帝国主义侵略扩张政策。十月革命后敌视苏维埃政权，是
邓尼金和弗兰格尔反革命政府成员，后逃往国外。——68、220、362。

斯宾塞，赫伯特(Spencer, Herbert 1820—1903)——英国哲学家，社会学家。
　　实证论的代表，社会有机体论的创始人，社会达尔文主义者。认为社会和
　　国家如同生物一样是由简单到复杂的不断发展进化的有机体，社会的阶级
　　构成以及各种行政机构的设置犹如执行不同功能的各种生物器官，适者生
　　存的规律也适用于社会。主要著作为《综合哲学体系》(1862—1896)。
　　——212、213、234、342。

斯密斯，诺曼·凯姆普(Smith, Norman Kemp 1872—1958)——英国唯心主
　　义哲学家，接近新实在论;1919—1945 年任爱丁堡大学教授。主要著作有
　　《唯心主义认识论绪论》(1924)、《大卫·休谟的哲学》(1941)等。——66—
　　68、89、151。

斯奈德，卡尔(Snyder, Carl 生于 1869 年)——美国经济学家和作家。写有
　　自然科学通俗读物《科学中的新概念》(1903)、《世界机器》(1907)等。
　　——370。

斯塔洛，约翰·伯纳德(Stallo, John Bernard 1823—1900)——美国哲学家和
　　物理学家;早年信奉黑格尔唯心主义，后来拥护经验批判主义。——
　　323—324、325。

斯托雷平，彼得·阿尔卡季耶维奇(Столыпин, Петр Аркадьевич 1862—
　　1911)——俄国国务活动家，大地主。1884 年起在内务部任职。1902 年任
　　格罗德诺省省长。1903—1906 年任萨拉托夫省省长，因镇压该省农民运
　　动受到尼古拉二世的嘉奖。1906—1911 年任大臣会议主席兼内务大臣。
　　1907 年发动"六三政变"，解散第二届国家杜马，颁布新选举法以保证地

主、资产阶级在杜马中占统治地位,残酷镇压革命运动,大规模实施死刑,
开始了"斯托雷平反动时期"。实行旨在摧毁村社和培植富农的土地改革。
1911 年被社会革命党人 Д. Г. 博格罗夫刺死。——229。

苏沃洛夫,谢尔盖·亚历山德罗维奇(Суворов, Сергей Александрович
1869—1918)——俄国社会民主党人,著作家和统计学家。19 世纪 90 年
代开始革命活动时是民意党人,1900 年起为社会民主党人。1905—1907
年在俄国一些城市的布尔什维克组织中工作,是俄国社会民主工党第四次
(统一)代表大会代表。在代表大会上是土地问题的报告人之一,支持分配
地主土地并将土地转归农民私有的要求。1905—1907 年革命失败后,参
加党内马赫主义者知识分子集团,攻击马克思主义哲学。在该集团编纂的
《关于马克思主义哲学的论丛》(1908)中发表了他的《社会哲学的基础》一
文。对其反马克思主义的哲学观点,列宁在本卷中予以批判。1910 年以
后脱党,从事统计工作。1917 年加入孟什维克国际主义派。十月革命后
在莫斯科和雅罗斯拉夫尔工作。1918 年 7 月雅罗斯拉夫尔发生反革命暴
动时死去。——7、346—351。

索雷尔,若尔日(Sorel, Georges 1847—1922)——法国社会学家和哲学家,无
政府工团主义理论家,在哲学上是折中主义者。在皮·约·蒲鲁东、弗·
尼采和昂·柏格森的影响下,试图把马克思主义同蒲鲁东主义结合起来,
维护非理性主义和唯意志论。——306。

索洛维约夫,弗拉基米尔·谢尔盖耶维奇(Соловьев, Владимир Сергеевич
1853—1900)——俄国唯心主义哲学家,非理性主义者和神秘主义者。力
图复活新柏拉图主义者的思想,把"精神本原"——神置于一切存在之上,
把神看成是世界"一切统一"的基础。反对唯物主义,主张从哲学上来论证
基督教,宣传普世教会和以宗教"复兴"人类的思想。主要著作有《西方哲
学危机》(1874)、《完整知识的哲学基础》(1877)、《抽象原理批判》(1877—
1880)等。——314。

T

汤姆生,威廉,开尔文男爵(Thomson, William, Baron Kelvin 1824—
1907)——英国物理学家,1846—1899 年在格拉斯哥任大学教授,1890—

1895年任伦敦皇家学会会长；在热力学、电学和磁学等方面的著作具有重要意义。在哲学观点上是机械唯物主义者。主要著作有《电学和磁学论文再版》(1872)、《数学和物理学论文集》(1882—1911)、《通俗讲演录》(1889—1894)等。——269、276。

汤姆生，约瑟夫·约翰(Thomson, Joseph John 1856—1940)——英国物理学家，教授，1915—1920年任伦敦皇家学会会长。以电学和磁学方面的著作而闻名；1897年发现了电子，1903年提出了最早的一个原子模型。在哲学观点上是自发的唯物主义者。主要著作有《电与物质》(1903)、《物质微粒论》(1907)、《化学中的电子》(1923)等。——273。

屠格涅夫，伊万·谢尔盖耶维奇(Тургенев, Иван Сергеевич 1818—1883)——俄国作家，对俄罗斯文学语言的发展作出重大贡献。他的作品反映了19世纪30—70年代俄国社会的思想探索和心理状态，揭示了俄国社会生活的特有矛盾，塑造了一系列"多余人"的形象；这些"多余人"意识到贵族制度的必然灭亡，但对于改变这一制度又束手无策。在俄国文学中第一次描写了新一代的代表人物——平民知识分子。反对农奴制，但寄希望于亚历山大二世，期望通过"自上而下"的改革使俄国达到渐进的转变，主张在俄国实行立宪君主制。——85、98、348。

W

瓦连廷诺夫，尼·(沃尔斯基，尼古拉·弗拉基斯拉沃维奇)(Валентинов, Н. (Вольский, Николай Владиславович) 1879—1964)——俄国孟什维克，新闻工作者，马赫主义哲学家。1898年参加革命运动。俄国社会民主工党第二次代表大会后站在布尔什维克一边，1904年底转向孟什维克，编辑孟什维克的《莫斯科日报》，参加孟什维克的《真理》、《我们的事业》和《生活事业》等杂志的工作，为资产阶级的《俄罗斯言论报》撰稿。斯托雷平反动时期是取消派分子。在土地问题上，维护土地地方公有化。在哲学上，用马赫和阿芬那留斯的主观唯心主义观点来修正马克思主义。列宁在本卷中批评了他的哲学观点。十月革命后在最高国民经济委员会的《工商报》任副编辑，后在苏联驻巴黎商务代表处工作。1930年侨居国外。主要著作有《马克思主义的哲学体系》(1908)、《马赫和马克思主义》(1908)等。——

2、7、13、31、82、95、152、156、191、204、220、224、241、250、258、259、271、274—275、317。

万科韦拉尔特,扬·弗朗斯(科韦拉尔特)(Van Cauwelaert,Jan Frans(Cauwelaert)生于1880年)——比利时法学家和国务活动家。1907年起在弗赖堡大学兼任教授,1910年起为众议院议员。后来担任过外交职务,为内阁大臣。1905—1907年曾在《新经院哲学评论》杂志上发表过几篇唯心主义哲学文章。——42、54、55、151。

维利,鲁道夫(Willy,Rudolph 1855—1920)——德国马赫主义哲学家,阿芬那留斯的学生。其著作除列宁分析过的《反对学院智慧。哲学批判》(1905)以外,尚有《从原始一元论观点看总体经验》(1908)、《理想与生活……》(1909)等。—— 42、55、69—70、71、75、76、77、78、82、90—91、168、215、218、219、364、369、370、371。

文德尔班,威廉(Windelband,Wilhelm 1848—1915)——德国唯心主义哲学家,哲学史家,新康德主义巴登(弗赖堡)学派的创始人。1876年起在苏黎世、1877年起在弗赖堡、1882年起在斯特拉斯堡、1903年起在海德堡任大学教授。以非理性主义发挥康德主义,把哲学视为研究"绝对价值"的科学;把社会科学同自然科学对立起来,认为对社会过程不可能作出科学的解释。主要著作有《近代哲学史》(1878—1880)、《序曲》(1884)、《历史和自然科学》(1894)、《论范畴的体系》(1900)等。——214。

乌尔维格,路易(Houllevigue,Louis 1863—1944)——法国物理学家,1905年起在马赛任大学教授。主要著作有《科学的进化》(1908)、《物质》(1913)等。——271。

X

西尼耳,纳索·威廉(Senior,Nassau William 1790—1864)——英国庸俗经济学家。1825—1830年和1847—1852年任牛津大学教授。在多届政府的劳动和工业问题委员会中担任领导职务。倡导"节欲论",并极力反对缩短工作日。马克思在《资本论》第1卷中批判了他在1837年发表的小册子《关于工厂法对棉纺织业的影响的书信》。——140。

希本,约翰·格里尔(Hibben,John Grier 1861—1933)——美国唯心主义哲

学家,逻辑学家。1897—1918年先后任普林斯顿大学教授和校长。主要
著作有《归纳逻辑学》(1896)、《黑格尔逻辑学,解释的尝试》(1902)、《演绎
逻辑学》(1905)等。——284—285。

谢林,弗里德里希·威廉·约瑟夫(Schelling, Friedrich Wilhelm Joseph
　　1775—1854)——18世纪末—19世纪初德国唯心主义哲学的代表。曾在
　　耶拿(1798年起)、维尔茨堡(1803年起)、慕尼黑(1806年起)和柏林(1841
　　年起)任大学教授。初期信奉费希特哲学,后创立客观唯心主义的"同一哲
　　学",提出存在和思维、物质和精神、客体和主体绝对同一的观念,并认为绝
　　对同一是"宇宙精神"的无意识状态。把自然界的发展描述成"宇宙精神"
　　自我发展的辩证过程。是自然哲学这一谢林唯心主义哲学体系中最有价
　　值的部分的最著名的代表人物。后期成为普鲁士王国的御用思想家,宣扬
　　宗教神秘主义的"启示哲学"。主要著作有《自然哲学体系初稿》(1799)、
　　《先验唯心主义体系》(1800)等。——93、352、377。

休谟,大卫(Hume, David 1711—1776)——英国哲学家,主观唯心主义者,不
　　可知论者;历史学家和经济学家。继乔·贝克莱之后,用唯心主义精神发
　　展约·洛克的感觉论。承认感觉是认识的基础,认为认识的任务就是组合
　　初步的感觉和由感觉形成的概念。否认唯物主义的因果观,认为外部世界
　　的存在问题是无法解决的。认为人只能知道自己心理上的感觉,感受之外
　　的东西,人是不可能知道的。主要著作有《人性论》(1739—1740)、《道德
　　原则研究》(1751)等。——1、24—27、46、59—60、62、96、97、98、100、105、
　　112、115、127、128、137、139、142、143、158、161—162、163、165、167、168、
　　169、170、173、188、191、200、201、202、203、205、206、208、210、211、212、
　　214、215、219、222、228、259、309、310、325、353、374。

Y

耶鲁萨伦姆,威廉(Jerusalem, Wilhelm 1854—1923)——奥地利唯心主义哲
　　学家,心理学家,曾在维也纳任哲学教授。主要著作有《心理学教科书》
　　(1888)、《哲学引论》(1899)、《批判的唯心主义和纯粹的逻辑》(1905)等。
　　——92、151、261。

叶夫洛吉(格奥尔吉耶夫斯基,瓦西里)(Евлогий(Георгиевский, Василий)生

于 1868 年)——俄国君主派分子,黑帮组织"俄罗斯人民同盟"的领导人之
一。1902 年起为卢布林省主教。第二届和第三届国家杜马卢布林省和谢
德尔采省正教居民的代表。1914 年起为沃伦省大主教。十月革命后是流
亡国外的君主派首领之一。——141。

伊林,弗·——见列宁,弗拉基米尔·伊里奇。

尤什凯维奇,帕维尔·索洛蒙诺维奇(Юшкевич, Павел Соломонович 1873 —
1945)——俄国社会民主党人,孟什维克;数学家。在哲学上是马赫主义
者,拥护实证论和实用主义;斯托雷平反动时期对马克思主义哲学进行修
正,企图用马赫主义的一个变种——"经验符号论"代替马克思主义哲学。
著有《从经验符号论观点看现代唯能论》一文(收入《关于马克思主义哲学
的论丛》)(1908)及《唯物主义和批判实在论》(1908)、《新思潮》(1910)、《一
种世界观与种种世界观》(1912)等书。十月革命后反对苏维埃政权,
1917—1919 年在乌克兰为孟什维克—社会革命党人的《联合》杂志和其他
反布尔什维克的报刊撰稿,后脱离政治活动。1930 年起在马克思恩格斯
研究院从事哲学著作的翻译工作。——2、7、13、14、22、56、60、65、95、152、
168、169、170 — 171、177、178、180、204、212、214、241、262、275、276、285、
288、296、306、317、346、347、362。

宇伯威格,弗里德里希(Ueberweg, Friedrich 1826—1871)——德国哲学家和
哲学史家,1867 年起任柯尼斯堡大学教授;在哲学观点上接近唯物主义。
主要著作有《哲学史概论》(1862—1866);还写有《逻辑学体系和逻辑学说
史》(1857)、《论唯心主义、实在论和唯心实在论》(1859)等。——199。

约德尔,弗里德里希(Jodl, Friedrich 1849 — 1914)——德国哲学家,布拉格
(1885 年起)和维也纳(1896 年起)的大学哲学教授,路·费尔巴哈的追随
者。研究伦理学,力图使伦理学摆脱宗教影响,同时又试图论证一种新的
"人类宗教"。与安·博林一起编辑了《费尔巴哈全集》第 2 版。主要著作
有《近代哲学中的伦理学历史》(1882 — 1889)、《国民经济学与伦理学》
(1886)、《路德维希·费尔巴哈》(1904)等。——81。

Z

詹姆斯,威廉(James, William 1842 — 1910)——美国哲学家和心理学家,主

观唯心主义者,实用主义创始人之一。1880年起任哈佛大学教授。对一些哲学概念(意识、经验、真理等)的解释接近经验批判主义。主要著作有《心理学原理》(1890)、《实用主义》(1907)、《从多元论观点看宇宙》(1909)等。——358。

正统派——见阿克雪里罗得,柳博芙·伊萨科夫娜。

文 献 索 引

阿德勒，弗·《辩证唯物主义和经验批判主义》(Адлер, Ф. Диалектический материализм и эмпириокритицизм. (Фридрих Энгельс и естествознание).—В кн.: Исторический материализм. Сборник статей Энгельса, Каутского, Лафарга и др. Сост. и пер. С. Бронштейн (С.Семковский). С предисл. и указателем литературы об историческом материализме на русск. и иностранных языках. Спб., тип. «Общественная Польза», 1908, стр. 351—377)——48、58、94。

——《世界要素的发现》(载于1908年2月《斗争》杂志第5期)(Adler, F. W. Die Entdeckung der Weltelemente. (Zu Ernst Machs 70. Geburtstag).— «Der Kampf», Wien, 1908, Jg. 1, Hft. 5, 1. Februar, S. 231—240)——47、51—52、229。

——《世界要素的发现》(载于1908年4月《国际社会主义评论》杂志第10期)(The Discovery of the World Elements.—«The International Socialist Review», Chicago, 1908, Vol. VIII, N 10, April, p. 577—588)——47。

——《译者前言》(Vorbemerkung des Übersetzers.—In: Duhem, P. Ziel und Struktur der physikalishen Theorien. Autorisierte Übers. Von F. Adler. Mit einem Vorw. von E. Mach. Leipzig, Barth, 1908, S. V—VII)——325。

阿芬那留斯，理·《纯粹经验批判》(第1—2卷)(德文版)(Avenarius, R. Kritik der reinen Erfahrung. Bd. 1—2. Leipzig, Fues (Reisland), 1888—1890. 2 Bd.)——55、62、154—155。

第2卷(Bd. 2. Reisland, 1890. IV, 528 S.)——150—151。

——《纯粹经验批判》(俄文版)(Авенариус, Р. Критика чистого опыта. Пер. с нем. И. Федорова. Т. 1. Пер. со 2-го нем. изд., испр. И. Петцольдтом по указаниям, оставшимся после смерти автора. Спб., Шестаковский и

Федоров，1907.XVIII,124 стр.） ——150。

——《关于心理学对象的概念的考察》(Bemerkungen zum Begriff des Gegen-
standes der Psychologie.—«Vierteljahrsschrift für wissenschaftliche Phi-
losophie», Leipzig,1894, Jg. 18, Hft. 2, S. 137—161; Hft.4,S. 400—
420; 1895, Jg. 19, Hft. 1,S.1—18; Hft. 2, S. 129—145)——51、62、
64、71、72、73、74—75、81、84—85、146—147、154。

——《人的世界概念》(1891 年版)(Der menschliche Weltbegriff.Leipzig,Re-
island,1891.XXIV,133 S.)——42、55、64、68、70、74、84、214、218、363。

——《人的世界概念》(1905 年版)(Der menschliche Weltbegriff.2. nach dem
Tode des Verfassers hrsg. Aufl. Leipzig, Reisland, 1905. XXIV, 134 S.)
——62、84。

——《[〈人的世界概念〉一书]序言》(Vorwort[zum Buch：«Der menschliche
Weltbegriff»].—In：Avenarius, R. Der menschliche Weltbegriff. Leipzig，
Reisland,1891,S. VII—XIII)——42。

——《上述文章的注释》(Anmerkung zu der vorstehenden Abhandlung.—
«Vierteljahrsschrift für wissenschaftliche Philosophie»,Leipzig,1894,Jg.
18,Hft.1,S.29—31)——217。

——《哲学——按照费力最小的原则对世界的思维》(1876 年版)(Philosophie
als Denken der Welt gemäß dem Prinzip des kleinsten Kraftmaßes.Prole-
gomena zu einer Kritik der reinen Erfahrung. Leipzig,Fues(Reisland)，
1876.XIII,82 S.)——19、41、42—44、47、54—55、61、66、74、126、161、
173、201、203、363。

——《哲学——按照费力最小的原则对世界的思维》(1903 年版)(Philosophie
als Denken der Welt gemäß dem Prinzip des kleinsten Kraftmaßes.Prole-
gomena zu einer Kritik der reinen Erfahrung. 2. unveränd. Aufl. Berlin,
Guttentag,1903.85 S.)——53。

——《[〈哲学——……对世界的思维〉一书]前言》(Vorwort[zum Buch：
«Philosophie als Denken der Welt…»].—In：Avenarius, R. Philosophie
als Denken der Welt gemäß dem Prinzip des kleinsten Kraftmaßes.Prole-
gomena zu einer Kritik der reinen Erfahrung. Leipzig,Fues(Reisland)，

1876,S.III—VII)——201。

阿克雪里罗得,柳·伊·(正统派)《哲学论文集》(Аксельрод, Л. И. (Ортодокс).
Философские очерки. Ответ философским критикам исторического мате-
риализма. Спб., Дружинина и Максимова, 1906. VIII, 233 стр.)——337。

艾瓦德,奥·《经验批判主义的创始人理查·阿芬那留斯》(Ewald, O. Richard
Avenarius als Begründer des Empiriokritizismus. Eine erkenntniskritische
Untersuchung über das Verhältnis von Wert und Wirklichkeit. Berlin,
Hofmann, 1905. IV, 177 S.)——55、68—69、88—89、92。

奥斯特瓦尔德,威·《自然哲学讲演录》(Ostwald, W. Vorlesungen über
Naturphilosophie. Gehalten im Sommer 1901 an der Universität Leipzig.
2. Aufl. Leipzig, Veit, 1902. XIV, 457 S.)——242、284。

——《[〈自然哲学讲演录〉一书]序言》(Vorwort [zum Buch: «Vorlesungen
über Naturphilosophie»]. —In: Ostwald, W. Vorlesungen über Naturphi-
losophie. Gehalten im Sommer 1901 an der Universität Leipzig. 2. Aufl.
Leipzig, Veit, 1902, S. V—VII)——284。

巴克斯,厄·贝·《实在的根源》(Bax, E. B. The Roots of Reality. Being sug-
gestions for a philosophical reconstruction. London, Richards, 1907. X,
331 p.)——152。

巴扎罗夫,弗·《现代的神秘主义和实在论》(Базаров, В. Мистицизм и
реализм нашего времени. —В кн.: Очерки по философии марксизма.
Философский сборник. Спб., [«Зерно»], 1908, стр. 3—71)——7、14、
78—79、81—82、83、105—106、109—113、114—116、143、173、189、204、
220、224、243、249、295—296、346、361。

鲍曼,尤·《关于恩斯特·马赫的哲学观点》(Baumann, J. Über Ernst Machs
philosophische Ansichten. —«Archiv für systematische Philosophie»,
Berlin, 1898, Bd. IV, Hft. 1, S. 44—64)——198。

贝克莱,乔·《贝克莱全集》(Berkeley, G. The Works of G. Berkeley, including
many of his writings hitherto unpublished. With prefaces, annotations, his
life and letters, and an account of his philosophy, by A. C. Fraser. In four
volumes. Vol. 1. Oxford, The Clarendon press, 1871. XX, 448 p.)——15—

18、19—24、64、80。

——《人类知识原理。对科学中谬误和困难的主要原因以及怀疑论、无神论和无信仰的根据的研究》(Беркли, Д. Трактат о началах человеческого знания, в котором исследуются главные причины заблуждения и трудности наук, а также основания скептицизма, атеизма и безверия. Пер. Е. Ф. Дебольской под ред. Н. Г. Дебольского. Спб., Попова, 1905. 183 стр. (Образовательная б-ка. Серия VI, №9))——15。

——《人类知识原理》(1734 年版)(A Treatise concerning the Principles of Human Knowledge..., first printed in the year 1710. To which are added Three Dialogues between Hylas and Philonous in Opposition to Sceptics and Atheists, first printed in the year 1713. London, Tonson, 1734. 355 p.)——16。

——《人类知识原理》(1871 年版)(A Treatise concerning the Principles of Human Knowledge. [Part 1]. Where in the chief of error and difficulty in the sciences, with the grounds of scepticism, atheism, and irreligion are inquired into. First published in the year 1710.—In: [Berkeley, G.] The Works of G. Berkeley, including many of his writings hitherto unpublished. With prefaces, annotations, his life and letters, and an account of his philosophy, by A. C. Fraser. In four volumes. Vol. 1. Oxford, The Clarendon press, 1871, p. 131—238)——15—18、19—24、64、80。

——《希勒斯和斐洛诺斯的三篇对话》(Three Dialogues between Hylas and Philonous, in Opposition to Sceptics and Atheists.—In: [Berkeley, G.] The Works of G. Berkeley, including many of his writings hitherto unpublished. With prefaces, annotations, his life and letters, and an account of his philosophy, by A. C. Fraser. In four volumes. Vol. 1. Oxford, The Clarendon press, 1871, p. 261—360)——24。

贝歇尔, 埃·《恩斯特·马赫的哲学观点》(Becher, E. The Philosophical Views of Ernst Mach.—«The Philosophical Review», New York—London, 1905, vol. XIV, N 5, September, p. 535—562)——198。

——《精密自然科学的哲学前提》(Philosophische Voraussetzungen der

exakten Naturwissenschaften. Leipzig, Barth, 1907. V, 243 S.)——304。

本特利,J.麦·《〈科学入门〉的心理学》(Bentley, J. M. The Psychology of «The Grammar of Science».——«The Philosophical Review», Boston—New York—Chicago, 1897, vol. VI, N 5, September, p. 521—528)——189。

比德曼,阿·埃·《基督教教义学》(Biedermann, A. E. Christliche Dogmatik. Zürich, Orell, Füssli und Co., 1869. XIV, 765 S.)——221。

彼得楚尔特,约·《纯粹经验哲学引论》(第 1—2 卷)(Petzoldt, J. Einführung in die Philosophie der reinen Erfahrung. Bd. 1—2. Leipzig, Teubner, 1900—1904. 2 Bd.)——128、165。

第 1 卷(Bd. 1. Die Bestimmtheit der Seele. 1900. XIV, 356 S.)——50、61、91、154、165—168、360、364。

第 2 卷(Bd. 2. Auf dem Wege zum Dauernden. 1904. VIII, 341 S.)——50、74、75、149、178—179、218、229、232、334—336、364。

——《从实证论观点来看世界问题》(Das Weltproblem von positivistischem Standpunkte aus. Leipzig, Teubner, 1906. X, 152 S. (Aus Natur und Geisteswelt. Sammlung wissenschaftlich-gemeinverständlicher Darstellungen. 133. Bändchen))——2、128、167、218、232。

毕尔生,卡·《科学入门》(Pearson, K. The Grammar of Science. 2-d ed., rev. a. enl. London, Black, 1900. XVIII, 548 p.)——45—46、89—90、147、149、164、188、272、281。

毕雍,弗·《[大卫·休谟〈人性论〉一书]序言》(Pillon, F. Introduction [en tête du livre: Hume, D. Traité de la nature humaine].——In: Hume, D. Traité de la nature humaine. (Livre premier ou de l'entendement). Trad. pour la première fois par Ch. Renouvier et F. Pillon. Essais philosophiques sur l'entendement. Trad. de M. Corrigée. Avec une introduction par F. Pillon. Paris, Bureau de la critique philosophique, 1878, p. I—LXXII. (Psychologie de Hume))——26。

——《[书评:]恩·马赫〈力学发展的历史评述〉》([Compte rendu du livre:] Mach, E. La mécanique, exposé historique et critique de son développement, traduit par Emile Bertrand, avec une introduction par E. Picard (in—8°, A.

Hermann；IX，498）．—《L'Année Philosophique》，Paris，1904，An.15，p. 178—181）——220。

别尔曼，雅·亚·《从现代认识论来看辩证法》（Берман，Я.А.Диалектика в свете современной теории познания. М.，«Московское Книгоиздательство»，1908. 236 стр.）——7、323。

—《论辩证法》（О диалектике.—В кн.：Очерки по философии марксизма，Философский сборник. Спб.，［«Зерно»］，1908，стр.72—106 ）——7、346。

波格丹诺夫，亚·《俄国读者要从恩斯特·马赫那里寻找什么？》（Богданов，А.Чего искать русскому читателю у Эрнста Маха？ —В кн.：Мах，Э. Анализ ощущений и отношение физического к психическому. Разрешенный автором пер. с рукописи 5-го доп. нем. изд. Г. Котляра. С предисл. автора к русск. пер. и с вступит. статьей А. Богданова. ［М.］，Скирмунт，［1907］，стр. III—XII）——91、93、228、231、317。

—《经验一元论》（第 1—3 卷）（Эмпириомонизм. Кн. I—III. М.—Спб.，Дороватовский и Чарушников，1905—1907.3 т.）——234、241、315。

　　第 1 卷（Кн. I. Статьи по философии. 2-е изд. М.，1905.185 стр.） ——41—42、45、53、61、124、152、172、191、238—239。

　　第 2 卷（Кн. II. Статьи по философии. 2-е изд.，Спб.，1907，181 стр.） ——121、152。

　　第 3 卷（Кн. III. Спб.，1906. XLVIII，159 стр.）—— 52、53、122、131—132、136—138、144、148、152、156、220、235—238、240、250、285、301、338、342—343。

—《［〈经验一元论〉第 3 卷］序言》（Предисловие ［к кн. III «Эмпириомонизма»］.—В кн.：Богданов，А. Эмпириомонизм. Кн. III. Спб.，Дороватовский и Чарушников，1906，стр. I—XLVIII）——52、53、122、131—132、136—138、144、148、152、156、220、235—238、240、250、285、338。

—《偶像之国和马克思主义哲学》（Страна идолов и философия марксизма.—В кн.：Очерки по философии марксизма. Философский сборник. Спб.，［«Зерно»］，1908，стр.215—242）——7、18、295、346。

—《权威的思维》（Авторитарное мышление.—В кн.：Богданов，А. Из

——《关于叔本华的一个命题》(Über eine These Schopenhauers. Vortrag, gehalten vor der philosophischen Gesellschaft in Wien, 21. Januar 1905.— In: Boltzmann, L. Populäre Schriften. Leipzig, Barth, 1905, S. 385—402) ——301。

——《关于无生命自然界的现象的客观存在问题》(Über die Frage nach der objektiven Existenz der Vorgänge in der unbelebten Natur.—In: Boltzmann, L. Populäre Schriften. Leipzig, Barth, 1905, S. 162—187) —— 94、301。

——《论统计力学》(Über statistische Mechanik. Vortrag, gehalten beim wissenschaftlichen Kongreß in St. Louis, 1904.—In: Boltzmann, L. Populäre Schriften. Leipzig, Barth, 1905, S. 345—363)——302。

——《论现代理论物理学方法的发展》(Über die Entwicklung der Methoden der theoretischen Physik in neuerer Zeit. Vortrag, gehalten auf der Münchener Naturforscherversammlung, Freitag, den 22. September 1899.—In: Boltzmann, L. Populäre Schriften. Leipzig, Barth, 1905, S. 198—227)——302。

——《论自然科学中原子论的必然性》(Über die Unentbehrlichkeit der Atomistik in der Naturwissenschaft.—In: Boltzmann, L. Populäre Schriften. Leipzig, Barth, 1905, S. 141—157)——302。

——《评威廉·福贝尔理论化学教程》(Besprechung des Lehrbuches der theoretischen Chemie von Wilhelm Vaubel(Berlin 1903).—In: Boltzmann, L. Populäre Schriften. Leipzig, Barth, 1905, S. 379—384)——303。

——《热力学第二定律》(Der zweite Hauptsatz der mechanischen Wärmetheorie. Vortrag, gehalten in der feierlichen Sitzung der Kaiserlichen Akademie der Wissenschaften am 29. Mai 1886.—In: Boltzmann, L. Populäre Schriften. Leipzig, Barth, 1905, S. 25—50)——301。

——《通俗论文集》(Populäre Schriften. Leipzig, Barth, 1905. VI, 440 S.)—— 94、301、302—303、312。

柏克勒尔，让·《正电荷的性质和正电子的存在》(Becquerel, J. Sur la nature des charges d'électricité positive et sur l'existence des électrons positifs.—In:

Comptes rendus hebdomadaires des séances de l' Académie des Sciences par M.M.les secrétaires perpétuels.T.CXLVI,N 25(22 juin 1908).Paris,1908,p.1308—1311)——298。

布莱,弗·《政治经济学中的形而上学》(Blei, F. Die Metaphysik in der Nationalökonomie.—«Vierteljahrsschrift für wissenschaftliche Philosophie»,Leipzig,1895,Jg.19,Hft.3,S.378—390)——328—333。

车尔尼雪夫斯基,尼·加·《车尔尼雪夫斯基全集》(十卷集)(Чернышевский,Н. Г. Полное собрание сочинений в 10 томах. Т.Х,ч.2.Отдельные статьи (1849 — 1863). Статьи последнего времени (1885 — 1889). Спб.,Чернышевский, 1906.VIII, 1072 стр.)——376—379。

——《〈艺术对现实的审美关系〉第三版序言》(Предисловие к третьему изданию «Эстетических отношений искусства к действительности».—В кн.：Чернышевский, Н. Г. Полное собрание сочинений в 10 томах. Т.Х, ч. 2. Отдельные статьи(1849 — 1863).Статьи последнего времени (1885 — 1889). Спб.,Чернышевский, 1906, стр. 190 — 197) —— 376—379。

达乌盖,帕·格·《格·普列汉诺夫和约·狄慈根》(Дауге, П. Г. Г. Плеханов и И. Дицген. Ко второму русскому изданию « Аквизита философии».—В кн.：Дицген, И. Аквизит философии и письма о логике. Специально демократически-пролетарская логика. Пер. с 2-го нем. изд. И. Г. Наумова под ред. П. Дауге. С предисл. к 1-му русск. изд. Е. Дицгена.С прил. статьи «Г.Плеханов и И. Дицген»П. Дауге. 2-е, вновь перераб. изд. М., Дауге, 1908, стр.253—284)——260。

——《约·狄慈根和他的批判者格·普列汉诺夫》(Dauge, P. G. J. Dietzgen und sein Kritiker G.Plechanow. (Nachwort zur 2.russ.Aufl.des «Akquisit der Philosophie»).—In：Dietzgen,J.Erkenntnis und Wahrheit.Des Arbeiterphilosophen universelle Denkweise und naturmonistische Anschauung über Lebenskunst,Ökonomie, Philosophie,Religion und Sozialismus.Zu seinem zwanzigsten Todestag gesam. u. hrsg. von E. Dietzgen. Stuttgart,Dietz,1908, S.393—428)——260。

德拉克鲁瓦,昂·《大卫·休谟和批判哲学》(Delacroix, H. David Hume et la philosophie critique.—In: Bibliothèque du Gongrès international de philosophie. Vol. IV. Histoire de la Philosophie. Paris, Librairie A. Colin, 1902, p. 337—362)——215。

狄慈根,欧·《出版者的话》(Dietzgen, E. Begleitwort des Herausgebers.—In: Dietzgen, J. Erkenntnis und Wahrheit. Des Arbeiterphilosophen universelle Denkweise und naturmonistische Anschauung über Lebenskunst, Ökonomie, Philosophie, Religion und Sozialismus. Zu seinem zwanzigsten Todestag gesam. u. hrsg. von E. Dietzgen. Stuttgart, Dietz, 1908, S. VII—XIV)——261。

——《再论狄慈根》(Nochmals Dietzgen.—«Die Neue Zeit», Stuttgart, 1908, Jg. 26, Bd. 2, N 44, S. 650—654)——261。

狄慈根,约·《短篇哲学著作集》(Dietzgen, J. Kleinere philosophische Schriften. Eine Auswahl. Stuttgart, Dietz, 1903. 272 S.)—— 116、120、121、135—136、140、256—258、259、273、355—357、358。

——《科学社会主义》(Der wissenschaftliche Sozialismus.—In: Dietzgen, J. Kleinere philosophische Schriften. Eine Auswahl. Stuttgart, Dietz, 1903, S. 1—11)——259。

——《人脑活动的实质》(1869 年德文版)(Das Wesen der menschlichen Kopfarbeit. Dargest. von einem Handarbeiter. Eine abermalige Kritik der reinen und praktischen Vernunft. Hamburg, Meißner, 1869. VIII, 129 S.)——278—279。

——《人脑活动的实质》(1903 年德文版)(Das Wesen der menschlichen Kopfarbeit. Eine abermalige Kritik der reinen und praktischen Vernunft. Mit einer Einl. von A. Pannekoek. Stuttgart, Dietz, 1903. XXVII, 151 S.)——119—120、160—161、165、255、279。

——《人脑活动的实质》(1907 年俄文版)(Дицген, И. Сущность головной работы человека. Новая критика чистого и практического разума. С биогр. очерком автора Е. Дицгена. С предисл. А. Паннекука. Пер. с нем. Б. С. Вейнберга, под ред. П. Дауге. М., Дауге, 1907. XXVII, 124 стр.)

les manuscrits inédits conservés à la Bibliothèque de l'Ermitage. Notices, notes, table analytique, étude sur Diderot et le mouvement philosophique au XVIII-e siècle par J. Assézat. T. 1—2. Paris, Garnier Frères, 1875. 2 t.)

第 1 卷(T.1.LXVIII,492 p.)——27—28。

第 2 卷(T.2.530 p.)——28—30、36、39。

—《一封为告诫睁眼人而谈论盲人的信》(Lettre sur les aveugles à l'usage de ceux qui voient.—In: Diderot, D. Oeuvres complètes. Revues sur les éditions originales comprenant ce qui a été publié à diverses époques et les manuscrits inédits conservés à la Bibliothèque de l'Ermitage. Notices, notes, table analytique, étude sur Diderot et le mouvement philosophique au XVIII-e siècle par J. Assézat. T.1. Paris, Garnier Frères, 1875, p.279—342)——27—28。

狄克逊,爱·特·《科学入门》(Dixon, E. T. «The Grammar of Science». [A letter to the editor of «Nature»].—«Nature», London—New York, 1892, vol.46, N 1186, July 21, p.269)——93—94。

狄奈-德涅斯,约·《马克思主义和最近的自然科学革命》(Diner-Dénes, J. Der Marxismus und die neueste Revolution in den Naturwissenschaften.—«Die Neue Zeit», Stuttgart, 1906—1907, Jg. 25, Bd. 2, N 52, S.858—864)——262—263。

杜恒,皮·《物理学理论及其对象和构造》(德文版)(Duhem, P. Ziel und Struktur der physikalischen Theorien. Autorisierte Übers. von F. Adler. Mit einem Vorw. von E. Mach. Leipzig, Barth, 1908. XII, 367 S.)——325。

—《物理学理论及其对象和构造》(法文版)(La théorie physique, son objet et sa structure. Paris, Chevalier et Rivière, 1906. 450 p. (Bibliothèque de philosophie expérimentale. II))——46、323—326。

杜林,欧·《逻辑与科学理论》(Dühring, E. Logik und Wissenschaftstheorie. Leipzig, Fues(Reisland), 1878. XVI, 561 S.)——252—254。

恩格斯,弗·《路德维希·费尔巴哈》(1892 年版)(Энгельс, Ф. Людвиг Фейербах. Пер. с нем. Г. Плеханова. С двумя прилож. и с объяснительными примеч. переводчика. Женева, тип. «Социал-Демократа», 1892.

IV，105 стр.（Б-ка современного социализма. Серия II. Вып. I））——243、249。

——《路德维希·费尔巴哈》（1905 年版）（Людвиг Фейербах. Пер. с нем. Г. Плеханова. С двумя прилож.，с новыми объяснительными примеч. и с новым предисл. переводчика. Женева，1905. XXXII，125，2 стр.（Б-ка научного социализма. Изд. 2-е. Серия I. Вып. I））——78、80、97—98、99—101、102、143、153、154。

——《路德维希·费尔巴哈和德国古典哲学的终结》（1888 年版）（Engels，F. Ludwig Feuerbach und der Ausgang der klassischen deutschen Philoso-phie. Revidierter Sonderabdruck aus der «Neuen Zeit». Mit Anhang: Karl Marx über Feuerbach vom Jahre 1845. Stuttgart，Dietz，1888. VII，72 S.）——1、24—25、35、58、101、102、105、139、169—170、190、209、213、273、348、354—355。

——《路德维希·费尔巴哈和德国古典哲学的终结》（1907 年版）（Ludwig Feuerbach und der Ausgang der klassischen deutschen Philosophie. Mit Anhang: Karl Marx über Feuerbach vom Jahre 1845. 4. Aufl. Stuttgart，Dietz，1907. IV，62 S.）——84、96—97、127、159—160、213、251—253、263。

——[《路德维希·费尔巴哈……》一书序言]（[Vorwort zum Buch: «Ludwig Feuerbach...»].—In: Engels，F. Ludwig Feuerbach und der Ausgang der klassischen deutschen Philosophie. Revidierter Sonderabdruck aus der «Neuen Zeit»，Mit Anhang: Karl Marx über Feuerbach vom Jahre 1845. Stuttgart，Dietz，1888，S. V—VII）——58、354—355。

——《论历史唯物主义》（德文版）（Über historischen Materialismus.—«Die Neue Zeit»，Stuttgart，1892—1893，Jg. XI，Bd. I，N 1，S. 15—20；N2，S. 42—51）——25、105—113、115、121、128。

——《论历史唯物主义》（俄文版）（Об историческом материализме.—В кн.: Исторический материализм. Сборник статей Энгельса，Каутского，Лафарга и др. Сост. и пер. С. Бронштейн（С. Семковский）. С предисл. и указателем литературы об историческом материализме на русск. и

иностранных языках. Спб., тип. «Общественная Польза», 1908, стр.
162—183)——25、105、108。

——《欧根·杜林先生在科学中实行的变革》(1878 年版)(Herrn Eugen
Dührings Umwälzung der Wissenschaft.Philosophie.Politische Ökonomie.So-
zialismus. Leipzig, Genossenschaft-Buchdruckerei, 1878. VIII, 274 S.)
——182、239、252—254、258、262、278、323、354。

——《欧根·杜林先生在科学中实行的变革》(1886 年版)(Herrn Eugen
Dührings Umwälzung der Wissenschaft.2.Aufl.Hottingen—Zürich, Verl.
der Volksbuchhandlung,1886.XVI,315 S.)——1—2、348。

——《欧根·杜林先生在科学中实行的变革》(1894 年版)(Herrn Eugen
Dührings Umwälzung der Wissenschaft.3., durchges. u. verm. Aufl. Stutt-
gart,Dietz,1894.XX,354 S.)——191、354。

——《欧根·杜林先生在科学中实行的变革》(1904 年版)(Herrn Eugen
Dührings Umwälzung der Wissenschaft. 5., unveränd. Aufl. Stuttgart,
Dietz,1904.XX,354 S.)——34—35、84、115—116、132、133、134—135、
158—159、177、180、181、192—193、264。

——《[〈欧根·杜林先生在科学中实行的变革〉一书]第二版序言》(Vorwort
zur zweiten Auflage [des Buches：«Herrn Eugen Dührings Umwälzung
der Wissenschaft»].—In：Engels,F. Herrn Eugen Dührings Umwälzung
der Wissenschaft. 2. Aufl. Hottingen—Zürich, Verl. der Volksbuchhand-
lung,1886,S.IX—XVI)——348。

——[《〈欧根·杜林先生在科学中实行的变革〉一书第三版序言》]
([Vorwort zur dritten Auflage des Buches：«Herrn Eugen Dührings
Umwälzung der Wissenschaft».—In：Engels, F. Herrn Eugen Dührings
Umwälzung der Wissenschaft.3., durchges. u. verm. Aufl. Stuttgart,Dietz,
1894,S.XX)——191、354。

——《社会主义从空想到科学的发展》(1877 年俄文版)(Развитие социализма
от утопии к науке.1877 г.)——349。

——《社会主义从空想到科学的发展》(1892 年英文版)(Socialism Utopian
and Scientific.Transl. by E.Aveling.With a special introduction by the au-

thor. London—New York，Sonnenschein—Scribner，1892. XXXIX，117
p.）——1、105、139、213、215、216、274。

——《[〈社会主义从空想到科学的发展〉一书] 导言》(Introduction [to：«So-
cialism Utopian and Scientific»].—In：Engels, F. Socialism Utopian and
Scientific. Transl. by E. Aveling. With a special introduction by the author.
London—New York, Sonnenschein—Scribner, 1892, p. V—XXXIX)——
1、105、139、213、215、216、274。

——《[〈哲学的贫困〉一书] 序言》(Vorwort [zum Buch：«Das Elend der Phi-
losophie» von K. Marx].—In：Marx, K. Das Elend der Philosophie.
Antwort auf Proudhons «Philosophie des Elends». Deutsch von E. Bern-
stein und K. Kautsky. Mit Vorwort und Noten von F. Engels. Stuttgart, Di-
etz, 1885, S. V—XXXVI)——330。

费尔巴哈，路•《对鲁•海姆的反驳》(Feuerbach, L. Entgegnung an R. Haym.
Anläßlich seiner Schrift：«Feuerbach und die Philosophie. Ein Beitrag zur
Kritik beider». Halle, 1847.—In：Feuerbach, L. Sämtliche Werke. Neu
hrsg. von W. Bolin u. F. Jodl. Bd. VII. Erläuterungen und Ergänzungen zum
Wesen des Christentums. Durchges. und neu hrsg. von W. Bolin. Stuttgart,
Frommann, 1903, S. 506—520)——80—81、118—119、156—158。

——《费尔巴哈全集》(第 2 卷和第 10 卷)(Sämtliche Werke. Bd. II, X. Leipzig,
Wigand, 1846—1866. 2 Bd.)

第 2 卷 (Bd. II. Philosophische Kritiken und Grundsätze. 1846. VII,
414 S.)——179、207—208。

第 10 卷 (Bd. X. Gottheit, Freiheit und Unsterblichkeit vom Stand-
punkte der Anthropologie. 1866. VIII, 293 S.)—— 117、130、
143、318。

——《费尔巴哈全集》(第 7 卷)(Sämtliche Werke. Neu hrsg. von W. Bolin u. F.
Jodl. Bd. VII. Erläuterungen und Ergänzungen zum Wesen des Christen-
tums. Durchges. und neu hrsg. von W. Bolin. Stuttgart, Frommann, 1903.
XII, 520 S.)——80—81、118—119、156—158。

——《[给威•博林的信》(1858 年 3 月 26 日)] ([Brief an W. Bolin. 26. März

1858].—In:[Feuerbach, L.] Ludwig Feuerbach in seinem Briefwechsel und Nachlaß sowie in seiner philosophischen Charakterentwicklung dargest. von K. Grün. Bd. 2. Ludwig Feuerbachs Briefwechsel und Nachlaß. 1850—1872. Leipzig—Heidelberg，Winter，1874，S. 49—50)——208。

—《就〈费尔巴哈和哲学。鲁·海姆1847年的批评文章〉论〈宗教的本质〉》(Über «das Wesen der Religion» in Beziehung auf:«Feuerbach und die Philosophie. Ein Beitrag zur Kritik beider von R. Haym 1847». Ein Bruchstück.—In:[Feuerbach, L.] Ludwig Feuerbach in seinem Briefwechsel und Nachlaß sowie in seiner philosophischen Charakterentwicklung dargest. von K. Grün. Bd. 1. Ludwig Feuerbachs philosophische Charakterentwicklung. Sein Briefwechsel u. Nachlaß. 1820 — 1850. Leipzig—Heidelberg, Winter, 1874, S. 423—435)——80—81。

—《路德维希·费尔巴哈的书简、遗稿及其哲学特征的阐述》(第1—2卷)(Ludwig Feuerbach in seinem Briefwechsel und Nachlaß sowie in seiner philosophischen Charakterentwicklung dargest. von K. Grün. Bd. 1 — 2. Leipzig—Heidelberg, Winter, 1874. 2 Bd.)

　　　第1卷(Bd. 1. Ludwig Feuerbachs philosophische Charakterentwicklung. Sein Briefwechsel u. Nachlaß. 1820 — 1850. VIII，435 S.)——81、353。

　　　第2卷(Bd. 2. Ludwig Feuerbachs Briefwechsel und Nachlaß. 1850—1872. VIII，333 S.)——208。

—《论唯灵论和唯物主义，特别是从意志自由方面着眼》(Über Spiritualismus und Materialismus, besonders in Beziehung auf die Willensfreiheit.—In:Feuerbach, L. Sämtliche Werke. Bd. X. Gottheit, Freiheit und Unsterblichkeit vom Standpunkte der Anthropologie. Leipzig, Wigand, 1866, S. 37—204)——117、130、143、318。

—《未来哲学原理》(Grundsätze der Philosophie der Zukunft. (1843). —In: Feuerbach, L. Sämtliche Werke. Bd. II. Philosophische Kritiken und Grundsätze. Leipzig, Wigand, 1846, S. 269—346)——179、207—208。

费舍，库·《近代哲学史》(Fischer, K. Geschichte der neuern Philosophie. Bd.

V. Fichte und seine Vorgänger. Heidelberg, Battermann, 1869. XL, 832 S.)
——203。

费希特,约·哥·《费希特全集》(Fichte, J. G. Sämtliche Werke. 1. Abt. Zur
theoretischen Philosophie. 1. Bd. Berlin, Veit, 1845. XXXII, 534 S.)——
73、142、203。

——《评〈埃奈西德穆或关于耶拿的赖因霍尔德教授先生提出的基础哲学的
原理〉》(Rezension des Aenesidemus oder über die Fundamente der vom
Herrn Prof. Reinhold in Jena gelieferten Elementarphilosophie.—In:
Fichte, J. G. Sämtliche Werke. 1. Abt. Zur theoretischen Philosophie. 1.
Bd. Berlin, Veit, 1845, S. 3—25)——73。

——《向广大读者所作的有关最新哲学真正本质的明白报道——强使读者
了解的一个尝试》(Sonnenklarer Bericht an das größere Publikum über
das eigentliche Wesen der neuesten Philosophie. Ein Versuch die Leser
zum Verstehen zu zwingen. Berlin, Realschulbuchhandlung, 1801. XX,
232 S.)——63—64、151。

——《知识学引论第二个篇(为已具有哲学体系的读者而作)》(Zweite Einlei-
tung in die Wissenschaftslehre, für Leser, die schon ein philosophisches
System haben.—In: Fichte, J. G. Sämtliche Werke. 1. Abt. Zur theore-
tischen Philosophie. 1. Bd. Berlin, Veit, 1845, S. 453—518)——
142、203。

冯特,威·《论素朴实在论和批判实在论》(Wundt, W. Über naiven und kri-
tischen Realismus.—«Philosophische Studien», Leipzig, 1895—1896,
Bd. 12, Hft. 3, S. 307—408; 1896—1897, Bd. 13, Hft. 1, S. 1—105;
Hft. 3, S. 323—433)——56、57—58、65、71、88、89、90、151、162、223。

——《形而上学》(Metaphysik.—In: Systematische Philosophie von W.
Dilthey, A. Riehl, W. Wundt u. a. Berlin—Leipzig, Teubner, 1907, S.
103—137. (Die Kultur der Gegenwart. T. 1, Abt. VI)——176、199。

弗兰克,阿·《哲学辞典》(Franck, A. Dictionnaire des sciences philosophiques.
Par une société de professeurs et de savants sous la direction de…2-e éd.
Paris, Hachette, 1875. XII, 1806 p.)——131。

弗兰克,菲·《因果律和经验》(Frank, Ph. Kausalgesetz und Erfahrung.—
　　«Annalen der Naturphilosophie», Leipzig, 1907, Bd. 6, S. 443—450)
　　——169。

弗雷泽,亚·坎·《[〈贝克莱全集〉一书]序言》(Fraser, A. C. Preface [to: «The
　　Works of G. Berkeley...»]. —In: [Berkeley, G.] The Works of G. Berkeley,
　　including many of his writings hitherto unpublished. With prefaces, anno-
　　tations, his life and letters, and an account of his philosophy, by A. C. Fra-
　　ser. In four volumes. Vol. 1. Oxford, The Clarendon press, 1871, p. VII—
　　XVIII)——21。

　—《〈人类知识原理〉编者序》(Editor's Preface to the «Treatise concerning
　　the Principles of Human Knowledge». —In: [Berkeley, G.] The Works of
　　G. Berkeley, including many of his writings hitherto unpublished. With
　　prefaces, annotations, his life and letters, and an account of his
　　philosophy, by A. C. Fraser. In four volumes. Vol. l. Oxford, The Clarendon
　　press, 1871, p. 115—130)——21。

弗里德兰德,奥·——见艾瓦德,奥·。

福贝尔,威·《理论化学教程》(Vaubel, W. Lehrbuch der theoretischen
　　Chemie. In zwei Bänden. Bd. 2. Zustandsänderungen und chemische Um-
　　setzungen. Berlin, Springer, 1903. XXI, 793 S.)——303。

格尔方德,O. И.《狄慈根的哲学和现代实证论》(Гельфонд, О. И. Философия
　　Дицгена и современный позитивизм. —В кн.: Очерки по философии
　　марксизма. Философский сборник. Спб., [«Зерно»], 1908, стр. 243—
　　290)——7、160、161、255、346。

格律恩,卡·——见[费尔巴哈,路·]《路德维希·费尔巴哈的书简、遗稿及
　　其哲学特征的阐述》。

果戈理,尼·瓦·《钦差大臣》(Гоголь, Н. В. Ревизор)——368。

　—《死魂灵》(Мертвые души)——56、233、258。

哈特曼,爱·《现代物理学的世界观》(Hartmann, E. Die Weltanschauung der
　　modernen Physik. Leipzig, Haacke, 1902. X, 233 S.)——60、299—300。

海费尔德,维·《关于亥姆霍兹的经验概念》(Heyfelder, V. Über den Begriff

der Erfahrung bei Helmholtz. Inaugural-Dissertation zur Erlangung der Doktorwürde von der philosophischen Fakultät der Universität zu Berlin. Berlin,1897.81 S.)——245。

海克尔,恩·《生命的奇迹》(Haeckel, E. Les merveilles de la vie. Etudes de philosophie biologique. Pour servir de complément aux Enigmes de l'Univers.Paris,Schleicher Frères,[s.d.].XII,380 p.)——368—369。

—《一元论者协会》(Der Monistenbund. Thesen zur Organisation des Monismus. Frankfurt am Main, Neuer Frankfurter Verlag, 1905. 12 S.) ——235。

—《宇宙之谜》(Die Welträtsel. Gemeinverständliche Studien über monistische Philosophie.Bonn,Strauß,1899.VIII,473 S.)——287、365—367、372。

亥姆霍兹,海·《报告演说集》(Helmholtz, H. Vorträge und Reden. Zugleich 3.Aufl.der «Populären wissenschaftlichen Vorträge» des Verfassers.Bd. 2.Braunschweig, Vieweg,1884.XII,380 S.)——245—246。

—《论力的守恒》(Über die Erhaltung der Kraft,eine physikalische Abhandlung,vorgetragen in der Sitzung der physikalischen Gesellschaft zu Berlin am 23.Juli 1847.Berlin,Reimer,1847.72 S.)——247—248。

—《生理光学》(德文版)(Helmholtz, H. Handbuch der physiologischen Optik. Leipzig, Voss, 1867. XIV, 874 S. (Allgemeine Enzyklopädie der Physik.Bd.IX))——243—244。

—《生理光学》(法文版)(Optique physiologique.Trad.par E. Javal et N.Th. Klein.Paris,Masson,1867.XI,1057 p.)——243—244。

—《知觉中的事实》(Die Tatsachen in der Wahrnehmung.—In: Helmholtz, H.Vorträge und Reden. Zugleich 3. Aufl. der «Populären wissenschaftlichen Vorträge» des Verfassers. Bd. 2. Braunschweig, Vieweg, 1884) ——245。

赫尼格斯瓦尔德,理·《马赫哲学批判》(Hönigswald, R. Zur Kritik der Machschen Philosophie. Eine erkenntnistheoretische Studie. Berlin, Schwetschke,1903. 54 S.)——175。

—《休谟关于外部世界的实在性的学说》(Über die Lehre Hume's von der

Realität der Außendinge. Eine erkenntnistheoretische Untersuchung. Berlin, Schwetschke, 1904. VIII, 88 S.)——14、93。

赫沃尔桑,奥·丹·《黑格尔、海克尔、科苏特及第十二诫》(Chwolson, O. D. Hegel, Haeckel, Kossuth und das zwölfte Gebot. Eine kritische Studie. Braunschweig, Vieweg, 1906. 90 S.)——366。

赫胥黎,托·亨·《休谟》(Huxley, T. H. Hume. London, Macmillan, 1879. VI, 208, 4 p.)——27。

赫兹,亨·《亨利希·赫兹全集》(第1卷和第3卷)(Hertz, H. Gesammelte Werke. Bd. I, III. Leipzig, Barth, 1894—1895. 2 Bd.)

　　第1卷(Bd. I. Schriften vermischten Inhalts. Hrsg. von Ph. Lenard. 1895. XXIX, 368 S.)——298。

　　第3卷(Bd. III. Die Prinzipien der Mechanik in neuem Zusammen- hange dargest. von H. Hertz. Miteinem Vorworte von H. Helm- holtz. 1894. XXIX, 312 S.)——297。

——《[〈力学……原理〉一书]导言》(Einleitung [zum Buch: «Die Prinzipien der Mechanik...»]: —In: Hertz, H. Gesammelte Werke. Bd. III. Die Prin- zipien der Mechanik in neuem Zusammenhange dargest. von H. Hertz. Mit einem Vorworte von H. Helmholtz. Leipzig, Barth, 1894, S. 1 — 49) ——297。

——《论光和电的关系》(Über die Beziehungen zwischen Licht und Elektrizität. Vortrag, gehalten bei der 62. Versammlung deutscher Naturforscher und Ärzte zu Heidelberg am 20. September 1889.—In: Hertz, H. Gesammelte Werke. Bd. I. Schriften vermischten Inhalts. Hrsg. von Ph. Lenard. Leipzig, Barth, 1895, S. 339—354)——298。

黑格尔,乔·威·弗·《黑格尔全集》(Hegel, G. W. F. Werke. Vollst. Ausg. durch einen Verein von Freunden des Verewigten: Ph. Marheineke u. a. Bd. 6. Enzyklopädie der philosophischen Wissenschaften im Grundrisse. T. 1. Die Logik. Hrsg. von L. von Henning. 2. Aufl. Berlin. Duncker u. Humblot, 1843. XL, 414 S.)——127。

华德,詹·《自然主义和不可知论》(第1—2卷)(Ward, J. Naturalism and Agnosticism. The Gifford lectures delivered before the University of Aberdeen in the years 1896 — 1898. 3-d. ed. Vol. I—II. London, Black, 1906. 2 vol.)

　　第 1 卷(Vol.I.XX,333 p.)——176、215—216、290—295。

　　第 2 卷(Vol.II.XIII,294 p.)——89、215—216、293。

君特,齐 •《19 世 纪 无 机 自 然 科 学 史》(Günther, S. Geschichte der anorganischen Naturwissenschaften im Neunzehnten Jahrhundert. Berlin,Bondi,1901.XIX,984 S.(Das Neunzehnte Jahrhundert in Deutschlands Entwicklung. Unter Mitwirkung von S. Günther, C. Gurlitt, F. Hoenig u.a.Bd.V))——301。

卡鲁斯,保 •《奥斯特瓦尔德教授的哲学》(Carus,P.Professor Ostwald's Philosophy.An appreciation and a criticism.-«The Monist», Chicago,1907, vol.XVII,N 4,October,p.516—540)——286。

—[《关于汉 • 克莱因佩特的论文〈马赫教授的一元论〉的笔记》]([Note about H.Kleinpeter's article «On the Monism of Professor Mach»].-«The Monist»,Chicago,1906,vol.XVI,N 2,April,p.320)——234。

—《海克尔的一元论者协会的纲要》(Haeckel's Theses for a Monistic Alliance. -«The Monist», Chicago, 1906, vol. XVI, N 1, January, p. 120 — 123)——235。

—《马赫教授的哲学》(Professor Mach's Philosophy. -«The Monist», Chicago,1906,vol.XVI,N 3,July,p.331—356)——234、235。

—《神学是一门科学》(Theology as a Science. -«The Monist», Chicago, 1902,vol.XIII,N l,October,p.24—37)——234—235。

卡斯坦宁,弗 •《经验批判主义——兼答威 • 冯特的论文》(Carstanjen, F. Der Empiriokritizismus, zugleich eine Erwiderung auf W. Wundts Aufsätze：« Der naive und kritische Realismus » II u. III.- «Vierteljahrsschrift für wissenschaftliche Philosophie», Leipzig, 1898, Jg.22,Hft.1,S.45—95;Hft.2,S.190—214;Hft.3,S. 267—293)——61、149、154—155。

康德,伊 •《纯粹理性批判》(Kant, I. Kritik der reinen Vernunft. Riga, Hartknoch,1781.[XXII],856 S.)——201。

考茨基,卡·《伦理学和唯物史观》(Каутский, К. Этика и материалисти-ческое понимание истории. С прил. статьи того же автора «Жизнь, наука и этика». Пер. с нем. И. Постмана. [Спб.], Скирмунт, 1906. 146 стр.)——211。

考夫曼,M.《发刊词》(Kauffmann, M. Einführung. —«Zeitschrift für immanente Philosophie», Berlin, 1895. Bd. I, Hft. 1, S. 1—10)——219。

柯亨,赫·《编者序》(Cohen, G. Einleitung des Herausgebers. —In: Lange, F. A. Geschichte des Materialismus und Kritik seiner Bedeutung in der Gegenwart. 2. Buch. Geschichte des Materialismus seit Kant. 5. (wohlfeile u. vollst.) Aufl. Biographisches Vorwort und Einleitung mit kritischem Nachtrag von H. Cohen. Leipzig, Baedeker, 1896, S. XV—LXXVI)——296—297、322。

科尔尼,阿·《对〈当代原子论的失败〉的简单答复》(Cornu, A. Quelques mots de réponse à «La déroute de l'atomisme contemporain».—«Revue générale des sciences pures et appliquées», Paris, 1895, An. 6, N 23, 15 décembre, p. 1030—1031)——311—312。

—[《1900年8月6日在国际物理学会议上的演说》]([Le discours sur le Congrès international de physique 6 août 1900].—In: Travaux du Congrès international de physique réuni à Paris en 1900, sous les auspices de la Société française de physique, rassemblés et publiés par Ch. Ed. Guillaume et L. Poincaré. T. IV. Procèsverbaux.—Annexes.—Liste des membres. Paris, Gauthier-Villars, 1901, p. 5—8)——311—312。

科内利乌斯,汉·《哲学引论》(Cornelius, H. Einleitung in die Philosophie. Leipzig, Teubner, 1903. XIV, 357 S.)——227—228。

克莱因佩特,汉·《答复》(Kleinpeter, H. Erwiderung.—«Archiv für systematische Philosophie», Berlin, 1900, Bd. VI, Hft. 1, S. 86—88) ——92、198、231—232。

—《恩斯特·马赫和亨利希·赫兹对物理学的根本观点》(Über Ernst Mach's und Heinrich Hertz' prinzipielle Auffassung der Physik.—«Archiv für systematische Philosophie», Berlin, 1898—1899, Bd. V, Hft. 2, S. 159—184)——231、247—249、270、297。

—《关于马赫教授的一元论》(On the Monism of Professor Mach.—«The Monist», Chicago, 1906, vol. XVI, N 2, April, p. 161—168)——234、298。

—《康德和现代自然科学认识批判》(Kant und die naturwissenschaftliche Erkenntniskritik der Gegenwart. (Mach, Hertz, Stallo, Clifford).—«Kantstudien», Berlin, 1903, Bd. VIII, S. 258—320)——232。

—《现代自然科学的认识论》(Die Erkenntnistheorie der Naturforschung der Gegenwart. Unter Zugrundelegung der Anschauungen von Mach, Stallo, Clifford, Kirchhoff, Hertz, Pearson und Ostwald. Leipzig, Barth, 1905. XII, 156 S.)——230—231、234、235。

—《[〈现代自然科学的世界图景〉一书]译者序言》(Vorwort des Übersetzers [zum Buch: «Das Weltbild der modernen Naturwisenschaft» von K. Snyder].—In: Snyder, K. Das Weltbild der modernen Naturwissenschaft nach den Ergebnissen der neuesten Forschungen. Autorisierte deutsche Übersetzung von H. Kleinpeter. Leipzig, Barth, 1905, S. III—XII)——370。

克利福德, 威·金·《演讲论文集》(Clifford, W. K. Lectures and Essays. Ed. by L. Stephen a. F. Pollock. 3-d. ed. In two volumes. Vol. II. London, Macmillan, 1901. 354 p.)——234。

拉法格, 保·《马克思的唯物主义和康德的唯心主义》(Lafargue, P. Le matérialisme de Marx et l'idéalisme de Kant. —«Le Socialiste», Paris, 1900, N 78, 25 février, p. 1)——209—211。

拉姆赛, 威·《传记性的和化学的论文集》(Ramsay, W. Essays Biographical and Chemical. London, Constable, 1908. 247 p.)——327。

莱尔, 雷·约·《劳埃德·摩根教授论〈科学入门〉》(Ryle, R. J. Professor Lloyd Morgan on the «Grammar of Science».—«Natural Science», London—New York, 1892, vol. I, N 6, August, p. 453—457)——189。

莱维, 阿·《费尔巴哈的哲学及其对德国著作界的影响》(Lévy, A. La philosophie de Feuerbach et son influence sur la littérature allemande. Thèse pour le doctorat présentée à la Faculté des lettres de l'Université de

Paris.Paris,Alcan,1904.XXVIII,544 p.)——103—104。

莱伊,阿·《现代物理学家的物理学理论》(Rey, A. La théorie de la physique chez les physiciens contemporains. Paris, Alcan, 1907. V, 412 p.)——265—270、273、276—278、306—313、319—323、325。

——《[〈……物理学理论〉一书]序言》(Préface[du livre:《La théorie de la physique...》]. —In:Rey,A.La théorie de la physique chez les physiciens contemporains.Paris,Alcan,1907,p.I—V)——266、268—269、307。

朗格,弗·阿·《工人问题及其在目前和将来的意义》(Lange, F. A. Die Arbeiterfrage.Ihre Bedeutung für Gegenwart und Zukunft.2.umgearb.u. verm. Aufl.Winterthur,Bleuler-Hausheer,1870.VI,384 S.)——344。

——《唯物主义史及当代对唯物主义意义的批判》(Geschichte des Materialismus und Kritik seiner Bedeutung in der Gegenwart.2.Buch. Geschichte des Materialismus seit Kant 5.(wohlfeile u.vollst.) Aufl.Biographisches Vorwort und Einleitung mit kritischem Nachtrag von H.Cohen.Leipzig, Baedeker,1896.LXXVI,573 S.)——296—297、322。

朗之万,保·《电子物理学》(Langevin,P.La physique des électrons. Rapport présenté au Congrès international des sciences et arts à Saint-Louis,le 22 septembre 1904.—《Revue générale des sciences pures et appliquées》, Paris,1905,An.16,N 6,30 mars,p.257—276)——273。

劳,阿·《感觉和思维》(Rau, A. Empfinden und Denken. Eine physiologische Untersuchung über die Natur des menschlichen Verstandes. Giessen, Roth,1896.II,385 S.)——246。

——《路德维希·费尔巴哈的哲学,现代自然科学和哲学批判》(Ludwig Feuerbachs Philosophie, die Naturforschung und die philosophische Kritik der Gegenwart.Leipzig,Barth,1882.IV,249 S.)——208—209。

勒克列尔,安·《从贝克莱和康德对认识的批判来看现代自然科学的实在论》(Leclair, A. Der Realismus der modernen Naturwissenschaft im Lichte der von Berkeley und Kant angebahnten Erkenntniskritik. Kritische Streifzüge.Prag, Tempsky, 1879. IX, 282 S.)—— 185、206、218、220—221、222—223、240、245、247、253、364—365。

—《一元论的认识论概论》(Beiträge zu einer monistischen Erkenntnis-theorie.Breslau,Koebner,1882.48 S.)——223。

雷姆克,约•《世界是知觉和概念。认识论》(Rehmke,J.Die Welt als Wahr-nehmung und Begriff.Eine Erkenntnistheorie.Berlin,Reimer,1880.VIII,323 S.)——206—207、221。

—《哲学和康德主义》(Philosophie und Kantianismus.Ein Vortrag.Eisenach,Rasch u.Coch,1883.24 S.)——318、365。

黎尔,阿•《逻辑和认识论》(Riehl,A.Logik und Erkenntnistheorie.—In:Systematische Philosophie von W.Dilthey,A.Riehl,W.Wundt u. a.Berlin — Leipzig,Teubner,1907,S.73—102.(Die Kultur der Gegenwart.T.1,Abt. VI))——151。

李凯尔,阿•威•《英国科学协会格拉斯哥会议》(Rücker,A.W.The Britisch Association at Glasgow.Inaugural Address —«The Scientific American. Supplement»,New York,1901,N 1345, October 12,P.21561—21562;N 1346,October 19,p.21571—21573)——287—290。

里希,奥•《关于物质构造的新见解》(Righi,A.Neuere Anschauungen über die Struktur der Materie.Vortrag,gehalten zu Parma am 25.Oktober 1907.Autorisierte Übersetzung von F.Fraenckel.Leipzig,Barth,1908.54 S.)——273。

—《现代的物理现象理论》(1908 年德文版)(Die moderne Theorie der physikalischen Erscheinungen.(Radioaktivität,Ionen,Elektronen).Aus dem Italienischen übersetzt von B.Dessau.2.Aufl.Leipzig,Barth,1908. 253 S.)——271、276。

—《现代的物理现象理论》(1908 年俄文版)(Риги,А.Современная теория физических явлений.Пер. с 3-го итальянского изд.Одесса,Матезис, 1908.156,16 стр.)——271。

—《[〈现代的物理现象理论〉一书]绪论》(Einleitung [zum Buch:«Die mo-derne Theorie der physikalischen Erscheinungen»].—In:Righi,A.Die moderne Theorie der physikalischen Erscheinungen.(Radioaktivität, Ionen,Elektronen).Aus dem Italienischen übersetzt von B.Dessau.2.Aufl.

Lcipzig，Barth，1908，S．1—3）——275—276。

列宁，弗·伊·《给高尔基的信》(1908 年 2 月 12 日（25 日）)（Ленин，В. И.
Письмо А. М. Горькому. 12 (25) февраля 1908 г.）——2。

——《土地问题》(Аграрный вопрос. Ч. I. Спб.，[«Зерно»，январь] 1908. 263
стр. Перед загл. авт.：Вл. Ильин.）——98。

——《唯物主义和经验批判主义》(1909 年版)（Материализм и эмпирио-
критицизм. Критические заметки об одной реакционной философии. М.，
«Звено»，[май] 1909. III，438 стр. Перед загл. авт.：Вл. Ильин）——
8、11。

——《唯物主义和经验批判主义》(1920 年版)（Материализм и эмпирио-
критицизм. Критические заметки об одной реакционной философии. С прил.
статьи В. И. Невского «Диалектический материализм и философия мертвой
реакции». 2-е изд. М.，Гиз，1920. 384，IV стр. Перед загл. авт.：Н.
Ленин(Вл. Ульянов)）——11。

列谢维奇，弗·维·《什么是科学的哲学?》》(Лесевич，В. В. Что такое
научная философия? Этюд. Спб.，тип. Скороходова，1891. 257 стр.）
——50。

卢那察尔斯基，阿·瓦·《给编辑部的信》(Луначарский，А. В. Письмо в
редакцию.——«Образование»，Спб.，1908，№1，стр. 163—164) ——360。

——《简论现代俄国文学》(Очерки современной русской литературы.
——«Заграничная Газета»，Женева，1908，№2，23 марта，стр. 3 — 6；
№3，30 Марта，стр. 3—5)——360。

——《无神论》》(Атеизм. ——В кн.：Очерки по философии марксизма. Философский
сборник. Спб.，[«Зерно»]，1908，стр. 107—161) ——7、8、192—193、
296、346、360、362。

路加，埃·《认识问题和马赫的〈感觉的分析〉》(Lucka，E. Das Erkenntnis-
problem und Machs «Analyse der Empfindungen». Eine kritische
Studie.——«Kantstudien»，Berlin，1903，Bd. VIII，S. 396 — 447) —— 92、
170、198—199。

罗狄埃，乔·《[书评：]〈卡尔·毕尔生〉》(Rodier，G.[Compte rendu du livre：]

Karl Pearson.—The Ethics of Freethought: a selection of essays and lectures.—1 vol. in-8°, 446 p.; Londres, Fischer Unwin, 1888.—«Revue philosophique de la France et de l'étranger», Paris, 1888, An. 13, vol. XXVI, août, p. 199—203)——233。

洛帕廷,列·米·《一个唯心主义物理学家》(Лопатин, Л. М. Физик-идеалист. (Памяти Н. И. Шишкина).—«Вопросы Философии и Психологии», М., 1907, кн. IV (89), сентябрь—октябрь, стр. 324—366) ——313— 315、369。

洛治,奥·《论电子》(Lodge, O. Sur les électrons. Conférence faite à l'Institution of Electrical Engineers, le 5 novembre 1902. Trad. de l'anglais par E. Nugues et J. Péridier. Préf. de P. Langevin. Paris, Gauthier-Villars, 1906. XIII, 168 p. (Actualités scientifiques))——272—273。

——《生命和物质》(La vie et la matière. Trad. de l'anglais par J. Maxwell. Paris, Alcan, 1907. 148, 32 p.)——93。

马赫,恩·《感觉的分析和物理的东西对心理的东西的关系》(1900 年德文版)(Mach, E. Die Analyse der Empfindungen und das Verhältnis des Physischen zum Psychischen. 2. verm. Aufl. der Beiträge zur Analyse der Empfindungen. Jena, Fischer, 1900. VII, 244 S.)——92、309。

——《感觉的分析和物理的东西对心理的东西的关系》(1907 年俄文版) (Мах, Э. Анализ ощущений и отношение физического к психическому. Разрешенный автором пер. с рукописи 5-го доп. нем. изд. Г. Котляра. С предисл. авт. к русск. пер. и с вступит. статьей А. Богданова. [М.], Скирмунт, [1907]. XII, 304 стр.)—— 35—40、46、47—48、51、63、72、 84、91、93、126、139—140、141、147、174、175—176、200、217、227、228、 232、233—234、317、363—364。

——《[〈感觉的分析〉一书]第四版序言》(Предисловие к 4-му изданию [книги: «Анализ ощущений»].—В кн.: Мах, Э. Анализ ощущений и отношение физического к психическому. Разрешенный автором пер. с рукописи 5-го доп. нем. изд. Г. Котляра. С предисл. автора к русск. пер. и с вступит. статьей А. Богданова. [М.], Скирмунт, [1907], стр. 8—

10)—　217。

—《[〈感觉的分析〉一书]俄译本序言》(Предисловие автора к русскому переводу [книги: «Анализ ощущений»].—В кн.: Max, Э. Анализ ощущений и отношение физического к психическому. Разрешенный автором пер. с рукописи 5-го доп. нем. изд. Г. Котляра. С предисл. автора к русск. пер. и с вступит. статьей А. Богданова. [М.], Скирмунт, [1907], стр. 1—4)——217、227、232。

—《功的守恒定律的历史和根源》(Die Geschichte und die Wurzel des Satzes von der Erhaltung der Arbeit. Vortrag, gehalten in der K. Böhm. Gesellschaft der Wissenschaften am 15. Nov. 1871. Prag, Calve, 1872. 58 S.)——33、47、173、175、184、187、218、223。

—《力学发展的历史评述》(1883 年德文版)(Die Mechanik in ihrer Entwicklung historisch-kritisch dargestellt. Mit 255 Abb. Leipzig, Brockhaus,1883. X, 483 S.)——47、302、304。

—《力学发展的历史评述》(1897 年德文版)(Die Mechanik in ihrer Entwicklung historisch-kritisch dargestellt. Mit 250 Abb. 3. verb. u. verm. Aufl. Leipzig, Brockhaus, 1897. XII, 505 S.)—— 33 — 34、45 — 46、47、152—153、162、182、186、187。

—《力学发展的历史评述》(1904 年法文版)(La mécanique exposé historique et critique de son développement. Ouvrage trad. sur la 4-me éd. allemande par E. Bertrand. Avec une introd. de E. Picard. Paris, Librairie scientifique A. Hermann, 1904. IX, 498 p.)——163、197—198、219、360。

—《[〈力学……〉一书]第一版序言》(Vorwort zur ersten Auflage [des Buches: «Die Mechanik...»].—In: Mach, E. Die Mechanik in ihrer Entwicklung historisch-kritisch dargestellt. Mit 250 Abb. Leipzig, Brockhaus,1883, S. III-VII)——47。

—《[〈力学……〉一书]第三版序言》(Vorwort zur dritten Auflage [des Buches: «Die Mechanik...»].—In: Mach, E. Die Mechanik in ihrer Entwicklung historisch-kritisch dargestellt. Mit 250 Abb. 3. verb. u. verm. Aufl. Leipzig, Brockhaus, 1897, S. IX-X)——45—46。

—《热学原理》(Die Prinzipien der Wärmelehre. Historisch-kritisch entwickelt.2.Aufl.Leipzig,Barth,1900.XII,484 S.)——161—162、163、174—175、309。

—《认识和谬误》(1905 年版)(Erkenntnis und Irrtum. Skizzen zur Psychologie der Forschung. Leipzig, Barth, 1905. 461 S.)——2、92、217、372。

—《认识和谬误》(1906 年版)(Erkenntnis und Irrtum. Skizzen zur Psychologie der Forschung. 2. durchges. Aufl. Leipzig, Barth, 1906. XII, 474S.)——40、46、58—60、92、140—141、151、153、162、164、175、182—183、196—197、230、336、364。

—《[〈认识和谬误〉一书第一版]序言》(Vorwort [zur ersten Auflage des Buches:«Erkenntnis und Irrtum»].—In:Mach,E.Erkenntnis und Irrtum. Skizzen zur Psychologie der Forschung.2.durchges. Aufl.Leipzig,Barth, 1906,S.V–IX)——92。

—《[〈认识和谬误〉一书]第二版序言》(Vorwort zur zweiten Auflage [des Buches:«Erkenntnis und Irrtum»].—In:Mach,E.Erkenntnis und Irrtum. Skizzen zur Psychologie der Forschung.2.durchges. Aufl.Leipzig,Barth, 1906,S.X–XI)——46、92、151。

马克思,卡·[《给路·费尔巴哈的信》(1843 年 10 月 20 日于克罗伊茨纳赫)](Marx,K.[Brief an L.Feuerbach.Kreuznach,20.October 1843].—In:[Feuerbach, L.] Ludwig Feuerbach in seinem Briefwechsel und Nachlaß sowie in seiner philosophischen.Charakterentwicklung dargest. von K.Grün.Bd.1.Ludwig Feuerbachs philosophische Charakterentwicklung. Sein Briefwechsel u. Nachlaß. 1820 — 1850. Leipzig—Heidelberg, Winter,1874,S.360—361)——352—353。

—[《给路·库格曼的信》(1868 年 12 月 5 日)](Маркс, К. [Письмо Л. Кугельману. 5 декабря 1868 г.].—В кн.: Маркс, К. Письма Карла Маркса к члену Интернационала Кугельману. С предисл. К. Каутского. Пер. с нем. А. Гойхбарга. [Спб.], 1907, стр. 53 — 55. (Б-ка научного социализма))——136、258、259。

―〔《给路·库格曼的信》(1870 年 6 月 27 日)〕(〔Письмо Л. Кугельману. 27 июня 1870 г.〕.—В кн.: Маркс, К. Письма Карла Маркса к члену Интернационала Кугельману. С предисл. К. Каутского. Пер. с нем. А. Гойхбарга. 〔Спб.〕, 1907, стр. 83 — 84. (Б-ка научного социализма))——344、353。

―〔《给路·库格曼的信》(1870 年 12 月 13 日)〕(〔Письмо Л. Кугельману. 13 декабря 1870 г.〕.—В кн.: Маркс, К. Письма Карла Маркса к члену Интернационала Кугельману. С предисл. К. Каутского. Пер. с нем. А. Гойхбарга. 〔Спб.〕，1907，стр. 85 — 88. (Б-ка научного социализма))——353。

―《卡尔·马克思给国际成员库格曼的信》(Письма Карла Маркса к члену Интернационала Кугельману. С предисл. К. Каутского. Пер. с нем. А. Гойхбарга. 〔Спб.〕, 1907. 106 стр. (Б-ка научного социализма))——136、258、259、344、353。

―《卡尔·马克思论费尔巴哈》(俄文版)(Карл Маркс о Фейербахе. (Написано в Брюсселе весной 1845 года).—В кн.: Энгельс, Ф. Людвиг Фейербах. Пер. с нем. Г. Плеханова. С двумя прилож., с новыми объяснительными примеч. и с новым предисл. переводчика. Женева, 1905，стр. 65 — 68. (Б-ка научного социализма. Изд. 2-е. Серия I. Вып. I))——101—102、103。

―《马克思论费尔巴哈》(德文版)(Marx über Feuerbach(niedergeschrieben in Brüssel im Frühjahr 1845).—In: Engels, F. Ludwig Feuerbach und der Ausgang der klassischen deutschen Philosophie. Revidierter Sonderabdruck aus der «Neuen Zeit». Mit Anhang: Karl Marx über Feuerbach vom Jahre 1845. Stuttgart, Dietz, 1888, S. 69 — 72)——101—104、139。

―《批判》——见马克思, 卡·《政治经济学批判》。

―《哲学的贫困》(Das Elend der Philosophie. Antwort auf Proudhons «Philosophie des Elends». Deutsch von E. Bernstein und K. Kautsky. Mit Vorwort und Noten von F. Engels. Stuttgart, Dietz, 1885. XXXVI, 209 S.)——351。

——《政治经济学批判》(Критика некоторых положений политической экономии. (Zur Kritik der politischen Ökonomie). Пер. с нем. П. П. Румянцева под ред. А. А. Мануйлова. М.，Бонч-Бруевич, 1896. XII, 163 стр.)——337。

——《[〈政治经济学批判〉]序言》(Предисловие [к книге: «К критике политической экономии»].—В кн.: Маркс, К. Критика некоторых положений политической экономии. (Zur Kritik der politischen Ökonomie). Пер. с нем. П. П. Румянцева под ред. А. А. Мануилова. М.，Бонч-Бруевич, 1896, стр. IX—XII)——337。

——《资本论》俄文版(第 1 — 3 卷)(Капитал. Критика политической экономии. Т. I—III. 1867—1894 гг.)——353。

——《〈资本论〉第一卷德文第二版跋》(Послесловие ко второму немецкому изданию первого тома «Капитала». 1867 г.)——353。

梅林,弗·《[书评:]约瑟夫·狄慈根〈认识和真理〉》(Mehring, F. [Die Rezension des Buches:]Josef Dietzgen. Erkenntnis und Wahrheit.—«Die Neue Zeit»，Feuilleton der«Neuen Zeit»，Stuttgart，1907 — 1908，Jg. 26, Bd. 2, N 5 u. 6, 19 Juni, S. 430 — 432)——261。

——《序言和注释》(1902 年版第 273 — 288、479 — 480 页)(Einleitung und Anmerkungen [des Herausgebers zur Abteilung «Aus der«Neuen Rheinischen Revue»»des Buches «Gesammelte Schriften von K. Marx und F. Engels. Von Mai 1848 bis Oktober 1850»].—In: Aus dem literarischen Nachlaß von K. Marx, F. Engels und F. Lassalle. Hrsg. von F. Mehring. Bd. III. Gesammelte Schriften von K. Marx und F. Engels. Von Mai 1848 bis Oktober 1850. Stuttgart, Dietz, 1902, S. 273 — 288, 479 — 480)——8。

——《序言和注释》(1902 年版第 3 — 86、268 — 270 页)(Einleitung und Anmerkungen [des Herausgebers zur Abteilung «Aus der «Neuen Rheinischen Zeitung»» des Buches «Gesammelte Schriften von K. Marx und F. Engels. Von Mai 1848 bis Oktober 1850»].—In: Aus dem literarischen Nachlaß von K. Marx, F. Engels und F. Lassalle. Hrsg. Von F. Mehring. Bd. III. Gesammelte Schriften von K. Marx und F. Engels. Von Mai 1848 bis

Oktober 1850. Stuttgart, Dietz, 1902, S. 3—86, 268—270)——8。

—《宇宙之谜》(Die Welträtsel.—«Die Neue Zeit», Stuttgart, 1899—1900, Jg. XVIII, Bd. I, N 14, S. 417—421)——372—373。

摩根，康·劳·《科学入门》(Morgan, C. L. The Grammar of Science.—«Natural Science», London—New York, 1892, vol. I, N 4, June, p. 300—308)——188—189。

涅夫斯基，弗·伊·《辩证唯物主义和僵死反动派的哲学》(Невский, В. И. Диалектический материализм и философия мертвой реакции.—В кн.: [Ленин, В. И.] Материализм и эмпириокритицизм. Критические заметки об одной реакционной философии. С прил. статьи В. И. Невского «Диалектический материализм и философия мертвой реакции». 2-е изд. М., Гиз, 1920, стр. 371—384. Перед. загл. авт.: Н. Ленин (Вл. Ульянов))——11。

诺克斯，霍·《论外化观的性质》(Knox, H. V. On the Nature of the Notion of Externality.—«Mind», London—Edinburgh, 1897, vol. VI, N 22, April, p. 204—227)——233。

彭加勒，昂·《科学的价值》(俄文版)(Пуанкаре, А. Ценность науки. Пер. с франц. под ред. А. Бачинского и Н. Соловьева. М., «Творческая Мысль», 1906. 195 стр.)——46、168—169。

—《科学的价值》(法文版)(Poincaré, H. La valeur de la science. Paris, Flammarion, [1905]. 278 p. (Bibliothèque de philosophie scientifique))——46、168—169、187、264—265、305—306。

彭加勒，律·《现代物理学》(Poincaré, L. La physique moderne. Son évolution. Paris, Flammarion, [1906]. 311 p. (Bibliothèque de philosophie scientifique))——311。

普列汉诺夫，格·瓦·《对我们的批判者的批判》(Плеханов, Г. В. Критика наших критиков. Спб., [тип. «Общественная Польза»], 1906. VII, 400 стр.)——108。

—《[弗·恩格斯〈路德维希·费尔巴哈〉一书]第二版译者序言》(Предисловие переводчика ко второму изданию [книги Ф. Энгельса «Людвиг Фейербах»].—В кн.: Энгельс, Ф. Людвиг Фейербах. Пер. с нем. Г. Плеханова. С двумя прилож., с новыми объяснительными примеч. и с новым предисл. переводчика. Женева, 1905, стр. VII—XXXII. (Б-ка научного социализма. Изд. 2-е. Серия I. Вып. I))——153—154。

——《[弗·恩格斯〈路德维希·费尔巴哈〉一书译者]注释》（1892 年版）
(Примечания [переводчика к книге Ф. Энгельса «Людвиг Фейербах»].— В кн.: Энгельс, Ф. Людвиг Фейербах. Пер. с нем. Г. Плеханова. С двумя прилож. и с объяснительными примеч. переводчика. Женева, тип. «Социал-Демократа», 1892, стр. 73—105. (Б-ка современного социализма. Серия II. Вып. I))——243、249。

——《[弗·恩格斯〈路德维希·费尔巴哈〉一书译者]注释》（1905 年版）
(Примечания [переводчика к книге Ф. Энгельса «Людвиг Фейербах»].— В кн.: Энгельс, Ф. Людвиг Фейербах. Пер. с нем. Г. Плеханова. С двумя прилож., с новыми объяснительными примеч. и с новым предисл. переводчика. Женева, 1905, стр. 69—125. (Б-ка научного социализма. Изд. 2-е. Серия I. Вып. I)) ——78—79、80、143。

——《康拉德·施米特反对卡尔·马克思和弗里德里希·恩格斯》（Конрад Шмидт против Карла Маркса и Фридриха Энгельса.—В кн.: Плеханов, Г. В. Критика наших критиков. Спб., [тип. «Общественная Польза»], 1906, стр. 167—184)——108。

——《约瑟夫·狄慈根》（Plechanow, G. V. Josef Dietzgen.—In: Dietzgen, J. Erkenntnis und Wahrheit.Des Arbeiterphilosophen universelle Denkweise und naturmonistische Anschauung über Lebenskunst, Ökonomie, Philosophie, Religion und Sozialismus. Zu seinem zwanzigsten Todestag gesam. u. hrsg. von E.Dietzgen.Stuttgart,Dietz,1908,S.359—393)——261。

齐亨，泰·《心理生理学的认识论》（Ziehen, Th. Psychophysiologische Erkenntnistheorie.Jena,Fischer,1898.105 S.)——232。

——《[〈心理生理学的认识论〉一书]序言》（Vorrede [zum Buch: «Psychophysiologische Erkenntnistheorie»].—In: Ziehen, Th. Psychophysiologische Erkenntnistheorie.Jena,Fischer,1898,S. 1)——232。

切尔诺夫,维·米·《马克思主义和先验哲学》(Чернов, В. М. Марксизм и трансцендентальная философия.—В кн.: Чернов, В. М. Философские и социологические этюды. М., «Сотрудничество», 1907, стр. 29—72)——96、97—99、101—102、128—129、191、220。

—《哲学和社会学论文集》(Философские и социологические этюды. М., «Сотрудничество», 1907. 379 стр.)——13、96、97—99、101—102、128—129、191、220。

施达克,卡·尼·《路德维希·费尔巴哈》(Starcke, C. N. Ludwig Feuerbach. Stuttgart, Enke, 1885. XVII, 288 S.)——213。

施米特,亨·《〈宇宙之谜〉所引起的斗争》(Schmidt, H. Der Kampf um die «Welträtsel». Ernst Haeckel. die «Welträtsel» und die Kritik. Bonn, Strauss, 1900. VI, 64 S.)——366。

施什金,尼·伊·《从机械论观点来看心理生理现象》(Шишкин, Н. И. О психофизических явлениях с точки зрения механической теории.—«Вопросы Философии и Психологии», М., 1889, кн. I, стр. 127—146)——315—316。

施韦格勒,阿·《哲学史纲要》(Schwegler, A. Geschichte der Philosophie im Umriß. Ein Leitfaden zur Übersicht. 15. Aufl. Stuttgart, Frommann, [1891]. 397 S.)——131。

舒伯特-索尔登,理·《论客体和主体的超验性》(Schubert-Soldern, R. Über Transcendenz des Objects und Subjects. Leipzig, Fues (Reisland), 1882. 97 S.)——218、224—225。

—《人类的幸福和社会问题》(Das menschliche Glück und die soziale Frage. Tübingen, Laupp, 1896. XXXIV, 351 S.)——72、218—219、221、224—226、260—261、339。

—《[〈人类的幸福和社会问题〉一书]序言》(Einleitung [zum Buch: «Das menschliche Glück und die soziale Frage»].—In: Schubert-Soldern, R. Das menschliche Glück und die soziale Frage. Tübingen, Laupp, 1896, S. IV—XXXIV)——224—226。

—《认识论的基础》(Grundlagen einer Erkenntnistheorie. Leipzig, Fues

(Reisland),1884.Ⅳ,349 S.)——218、221、224、365。

[舒尔采,戈·恩·]《埃奈西德穆或关于耶拿的赖因霍尔德教授先生提出的基础哲学的原理》([Schulze, G. E.] Aenesidemus oder über die Fundamente der von dem Herrn Prof. Reinhold in Jena gelieferten Elementarphilosophie. Nebst einer Verteidigung des Skeptizismus gegen die Anmaßungen der Vernunftkritik. [Helmstedt], 1792. 16, 445 S.)——142、191、201—202。

舒佩,威·《伦理学和法哲学基础》(Schuppe, W. Grundzüge der Ethik und Rechtsphilosophie. Breslau, Koebner, 1881. Ⅹ, 400 S.)——221。

——《内在论哲学和威廉·冯特》(Die immanente Philosophie und Wilhelm Wundt.—«Zeitschrift für immanente Philosophie», Berlin, 1896, Bd. II)——221、223。

——《认识论的逻辑》(Erkenntnistheoretische Logik. Bonn, Weber (Flittner), 1878. Ⅹ, 700 S.)——253—254。

——《认识论和逻辑概论》(Grundriß der Erkenntnistheorie und Logik. Berlin, Gaertner, 1894. Ⅷ, 186 S.)——217。

——《素朴实在论的确证》(Die Bestätigung des naiven Realismus. Offener Brief an… R. Avenarius.—«Vierteljahrsschrift für wissenschaftliche Philosophie», Leipzig, 1893. Jg. 17. Hft. 3, S. 364—388)——68、74、218、223、240—241、339。

斯密斯,诺·《阿芬那留斯的纯粹经验哲学》(Smith, N. Avenarius'Philosophy of Pure Experience.—«Mind», London—Edinburgh, 1906, vol. ⅩⅤ, N 57, January, p. 13—31; N 58, April, p. 149—160)——66—68、89、151。

斯奈德,卡·《从最新研究成果看现代自然科学的世界图景》(Snyder, K. Das Weltbild der modernen Naturwissenschaft nach den Ergebnissen der neuesten Forschungen. Autorisierte deutsche Übersetzung von H. Kleinpeter. Leipzig, Barth, 1905. Ⅶ, 306 S.)——370。

——《世界机器》(The World Machine. The first phase: the cosmic mechanism. London—New York a. o., Longmans a. Green, 1907. ⅩⅥ, 488 p.)——370—371。

斯塔洛,约·伯·《物质和现代物理学》(Stallo,J.B.La matière et la physique moderne.Avec une préface sur la theorie atomique par C.Friedel.Paris, Alcan,1884.XVI,243,32 p.)——324。

—《现代物理学的概念和理论》(1882年英文版)(The Concepts and Theories of Modern Physics. London, Trench, 1882. 313 p.)—— 323—324。

—《现代物理学的概念和理论》(1901年德文版)(Die Begriffe und Theorien der modernen Physik.Nach der 3.Aufl.des englischen Originals übersetzt u.hrsg.von.H.Kleinpeter.Mit einem Vorwort von E.Mach.Leipzig,Barth, 1901.XX,332 S.)——323。

—《自然哲学的总则》(General Principles of the Philosophy of Nature.With an outline of some of its recent development among the Germans,embracing the philosophical systems of Schelling and Hegel and Oken's system of nature.Boston,Crosby a.Nichols,1848.XII,520 p.)——324。

苏沃洛夫,谢·亚·《社会哲学的基础》(Суворов, С.А. Основания социальной философии.—В кн.: Очерки по философии марксизма. Философский сборник. Спб., [«Зерно»], 1908, стр. 291—328)——7、346—351。

索雷尔,若·《现代物理学家的形而上学偏见》(Sorel,G. Les préoccupations métaphysiques des physiciens modernes. Avantpropos de J.Benda.Paris, [1907].93 p.)——306。

汤姆生,约·约·《物质微粒论》(Thomson,J.J. The Corpuscular Theory of Matter.London,Constable,1907.VI,172 p.)——272—273。

屠格涅夫,伊·谢·《处女地》(Тургенев, И. С. Новь)——331。

—《处世之道》(Житейское правило)——85。

—《父与子》(Отцы и дети)——173、348。

—《烟》(Дым)——98、101、102、115、191、212、213、214、306。

瓦连廷诺夫,尼·《马克思主义的哲学体系》(Валентинов, Н. Философские построения марксизма. Диалектический материализм, эмпириомонизм и эмпириокритическая философия. [М., кн. маг. «Сотрудник Провинции», 1908]. 307 стр. (Критические очерки. Кн. 1-я))——7、30—31、82—83、

156、191、220、224、250、258—259、271、274、372。

万科韦拉尔特,弗·《理查·阿芬那留斯的经验批判主义》(Van Cauwelaert, F.L'empirio-criticisme de Richard Avenarius. «Revue Néo-Scolactique», Louvain,1907, [N 2],février,p.50—64;[N 3], mars, p.166—182)——42、55、151。

维利,鲁·《反对学院智慧》(Willy,R.Gegen die Schulweisheit.Eine Kritik der Philosophie.München,Langen Verl.für Literatur u. Kunst,1905.219 S.)——42、55、70、77、90—91、168、219、364、369、371。

—《经验批判主义是唯一的科学观点》(Der Empiriokritizismus als einzig wissenschaftlicher Standpunkt.—« Vierteljahrsschrift für wissenschaftliche Philosophie», Leipzig,1896,Jg.20. Hft.1, S.55—86; Hft.2, S.191—225; Hft.3, S.261—301)——76—77。

—《认识论的自我和自然的世界概念》(Das erkenntnistheoretische Ich und der natürliche Weltbegriff.—« Vierteljahrsschrift für wissenschaftliche Philosophie», Leipzig,1894,Jg.18,Hft.1,S.1—28)——218。

乌尔维格,路·《科学的进化》(Houllevigue, L. L'évolution des sciences. Paris,Librairie A.Colin,1908.XI,287 p.)——271。

—《物理学家关于物质的观念》(Les idées des physiciens sur la matière.—«L' Année Psychologique», Paris,1908,An.14,p.95—109)——271。

希本,约·格·《唯能论及其哲学意义》(Hibben,J.G.The Theory of Energetics and Its Philosophical Bearings.—«The Monist», Chicago,1903,vol.XIII, N 3,April,p.321—330)——284—285。

休谟,大卫·《论文集》(Hume, D. Essays and Treatises on Several Subjects. Containing essays,moral,political,and literary. To which are added Dialogues concerning Natural Religion. A new ed. In two volumes. Vol. II. London,Jones,1822.VI,612 p.)——25—26。

—《人类理性研究》(An Inquiry concerning Human Understanding.—In: Hume,D.Essays and Treatises on Several Subjects. Containing essays, moral,political, and literary. To which are added Dialogues concerning Natural Religion.A new ed. In two volumes. Vol.II. London, Jones,1822, p.1—165）——25—26。

—《人性论》（Traité de la nature humaine.（Livre premier ou de l'entendement).
Trad.pour la première fois par Ch. Renouvier et F. Pillon. Essais philo-
sophiques sur l'entendement. Trad.de M. Corrigée. Avec une introduction
par F.Pillon. Paris, Bureau de la critique philosophique, 1878. LXXII, 581
p.（Psychologie de Hume））——26—27。

耶鲁萨伦姆，威·《批判的唯心主义和纯粹的逻辑》（Jerusalem, W. Der
kritische Idealismus und die reine Logik. Ein Ruf im Streite. Wien—Leip-
zig, Braumüller, 1905. XII, 224 S.）——92—93、151。

尤什凯维奇，帕·索·《从经验符号论观点看现代唯能论》（Юшкевич, П. С.
Современная энергетика с точки зрения эмпириосимволизма.—В кн.:
Очерки по философии марксизма. Философский сборник. Спб.，[«Зерно»],
1908, стр. 162—214）——7、170—171、275、295—296、346、362。

—《唯物主义和批判实在论》（Материализм и критический реализм.（О
философских направлениях в марксизме). Спб., «Зерно», 1908. IV, 193
стр.）——2、7、56—57、60、65、177—178、212、262、372。

宇伯威格，弗·《哲学史概论》（Ueberweg, F. Grundriß der Geschichte der Phi-
losophie. T. 4. Das neunzehnte Jahrhundert. 9-te, mit einem Philosophen-
und Literatoren Register vers. Aufl., hrsg. von M. Heinze. Berlin, Mittler,
1902. VIII, 625 S.）——199。

詹姆斯，威·《实用主义。某些旧思想方法的新名称》（James, W. Pragmatism. A
new name for some old ways of thinking. Popular lectures on philosophy.
London—New York a.o., Longmans, 1907. XIII, 309 p.）——358。

正统派——见阿克雪里罗得，柳·伊·。

＊　　　　＊　　　　＊

《德法年鉴》杂志（巴黎）（«Deutsch-Französische Jahrbücher», Paris）——352。

《斗争》杂志（维也纳）（«Der Kampf», Wien, 1908, Jg. 1, Hft. 5, 1. Februar, S.
231—240）——47、51—52、229。

《俄国财富》杂志（圣彼得堡）（«Русское Богатство», Спб.）——328。

losophie», Leipzig, 1893, Jg. 17, Hft. 3, S. 364—388)——68、74、219、223、240、339。

—1894, Jg.18, Hft.1, S.1—28,29—31.——217。

—1894, Jg.18, Hft.2, S.137—161; Hft.4, S.400—420; 1895, Jg.19, Hft.1, S.1—18; Hft.2, S.129—145.——51、62、64、71、72—73、74—75、81、84—85、146—147、154。

—1895, Jg.19, Hft.3, S.378—390.——328—333。

—1896, Jg.20, Hft.1, S.55—86; Hft.2, S.191—225; Hft.3, S.261—301.——76—77。

—1898, Jg.22, Hft.1, S.45—95; Hft.2, S.190—214; Hft.3, S.267—293.——61、149、154。

《科学院会议每周报告汇编》(Comptes rendus hebdomadaires des séances de l'Académie des Sciences par M. M. les secrétaires perpétuels. T. CXLVI, N 25(22 juin 1908). Paris, 1908, p.1299—1358)——298—299。

《理论科学和实用科学总评》杂志(巴黎)(«Revue générale des sciences pures et appliquées», Paris, 1895, An. 6, N 23, 15 décembre, p. 1030—1031)——311。

—1905, An.16, N 6, 30 mars, p.257—276.——273。

《历史唯物主义》(Исторический материализм. Сборник статей Энгельса, Каутского, Лафарга и др. Сост. и пер. С. Бронштейн (С. Семковский). С предисл. и указателем литературы об историческом материализме на русск. и иностранных языках. Спб., тип. «Общественная Польза», 1908. II, 403 стр.)——25、47、58、94、105、108。

《美国科学附刊》(纽约)(«The Scientific American. Supplement», New York, 1901, N 1345, October 12, p. 21561—21562; N 1346, October 19, p. 21571—21573)——287—290。

《内在论哲学杂志》(柏林)(«Zeitschrift für immanente Philosophie», Berlin, 1895, Bd.I, Hft.1, S.1—10)——219。

—1896, Bd.II.——221、223。

《社会主义者报》(巴黎)(«Le Socialiste», Paris, 1900, N 78, 25 février, p. 1)

《一元论者》杂志（芝加哥）（《The Monist》，Chicago）——234。

——1902，vol.XIII，N 1，October，p.24—37.——235。

——1903，vol.XIII，N 3，April，p.321—330.——284—285。

——1906，vol.XVI，N 1，January，p.120—123.——235。

——1906，vol.XVI，N 2，April，p.161—168，320.——234、298。

——1906，vol.XVI，N 3，July，p.331—356.——234、235。

——1907，vol.XVII，N 4，October，p.516—540.——286。

《哲学和心理学问题》杂志（莫斯科）（《Вопросы Философии и Психологии》，M.，1889，кн.I，стр.127—146）——315—316。

——1907，кн.IV(89)，сентябрь—октябрь，стр.324—366.——313—315、369。

《哲学年鉴》（巴黎）（《L' Année Philosophique》，Paris，1904，An.15，p.178—181）——220。

《哲学评论》杂志（巴黎）（《Revue de Philosophie》，Paris，1907，An.6，t. XI，N 10，p.398—402）——152。

《哲学评论》杂志（波士顿—纽约—芝加哥）（《The Philosophical Review》，Boston—New York—Chicago，1897，vol. VI，N 5，September，p.521—528）——189。

——New York—London，1905，vol. XIV，N 5，September，p. 535 — 562.——198。

《哲学研究》杂志（莱比锡）（《Philosophische Studien》，Leipzig，1895—1896，Bd.12，Hft.3，S.307—408；1896—1897，Bd.13，Hft.1，S. 1—105；Hft.3，S.323—433）——56、57—58、65、71、88、89、90、151、162、223。

《自然科学》杂志（伦敦—纽约）（《Natural Science》，London—New York，1892，vol.I，N 4，June，p.300—308；N 6，August，p.453—457）——188。

《自然》杂志（伦敦—纽约）（《Nature》，London—New York）——93。

——1892，vol.46，N 1186，July 21，p.269.——93—94。

《自然哲学年鉴》（莱比锡）（《Annalen der Naturphilosophie》，Leipzig，1907，Bd.6，S.443—450）——169。

年　表

（1908 年 1 月—1909 年 6 月）

1908 年

1 月 5 日（18 日）—3 月上半月

阅读 1908 年初在彼得堡出版的《关于马克思主义哲学的论丛》文集,书中收载了弗·亚·巴扎罗夫、雅·亚·别尔曼、阿·瓦·卢那察尔斯基、帕·索·尤什凯维奇、亚·亚·波格丹诺夫、O.И.格尔方德和谢·亚·苏沃洛夫的文章。在阅读文章过程中,列宁向波格丹诺夫谈了自己对这本书的印象,认为文集作者所宣扬的哲学远远背离了马克思主义,不应该把这种哲学当成马克思主义哲学搬出来。

1 月 25 日（2 月 7 日）

致函在卡普里岛的阿·马·高尔基,说他在认真地阅读党的哲学家的著作,阅读经验批判主义者亚·亚·波格丹诺夫、弗·亚·巴扎罗夫、阿·瓦·卢那察尔斯基等人的著作,表示反对经验批判主义,赞成唯物主义,认为格·瓦·普列汉诺夫在哲学方面的观点是正确的。

1 月 31 日（2 月 13 日）

致函在卡普里岛的阿·马·高尔基,对高尔基决定为《无产者报》写些小文章表示高兴,同时建议他不要因此而中断写大本的著作;认为与高尔基的哲学观点有分歧;说《新时代》杂志对哲学漠不关心,它从来就不是热烈拥护哲学唯物主义的,而在最近竟不加批判地刊登了经验批判主义者的文章;反对那种把僵死的小市民习气归咎于马克思主义哲学的观点;指出社会民主党中所有的小市民派别都是首先反对哲学唯物主义,而倾向于康德、新康德主义和批判的哲学。

2 月 10 日（23 日）

正式加入日内瓦读者协会。

2 月 11 日（24 日）以前

阅读阿·马·高尔基的《个性的毁灭》一文的手稿,并在同亚·亚·波格丹诺夫的谈话中,反对在《无产者报》上刊登这篇文章。

2 月 11 日（24 日）

出席《无产者报》编辑部会议。会议研究阿·马·高尔基的《个性的毁灭》一文和载于 1908 年 2 月 14 日（公历）《新时代》杂志上的亚·亚·波格丹诺夫论恩斯特·马赫一文的译者序。译者序中说,在俄国社会民主工党内,出现了一种把对马赫的这种或那种态度变成党内派别划分问题的强烈倾向。会议一致通过列宁起草的《无产者报》编辑部关于这篇译者序的声明,声明中强调指出:这种哲学上的争论并不是派别的争论,任何想把这种分歧当做派别分歧的企图,都是根本错误的。会议决定让列宁和波格丹诺夫尽快去卡普里岛。

不晚于 2 月 12 日（25 日）

开始撰写《唯物主义和经验批判主义》一书。

写信给在彼得堡的亲人们,请求把早在 1906 年夏天写的批判亚·亚·波格丹诺夫的《经验一元论》一书的哲学著作手稿寄来,当时曾想以《一个普通马克思主义者的哲学札记》为题发表这一著作（列宁的信和著作手稿均未找到）。

2 月 11 日和 3 月 7 日（2 月 24 日和 3 月 20 日）之间

把《〈无产者报〉编辑部的声明》译成德文,并寄给《新时代》杂志编辑部,请予发表。

2 月 12 日（25 日）

致函在卡普里岛的阿·马·高尔基,认为必须对马赫主义和俄国的马赫主义者亚·亚·波格丹诺夫等人进行不调和的斗争,在哲学问题上布尔什维克之间发生争论是不可避免的,但这场争论不应妨碍在工人政党内执行革命的策略;建议高尔基修改他的《个性的毁灭》一文,把那些即使同波格丹诺夫哲学间接有关的地方都删掉;告知自己的卡普里岛之行因故要推迟。

2月—10月

阅读约·狄慈根的《短篇哲学著作集》并在书上作批注,在撰写《唯物主义和经验批判主义》一书时大量采用了这本书的材料。

3月3日(16日)

致函在卡普里岛的阿·马·高尔基,说《无产者报》编辑部的工作不顺利,原因是同亚·亚·波格丹诺夫在哲学上有意见分歧;告知由于自己的哲学癖好,花在《无产者报》上的时间很少,而且愈是读经验批判主义者的文章,愈是要责骂他们;请求高尔基为《无产者报》写文章。

3月11日(24日)

致函阿·马·高尔基,严厉抨击马赫主义者的《关于马克思主义哲学的论丛》文集,强调同马赫主义者在哲学问题上的斗争是不可避免的。

3月下半月—4月3日(16日)以前

同到达日内瓦的波兰社会民主党人扬·梯什卡谈话。

在给亚·亚·波格丹诺夫的便条中指出,不把哲学上的分歧尖锐化的情况告诉扬·梯什卡,对于中央委员会的工作取得成绩具有重要意义。

致函在卡普里岛的阿·马·高尔基,请他给《无产者报》寄材料来,说正在大量阅读哲学著作;答应去卡普里岛。

3月下半月—4月3日(16日)

为《卡尔·马克思(1818—1883)》文集写《马克思主义和修正主义》一文,并将该文送去付印。

4月3日(16日)

致函在卡普里岛的阿·瓦·卢那察尔斯基,对他同意为《无产者报》写文章和写意大利通讯表示满意。列宁在附言中写道:他本人跟那些鼓吹"把科学社会主义同宗教结合起来"的人以及一切马赫主义者走的不是一条路。

致函在卡普里岛的阿·马·高尔基,告知已把自己的《马克思主义和修正主义》一文送去付印。列宁在信中拒绝高尔基想要安排他同那些鼓吹"把科学社会主义同宗教结合起来"的人会见。

4月6日(19日)以前

致函阿·瓦·卢那察尔斯基,谈到绝不容许把著作家们关于哲学的争论和党的事情混淆起来（这封信没有找到）。

4月6日（19日）

致函在卡普里岛的阿·马·高尔基，谈到布尔什维克派别内部关于哲学问题的分歧，认为不能因为争论而妨碍工作；告知不能在这个时候去意大利；请他给《无产者报》寄文章来。

4月10日和17日（23日和30日）之间

应阿·马·高尔基的邀请，来到意大利卡普里岛，并在那里度过了几天。列宁向亚·亚·波格丹诺夫、弗·亚·巴扎罗夫、阿·瓦·卢那察尔斯基声明，他同他们在哲学问题上有分歧。

4月

阅读恩格斯的《论历史唯物主义》一文并作批注，在写作《唯物主义和经验批判主义》一书和《谈谈对俄国革命的估计》一文时利用了恩格斯的这篇文章。

5月3日和28日（5月16日和6月10日）之间

在伦敦英国博物馆图书馆写作《唯物主义和经验批判主义》一书。

5月15日（28日）以前

写《向报告人提十个问题》提纲。这个提纲是供布尔什维克中央和《无产者报》编辑部成员约·费·杜勃洛文斯基出席亚·亚·波格丹诺夫于1908年5月15日（28日）在日内瓦举行的哲学报告会发言时使用的。

不早于5月

研读格·瓦·普列汉诺夫的《马克思主义的基本问题》一书并作批注。

5月底—6月初

在《无产者报》编辑部会议上，同约·费·杜勃洛文斯基一起拒绝亚·亚·波格丹诺夫提出的决议草案，这个草案断言经验批判主义哲学同布尔什维克派的利益没有矛盾。

6月7日（20日）

写信给母亲玛·亚·乌里扬诺娃，告知自己已从伦敦返回日内瓦；对出版人帕·格·达乌盖拒绝出版《唯物主义和经验批判主义》一书表示遗憾，请她另找一个出版人，并请寄来两三本尚未正式出版的《社会民主党在1905—1907年俄国第一次革命中的土地纲领》一书，即使是没有装订好的也可以。

6 月 10 日和 14 日（23 日和 27 日）之间

同约·费·杜勃洛文斯基和娜·康·克鲁普斯卡娅一起签署《无产者报》编辑部给布尔什维克中央成员维·康·塔拉图塔的声明：必须在亚·亚·波格丹诺夫履行相应要求的条件下，消除《无产者报》编辑部同波格丹诺夫之间的冲突。

6 月 18 日（7 月 1 日）

复函在敖德萨的瓦·瓦·沃罗夫斯基，说同亚·亚·波格丹诺夫和格·阿·阿列克辛斯基的分歧正在加剧，同他们分裂将不可避免；鉴于即将举行党的代表会议，邀请沃罗夫斯基 8 月来巴黎；要求把出席代表会议的委托书只发给地方的工作人员，只发给真正的工作人员；请他为《无产者报》寄文章来；询问是否有可能出版《唯物主义和经验批判主义》一书。

6 月 30 日（7 月 13 日）

写信给妹妹玛·伊·乌里扬诺娃，告知他正在写作《唯物主义和经验批判主义》一书，请她给买两本格·伊·切尔帕诺夫的书：《阿芬那留斯和他的学派》和《内在论哲学》；请求寄一本种子出版社排完的《十二年来》文集第 2 卷第 2 分册，这一册里收入了《社会民主党在 1905—1907 年俄国第一次革命中的土地纲领》一书。

7 月 27 日（8 月 9 日）

写信给妹妹玛·伊·乌里扬诺娃，说他打算在一个半月内写完自己的哲学著作；告知曾会见途经日内瓦的表姐玛·伊·韦列田尼科娃；邀请妹妹和母亲秋天到日内瓦来休息。

8 月 11 日—13 日（24 日—26 日）以前

出席《无产者报》编辑部讨论同亚·亚·波格丹诺夫派分歧问题的会议。会议正式向波格丹诺夫提出建议，让他出版一本小册子，阐述他的观点。

8 月 11 日—13 日（24 日—26 日）

出席布尔什维克中央会议，会上分析了在《无产者报》编辑部内部列宁同亚·亚·波格丹诺夫在哲学问题和策略问题上的冲突。

8 月 12 日（25 日）

《言语报》发表消息，说即将出版列宁的《唯物主义和经验批判主义》

一书。

不早于夏天

研读弗·米·舒利亚季科夫的《西欧哲学(从笛卡儿到马赫)对资本主义的辩护》一书并作批注。

9月10日(23日)以前

写信给妹妹玛·伊·乌里扬诺娃,告知将在10月1日(公历)前完成《唯物主义和经验批判主义》一书,请她同出版人签订合同。

9月11日(24日)以后

收到姐姐安·伊·乌里扬诺娃-叶利扎罗娃的来信,信中说她已在彼得堡逗留数日,同尼·谢·克列斯托夫(安加尔斯基)和康·彼·皮亚特尼茨基商谈出版《唯物主义和经验批判主义》一书的有关事宜。信中还谈到列宁的《土地问题》一书的出版人米·谢·克德罗夫,说有希望得到这部书的两册样书并寄给列宁、告知《卡尔·马克思》文集即将出版、劝列宁到山区某个地方去休息一下。

9月17日(30日)

写信给住在莫斯科省谢尔普霍夫县米赫涅沃站的母亲玛·亚·乌里扬诺娃,告知他即将去布鲁塞尔出席社会党国际局会议;说打算在写完《唯物主义和经验批判主义》一书后去意大利一星期;询问妹妹玛丽亚·伊里尼奇娜推迟来日内瓦的原因,并建议弟弟德米特里·伊里奇和她一起来。

9月25日和10月2日(10月8日和15日)之间

载有列宁的《马克思主义和修正主义》一文的《卡尔·马克思(1818—1883)》文集在彼得堡出版。

9月底

继续写作《唯物主义和经验批判主义》一书,对个别地方进行补充。

9月

写《唯物主义和经验批判主义》一书第一版序言。

把《唯物主义和经验批判主义》一书手稿交给弗·菲·哥林(加尔金)阅读。

10月14日(27日)以前

在《路德维希·费尔巴哈全集》(1846年莱比锡版第2卷)中作记号和作

批注,在写《唯物主义和经验批判主义》一书时利用了这本书。

10 月 14 日(27 日)

写信给住在莫斯科的姐姐安·伊·乌里扬诺娃-叶利扎罗娃,告知《唯物主义和经验批判主义》一书已全部写完;说出版这本书可以让步,只要稍有可能,就签订出版合同。

不晚于 10 月 22 日(11 月 4 日)

收到《卡尔·马克思》文集,文集中载有列宁的《马克思主义和修正主义》一文。

10 月 23 日和 28 日(11 月 5 日和 10 日)之间

收到孟什维克马赫主义者帕·索·尤什凯维奇 10 月 23 日(11 月 5 日)从彼得堡的来信,信中建议列宁参加哲学文集的撰稿工作。

10 月 26 日(11 月 8 日)

写信给住在莫斯科的安·伊·乌里扬诺娃-叶利扎罗娃,请她寄来出版社的地址,以便寄出《唯物主义和经验批判主义》一书的手稿;同意在书报检查特别严格时把书中的"僧侣主义"一词改成"信仰主义",并在注解中说明它的含义。

10 月下半月,不晚于 26 日(11 月 8 日)

写完《唯物主义和经验批判主义(对一种反动哲学的批判)》一书。

10 月 28 日(11 月 10 日)

致函在彼得堡的孟什维克马赫主义者帕·索·尤什凯维奇,拒绝他提出的关于为准备出版的哲学文集撰稿的建议。

11 月 3 日(16 日)

康·彼·皮亚特尼茨基致电阿·马·高尔基,询问能否由知识出版社出版列宁的《唯物主义和经验批判主义》一书。

11 月 4 日(17 日)

写信给住在莫斯科的母亲玛·亚·乌里扬诺娃,告知迁居巴黎的问题已最后决定;请她转告姐姐安娜·伊里尼奇娜,《唯物主义和经验批判主义》一书的手稿已寄给维·亚·列维茨基。

11 月 13 日(26 日)

写信给姐姐安·伊·乌里扬诺娃-叶利扎罗娃,对她没有收到《唯物主义和经验批判主义》一书的手稿表示不安(这封信没有找到)。

收到姐姐11月9日(22日)从莫斯科的来信,信中说收到了《唯物主义和经验批判主义》一书手稿。列宁回信建议,如果找不到出版人就把手稿寄给生活和知识出版社弗·德·邦契-布鲁耶维奇。

11月27日(12月10日)

收到姐姐安·伊·乌里扬诺娃-叶利扎罗娃的来信,信中说可以同莫斯科环节出版社签订出版《唯物主义和经验批判主义》一书的合同,并谈到合同的条件。当天列宁给姐姐回电说接受出版社的条件。

写信给住在莫斯科的母亲玛·亚·乌里扬诺娃,对不经过知识出版社就把事情办妥一事表示满意;请求姐姐安·伊·乌里扬诺娃-叶利扎罗娃尽快同环节出版社办好签订合同的手续,并在合同中要求立即出版《唯物主义和经验批判主义》一书;建议签订合同时用列宁的名字,而不用安娜·伊里尼奇娜的名义,以免她受到出版法的追究;告知即将从日内瓦迁往巴黎。

11月29日和12月1日(12月12日和14日)之间

列宁和娜·康·克鲁普斯卡娅由日内瓦迁居巴黎,《无产者报》也移至巴黎出版。

12月6日(19日)

写信给住在莫斯科的安·伊·乌里扬诺娃-叶利扎罗娃,同意把《唯物主义和经验批判主义》一书中批判弗·亚·巴札罗夫和亚·亚·波格丹诺夫的语气放缓和一些,但是批判帕·索·尤什凯维奇和尼·瓦连廷诺夫的语气不变。列宁还强调指出,只有在出版人提出最后通牒式的要求时才同意用"信仰主义"一词代替"僧侣主义"一词。

12月11日(24日)

致函安·伊·乌里扬诺娃-叶利扎罗娃,谈看《唯物主义和经验批判主义》一书的校样问题,并对该书章节标题的字号作了具体指示。

12月21日(1909年1月3日)以前

出席布尔什维克中央成员和前来参加代表会议的布尔什维克代表的联席会议,发言反对召回派关于解散《无产者报》编辑部的建议以及他们企图不召开全党的代表会议而召开单独的"布尔什维克代表会议"的建议。

经过斗争,列宁终于成功地否决了召回派提出的建议。

1908 年或 1909 年

起草《关于马克思主义的讲演提纲》。

1909 年

1 月 23 日(2 月 5 日)

就《唯物主义和经验批判主义》一书的校样问题写信给住在莫斯科的安·伊·乌里扬诺娃-叶利扎罗娃(这封信没有找到)。

1 月 24 日(2 月 6 日)

写信给住在莫斯科的安·伊·乌里扬诺娃-叶利扎罗娃,告知收到了《唯物主义和经验批判主义》一书的第一批校样,并随信寄去勘误表。

1 月—2 月

在巴黎布尔什维克小组讲哲学课。

2 月 1 日(14 日)

在《无产者报》编辑部会议上要求公开反对阿·瓦·卢那察尔斯基鼓吹的造神说。反对造神说的题为《不同路》的编辑部文章发表在 2 月 12 日(25 日)《无产者报》第 42 号上。

2 月 3 日或 4 日(16 日或 17 日)

写信给住在莫斯科的姐姐安·伊·乌里扬诺娃-叶利扎罗娃,请她花钱请一位同意校对《唯物主义和经验批判主义》一书的大学生。

2 月 4 日或 5 日(17 日或 18 日)

写信给姐姐安·伊·乌里扬诺娃-叶利扎罗娃,说给她寄去对《唯物主义和经验批判主义》一书的校样的更正。

2 月 8 日(21 日)

由于党内的分歧,同亚·亚·波格丹诺夫断绝私人关系。

2 月 17 日(3 月 2 日)

写信给住在莫斯科的姐姐安·伊·乌里扬诺娃-叶利扎罗娃,谈到自己在尼斯休养的情况;感谢弟弟德·伊·乌里扬诺夫报告母亲健康好转的消息;高度评价《唯物主义和经验批判主义》一书校样的质量。

2 月 24 日(3 月 9 日)

写信给住在莫斯科的姐姐安·伊·乌里扬诺娃-叶利扎罗娃,说随信给她寄去对《唯物主义和经验批判主义》一书第 10 和 11 印张的更正；对迟迟没有寄来校样表示不安；请求尽快出书，哪怕在 3 月 15 日（28 日）以前出版也好；告知已同亚·亚·波格丹诺夫和阿·瓦·卢那察尔斯基决裂；认为书中驳斥他们的地方不能缓和；感谢伊·伊·斯克沃尔佐夫-斯捷潘诺夫的帮助，请代为赠送给斯克沃尔佐夫-斯捷潘诺夫一本《唯物主义和经验批判主义》。

2 月 27 日（3 月 12 日）

写信给住在莫斯科的姐姐安·伊·乌里扬诺娃-叶利扎罗娃，希望《唯物主义和经验批判主义》一书尽快出版；再一次请求不要缓和书中驳斥亚·亚·波格丹诺夫和阿·瓦·卢那察尔斯基的提法。

3 月 7 日（20 日）以后

收到姐姐安·伊·乌里扬诺娃-叶利扎罗娃从莫斯科的来信，信中说《唯物主义和经验批判主义》一书的印刷工作被苏沃林印刷厂耽搁了，还谈到她为尽快出书所采取的措施。

3 月 8 日（21 日）

给住在莫斯科的姐姐安·伊·乌里扬诺娃-叶利扎罗娃寄去对《唯物主义和经验批判主义》一书手稿第 630 页的更正（这一更正没有保存下来）。

3 月 10 日或 11 日（3 月 23 日或 24 日）

写信给住在莫斯科的姐姐安·伊·乌里扬诺娃-叶利扎罗娃，告知寄去《唯物主义和经验批判主义》一书的第四章第 1 节的补充《尼·加·车尔尼雪夫斯基是从哪一边批判康德主义的?》，认为把车尔尼雪夫斯基和马赫主义者对照一下是极为重要的；还告知已看完《唯物主义和经验批判主义》一书部分印张的校样，以及巴黎邮政工人罢工已结束等情况。

3 月 13 日（26 日）

写信给住在莫斯科的姐姐安·伊·乌里扬诺娃-叶利扎罗娃，告知已收到《唯物主义和经验批判主义》一书的第 15—18 印张的版样和第 1—9 印张及第 13 印张的清样，寄去第 15—18 印张的勘误表；询问什么时候出书。

3 月 26 日（4 月 8 日）

写信给姐姐安·伊·乌里扬诺娃-叶利扎罗娃，请求采取一切措施赶快出版《唯物主义和经验批判主义》一书。

4 月 16 日（29 日）

致函在瑞士达沃斯的约·费·杜勃洛文斯基,告知乌拉尔领导组织被破坏;还谈到在《无产者报》扩大编辑部会议前夕,亚·亚·波格丹诺夫为首的召回派集团的行为给党的工作造成了困难。

不晚于 4 月 18 日（5 月 1 日）

莫斯科环节出版社在苏沃林印刷厂印完列宁的《唯物主义和经验批判主义》一书。

4 月 21 日（5 月 4 日）

收到列·谢·佩列斯 1909 年 4 月 18 日（5 月 1 日）从莫斯科的来信,信中告知《唯物主义和经验批判主义》一书已印刷完毕,即将发行。

不早于 4 月 25 日（5 月 8 日）

送给妹妹玛·伊·乌里扬诺娃一本《唯物主义和经验批判主义》,书上题词:"作者送给亲爱的玛尼亚莎"。

4 月 29 日和 5 月 9 日（5 月 12 日和 22 日）之间

在莫斯科环节出版社出版的列宁的《唯物主义和经验批判主义》一书被列入《图书年鉴》。

4 月—6 月 8 日（21 日）以前

主持筹备召开《无产者报》扩大编辑部会议的工作。

5 月 4 日（17 日）

将《唯物主义和经验批判主义》一书寄往柏林,赠给罗·卢森堡。

5 月 5 日（18 日）

致函在柏林的罗·卢森堡,告知给她挂号寄去一本《唯物主义和经验批判主义》,作为"关于马赫"的谈话的纪念;请求把这本书列入《新时代》杂志的新书介绍栏;对罗·卢森堡的《革命醉后昏》一文给予好评。

5 月 8 日（21 日）

写信给住在阿卢普卡的母亲玛·亚·乌里扬诺娃,把妹妹玛·伊·乌里扬诺娃准备考试以及她的健康情况告诉母亲;邀请母亲秋天来巴黎;告知收到了《唯物主义和经验批判主义》一书,并对该书的印刷质量给予好评。

5 月 12 日（25 日）

赠给弗·菲·哥林（加尔金）一本《唯物主义和经验批判主义》。

5 月 13 日（26 日）

写信给住在阿卢普卡的姐姐安·伊·乌里扬诺娃-叶利扎罗娃,对《唯物主义和经验批判主义》一书的印刷质量给予好评;但对书价过高表示不满;请求她催出版人尽快支付稿费,把钱寄到巴黎来;说在即将举行的《无产者报》扩大编辑部会议上不可避免要同召回派和最后通牒派分裂。

5 月 19 日（6 月 1 日）

《巴库信息报》发表普·阿·贾帕里泽评论《唯物主义和经验批判主义》一书的文章,文章作者同意列宁的关于俄国经验批判主义者的观点是哲学修正主义的观点的看法。

不早于 5 月

列宁的《唯物主义和经验批判主义》一书在乌克兰传播很广,基辅的书店公开出售,敖德萨的公共图书馆的读者踊跃借阅,宣传员进行学习并向工人宣讲,基辅工学院还举行了关于这本书的讨论会。

5 月—9 月

《复兴》杂志 5 月号、《现代世界》杂志 7 月号、《批判评论》杂志 9 月第 5 期以及 9 月 29 日《俄罗斯新闻》等报刊,发表资产阶级和孟什维克评论列宁的《唯物主义和经验批判主义》一书的文章。

夏初

将《唯物主义和经验批判主义》一书寄给在俄国的伊·伊·斯克沃尔佐夫-斯捷潘诺夫,对他在此书出版过程中提供的帮助表示感谢。

6 月 5 日（18 日）

《敖德萨评论报》发表瓦·瓦·沃罗夫斯基评论列宁的《唯物主义和经验批判主义》一书的文章。

责任编辑：郇中建

装帧设计：石笑梦

版式设计：周方亚

责任校对：吕　勇

图书在版编目(CIP)数据

列宁全集.第18卷/(苏)列宁著;中共中央马克思恩格斯列宁斯大林著作编译局编译.
　—2版(增订版)-北京:人民出版社,2017.3(2024.7重印)
ISBN 978-7-01-017108-1

Ⅰ.①列…　Ⅱ.①列…②中…　Ⅲ.①列宁著作-全集　Ⅳ.①A2

中国版本图书馆 CIP 数据核字(2016)第 320374 号

书　　　名	列宁全集	
	LIENING QUANJI	
	第十八卷	
编 译 者	中共中央马克思恩格斯列宁斯大林著作编译局	
出版发行	人民出版社	
	(北京市东城区隆福寺街 99 号　邮编 100706)	
邮购电话	(010)65250042　65289539	
经　　销	新华书店	
印　　刷	北京新华印刷有限公司	
版　　次	2017 年 3 月第 2 版增订版　2024 年 7 月北京第 2 次印刷	
开　　本	880 毫米×1230 毫米 1/32	
印　　张	17	
插　　页	4	
字　　数	442 千字	
印　　数	3,001—6,000 册	
书　　号	ISBN 978-7-01-017108-1	
定　　价	43.00 元	

ISBN 978-7-01-017108-1

9 787010 171081 >